吾乡

中国易地扶贫搬迁纪实

乙巳康寿

仇焕广 等◎著

中国人民大学出版社
·北京·

推荐序 ‖

美丽的中国乡村必将成为每个人心中的"吾乡"

陈锡文

中央农村工作领导小组原副组长

  精准扶贫是打赢脱贫攻坚战的制胜法宝。习近平总书记结合 40 多年工作实践和深邃思考，坚持实事求是的思想路线，从我国国情和贫困特点出发，创造性地提出并推动实施精准扶贫精准脱贫基本方略，强调"实事求是、因地制宜、分类指导、精准扶贫"，聚焦"扶持谁""谁来扶""怎么扶""如何退""如何稳"等关键问题，实施脱贫"五个一批"工程，真正做到了"看真贫、扶真贫、真扶贫"。这一方略展示了"贫穷不是命中注定，贫困并非不可战胜"的信心和决心，解决了困扰中华民族几千年的绝对贫困问题，创造了人类减贫史上的奇迹，形成了中国特色反贫困的重大理论创新，成为习近平新时代中国特色社会主义思想的重要组成部分。

  易地扶贫搬迁作为脱贫攻坚"五个一批"工程的重要举措，为解决"一方水土养不起一方人"问题、实现贫困群众跨越式发展提供了根本途径。易地扶贫搬迁不仅是地理位置的转移和住房条件的改变，更是生活方式的调整和生产方式的更新，甚至是社会关系的重建和文化认同的变迁。通过易地扶贫搬迁，许多长期困守深山的贫困群众摆脱了恶劣生存环境、逐步实现了安居乐业，为打好打赢精准脱贫攻坚战，促进人口、资源、生态协调发展奠定了坚实基础。

这是一部关于易地扶贫搬迁的作品，是一部关于扎根乡村基层、扎实调查研究的纪实力作。通过细致记录与生动描绘，本书将一个个鲜活的个体叙述串联起来，谱写成脱贫群众易地易心、走向新生的精神史诗，绘就成中国易地扶贫搬迁的壮丽图景，生动展现了习近平总书记精准扶贫精准脱贫基本方略的政治智慧及其深远影响。

调研的目的是什么？归根到底，是把农民的冷暖装在心里，把他们的声音带到政策制定过程中。仇焕广教授和他的团队十年如一日，不断深入乡村，通过细腻的观察和真切的笔触记录搬迁家庭的生活变化，努力让调研成果"接地气、冒热气"。他们走过的每一座村庄、记录的每一段故事，都将成为中国乡村历史变迁的口述史诗和生动注脚。"走村串户，调研农村"，这话说来简单，做起来却需要真心的热爱和持久的坚持。中国的农村广阔无边，农民群众是沉默的群山，他们在我国社会经济发展的每个阶段都贡献了举足轻重的力量。如今，他们更需要被关注、被倾听。

本书体现了作者仇焕广教授浓厚的乡土情怀、严谨的学术风格和崇高的使命担当。仇焕广教授如今是辽宁大学的副校长，他在中国人民大学农业与农村发展学院担任院长时，我们就经常交流。仇焕广教授的研究扎实细致，学术成果丰硕。更难能可贵的是，他始终怀着一份对"三农"问题的真挚关怀。他精益求精的学术精神和严谨的治学态度也让我感动。

从搬迁政策的规划到实施，从搬迁群众的融入到发展，这部作品以翔实的记录填补了学术研究对个体经历特别是内心思想和情感描述的空白。透过这些叙述，我看到的是一幅幅清晰而生动的图景：从云南到贵州、从湖北到甘肃，无数个家庭在搬迁中经历艰难转变。他们有徘徊，有坚持，有向往，最终一步步坚实地迈向殷切盼望的小康生活。搬迁不仅是挪出"穷窝"，还要"搬得出、稳得住、能致富"。建房安置只是物质上的第一步，而产业发展、非农就业、社区融入等具有更重要的意义。这些政策措施不仅帮助搬迁群众从物质上摆脱了贫困，也帮助他们从思想和文化上向现代生活跃迁，并通过改善他们子女的教育条件斩断了贫穷的代际传递。

　　本书借鉴新闻报道、纪实文学等形式，描绘了一个个搬迁家庭的故事，展现了一个个搬迁家庭坚韧不拔的奋斗历程，它们是亿万农民共同走向幸福生活的缩影。本书不仅是一次对扶贫成就的回顾，更是一次对新时代中国农村变迁的深入思考与探讨。我们不仅能够从中读到奋斗的力量，还可以体会到政策的温度。希望本书能让更多人了解中国在脱贫攻坚中的艰辛与努力，让那些付出与成就被铭记。正如本书中所呈现的，扶贫工作的每一个细节都凝聚了无数人的心血，农村生活的每一点滴改变都见证着中华民族不断走向复兴的坚定步伐。

　　未来的中国乡村，必将是更加繁荣美好的家园，必将成为每个人心中的"吾乡"。

序

　　党的十八大以来，习近平总书记以大使命、大智慧、大情怀带领全国各族人民打赢脱贫攻坚战，构建了一套行之有效的政策体系、工作体系、制度体系，走出了一条中国特色减贫道路，创造了一个彪炳史册的人间奇迹。作为人口占世界五分之一的大国，中国提前十年完成了联合国《2030年可持续发展议程》的减贫目标，为全球减贫事业做出了卓越贡献。中国的"精准扶贫"理论、经验与实践备受国际社会瞩目，展现了中国政府在整合资源、攻坚克难等方面的卓越能力，充分体现了中国在全球减贫工作中的制度优势、东方智慧和大国担当，为全球减贫事业贡献了中国经验和中国方案。

　　易地扶贫搬迁是解决一方水土养不好一方人、实现贫困群众跨越式发展的根本途径。易地扶贫搬迁作为脱贫攻坚的"头号工程"，远非简单的地理迁徙，而是基于空间致贫根源的精准施策，通过科学的规划、细致的组织、系统的实施，这一政策破解了自然条件恶劣、资源匮乏等长期困扰贫困地区的难题，使数千万贫困群众摆脱贫困，为如期全面建成小康社会、实现第一个百年奋斗目标、开启全面建设社会主义现代化国家新征程奠定了坚实基础。

　　对于这一历史事件，我们有幸成为其见证者，也有幸成为其记录者。自2015年起，我们开始对易地扶贫搬迁政策展开研究。在搬迁人口规模超过50万的省份中，我们选取了贵州、云南、四川、广西、甘肃、陕西、湖南、湖北等8个省份进行调研，通过大样本的贫困户实地调研、基层管理部门的大量访谈等，对易地扶贫搬迁政策及其影响进行了多维度的剖析。经过近十年的追踪、调查、研究，完成了《中国千万人的易地扶贫搬迁：

理论、政策与实践》与《易地扶贫搬迁研究：产业、就业与社区融入》两本专著。同时，我们在 *Proceedings of the National Academy of Sciences*《中国农村经济》等国内外高水平学术期刊上发表了多篇论文，用扎实的理论和实证研究在国际上讲述中国脱贫攻坚的故事，也为相关扶贫政策的科学制定与优化提供了决策参考。

在以前的研究中，我们使用了严谨的数据分析方法来分析易地扶贫搬迁政策对社会、经济、环境等的影响，但我始终觉得这些还远远不够，难以刻画易地扶贫搬迁对贫困户造成的那些不易察觉的思想观念和情感方面的影响，而这些影响更为深刻、持久，撰写本书的初心正是为了展现这种转变。我们希望通过生动和细腻的笔触，用一个一个鲜活的真实故事，展现易地扶贫搬迁的深远影响。

2023 年盛夏，我们再次出发，分别前往湖北宣恩、贵州威宁、四川昭觉、云南贡山、陕西安康、贵州六盘水、山西大同、云南兰坪、四川广元、甘肃古浪等地开展调研。我们结合近年追踪的易地扶贫搬迁村庄的资料、新闻报道、预调研的实际情况，在每个地点挑选了一户典型搬迁家庭。在调研过程中，地方基层干部们体现了一以贯之的责任感，在日常繁重工作之余，热情地协助我们走进群众、深入群众，为我们提供了大量支持。同学们与搬迁家庭相处数十日，记录他们的真实生活。有些同学为了更真实地体验农村生活，吃在山里，住在山里。我们与搬迁家庭几代人深入交流，对比搬迁前后的生活变化，感受搬迁前后的精神变化，争取较为全面地体悟他们的生活转变。

近 10 年的跟踪研究和 2023 年的深入访谈成果最终汇成此书。全书分为十个部分，分别以典型的搬迁家庭搬迁前后的缩影，叙述了易地扶贫搬迁对不同地区群众生活的改变，见证了搬迁家庭从贫瘠走向丰饶、从彷徨走向憧憬、从困苦迈向希望的历程。我热切期待更多人能关注到这些故事，与我们共同感受新时代的波澜壮阔与日新月异。

《一泓山泉》讲述了主人公历经失学、非洲打工、罹患疟疾、丧父等人生波折，最终回到酉水情搬迁社区，寄托"家"的温情的故事。《溜索上的四代人》以卯家为例，展现了溜索村村民搬迁前后的生活变化，体现了四代人、两个时代的变迁缩影。《悬崖村的变迁》描述的吉克家族在悬崖村的搬迁，是一次跨越传统与现代的探索，也是一段寻找新生活的旅程。《王幸福的故事》描绘了怒江边的一家人在逆境中寻找希望，在政策春风中迎来新生的故事。《老洪家的新生》聚焦于矿工家庭叶成菊一家，展现了他们在因病致贫的困境中的挣扎，描绘了他们从传统乡村生活与现代化社区生活规则秩序的碰撞中突围的点滴。《心中的紫土豆》讲述了刘传花一家在困顿中坚韧奋斗的故事，那是山里人走向希望的缩影。《魏家大院》叙述了坊城新村魏家三兄弟各自的职业道路与生活选择。《刀尖上的村庄》通过褚家人的故事映射出"刀尖起舞"的阿塔登村从闭塞到开放、从贫困到振兴的历程。《歌在心中，路在脚下》聚焦陆家人在革命老区的大山深处不断探索出路，最终在新家旁的天麻产业园开启共同富裕的新生活的故事。《此心安处是吾乡》勾勒出一家三代人从困守深山到迈入新家园的心路历程，在易地扶贫搬迁中探寻未来之路。

本书不仅是对搬迁群众个体生活的真实写照与记录，更是精准扶贫的时代缩影。"济大事者，必以人为本"，易地扶贫搬迁确保了贫困群众"搬得出、稳得住、能致富"，从而实现了其从绝对贫困到共同富裕的转身。我们为这一历史工程所展现的深刻人文关怀深感动容。

在此，向每一个接受访谈的搬迁家庭、协助我们工作的基层干部以及青年学生队伍表示敬意和感谢，他们的热情与勇气、耐心与协作、坚韧和努力，带给我们无限的感动。同时，也要向出版社负责审校、编辑的同志们表示衷心的感谢，还要感谢为本书题写书名的康震教授。所有为此书付出努力的人都为其增添了独有的光彩！

仇焕广

目 录

一泓山泉

酉水情社区，位于湖北省恩施州宣恩县沙道沟镇，2017年4月开建，2018年10月交房入住，66栋楼安置了来自44个村的贫困居民1200余户，近4600人，是湖北省第二大易地扶贫搬迁安置点。社区除建设有服务中心等常规配套设施外，引进本土企业湖北准者体育用品有限公司带动脱贫户增收，还配置了一户一块菜地以促进搬迁居民更好融入社区生活。

二坪村原是沙道沟镇下辖行政村，位于平均海拔1350米的山上，两省三州四县的交界处，距沙道沟集镇35公里，且全为山路，交通极为不便，地质灾害频发。现已与山脚的红旗村合并为一个行政村。

二坪林下一清泉

巴山楚水，自古以来便以凄凉著称，概因其山高路险，与外界沟通极为不便。然而，几千年来，勤劳勇敢的人们不会放弃每一片能够维持生活的土地，即使是像二坪这样"被山的肩膀盛着"的地方，也有人世代居住。

1979年夏，二坪大队对面的二坪小学中，老师正在上语文课，讲的是李白的《夜宿山寺》。此时是上午，日头还未到天中，阳光照射进原本有些昏暗的教室，平添几分安逸。老师在前面讲道："'危'就是高的意思，李白是说这楼很高，有一百多尺，站在上面，伸手就能够到星星。因此呢，他就不敢大声说话，怕惊动了天上的神仙。"

9岁的杨宏亮坐在下面，向窗外看了看，就想：才一百多尺，高度和学校这里比差远了吧，在这里晚上都觉得星星很远，要真的有神仙也听不到说话，还有山上那么多树挡着呢。他还未多想，就听到老师解释说用了"夸张"的手法，李白很浪漫什么的。

等太阳过了山的背面，很快天就要黑，二坪小学放学也不晚，杨宏亮他们放学回家还能够赶上下午饭。杨宏亮和二叔家的哥哥杨宏志一起放学回家，他们年龄相仿，住得又近，在一起玩得很好。

回家路上，路过一处泉水，杨宏亮他们很喜欢这里的水，几乎每次放学回家都要喝上好几口，觉得这里的水最好喝，又甜又凉快。这里并非水的源头，这一泓山泉静静地流过了养育人们的林地，途经此处，仍清冽甘甜。

杨是二坪村中一大姓，零零散散的百十多户人家中，有几十户姓杨，已不清楚杨家从哪一辈祖先迁至此处。杨宏亮是杨永义家的第四个孩子，他上面还有两个哥哥和一个姐姐。大哥结婚后仍留在二坪村，大姐嫁到了山下属于湖南省的石牌镇，二哥也在大队里上初中，颇为聪明但安静内敛。杨宏亮是家里最小的，活泼好动又懂事，很受家里宠爱，也为他埋下了极为重视亲情的种子。

一次下午饭后，父亲杨永义说第二天要去山下石牌镇赶集，杨宏亮吵着要跟着去。杨永义说："从这到山下可远着呢，你走得起吗？"杨宏亮马上说："走得起走得起，山路我又不是没走过。"见状，杨永义考虑到杨宏亮还没下过山，现在也是半大小子了，就说："那行，明早上可得多吃点饭哟，这次可远。""好嘞！"杨宏亮兴高采烈地回答。

到了第二天早上，杨宏亮凌晨五点多就被杨永义叫起来吃饭，下山再回来可不是个短工夫，早早出发也得一整天才能回来。杨宏亮揉着眼睛，想起今天要下山，有些兴奋，顿时清醒了很多，便爬起床穿衣吃饭。

湖北的山里，雨总是不打招呼就出现。大家都习惯了，杨宏亮和父亲收拾好东西就启程出发。山里人走泥泞崎岖的山路是家常便饭，但新奇劲儿让杨宏亮一点儿也不觉得疲惫，平时看来很普通的风景也变得吸引人起来。因此，四个多小时的下山路似乎很快就过去了。

石牌镇集市上各式各样的物件，在大队供销社里是看不到的。忽然，听到远处的吆喝："卖糖果子咯，一毛五一斤。"杨宏亮精神一振，他知道那是什么，有一次过年的时候吃过一回，面团裹着糖，很甜。他并未央求父亲给他买，甚至还表现出不在意的样子，不敢往那边看。他知道今天来是做什么的，更知道自家的情况。

杨永义显然也听到了这个声音，眼神一黯，也未作声，若无其事地和杨宏亮去办此行的正事。他们这次来是想在集市上买两把镰刀头，家里旧的镰刀磨过很多次，已经卷刃得很难再用。

镰刀头倒是好买，很快二人便买了中意的两把。这种东西看质地，两到三毛一个，买回去找到合适的木头修理打磨好做刀柄就可以了。杨宏亮虽然年纪不大，已然是用镰刀的一把好手，诸如割猪草的活儿常做，只是挑选镰刀的眼光远不如父亲独到，这次也算长了些见识。

除去镰刀，杨永义又买了些其他物件，比如一团黑线、一团白线，这是给杨宏亮母亲李青莲用于缝制冬衣的，还有大儿媳之前让帮忙捎的半匹布等，这一趟都给购置齐全。

买完各种东西，已十二点多，杨永义拿出一个瓷缸去街上店铺里要了缸水，又拿出在家就准备好的三张苞米面饼和一小团咸菜，就和杨宏亮找个地方坐着吃了起来。等吃完这些东西，就要赶快回去了，上山可比不得下山。

杨宏亮也习惯这样，但新奇劲儿还没散去，很快吃完一张饼，就和父亲说："爸，我去附近再转转，你先吃，我很快回来。"父亲虽有些担心，但也了解儿子，不会乱来，答应道："行，可别跑远啊，看看就回来。"

自己走，杨宏亮就自由多了，跑去看之前没来得及仔细看的小木楼，还有店家门口刻在石板上的对联，以及过年时请村里文化人写了贴门上的春联……来不及多瞅，杨宏亮觉得应该回去了，便快走回到刚才那里，正好父亲已经收拾好了东西。父子俩没有说其他什么，很有默契，杨宏亮跟着父亲一步一步地往家走。

都说"上山容易下山难"，其实主要是指爬险山，而走山路则是上山比下山累多了。父子二人大中午就往回走，一直到太阳落山天黑才到家。下山四个多小时，一样的路，上山竟用了六个多小时。这次，杨宏亮感到疲惫，但这是他自己的选择，小小年纪没有一句抱怨话，而且后半段他专心走路，没有精力说那么多话了。

　　二坪人家一年四季每天都是两顿饭，杨宏亮和父亲到家时，母亲和二哥已经吃过，给他俩留了饭。走了一天道，又累又饿，杨宏亮拖着沉重的双腿狼吞虎咽地吃了两碗饭，去木床上休息，不久就进入了梦乡。

　　童年是最无忧无虑的，也是最快逝去的，快到经常来不及意识到要去珍惜。尽管小时候物质上极为艰苦，时常吃不饱、穿不暖，但在亲人朋友的关怀下，杨宏亮的童年可以说很幸福。

　　1983 年春，改革开放的春风已吹到二坪村，社会比之前更有活力。二坪村各户不再是统一在生产队里工作，而是包产到户，一年多来各家自己干自己的。

　　杨永义家分到了四口人的地，杨宏亮二哥已在大队里读完了初中，成绩很不错，但没有考上师专，整个二坪中学都没考上的，家里情况也没办法支撑他再读高中。于是，杨永义托在龙潭公社的一个药材加工厂工作的同族表叔走走关系，让二儿子杨宏明去那里工作。为此，杨永义也费了好多心思，又欠下不少人情，好在杨宏明会算术做表，这个社队企业又正好缺个算账的，这才顺利把他安排过去。

　　此时，杨宏亮在读小学六年级，突然传来消息说大队明年不再设立中学了，如果想继续上学需要到公社中学，甚至龙潭公社都要解体，要去沙道沟上学。这对杨家尤其是杨宏亮来说，无疑是晴天霹雳。只要中学不在二坪村，杨家是没有条件支持杨宏亮继续读初中的。杨永义和李青莲都很心疼，不忍心和小儿子说。杨宏亮的成绩虽然不如二哥，可也很不错，他们知道，儿子想继续读书。

　　父母白天知道消息，吃下午饭时一直不怎么说话，和平时不太一样。杨宏亮虽然小，也大概明白什么情况，看着父母说："爸、妈，我不想上中学了。"未等杨宏亮说完，母亲李青莲说："宏亮，我们再想想办法。"杨宏亮又挤出笑容，说："妈，我本来学习就不如二哥，二哥都没考上师专。我不想出去，想在家帮你们做活儿。"听着孩子这话，杨母不自觉流下泪来，抱着杨宏亮就哭了起来。杨宏亮也被触动心绪，不住地流眼泪。杨父没有说话，但眼眶也明显湿润了，算是默认了杨宏亮的决定。

其实杨宏亮比父母要早两天就听说了这个消息。班主任和学生们说后，班里有的同学很失落，有的同学一直不喜欢上学反而很兴奋，并不清楚之后再也无法进入学堂的意义。杨宏亮则想得很多，他考虑到家里的情况，二哥到龙潭去了，家里既然没办法送自己出去上学，不如自己留下帮忙打理地里的活儿。因此，他早已下定决心不再继续读中学。

很难想象，年仅 13 岁的孩子就能做出这样的决定。正所谓"穷人的孩子早当家"，这是赞扬，可更多的是叹息。正常读书学习，上高中甚至大学，对绝大多数中国农民来说都是奢求，那个时代没有给他们选择的权利。

果然，秋天二坪村的中学就不再设立，并到了沙道沟镇，只留下了二坪小学，"中学不出队"的时代结束了。第二年 5 月，二坪大队也被撤销，新设立了二坪村。

二坪山上的林子和往年一样生长着，即使每年都有草木荣枯，整体上却看不出变化；林下的那泓泉水也在静静地流淌，好像没有一丝变化。可是，终究告别了一个时代。

岁月不居，时光如流。十年，似乎弹指一挥间，杨宏亮已经由一位青葱少年，变为一个略显青涩的成年人。这十年，杨宏亮一直和父母在家，物质条件虽恶劣，生活却不能说坏，就是日复一日地打理林地，耕种为数不多的土地、砍柴等，甚至还试过养蜜蜂。

二坪山上的土地，是不能够和山下的土地比较的，相差太大。山上的土地薄，再加上气候要比山下冷太多，种植玉米和水稻等作物，收成不足山下的三成，山上户均土地又极少，一年下来粮食远不够一家人吃。

所幸，还可以靠山吃山。相比土地，林地要多些，二坪历来有种植黄柏等药材的传统，才能够换些钱购买粮食勉强维持生计。二坪人的生活都系在了这些树上，他们将树养大，然后砍掉剥皮晒干来卖。每棵树种十几年只能收一次，一茬一茬的。当然也能提前收，但一般不会这样做，因为太不划算。

林地每年都需要护理，包括砍掉林地里边影响黄柏等树木生长的杂树和灌木丛、种植并移栽树苗、收获成熟树木剥皮晒干等，耗费工时较多。这十年，杨宏亮练就了熟练打理林地的手艺。照顾这些树，说实话可以"偷懒"，只是树的长势不会骗人，而杨宏亮家的林地总是打理得很干净。

养蜂，在二坪村是一件很玄乎的事。这里的养蜂人，会用木桶做蜂筒，然后把这些蜂筒放在外面，固定时间去收蜂蜜。可为什么说玄乎呢？因为有的家庭似乎拥有某种神秘的天分，可以养；有的家庭，不管如何打理蜂筒，最后蜜蜂都会飞走。

杨宏亮本不信邪，不信父亲说自家养不了蜂的说法。他 16 岁的时候，去养蜂的堂哥杨宏志家仔细学习了怎么养蜂，堂哥家又给了他一个成熟的自带蜜蜂的蜂筒。一切安置好后，杨宏亮满怀期待，可最终蜜蜂还是都飞走了。他终于承认，自家养不了蜜蜂。

1992 年 7 月，二坪正处于夏天多雨的季节，22 岁的杨宏亮和母亲去林子里捡蘑菇。杨宏亮本不喜欢捡蘑菇，他主要是陪着母亲去。不知是不是因为白天有想到过蛇的缘故，晚上他就梦到了他在那泓山泉里洗脚，有一条蛇盘在他脚下，他突然就惊醒了。

第二天，杨宏亮和母亲说："妈，我昨晚上梦到蛇了，你上山得注意着点！"杨母李青莲却笑道："好事！梦到蛇，说明快有喜事了。"杨宏亮觉得母亲迷信，并未当回事。

没过几天，杨宏亮像往常一样去堂哥杨宏志家玩。杨宏志在前年就结婚了，生了个小男孩，现在还不足 1 岁，杨宏亮很喜欢与小孩玩。这天杨宏志妻子对杨宏亮说："宏亮，你没比宏志小多少吧，今年多大了？"杨宏亮并未多想，答道："嗯，今年 22 了。""22 了，也得说媳妇了吧，怎么样，可有合适的？"其实家里也提到好多次这事了，但杨宏亮听到还是有些害羞："没，没呢，嫂子怎么问这个？"杨宏志妻子顺势说："要不要嫂子帮你介绍一个？""啊，嫂子这？""就是我妹妹，长得可漂亮呢，快满18岁了。"杨宏亮心里有些乱，不知道怎么处理好："呀，我怕人家相不中我，而且我们这情况，怎么让人家上来呀？"

杨宏亮的二哥杨宏明三年前已经结婚了，妻子是他那些年在乡镇企业上班认识的，她家里条件好像还挺好，杨宏亮总觉得对方有些看不上杨家。二哥也没办法，这些年与家里的走动也越来越少了。杨宏亮虽然不说，却一直非常在意这点，好在二哥自家过得好像还不错，在湖南那边的县里都盖上自己的房子了。杨宏亮认为山上生活条件不如别人，不敢奢求什么。

杨宏志的妻子倒是比较开明，杨宏亮经常在自家玩，她知道这小伙子踏实又能干，善良，脾气又好，这是最重要的。她也了解自己的妹妹，觉得很合适，于是她有意撮合，就去找了杨永义正式说。

二坪人家于路边布置好的蜂筒

杨永义和李青莲当然很高兴，小儿子的婚事终于有了眉目，对杨宏志妻子也是千恩万谢，拜托她去说媒。他俩拿出这些年省吃俭用攒下来的不多积蓄，准备一定要把这个事促成。

杨宏志妻子是个很利落的人，问好了杨宏亮的八字，不久后回娘家就和父母说了这个事，也把杨宏亮一顿夸，说妹妹嫁过去肯定不会受气，他们家也是少见的本分人家。

整个过程意外地顺利，二人八字相合，不久正式订婚。

杨宏亮在其中好像没什么参与感，但他也极为兴奋，毕竟这是自己的大事。很快男方去女方家"认亲"，杨宏亮第一次见到他未来的妻子陈秀华，他只感到一切是那么地梦幻。陈秀华很漂亮，虽然个子不高，眼睛却很大，只是好像不爱说话，不知是因为害羞还是什么。杨宏亮即使平时再腼腆，这个时候也担起了责任，改口之后，郑重地向女方的族人至亲承诺"一定会对秀华好"。话很直白，但也很坦诚，那天杨宏亮喝了很多酒。陈秀华觉得这个个子很高的人憨憨的，之后不求大富大贵，只求能安稳幸福。

到了"报期"的日子，杨宏亮带上家里备好的面、酒、糕、糖，拿着"长枪短枪"去女方家送"彩礼"。陈家知道杨家的情况，虽然东西不多，但人品好、有诚意就够了，也很高兴，准备了"陪嫁"物品。

结婚之前，土家族还有一个重要的独特习俗，就是"哭嫁"。出嫁前三天，陈秀华在家和母亲姑姨姐嫂哭诉出嫁离别的感情："娘啊娘，我要走了呐，再帮娘啊梳把头；曾记鬓发野花艳，何时额头起了苦瓜皱？摇篮还在耳边响，娘为女儿熬白了头；燕子齐毛离窝去，我的娘唉，衔泥何时得回头？"连哭三天，陈秀华似乎把十八年的感情都哭了出来；母亲也分外难受，女儿要嫁到遥远的大山上，还不知道将来如何。

婚期速至，陈秀华家过礼、喝花圆酒、踩斗；杨宏亮家也带上露水伞，夜里便出发去迎亲。新娘上路，迎亲送亲队伍浩浩荡荡，一路上吹吹打打，喜庆热闹。终于到了婆家，在祖宗神龛前举行拜堂仪式，就到了很关键的"坐床"环节。新郎新娘拜堂后需立即奔入洞房，争坐到床上，据说谁先坐到床上，意味着将来谁当家。陈秀华的速度不算快，谁承想杨宏亮也不那么快，最后两人竟是几乎一起坐到了床上。两人一左一右坐在床上，谁都没挤占正中一条"坐床"界限。杨宏亮揭开陈秀华的红盖头，看到秀华精致的妆容后一愣，随即二人相视一笑。在随后的日子里，二人果然相敬如宾，感情很好，几乎没有争吵的时候。

1993 年 3 月，杨宏亮和陈秀华正式结为夫妻了。婚后，杨宏亮还特地带妻子去看了那泓山泉，很是自豪地告诉妻子这里的水多么甘甜爽口。陈秀华虽有些内向，却也去尝了尝，果然觉得好喝，心下欢喜：山，有山的好处。

滟滟随波出故山

杨宏亮与陈秀华新婚燕尔，但依旧要面对生活的挑战。在家务农的收入越来越低，黄柏等药材卖不上价，家里又添了一口人，如果继续留在家里，生活会更加拮据。

此时正值"民工潮"，政策上放宽了人口流动的管制，下山打工的风气也在二坪村兴起。夫妻二人萌生了下山打工的想法：一来在家维持生计已很是艰难，杨宏亮夫妻两个正年轻，岂能一辈子守在山里；二来即使离开家，父母身体还算硬朗，至少耕作为数不多的土地是没问题的；三来陈秀华家里有人在湖南那边经商还算成功，外出打工也算有门路，起码有人照应。

杨宏亮他们和父母商量这个事，杨永义很是支持，说："人挪活，你们出去会越走越高的，不用担心我们。"李青莲虽心里不舍，但也明白事情利弊，对杨宏亮夫妻二人千叮咛万嘱咐，多次说："外面不比家里，要照顾好自己。"为此，老两口拿出全部积蓄，又去亲戚那里借了些钱。"穷家富路，在家里可以穷些，怎样都能活，在外面没钱可不行啊。"

陈秀华虽才过门，也很感动于老两口的行为。不久，小两口就告别了老两口，踏上了下山路，这是他们第一次真正意义上走出大山，既忐忑又期待。

第一站，是湖南常德，也是陈秀华二姨和二姨夫做生意的地方。两人带着两套轻薄的行李，先到陈秀华家休息一晚，第二天一大早起来去赶公共汽车，找不到地方杨宏亮就去问路，几经辗转总算到了常德。亲戚的生意是小本生意，只能给他俩介绍到一个煤球场。这是他们的第一份工作，工资非常低——杨宏亮是一块二一小时，而陈秀华才一块一小时。

杨宏亮想，在这儿总比家里好些，慢慢地也能积累些经验，起码能长些见识。于是，二人住在工厂宿舍，开启了第一段山外的生活。

工作又脏又累，但两人早已习惯了，为了生活这点苦不算什么。常德是个平原地区的大城市，杨宏亮夫妻俩在适应了工作后才意识到，原来还有这样的地方。一条大江穿城而过，举目向东，一眼望不到尽头，视野极为开阔。街上花花绿绿的各种店铺，什么都有，好吃的好玩的好看的，可让他们俩开了眼界。只是这些物品的价格实在令人难以接受。虽然在杨宏亮看来，衣服玩具等都是华而不实的，那么贵没有意义，衣服能穿就好，但好吃的是实打实地诱人。若是有钱，这里的环境哪里都好，唯独一点，就是沅江虽大，却太过浑浊了。不知道是不是因为江水浑浊，杨宏亮感到这座城市很喧嚣，好像到处都是尘土。

1994 年 5 月，杨宏亮夫妻二人已经习惯了常德的务工生活，工资虽然微薄，但省吃俭用，没什么额外消费，除却日常花销还能剩点，每月攒下来寄回家，已还清当初离开时到处借的钱，还剩下一千多元，生活有了盼头。

一天，陈秀华突然干呕，吃饭都感到恶心，是怀孕的征兆。夫妻二人赶紧请了一天假去医院，请医生一看，果然是喜脉。杨宏亮突然感到莫大的幸福，他本就非常喜欢小孩，更何况是自己的孩子。杨宏亮想让妻子先别在这儿干活儿了，回去养胎。陈秀华也满心欢喜，但还是觉得现在刚有反应，等到时候不方便干活儿了再回去。杨宏亮说不过妻子，也就作罢，幸福地等着孩子越来越大。

杨永义和李青莲在二坪山上，收到儿媳妇怀孕的消息也异常高兴，想让儿媳妇早些回来。在怀胎五个月的时候，陈秀华回到了二坪老家，由公婆悉心照料。八个月时，陈秀华回到了娘家养胎，因为二坪山离医院太远了，在当地找接生婆甚至都不方便。

石牌镇离县里医院近一些，陈秀华娘家人陪着她去医院做B超，谁料想原本幸福美满的家庭，受到了极大的打击——宫外孕。

医生很沉痛地通知："请你们做好心理准备，是宫外孕，孩子保不住了，只能引产；还好发现得早，不然大人也有生命危险。"陈秀华急得险些晕了过去，本来多彩的生活，一下子变得灰暗了。

事关重大，陈秀华没法自己做决定，只能去邮局打电话，先联系在常德的姨夫，让他通知杨宏亮。杨宏亮接到消息，顿觉天塌下来了。他只能尽量镇定，先让姨夫打电话安慰妻子，并表示要回去陪妻子做引产手术，随即启程回家。

手术室外，杨宏亮焦急地等待着。医生告诉他风险很小不用担心，他还是放不下心来。等到手术室门打开，得知一切顺利的时候，才松了一口气。他看到陈秀华的脸上不住地流着眼泪，心里也是一揪，说："没事，没事，人没事就好，这孩子没生下来也是命，免得和我们一起遭罪。"杨宏亮说着，没想到也哭了出来。医生只能尽量安慰，告诉他们即使第一次是宫外孕，之后也可以正常怀孕生孩子，只要早做检查，就能查出来。

杨宏亮本就不是会说话的人，只得费尽口舌安慰妻子："人是最主要的，手术后先把身体养好，最后实在不行抱养孩子也行。"

都说养儿防老，对于一个传统的农民家庭来说，其实从心理上来说养孩子更是自己血脉和生命的延续。

杨宏亮夫妻二人自孩子引产之后，便没有再去常德，他们不想回到那个地方了。两个人还年轻，有闯劲儿，在湖南龙山县那边开办了紫砂厂。龙山土陶有着比较久的历史，陈秀华的亲戚在这里的也比较多，做土陶中的紫砂生意相对容易些。

人世间，不测风云为何那么多？

在龙山县的厂子刚刚建好没多久，杨宏亮家里的房子没了。杨永义和李青莲还在二坪家里生活，没想到有一天烧火做饭没注意，火把整个房子都给烧了。由于很难把水泥等建筑材料运上山，山上种药材剩下的树木又多，二坪的房子除了地炉是用泥土砌的，其他基本上都是木制的。山里取暖做饭又都依靠木柴，很容易失火把房子烧掉。还好当地较为潮湿，一年四季林木常绿，一般不会引起山火。

不幸中的万幸，这次失火，父母人都没事，杨宏亮夫妻也就放心了很多。龙山县离二坪比较近，二人回去查看情况，旧房子那里一片火后的狼藉。旧址原本就孤零零的只有杨宏亮一家，离同村的杨宏亮大哥家还有小半个小时路，杨宏亮不放心老两口继续在那里生活，担心下次再有意外就不一定有这次幸运了，于是在二坪村头的一块地上重新盖了一个比较小的房子，之后也方便照应。

随后，杨宏亮打算定居在湖南，好好开厂子，挣钱后就盖房。创业起步的第一年，虽然艰难，但也看到了希望，经营慢慢进入正轨。1998 年，

二坪人家的房屋内部

建厂的第三年，市场变化大，生产成本上升，紫砂厂刚刚起步，应对风险能力弱，收不抵支，难以为继，只能停产。

这段时间，陈秀华又怀过三次孕，都未能成功生育，而且由于子宫肿瘤，甚至连试管婴儿都做不了。陈秀华对此颇为自责，杨宏亮看着妻子这样也特别心疼："秀华，咱们没有孩子也是可以的，这是命，你不用自责，等咱们安定下来就去抱养个孩子，也是一样的。"最后，在杨宏亮的劝说下，陈秀华做了手术，彻底断绝了生孩子的希望。

老家的房子被烧，新房子很小且简陋，而随着紫砂厂破产，杨宏亮在湖南建房定居的想法也随之破灭。

此时，杨宏亮有了漂泊无依之感，似乎被一种巨力推下山，不能回去，在山下又居无定所，只得四处漂泊。

杨宏亮和陈秀华又开启了漫长的务工之旅。

1999年，紫砂厂倒闭后不久，杨宏亮夫妻二人一起去了天津炼铁厂。听同村人说，这里工资特别高，一个月竟有七八千元。杨宏亮自恃有把子力气，又能吃苦，就与妻子一起北上。

经人介绍到达天津炼铁厂后，才知道原来是那种小型私人炼铁厂，很不规范，白天躲避监管不开工，夜里才工作。不过，工资确实有七八千元一个月，杨宏亮夫妻俩为了挣钱还是留了下来。但因为条件太过艰苦，杨宏亮没让陈秀华跟着干。

杨宏亮还是低估了这份工作的艰苦程度，工作车间温度高达六十多度，还需穿上厚重的工作服。很多人为所谓的高薪而来，真正吃得苦留下来的却没有几个，大多工作不久就离开了。

这里的工人走了一拨又一拨，杨宏亮已经坚持了三个月。陈秀华看到杨宏亮手臂上的多处烫伤，看着本就偏瘦的他日渐憔悴，还是忍不住含泪劝道："宏亮，咱别干了，这根本就是拿命换钱啊！"杨宏亮也感觉很难坚持下去，未来很长，遂与妻子回了南方。

夫妻二人第一次来到北方，仅停留三个月，便失望地回去了。天津这座城市没有任何让他们留恋的地方。

这次，他们一直在老家待到过完年。杨永义杀年猪那天，杨宏亮的大哥大姐两家都在，二哥二嫂也难得地领着两个孩子回来了，还有杨宏志一家三口等很多人，异常热闹。

饭桌上，谈到杨宏亮夫妻二人的经历，大家都唏嘘不已，更没想到善良淳朴的老四竟是这般命途多舛。杨宏亮这次见到这么多亲戚朋友也深有感触，觉得好久没这么热闹了，喝了很多酒，还是乐观地说："没什么，人最重要，我有爸、有妈、有哥、有姐，还有老婆，有什么过不去的？"

年后，夫妻二人前往下一个务工地点福建福州，这里终于成了杨宏亮和陈秀华的第二故乡，二人在此生活了十二年。

2000年初，初至福州，这个繁华的大都市又一次刷新了杨宏亮的认知。让杨宏亮印象最深的是招工市场，与杨宏亮夫妻二人一样背着行李等待雇主挑选的人还有很多，杨宏亮感觉自己在这里就像是商品，任人挑选。

夫妻俩在招工市场等候，不久就有一个穿着很正式的人过来说："我这有轻松的活干不干？"原来是调查公司的人招聘"访问员"的，看杨宏亮二人还很年轻，就过来问问。工作内容一般是在街上访问行人，或到指定区域入户访问，或者按照黄页号码打电话访问，然后填写问卷，按有效问卷的份数计工资。大概一份1~3元，具体看访问难易程度。

杨宏亮和陈秀华也是第一次接触到这种情况，二人稍微商量一下，就觉得这个工作不稳定，他们又没有口才，杨宏亮还觉得这种工作好像有点"不道德"，也无法学到某种手艺，便回绝了。

等到当天下午，一家木材厂过来招人，工作是制作合成板，即刨板，初始月薪是2 300元。初来乍到，杨宏亮与陈秀华认为在这能够学到一门手艺，于是选择进入这家木材厂。杨宏亮在老家算是半个木匠，肯吃苦人又聪明，很快便适应了。

福建有很多木材厂，规模都不大，但是竞争很激烈。厂里除一些比较固定的岗位，例如厂长、经理、生产车间的组长等，其他岗位都是流动的，尤其是在生产线上的工人，老板总想找年轻力壮的工人。

在福州这个国际大城市，杨宏亮与陈秀华才知道什么叫"富裕"和"精致"，之前的常德与之对比简直是小巫见大巫。游乐场、西餐厅、咖啡馆等各种高级场所，富丽堂皇，让杨宏亮夫妻二人望而却步；好在很多平民铺子，如售卖糖水、肠粉、凉茶的铺子，让夫妻俩获得了很多新的体验。这里，早饭叫早茶，而吃饭之前竟然还需要用热茶水烫一下餐具，杨宏亮觉得没必要，但陈秀华认为入乡随俗，还是要融入进去。

他们租了当地农民的握手楼房，30平方米的一房一厅，是那种用一整套房的客厅和厨房隔出来改的，租金是400元一个月。除一张可以睡觉的床、锅碗瓢盆、煤气灶和几个箱子外，再没有其他家具，极为简陋。

随着资历的提升和手艺的精进，杨宏亮做到了车间组长，工资也有所提高，两人加起来每月能拿到近6 000元，算是彻底安定下来了。

这次，勉强又有了自己的小家，杨宏亮与妻子感到很安心，希望能够靠自己的双手，一步步过好日子，告别漂泊拮据的生活。

雨打风吹又万里

2004年6月，杨宏亮夫妇抱养了一个女孩儿。女孩很可爱，眼睛很大，杨宏亮和陈秀华都很喜欢。在福建务工也没办法一直带着，杨宏亮夫妻俩于是选择将孩子送回老家，由杨永义和李青莲照料，取名杨梦洁——很美的名字。

2005年末，杨宏亮和陈秀华回家过年，发现快两岁的女儿竟然还不会走路，连忙带着她去恩施市的医院检查，竟然检查出"先天性脑萎缩"，这是没办法治好的。杨宏亮和陈秀华觉得自己命途多舛，更心疼女儿之后无法和正常人一样体验这个世界，埋怨老天不公。

2007年，杨宏亮和陈秀华准备再抱养一个男孩。夫妻俩在湖南龙山县一个农民家里看了孩子，看着很活泼健康。陈秀华心中默默祈祷，这次应该不会有问题吧，千万要顺利！

可命运会这么放过杨宏亮夫妻吗？谁能想到一个看起来很正常的孩子，在杨宏亮和陈秀华抱回宾馆的路上就开始一直哭，夫妻俩赶紧去医院，到医院后医生就说孩子不行了，不久就断气了。

夫妻俩真的死心了。"没意思的，再这样抱下去也没用的。"杨宏亮这次真的认命了。虽然他之前多次提到命，可心中还是不信，直到这次，他彻底认命。就好像他年轻时尝试养蜂，没有这个命，应该怨谁呢？

打击接踵而至，一点也不想给人喘息的机会。

2008年，杨宏亮他们发现勉强能够走路的四岁女儿，眼睛开始看不到东西了。二人心中一紧，不知道又会遇到什么挫折，可他们已经经历了这么多坎坷，再没有什么能够打击到他们了。两人带女儿去恩施看病，诊断结果是遗传性白内障，有治疗的希望，但是手术费用很高，后续还需要继续治疗，至少需要五六万元。

夫妻二人又面临一个重要的抉择：治还是不治？对于这样一个家庭来说，似乎决定很艰难，可杨宏亮和陈秀华并未有太多犹豫。他们想：女儿已经这样，脑萎缩没法享受正常的生活，怎么能够再剥夺她看到世界的权利？就算是倾家荡产也要保住女儿的视力。

好在手术比较成功，后续虽然视力仍然比较差，但毕竟能够看到东西。

杨宏亮夫妻心里，早就把女儿当成了亲生女儿。话说回来，亲不亲生又有什么关系呢？杨宏亮的亲侄子还有陈秀华的侄女都和他们俩相处很好，知道了这些情况后，劝他们放心，到时候他们会为杨宏亮夫妻俩养老。

其实，将来谁为自己养老都是无所谓的。对于杨宏亮夫妻来说，看开了，有这样的侄子侄女，已经和亲生儿女差不多了。生活，又岂是命运能够左右的？即使命运决定了人的遭遇，但它不会击碎人的心。而心，便是生活的根本！

2010 年，杨宏亮 40 岁，在福建的木材厂做到了刨板的"师傅"级别工人，对各种流程工艺熟稔于心。

一天，杨宏亮在厂子里与工友一起抬一台刨板机，结果太重，将杨宏亮的腿砸断了。这属于工伤，厂子里有医疗费报销和补偿，最后去医院做手术，在杨宏亮小腿上装了一块钢板。这块钢板后来"伴"了他很多年，本不是幸运的事，但在经历了诸多风浪的杨宏亮这里却不算什么波澜，只是一段小插曲。

2012 年，兢兢业业的杨宏亮没有想到自己会面临一次重大的抉择。

福建素有重商传统，与海外的交流联系很密切，也有很多做国际实业投资的老板。杨宏亮所在木材厂厂长的一位朋友打算去非洲投资建木材厂，来这位厂长手下挑人。杨宏亮因为能力和性格人品为厂长青睐，被厂长推荐给了这位朋友。正所谓机会总是留给有准备的人，做好准备即使并不主动去寻求，机会也会不请自来。

然而，出国尤其是到遥远落后的非洲，对一个农民来说，实在是一个重大挑战，不论是实践上还是精神上。杨宏亮如果出去，可不是一个听人吩咐只管干活儿就好的普通员工，而是要挑大梁的，说是分管核心业务的项目副经理也不为过。这位大老板给出的待遇很丰厚，对杨宏亮他们来说是一个天价，每月一万五千元人民币，还可以让陈秀华一起去，给去那里的中国工人做饭。

杨宏亮和妻子商量："秀华，你看咱们要不要去？在国外不比国内，谁知道会遇到什么？"陈秀华也很纠结，这些年来为做手术，带女儿看病等各种事情，基本上没有攒下钱，说："要不给爸妈他们打电话商量一下，看看他们还能不能照顾梦洁。如果可以的话，咱们就考虑一下。"杨宏亮的想法也差不多。他心里很想去，薪资确实太诱人，而且可以每两年回家一次，但又放心不下年迈的父母和命运坎坷的女儿。

杨永义和李青莲得知此事，也很纠结，他们主要是担心儿子出国会有什么意外，但还是表示自己老两口可以照顾好孙女，儿子儿媳自己决定就好。有些亲戚朋友知道后，觉得一个农民哪有出国的，肯定会被骗。

杨宏亮与妻子再三考量，还是觉得得挣些钱，之后如果父母生病，女儿继续护理，都离不开钱，自己也没什么值得被骗的，便选择跟随这位老板。老板叫李国仁，比杨宏亮年纪大些，很聪明又有胆量，祖祖辈辈都在非洲经商，会七国语言，而且对手下人很不错，看人也比较准。

杨宏亮与妻子第一次坐飞机，还是国际航班，很多地方都不懂，还好有老板带着。杨宏亮过安检时，金属探测仪亮了，工作人员问："你左腿那里有什么？"杨宏亮这才想起来，是以前受伤时安的钢板，自觉有趣一笑，挽起裤腿道："之前腿骨折，里边装了一块钢板。"工作人员了解之后，示意让他通过。

几经辗转，终于到达了刚果（金）。乍到此处，杨宏亮心里发凉，这里什么都没有，到处都是说着听不懂的语言的非洲人，怎么建工厂？好在当地有华人聚居区。一个月后他特别熟悉的设备走海路运到了，杨宏亮这才心里有点底儿，甚至感到有点兴奋，对未来有了憧憬。

与此同时，困难也接踵而至。最先遇到的就是语言障碍。在刚果（金），官方语言是法语，还有一些民族语言。老板很聪明，会说一点法语，就教给杨宏亮一些常用的词语，杨宏亮和妻子特意做了笔记，记下各种常用词的汉语发音，比如螺丝刀叫"毒奈维斯"，偷懒叫"不为物"，厉害叫"马咖喱"。杨宏亮此时好像回到了童年上学的时代，有些感怀。最后，连比画带示范，总算让当地工人基本弄清了工作流程。

接下来还有一个重大挑战，就是当地人容易偷懒，缺乏契约精神。当地工人一个月工资折合人民币 2 000 元左右，对于刚果（金）人来说已经相当高，但还是有部分员工，当天拿到了工钱，第二天就不来工作了；也不能按月发工资，不然当地人不相信。后来，杨宏亮他们想到一个办法，按天算钱，每天大概发当天工资的 30%，剩下的周末再结算。

克服各种困难之后，厂子顺利地运行起来，利润很可观，甚至可以说又一次让杨宏亮开了眼界。工厂每天生产 3 000 块三合板，一块 12 美元，一天的营收就有 3 万多美元，而原料成本和人工成本在当地都很低。与国内比较的话，利润有两三倍。

创业虽艰难，但成果是喜人的，这也是杨宏亮人生中极为开心的事。

工作之外，非洲的生活让杨宏亮和陈秀华有新的感受。

刚果（金）热带水果很多，比如木瓜和芒果。杨宏亮和去那里的中国人都很喜欢吃木瓜，树上的果子刚变黄露出成熟的迹象，就摘着吃了。这里特有的蔬菜品种也让陈秀华很感兴趣，做饭时觉得很新鲜。他们还和工人们一起在厂子大门口种了一棵芒果树，等着它一天天长大。

可是，即使在非洲待了很久，杨宏亮夫妻俩也没能和非洲人熟悉。他们主要在当地的华人聚集区活动。

刚开始，街上头顶箱子的女性，小孩们纯真的笑容，路边各种叫不上名的水果，草原上的动物，唱歌跳舞的原住居民，都让他们觉得美好新奇。但经过一段时间的生活，杨宏亮和陈秀华逐渐对身边的人和事感到有点失望。

非洲木材厂的当地工人

一些人不讲诚信，不守时，一些人会偷东西，甚至一些街头警察会索要贿赂……这里治安不好，有时会听到枪声，所幸杨宏亮所在的华人聚集区治安好很多。

这里很多人不会储蓄，有钱就都花掉，对家庭也缺乏责任感。杨宏亮问过一位刚果（金）的工人："你们不需要攒钱吗？怎么好像工资都花了？"他说："我存钱干嘛？要是我死了，谁花？挣了钱就要吃喝。"在这样的生存环境下，他们有及时行乐的生活态度也无可厚非，可是想到这里的小孩总是因为饥饿、疾病等过早死亡，不免让人心生感慨。

疟疾在非洲极为猖獗，在非洲生活时间长的人几乎没有幸免的，疫苗也仅能起作用一段时间。他们早先过来的时候，老板出钱让大家去当地中国人开的专门治疗疟疾的药店打了疫苗，但还是无法长时间起作用。

和杨宏亮他们一起去非洲的同事，最先感染疟疾的，走路都没法走，只能两个人搀扶着，说："受不了了，感觉差不多快死了。"这可把杨宏亮和陈秀华吓得够呛，甚至心里产生过动摇，想尽快回去。老板是见过大世面的人，知道发现得早及时就医一般没问题，尽量开导这些工人。最后，这位同事熬了过来，大家才放心些。

来到这里的第三年，陈秀华和杨宏亮也相继感染疟疾，好在一有症状便快速去当地华人聚集区开的药店，使用青蒿素制成的抗疟疾的药，最后坚持了下来。虽然如此，杨宏亮和陈秀华感染疟疾时，也还是非常害怕，因为他们已经见过没经过治疗甚至治疗得晚的人感染疟疾身亡的例子。

此时在国外，杨宏亮才发觉青蒿素有多牛，屠呦呦有多厉害，发明的青蒿素不知道救了多少人，在国内没有疟疾的大环境下，根本不可能意识到。杨宏亮第一次患病的时候，只想赶快回到国内，回到二坪山上。他甚至想，如果真的熬不过去，也希望是在老家。

每个月老板都会把钱打到他们在湖南办的银行卡上，熬过去后，考虑到这里工资真的高，杨宏亮夫妻俩想着还是要多攒点，到时候最好够买下自己的房子，于是又坚持在那里待了下去。

2016年，杨宏亮和陈秀华已经在非洲生活了四年。

老板允许他们每两年回一次家，且报销来回路费，此前他们俩在2014年回过一次家。到2016年时，交通已经非常发达，从国外回家行程顺利的话，仅需要三天就可以了，但因为身处异国，还是要比在国内务工时更思念家乡。

夫妻俩在非洲，一切还算顺利，都在期待着不断临近的回家探亲的日子。这天，杨宏亮接到父亲的电话，语气好像不太自然，说："宏亮，你们俩啥时候能回来呢？你妈她特别想见你。"

原来，杨宏亮的母亲在家突然生了很严重的病，几乎失去了意识，动也动不了，吃不下饭，所幸能喝下一些水。杨宏亮大哥二哥都回来了，开车带去医院看，医院说治不了，干脆就拉回来了，由杨永义和大儿子二儿子日夜照看。村里的医生也是杨宏亮的一位叔叔，看过后，给开了药，但是吃不下去也没办法。杨永义怕小儿子远在国外太过担心，又希望小儿子尽快回来，让李青莲好歹再看上一眼。

杨宏亮接到电话，也有些懵，知道一般都是母亲给自己打电话，当下心凉了一截，连忙追问："爸，我妈呢，她怎么了？"杨永义知道自己瞒不住，就把情况说了。杨宏亮很心急，顾不得当时还是夜晚，给老板打电话，说明情况，想提前些回去。老板李国仁明白此时的情况，就让他们收拾东西，买最早的机票回去。

晚上收到消息，第二天杨宏亮和陈秀华就出发回去了。好在工厂离机场很近，坐了二十多个小时飞机后回到中国，又转高铁回湖北，第四天杨宏亮就到家了。回到家中，杨宏亮看到躺在床上的母亲，冲到床前，看着母亲憔悴的脸，说："妈，我回来了，我是宏亮啊！"李青莲睁着眼睛，但说不出话来，也动弹不得。她显然已经知道最挂念的小儿子回来了，浑浊的眼睛中流出几滴眼泪，嘴角似乎还有颤动的迹象。

杨宏亮回到家当天，母亲虽无明显好转，但大家做好最坏准备的同时，心情都稍微轻松了些。

第二天，奇迹居然发生了，李青莲竟然能够开始吃一点饭，命运终究眷顾了杨宏亮一次。随着李青莲饭量一天天地恢复，大家的心也慢慢回到原位，这种劫后重生的喜悦，是那么的可贵。

母亲的病好转之后，还有一个重大的家庭决策需要做出——要不要搬下山去。中国农民历来安土重迁，但大家都已明白，下山进城是时代大势，老家是留不下来的，尤其是二坪这样的老家。

早在 2014 年，就有传言说二坪村要搬迁了，是国家的扶贫专项政策，叫易地扶贫搬迁，只要符合条件的都可以搬下山去。后来，村里正式通知，二坪村干部也大力宣传这个政策，列出了搬迁的各种好处，对符合条件的挨家挨户进行宣传，同时劝说他们能搬则搬。搬迁安置小区就在山下沙道沟镇，新式小区住房和周边的配套设施一应俱全，在整个镇都是领先水平。

但有一点，老家的旧房子必须拆除复耕。而正是这一点，让部分可搬迁户心里极为犹豫。他们明知道山下房子的价值要比山上高很多，也知道山下的生活条件要比二坪山上好太多太多。可是，家终究是家，生活了那么久怎么舍得离开？若是搬下去拆除了旧房子，就意味着故土再也没有自己的安身之地，必须要去适应"他乡"的生活。

当然，搬新拆旧的政策自有其合理性，按照老百姓的话讲：不然，国家凭啥白给你一套房子？而且如果白给你房子，让那些非贫困户心里怎么想？更何况，要求拆除旧房子还有很多其他考量，比如增加耕地面积、减少生态污染、避免返居返贫等。二坪村，是"一方水土养不起一方人"的典型地方呀。

此时，杨宏亮家在母亲病好之后，也需要尽快地做出最后的决策。杨宏亮是家里的户主，父亲杨永义和母亲李青莲年事已高，家里各种事都随着小儿子。但杨宏亮为了这个事，还是跟父母商量了好几次。

家庭会议中，杨宏亮向父母更加清楚详细地解释了这项政策："爸、妈，应该是真给房子。咱们家不是建档立卡户嘛，二坪这地方又这么穷，国家就在山下给建了房子，我大哥他家就离那块不远，他也说正建着呢。"杨永义说："这房子还能白给咱们？就怕是把咱们骗下去，房子只给住，却不给咱们。"李青莲也附和道："对，宏亮，你再考虑考虑，咱们要是下山，家里的林子还是我们的不？如果搬到山下，这怎么回来弄啊？"

杨宏亮知道父母对政策的真实性有质疑，毕竟听起来太好了，但杨宏亮也能够感觉出来，父母若是只考虑他们自己，即使政策是真的，甚至白给他们一栋山下的房子，他们也是不会下去住的。这座大山，困了他们一辈子，也养了他们一辈子，他们，是不想离开它啊。

若是说下山会有更好的日子，他们已经觉得现在的日子比以前好太多了，两人很知足；话说回来，即使真有更好的日子，他们可能也觉得自己无法享受太久，就像李青莲这次生病，谁又知道下次意外什么时候发生呢？

于是，杨宏亮说："爸、妈，你们放心，这个咱们肯定要确定清楚，如果山下的房子只能住一段时间，咱们就不下去；不过，如果搬下去，咱家的地确实就很难打理了，哎，实在不行，之后只能来回跑，好在现在路很好。"陈秀华在此事上，没有太多表示，她当然希望搬下去，可是知道公婆很不舍，由杨宏亮做决策并和老两口沟通比较好。

李青莲是最不舍的，尽管不舍，也知道儿女终究是要下山的。大儿子家几年前在山下沙道沟镇买了楼房，二儿子和大女儿也都在山下有自己的房子，只有最疼爱的小儿子这些年太过坎坷，自己不能因为私心就阻止他们，错过这次机会。

她把自己的想法直接说明："宏亮啊，我知道你们迟早是要下山的，你们还年轻，只是到时候如果搬下山去，咱家的老房子有可能留下，晚几年再拆吗？能让我和你爸再住一段时间吗？"

杨永义很多事情虽然不说，心里却清楚得很，知道搬下山去好处更多，过了这个村，就没这个店了。在这个家里，他是和大山打交道最多的人，一生都在林中山上刨食，也是最不舍的，但他不说这些，只说："老房子拆就拆了，搬下去好，不用有那么多顾虑。"

杨宏亮心里也不好受，他虽然觉得山上条件很差，但生活了这么多年还是有很深的感情，更何况父母年纪都这么大了，他们下去后既舍不得老屋，可能也无法适应。只是理智上，杨宏亮觉得应该搬下去。"妈，您说的这个肯定不行，国家政策是这样的，否则不可能直接给咱们房子吧？而且如果到山下去，万一咱们谁再有个什么病痛，去医院也方便，您到时候要是想回山上住，去我姨家住几天应该也可以。"

关于要不要搬迁，杨宏亮家里也算是达成了共识——应该搬。

几天后，二坪村书记和驻村工作组人员知道杨宏亮在家，他家老母亲的病也好了，便拿着相关纸质协议过来。"怎么样，宏亮，考虑好了没？咱们村能搬的可都要搬下去呢，你们家呢？"

二坪村书记也姓杨，是杨宏亮叔叔辈的。杨宏亮答道："四叔，我们也搬，不过这个房子是真给我们了吧？还有其他条件没有？"书记说："那肯定，没看沙道沟建那么多房子吗？放下心去就好了，国家还能骗你们不成？"工作组的人员比较年轻，也说："哥，放心吧，易地扶贫搬迁工程是国家各种扶贫政策中投入最大的，也是政府最关心的，下去后不只有房子，还有幼儿园、活动广场、医务室等各种配套公共服务设施，就是要做一条龙服务，在整个镇都是条件最好的。而且你们在老家承包的土地和林地以及土地承包权等权利都不变，只是老房子一定要拆掉复垦，你们也要做好心理准备。"

杨宏亮一听有工作组的人员担保，也就放心了，在工作组人员的指导下签了同意书。

这件事总算是尘埃落定了，虽然还有两年才能搬过去，但是也要先把当下的安排做好。

李青莲虽然向好恢复，但没有原先那么利索，杨永义很难独自在家照顾李青莲和杨梦洁，因此陈秀华便不再出去，留在二坪老家照顾老人和孩子，与他们共度这最后的山上生活。

这段时间，是陈秀华难得的长期住在山上的日子。老实讲，新婚后不久，夫妻二人就下山了，走南闯北，务工创业，甚至还旅居异国，陈秀华在家没有停留这么久过。这次，她好像能够更加理解杨宏亮了，从根儿上明白了这个已陪伴自己半生的淳朴汉子。是厚重的大山与清澈的山泉赋予了他这样的品质，历患难而不减清冽。

而杨宏亮依旧选择出去，去到非洲那个他艰辛创业的地方，因为他肩上的担子更重了，他想早日攒够钱回家侍奉父母。"父母在，不远游"，可他不得不远游万里外，孤旅异国。

见过国内繁华的大城市，也看过落后的非洲，杨宏亮深刻地感受到，亲情对自己最为重要，那些繁华的大城市不是自己的追求，只愿之后能够与亲人安心相守。

岁月悠悠，一晃已至 2018 年。杨宏亮独自在非洲生活了两年，他很快就又可以回家探亲了。2017 年他患了第二次疟疾，但没和家里人说，自己独自熬了过来，对家人的牵挂是他此时最大的精神力量。这次，妻子也不在身边，只有他一个人，他是多么期待与亲人重逢啊！

2018 年回家，还有一件大事要做，就是举家搬迁，这对杨宏亮来说既忐忑又期待，甚至还有几分伤感。他之前没有想到，会以这种方式决定未来的定居地点，也没想到需要彻底告别在二坪山上的生活。这次计划年末回家，这样，搬完家，一家人还可以在新家过一个团圆年。

10 月末，杨宏亮手机上收到提醒续签的短信，在刚果（金）的居留签证到期了，他才意识到需要换签证了。虽说手续走完需要一个月左右，但还是来得及按计划回去的，可不知为何，杨宏亮心中有些不安。他连忙到当地签证中心办理相关手续，同时也将护照押了进去。身上没有护照，就意味着不能回家，他祈祷着签证尽快办好，能够早日拿回护照。

大概一周后，噩耗传来！妻子没有预先在微信上发信息说什么事，突然打电话来："宏亮，爸……爸可能不行了，你能赶快回来吗？"杨宏亮心里咯噔一下，只感觉周身发寒，甚至意识都有些不太清醒："爸他怎么了？秀华，爸怎么了？"

那边传来妻子哽咽的声音："宏亮，你别太着急，前天爸走着道突然就瘫了过去，半边身体没知觉。大哥二哥他们拉着爸去医院，现在我们都在医院守着。医生说是很严重的脑出血，而爸年龄又太大，已经下了……下了病危通知书。"

杨宏亮只能勉强维持自己清醒："秀华，我……可能回不去了，护照刚押进去，还要好几周才能拿回来。"陈秀华也没想到是这个结果，赶紧安慰丈夫："宏亮你别急，爸这儿我们都在呢，你也知道，他看得开的。"

杨宏亮心急如焚，多次给签证中心打电话也没效果。陈秀华也和李青莲还有两个哥哥说了这个情况，大家心情都很差，他们都知道父亲最疼爱的就是这个在国外的小儿子，可也没办法。

杨宏亮和老板说明自己的情况，请教是否还有其他法子，可老板也没办法，只得宽慰杨宏亮，并让他这段时间先不用操心工作的事情，多联系家里。杨宏亮对此很感激，他长时间地和妻子通着视频电话，看着在医院病床上戴着呼吸罩的父亲，淌下眼泪也顾不得擦，眼睛一直红着。

这次，没有奇迹发生。杨永义此时已经 88 岁，患这种疾病客观来讲是正常的，但也很难熬过去。在住院之后，他偶尔能够清醒一点。看到周围的人中，儿子儿媳孙子孙女好多人都在，唯独不见杨宏亮，但通过手机屏幕看到了杨宏亮，他尽力露出一丝笑容。想到这个过早懂事的小儿子，人生却这么坎坷，很是心疼，杨永义的眼角流出几滴浊泪。他知道自己已经要不行了，但是心里看得明白，并无太多对人世的不舍。

弥留之际，他告诉大儿子大女儿自己很放心，又叮嘱二儿子和妻子好好过日子，不用惦念，最后看着陈秀华和电话里的杨宏亮说："宏亮呀，你们夫妻俩这些年最不容易，我和你妈唯独觉得对不起你啊！"

杨宏亮闻此泣不成声，连忙哭道："爸，别这么说，是我没办法在您身边尽孝，也没能让您过上一天安稳日子，我……我不孝啊！"杨永义又挤出一些力气，说："宏亮，没事的，我这辈子没有遗憾，你之后多照顾你妈，她心小。"杨宏亮赶紧答应，让父亲放心。李青莲在旁边也哭得说不出话来，只得在病床边紧紧抓着杨永义的手。说罢，杨永义便闭上了眼睛，似是又睡了过去。

当天晚上，杨永义的心脏停止跳动，安详地离开了这个世界。这位一直是杨宏亮榜样的父亲，走的时候也特别地洒脱，似乎脸上还带着笑容。

杨家悲恸不已，也知道等不到杨宏亮回来了，就操办了杨永义的葬礼。与"哭嫁"相反，葬礼讲究"喜丧"，悲中生大喜，尤其是在"坐大夜"的时候，邻里亲朋均到家中，打丧鼓、唱丧歌、跳丧舞，十分热闹。

有人说，喜丧可以看作人们对生命的嘲弄，是一场直面天地、容不下半分矫情的游戏，是一群鲜活的生命与冷漠的死神在意志和精神上的对垒！

此时，杨家人也已看开了，哪有人能够逃得过生死呢？乐观面对、积极对待未来的生活，才是对杨永义的告慰，他那么豁达明白的人在天上看到家人这样才能放心。

杨家在举行葬礼的时候，杨宏亮独自在非洲等待着护照办好。12月初，杨宏亮终于再次踏上回家的路程，农历冬月回到家里，看到了父亲的遗像。本来，这段时间他已不那么悲伤了，可看到父亲遗像的那一刻，他泪流满面，哭得像个孩子。

在父亲面前，他永远是一个孩子。他还记得小时候跟在父亲身后割柴火、上树摘野生猕猴桃吃、去山下赶集，似乎父亲在，人生的后盾永远坚固。

树欲静而风不止，子欲养而亲不待。大山的孩子失去了他的山，林下的清泉也离开了养育他的那片林。从此，天下哪里还可以栖心呢？他不知道。

城乡融处觅心安

2018年12月，杨宏亮回到家后，便开始筹备搬家事宜。生活，必须往前看呀！

搬家是一件大事，需要选好日子。杨宏亮他们找风水先生看了适合搬迁的日子，正好就在农历冬月末，搬下去后就要进入腊月了，时间还有些赶。

杨宏亮已经提前带着母亲和妻子去看过抽到的安置房。因为分房时杨永义还在，他们家分到的是五人的房子，在一层。杨宏亮很满意，虽然一层蚊子多些，采光也差点，但母亲腿脚不好，不用上下楼，方便得很。一家人对未来在此地的生活更加充满了信心。

安置社区叫西水情社区，离镇中心不到两公里，毗邻一个原本的村庄，背靠青山，还有一条小河从小区环绕而过，二坪村和镇上其他村落的大多数人也搬至此处。客观来说，这里不是镇上，没有镇上繁华的商业，离城镇的喧嚣有一段距离；但小区楼房的质量在整个镇是首屈一指的，去镇上办事也极为方便。杨宏亮想这应该就是为我们农民量身打造的居住环境，结合了城里和乡下的特点，甚至每栋楼前还有一片片不大的菜畦。

转眼已至搬家日期，杨宏亮家请亲戚朋友们帮忙搬家。首先，母亲李青莲恭恭敬敬地将家里的神龛从老家的堂屋请过去，在新家安置好后，才开始放置其他东西。一家人运了好几趟，李青莲舍不得老家的好多东西，但很多在新家肯定没地方放，且没用，最后挑些可能用到的东西用车拉

酉水情社区安置房及各户菜畦

下来，剩下的全部送给了山上的亲戚朋友。最后，将屋子搬空的时候，杨宏亮和家人拍了个合照，他知道他们一家应该不会再回到山上住了。

自此，杨宏亮家彻底结束了在山上生活的日子。他知道这是理性的决策，可还是担心不知道将来要为此付出多少代价。需要承受多少背井离乡的孤独感？城镇生活能适应吗？邻里之间有矛盾怎么办？算了，决定了便不会后悔，杨宏亮这样想着。

酉水情社区配备有完备的医疗、教育、生活等公共服务设施，办各种事情都很方便。甚至住在镇上的居民，听说这里条件好，都会让孩子每天坐公交车到这里上学。居民初到此处，打交道最多的就是当地社区干部，居民有事情可以找他们，他们也会经常上门查看情况，查看是否有不适应不满意的地方。

2019年的春节，杨宏亮是在新家过的，一家人坐在客厅的沙发上看春晚，他好久没体会到这种温馨的感觉了。来到这里最大的感受就是房子的变化，比老家不知好多少倍，温暖舒适，不用再承受房子漏风挨冻的苦；房间明亮干净，和原先老家到处都是土的房间截然不同；卫生间里热水器可以洗澡洗衣服，厕所更比家里旱厕好太多，不用再受蚊虫骚扰……

单论房子，好处太多，唯独一点，就是生活成本太高，买菜做饭、用水用电处处都需要钱，开销太大。当然，杨宏亮能够承担起这些费用，而且社区里还有一定的补贴。这里虽然有一小块土地，但更多的是让原本住在山上农村的人有个"营生"和念想，也确实起到了很大的作用，却远不能覆盖一家人的蔬菜需求量。原来免费的事物现在需要钱了，难免会有一种落差，杨宏亮更觉得这里付费的水比老家山上免费清爽的山泉水差了太多。

房子在哪里，或许不重要；家人在哪里，家就在哪里。经过短短一个多月，杨宏亮便觉得新房子能够承担起他心中对家的寄托。

一家人中，杨宏亮和陈秀华在外打拼多年，自然很轻易就适应了楼房里的生活。但是李青莲却有很强烈的不适应感。一开始来的时候，她出门后就难以找到自己家的位置，以至不敢单独出门。此时，李青莲已经84岁，又不识字，适应城市生活面临严峻的挑战。

搬过来十天左右，李青莲对小儿子说："宏亮，我觉得我在这待不下去了，咱家房子还没拆，要不你送我回去住吧？"杨宏亮这段时间也看出母亲闷闷不乐的，但刚搬过来，又赶上过年，好多事要忙，没能够完全考虑到母亲的感受，就说："妈，咱们都搬下来了，就没法回去了，老家的房子迟早要拆的，而且如果您自己回去住，我们怎么能够放心啊？您放心，之后我们带您出去熟悉熟悉，会慢慢适应的。如果实在不适应，咱们再想其他办法。"李青莲知道自己很难再回去，也不想给儿子儿媳添麻烦，就只得再忍耐一些，去逐渐适应。

已在农村待惯的李青莲觉得，住在楼房里虽然舒适，但很受拘束，甚至做饭都搭不上手，没有能够烧火的地方，很多电器自己也不会用。这个时候，李青莲更想回到山中，她觉得自己的一生都被大山同化了，是不需要"与时俱进"的，她是属于大山的。生活了一辈子的二坪，穷困偏僻落后，好似与世隔绝；可是，那里对自己这样的人来说，更是一种保护，它让自己可以有尊严地活着，自己过自己的日子。

虽然怀着这样的心思，消沉、落寞，甚至说有些自暴自弃，但她很珍惜和儿子儿媳孙女都在一起的生活，因为杨宏亮很久才能回来一趟。杨宏亮和陈秀华带她出去走、出去逛的时候，她也很高兴，认真地去"看"这些新的事物，不知道自己将来如果真的回去，终老故山，这些新的事物还能不能看到，尤其是还能不能与儿子一起看到。

是的，李青莲内心还是渴望接触新事物新生活的，她只是自卑与逃避罢了，甚至"骗"自己说适应不了，这里不属于自己。当她跟着儿子儿媳孙女去镇上买东西，去饭店吃饭甚至只是去广场上散步，看着同住小区的人们很快熟络起来甚至一起跳舞时，她发现，这种"新"式生活不过如此，没有那么遥不可及。

虽然只是看着，还没有融入其中，但她也觉得自己并非待不下去。四周的山是一样的，不过是山顶和山脚的区别；周围人的生活观念也与在老家时差不多，只是更加自信和开明。很快，李青莲就对这个新小区的环境熟悉起来，起码能够找到自己家的位置，同时也学会了使用家里的一些电器，比如洗衣机、热水器、饮水机等，原先不习惯的马桶也已经能够适应。

然而，她做到的只是对山下生活方式的适应，离开老家那些亲戚和朋友，没有社交生活，她还是觉得孤单。即使是这样，也很好了吧，她已经八十多岁了，还能做什么呢？或许，也没什么可做的了。

那些再年轻一些的老年人，还会到广场上跳跳舞，她还见过六十多岁的老人跳那种很新式的舞而非"广场舞"，确实有些震惊。新到一个环境中，她不会用自己原本的观念去判断别人的行为，更多的是抱着一种接触新事物的心态。要是没有易地扶贫搬迁，自己可能就一辈子生活在山里，逐渐衰老，直至与大山融为一体。

不知道是这里更加舒适的生活条件还是更先进的文明观念在潜移默化地影响着自己，李青莲感觉自己的心态发生了很大变化，多了一些对个人生活体验的关注，而不是把全部心思都寄托在儿孙身上。

心态变了，精神状态也随之变化，杨宏亮和陈秀华敏锐地察觉到了这种变化，母亲不再是那种"故步自封"的心态，笑容也多了。他们终于稍微放下心来，母亲只要能够适应就好，但他们也意识到她现在与在老家不同，没有什么能够做的事。

杨宏亮这些年来听说很多老人在晚年因为"觉得失去意义感"而选择以某种方式自尽，他们也很担心母亲，尤其是父亲刚过世不久。恰好有次机会，听社区干部说镇上流行一种很简单的打发时间的活计，很多老人都在做这个事，他便让母亲也试试能不能做。这个活儿是"拆纸片"，就是把服装厂的带胶的废料纸片的胶和纸片分开，剩下的纸片收集在一起可以回收利用，能卖些钱。

这个活儿虽然很枯燥，但胜在简单且干净，确实对老年人非常友好。李青莲很快就上手了，觉得是个打发时间的事，起码还能够有点事做。杨宏亮他们也很高兴，母亲拆一天的纸片能够卖十多元钱，他们一点儿也不指望着这活儿赚钱，就是想让母亲能够有点事做，让她觉得自己还"有用"，生活有更多的盼头。

事实证明，这个活儿确实起到很大的作用，李青莲甚至还通过这个活儿认识了几位附近的同龄朋友，也是几位老太太。这个小区的居民都是从农村搬过来的，老年人的比重很大，但和李青莲同龄的老年人一般都不会在外面活动，没法像其他人那样在候车亭或随意在哪里置个小桌打牌聊天。杨宏亮家比较安静，房子面积也大，李青莲经常约着两三位老姐妹到家里一起做拆纸片的活儿，偶尔聊几句天。

李青莲有了新认识的朋友，这要是在二坪村是不可想象的，大家都是熟得不能再熟的人，又大多都跟随着儿女，难有自主生活。认识新朋友之后，李青莲才算真正地安顿下来，心里不再似之前那般感到孤独，物质生活和情感生活都有了彻底的变化。

李青莲（靠窗）与朋友一起"拆纸片"

杨宏亮和妻子终于完全放心，虽然杨宏亮很想一直留在家中，但不能不挣钱，现在家里的生活成本更高了。2019 年，杨宏亮又启程前往非洲，那里的工资是他难以拒绝的，每月已近两万元，于是他毅然决然地回到非洲，留下陈秀华在家照看母亲和女儿。

杨宏亮再一次回到非洲这个几乎是他一手打造的木材厂，看着经营情况越来越稳定，他感到很幸福。身处异国他乡，若是没有支撑自己前进下去的精神力量，很难坚持下去。而杨宏亮的精神力量，一方面是这个工厂的繁荣和工资到手的踏实，另一方面是家里情况变好的安心。

受惠于国家的易地扶贫搬迁政策，杨宏亮愈发感受到祖国的繁荣昌盛，也不由为刚果（金）这种绝大部分百姓都在受苦的情况感到痛心。已经在这里生活了六年多，杨宏亮也结识了不少华人朋友和少数非洲本地人，说没有感情是不可能的。

有一次面对非洲朋友，杨宏亮向他展示了自己新房子的照片，说："看，这是我们国家给的房子，没收一分钱。"朋友明显不信，说："怎么可能？哪有这样的好事？不信不信，你又在开玩笑了。"杨宏亮笑笑："哈哈哈，不信拉倒，反正是我们国家给的。"朋友只是摇摇头，还是不太信，不过并未有过多纠结。这边虽然中国人不少，但是本地人并不太了解中国文化和中国政府，只知道中国人很富有，与人打交道也很和善。

2020 年初，新冠疫情在武汉暴发，杨宏亮看到消息后很是担心。后来疫情在湖北大规模蔓延，甚至沙道沟镇都出现了疫情，政府进行应急管制。即使有时差，杨宏亮也每天和陈秀华沟通，问家里的情况，知道一切还算稳定才稍稍安心。

杨宏亮萌生了离开非洲回国的想法，可一直没有机会，不知道怎么和老板说，国内国际情况又特别严峻，航班减少，飞机票价也翻了好几倍。这种想法一旦产生，就不可遏制地生长，他和老板李国仁说："老板，咱们厂子已经正常运行得很不错了，家里疫情不乐观，我想离开非洲，您看能不能让我回去？"

老板一直以来对杨宏亮都不错，了解他家的情况，这次倒是没想到他会提出要回去："宏亮啊，国内疫情我们都看在眼里，可现在这情况，想回去也回不去啊。你能不能再待一段时间，等形势稳定下来，再看看？我本来想再在这建一个新厂房，现在环境太不稳定，也得搁置了。"

杨宏亮知道老板的意思，疫情严重，之后充满不确定性，最好再观望观望，而且老板有意让自己再帮忙建新厂。其实他已无心再在这边工作，但老板对他有知遇之恩，也不好直接拒绝，况且不是现在就建厂子，只得答应下来，看看大环境的变化。

又过了两个多月，非洲也出现疫情，且暴发得更严重，政府无力防控。杨宏亮下定决心，一定得找机会回去了。他看到当年来到这里时在厂子门前种的芒果树已经很高大，甚至头一次开始挂花，他有些伤感。又想到老家山上的野生猕猴桃，也好久没有能够摘着吃了。

一天，杨宏亮突然肚子特别痛，这不是感染新冠的症状，去当地医院一检查，发现是肠结石。由于之前主要生活在华人聚居区，他还是无法在这边自由交流，找翻译沟通，也没说明白。他只得打电话请老板来，老板沟通得比较好。非洲医院医生说，要做手术，用刀割掉。

这次，可把杨宏亮吓坏了，国内好像是可以震碎的，这里就要用刀子。他不想在这里动手术，很不放心这里的医疗条件。老板让杨宏亮做好准备，自己则借助医院开具的证明又托关系，才终于帮杨宏亮搞到了一张回国的机票。机票要近六万块钱，杨宏亮咬咬牙还是选择回去了，他怕再晚会耽误很多事情，自己的和家里的。

杨宏亮很感谢老板，收拾好必要的行李，带上护照，带上核酸检测结果就启程回国，离开了这个自己奋斗了近八年的地方。好在肠结石不是太严重，杨宏亮又控制饮食，到了国内，隔离期满，才回到家乡医院做了震碎结石的手术。虽然流程很复杂，但是结果都算顺利，最后回到家休养。

经过了多少大灾大难的杨宏亮甚至觉得多亏这次肠结石，自己才有机会回到家。漂泊的游子，终于回到这个让他安心的家了。这个家里有母亲，有妻子，还有女儿，他要陪她们度过这个分外艰难的时期。

疫情三年，虽外界风雨飘摇，但一家人在一起，没有过多牵挂，也觉得很快就过来了。杨宏亮和陈秀华在外打拼那么多年，尤其是在非洲的时候，有了一定积蓄，这让他们能够安心在家度过这段日子。

杨宏亮这些年来一直在外边，每次回家都会觉得家里变样了，包括二坪村和沙道沟镇。对二坪村来说，变化最大的就是路，修了板路，告别了从前大雪封山、三月无出的生活。村里还有一个专门的工作是"养路"，夏天雨多，气温又高，道路两边的树木生长茂盛，以至经常遮挡道路而影响交通，因此，当地政府雇用居民负责路的维护工作，砍掉路两边影响通行的枝叶。这对山里人来说是再熟悉不过的事，到二坪村那段路便由二坪村一位六十多岁的老人负责养护。二坪村的年轻人每次开车来回碰到他都会问要不要搭车走一段。

自回家以来，杨宏亮家暂时失去劳动力，还有老人和孩子需要照顾，西水情社区便给他安排了一个公益性岗位。这种公益性岗位是保障脱贫攻坚成果的一项扶持性政策，以工代赈，确保他们家能够有基本的收入，而不是有出无进，从而坐吃山空，甚至返贫。而且，这种岗位自由度很大，杨宏亮还有时间回到老家打理林地。

在西水情社区生活的这段时间，由于杨宏亮朴实热心，普通话也说得好，社区里有什么活动需要人手，都会优先想到他，比如疫情严峻的时候，组织大家做核酸，或是安防站岗等工作。客观来讲，疫情期间的种种措施加快了这个新社区的内部融合过程，杨宏亮就认识了好多新朋友。邻里间也特别融洽，让杨宏亮感觉和老家差不多，谁家需要帮忙，能够帮的都会搭一把手。因为住得近，杨宏亮甚至觉得这里比老家的凝聚力还高，这里人们更加团结，也更具有集体荣誉感。

随着时间推移至2023年，疫情对人们的影响越来越小，各种停办的活动也陆续举办起来了。沙道沟镇是一个大镇，要在各社区和当地企业间举办气排球比赛，主要是面向各个易地扶贫搬迁安置社区。对于原本的农民来说，这种休闲类运动离他们很远。他们的娱乐活动更多是在劳作一年之后，过年期间大家聚在一起打牌打麻将，算是难得的休息。他们不是不想进行各种有趣的体育活动，而是一开始没有机会，现在又觉得错过了年轻时期，很难再接触这种活动。

社区要从零开始筹备人手组成代表队，便问到杨宏亮这里。杨宏亮之前也没接触过气排球，考虑到大家差不多都是零基础，自己也有时间，就答应参加，加入了一个微信群就算入队。杨宏亮有些期待，他这些年来在外面也见到很多体育场馆，很多年轻人在那里玩，看着就能感觉到他们很开心，但他从来没有机会接触。

过了几天，杨宏亮按通知到社区边上的体育馆集合。说起这个体育馆，还是当地的扶贫企业湖北准者体育用品有限公司投建的，有一个排球场、一个篮球场和两块羽毛球场地。准者体育的负责人李文猛，老家便在沙道沟镇。2018年时，政府为扶贫招商引资，出台了一系列优惠政策，李文猛就回乡建了扶贫工厂，这些年来不仅吸纳了很多劳动力就业，同时还修建了这个体育馆，极大地丰富了社区居民的文化生活。

社区排球队的成员，各个年龄段的都有，大多不是很年轻，杨宏亮也不是最大的。第一次集合时，社区负责这个事的一个小伙儿，就带了十几件队服过来，分给大家，队服也是准者体育生产的。拿到衣服的新队员虽然嘴上不说，但心里都很高兴。一方面，他们认为这是对他们的信任和重视；另一方面，代表社区集体参加，也让他们有荣誉感。

第一次训练马上开始，教练员打过气排球，但也不是很专业。首先教大家气排球基本的规则，大家都没有基础，态度却很好，听得很认真。随后便是基本的发球和传球，先教下手发球和抛传，垫球相对难一些，放后面学。教练说："咱们参加的都没基础，到时候在场上把球发过去，就赢了一半。发球大家要好好学，在场上要是发球都发不过去，怪丢人的。"大家一听，也不希望自己和自己代表的酉水情社区到时候丢人，都学得很认真。后来又分成两队让大家在比赛中熟悉规则，两方对打，你来我往，纵有各种失误，也笑声不断。

气排球确实容易上手，仅是一次训练，大家就觉得很有意思，杨宏亮也是如此。平时杨宏亮不和其他人打牌，这对他来说是难得的"玩"的机会了，学得格外刻苦，再加上也有些天赋，反应快，手脚灵活，两次训练之后便成了队里的主力。

很快就到了比赛的日子，说起来有些好笑，大家从零开始只训练了四次，便赶鸭子上架了。比赛地点就在酉水情社区边上，也就是平时训练的球场，酉水情社区的一些居民也过来观战。这下，杨宏亮他们在场上精神更加振奋了，完全发挥出了自己的水平。他们发现，有的对手竟然比自己水平还差，甚至发球频频失误。自己这边则状态不错，一路过关斩将，居然进入了四强。

四强就已经有基本的奖金了，大家都攒着劲儿想争取更好的成绩。但半决赛时，硬实力实在不足，酉水情社区代表队还是败给了对手。杨宏亮他们再接再厉，在季军战中取得了胜利，拿到了第三名，有八百元的奖金。虽没夺得魁首，但大家都很满意这个结果，最后用奖金聚了一顿餐。

经过这次比赛，酉水情社区的居民更加具有凝聚力，而这个排球队在比赛之后也没有解散，偶尔会约着在球场一起打打比赛，队员之间也建立起比较深厚的友谊。后续，当地政府还举办了全民运动会，吸引大家参加。就是在这种"重在参与"和"喜看热闹"的过程中，搬迁至此的社区居民的幸福指数显著提高。生活嘛，更有意思了些。

对于杨宏亮来说，这种日子也是之前难以想象的，不是为了生计奔劳的活动，对于农民来说是多么难得与可贵。在酉水情社区，杨宏亮他们感觉找到了奔走半生追求的安身之处。

2023 年 6 月，杨宏亮一家在一起已经三年多了，他们又不得不考虑出去谋生了，在家终究不是长久之计。其间，陈秀华试过借助娘家的一些渠道和资源，做线上服装代理销售，但因经济不景气，也没挣到钱，甚至还有亏损。

恰巧这时候，陈秀华的两个侄女想让陈秀华过去帮忙看店，两个侄女在江苏创业做服装生意，既有线上的营销直播，又有线下的门店，顾不过来。杨宏亮说："秀华，要不你就过去吧，年轻人创业也不容易。搞这个肯定有风险，也有淡旺季，也别怕一时卖不到钱，眼光放长远点。"陈秀华说："那你一个人在家可以吗？照顾梦洁，还要回老家弄林子。"杨宏亮知道陈秀华心里还是有点想去的，她有做服装生意的经验，和两个侄女关系又很好。一家人商量了一下，决定还是由陈秀华过去帮侄女们，由杨宏亮看家。

不同于当年杨宏亮独自在非洲闯荡，这次由杨宏亮在家做"家庭主夫"，夫妻二人的角色做了互换。

杨宏亮每天的基本工作，就是买菜做饭洗碗，帮女儿穿衣洗漱等。女儿杨梦洁已经19岁，可因为先天性脑萎缩，现在也说不了话，全身瘦弱得不成样子。好在杨家人都很心疼她，照顾得很好，尽量让她每天都高高兴兴的。杨宏亮的母亲虽然已经89岁，可很多事情都能自理，自己也很爱干净，包括洗澡洗漱等，杨宏亮需要做的就是偶尔帮母亲换洗被褥。

李青莲现在在新家生活得很好，甚至有"乐不思蜀"之感。有一次，杨宏亮的姑舅姐姐想接李青莲回二坪山上住几天，李青莲都没有回去。她认为山上的卫生太差，主要是上厕所太不方便。杨宏亮也很为母亲的变化感到高兴，她当初可是想独自搬回去住的。

其实，让杨宏亮觉得最不好的就是家里的老房子被拆了，回去干活儿没有落脚的地方。若是老房子还在，他还想着夏天带母亲和女儿上去避暑。没办法，万事不可能十全十美，人也不能太贪心。

之前妻子在家还好，现在妻子去了江苏，自己要是上山干活儿，需要每天来回跑，因为要为母亲和女儿做饭。杨宏亮早上起来先简单地准备一些饭，自己早早吃过，六点便骑摩托上山了，而母亲和女儿八九点起来再吃。即使六点出发，骑摩托也要十点才能到山上。中午吃一罐八宝粥，干到下午三点，就需要回家去准备晚饭，六点才能到家。因此，每天工作时间只有五个小时左右，很不方便。不过，独自在山上的时间对杨宏亮来说是很自由的，这是与大山的天然亲近。

触景生情，他会想起很多住在老家的往事。路过大哥家的老房子，会想起小时候一家人在这生活的时光；路过当年的二坪小学，便怀念当年上学时无忧无虑的日子；路过那泓山泉，会先洗洗手，再痛快地喝上几口，就好像自己没有离开过似的。

物是人非，更添许多伤感。大哥家的房子是父母早年的房子，兄弟姐妹四人都是在这里长大的，可如今都已分开，父亲也与世长辞，只留下遗像在这房子的堂屋里。二坪小学也不再是小学，易地扶贫搬迁之后，二坪村并入山下的红旗村，二坪在建制上已没有小学了。而这泓清泉呢，幸运的是，它好像还没有一点变化，依旧甘甜清冽。杨宏亮每次开车回到二坪老家的时候，后备箱里都会放两个大的矿泉水桶，接上满满的山泉水回去。

每次带着山泉水回到山下的家中，杨宏亮都感到十分安心。似乎这泓山泉，足以慰藉杨宏亮对故乡的所有眷恋。

溜索上的四代人

云贵两省交界的牛栏江大峡谷谷底，南岸是贵州省威宁县海拉镇花果村大石头组，北岸是云南省会泽县火红乡耳子山村槽槽组。大石头组建在峭壁之下的斜坡面上，从前这里地势险峻，未通公路，与外界的联通只有两条途径：一是徒步从峡谷底部沿着环山公路攀爬大岩山直到谷顶；二是经由两条百米跨江溜索到达对岸的云南省会泽县火红乡耳子山村槽槽组，然后再从当地的水电站绕道外出。因溜索这种特殊的出行方式，花果村大石头组也被称为"溜索村"。

搬迁中的家族

元明时期，卯氏先祖在草海之滨繁衍生息，安居乐业；清朝中期，战火波及草海边，打破了卯氏先祖世居草海的幻梦，他们被迫踏上了漫长的迁徙之路。卯稳树的先祖带着妻儿老小从此告别草海坝子，一路颠沛流离，走向了乌蒙大山深处。卯氏先祖翻过一道道山梁，辗转来到了如今的海拉卯家箐一带，在此地繁衍了两代人。之后，卯家祖辈再次带领族人向着大山深处迁徙。他们顺着山梁一路行走，终在牛栏江边停下了脚步，在现今的大石头组落地生根。在战火纷飞的年代，大石头组背靠百尺悬崖、前临奔流湍急的牛栏江，这得天独厚的地理位置使其成为躲避战乱的绝佳宝地。一路迁徙、一路流浪，在此地落叶生根、开花结果。就这样，草海之滨的卯氏一族，终在这"桃花源境"开枝散叶。

卯氏家族在大石头组繁衍了八代子女，在八代人的更替中，大石头还是当年的"大石头"，可大石头外的世界却早已发生了翻天覆地的变化。百尺悬崖与奔腾的牛栏江已不是战火年代的天然屏障，反而成为大石头与外界联系的重重阻碍。卯稳树、卯昌富经历了闭塞与开化的父子两代，从与世隔绝到融入社会，他们的搬迁故事是四代人、两个时代的缩影。

卯稳树，现阶段卯家长者。1969—1984 年担任大石头组生产队队长，带领大石头组村民进行生产劳动。1983 年逢大旱，庄稼歉收、粮食紧缺。卯稳树出门务工以购买粮食度过荒年。1984 年夏，卯稳树返家辞去生产队队长一职，此后几乎从未离开过大石头组，深耕土地，靠天吃饭。2016 年与 2017 年，易地扶贫搬迁工作组久做其搬迁思想工作未果，遂暂缓搬迁。2018 年，工作组再次入驻大石头组，并将卯稳树孙辈接至威宁县城读书。同年 4 月，卯稳树之子卯昌富外出务工返乡，搬迁至威宁县城五里岗街道朝阳新城安置社区。卯稳树与其妻子高关妹仍留在花果村大石头组照顾其九旬老母亲何莲美，是易地扶贫搬迁工作中的"钉子户"。2018 年 8 月，威宁县县委书记亲自前往大石头组，说服卯稳树夫妻及其母亲最终搬出大石头组。

高关妹，卯稳树之妻。2018 年跟随丈夫卯稳树及家人搬出大石头组，入住威宁县五里岗街道朝阳新城安置社区。

何莲美，卯稳树母亲。2018 年跟随其子一家搬出大石头组，入住威宁县五里岗街道朝阳新城安置社区。

卯昌富，卯稳树长子。1972 年出生。读完小学一年级后未曾继续接受教育。1988 年始，年满 16 岁的卯昌富与同村人出门做苦力，主要在牛栏江对岸的云南会泽火红煤厂下井挖煤、背煤。2004 年，32 岁的卯昌富与邻村的陈庆花登记结婚。婚后，农忙则在家务农，农闲则出门务工。其弟卯昌云结婚后，家族分家，其父母与祖母单独居住。

陈庆花，卯昌富之妻。2018 年跟随丈夫卯昌富及家人搬出大石头组，入住威宁县五里岗街道朝阳新城安置社区。

卯会朵、卯申文、卯米会，为卯昌富子女，先后就读于花果小学。2018 年 3 月，威宁县政府将卯家三姐弟及大石头组其余几位学生送至海拉红辉小学借读。2018 年 4 月底，卯昌富一家搬迁到威宁县城，卯家三姐弟也一同前往威宁县易地扶贫搬迁的配套小学、初中就读。

冲击与乡愁

这场浩浩荡荡的大迁徙，对于世世代代依山而居、"靠山吃山"的村民而言，无异于一场撕心裂肺、"伤筋动骨"的剥离，几多辛酸，几多眷念，几多不舍；同时，又有几分好奇，几分期待，几分欢喜。"出山"，意味着离别家园，告别传统与故土，走出贫穷与困顿，走向自力与变革，走向光明美好的幸福生活。"进城"，意味着迎接挑战，接受动荡与漂泊，直面陌生与未知。也许，将根本改变原本的命运轨迹，改变未来的人生走向。那么，是接受一成不变的安贫守困，还是选择"劳心费力"地尝试革新？是顺应历史潮流迎风而上，还是拒绝改变奋力抵抗？怎么办？该怎么办？能

大石头组的溜索

怎么办？无论政府还是个人，都将面对这一个个沉重的话题，都将面临一个艰难的选择。

2018年4月27日，贵州省威宁县海拉镇花果村大石头组的卯昌富一家在这一天搬出大山，来到威宁县城开始新的生活。在"出山"的最后时刻，卯昌富一家与哺育了他们数代人的小山村做了道别。沿着溜索跨过牛栏江，借道云南会泽来到了威宁县五里岗街道朝阳新城的安置社区，开启了一家人的"进城"生活。"出山"与"进城"，是当地政府长期工作的成效，也是卯氏一家多次思考后的最终选择。

"走也走不了，死也死不掉，给大家添麻烦了。"九旬高龄的何莲美在儿孙即将搬离大石头组的时候连声说道。这位裹着小脚的太奶奶在大石头组生活了一辈子，从未想到会有搬出大山、走进城市的一天。考虑到年事已高，并且从未坐过汽车，老人只能暂时留在老家。何莲美对易地扶贫搬迁了解不多，对那些宣传的政策性词汇更是一无所知，她只知道搬出去之后她的重孙辈读书就不会那么辛苦。她最大的愿望就是百年之后能在老家的坟地"入土为安"。在这次搬迁中，年事已高的她似乎已经没有了选择的权利，只能跟随儿孙"出山"。

"糠箩搬到米箩里，豆腐搬到肉锅里。"卯稳树在进城后有感而发。自从易地扶贫搬迁工作组入驻大石头组后，卯稳树对易地扶贫搬迁工作逐渐有所了解。曾经做了十多年生产队队长的他一开始也对"出山""进城"充满了怀疑。微薄的低保金和生计方式的改变，让这位老农对未来的生活充满了困惑，这也促使他成

卯稳树之母何莲美

为"搬迁顽固分子"。一些关于搬迁的谣言和对九旬母亲的顾虑，更加强化了卯稳树留守大山的想法。最终县委书记亲自上门做工作，逐渐消除了卯稳树心中的顾虑，他才决定带领儿孙渡过溜索搬出大山，踏上进城之路。

费孝通在《乡土中国》里提到："长在土里的庄稼行动不得，侍候庄稼的老农也因之像是半身插入了土里……"老一辈的搬迁移民就像是半身插入了土里的老农，他们所熟悉的谋生方式，还是日出而作，日落而息，土里刨食，靠天吃饭。面对生活环境的巨变，对未知的不安和怀疑转化为最深的执念——"我们就不搬，搬迁去了维持不了生活"。土地与家园，是国人的魂梦所系，而对易地扶贫搬迁的农户来说更是一种无可替代的依托。数千年农耕文明孕育出的每一个中国人，骨子里都有浓厚的家园情结。安土重迁、故土难离，纵是华屋豪宅，总不如自己的一方茅屋安适自在。山川大地出产的五谷杂粮，营养我们的肠胃，安抚我们的肉身；祖祖辈辈安身立命的故乡热土，滋养我们的精神，寄托我们的灵魂。十里八乡约定俗成、世世代代沿袭遵奉的乡风民俗，便是历久弥坚的家园情怀，人人遵守，代代传承。可如今，故土难离终须离。大山是养育之地，也是阻隔通向未来的桎梏。在政府帮扶下，他们告别这不易生存的深山祖屋，奔向一片新世界新天地。"出山"何其难，"进城"何其幸。

从"出山"到"进城"，从农村村民到社区居民，意味着身份的转变，也意味着生产生活方式的转变。身处时代裂变中的昔日村民，如今摇身一变成为"上楼的居民"，他们在进城后是否有足够的精神准备？是否理解？是否接受？欢喜、愉悦、焦虑、矛盾、纠结、困惑，在朝阳新城的安置社区中我们看到一组组鲜活的人物群像，看到了昔日村民们如何一步步走进并渐渐融入城市，开启他们的新生活、新人生。

自由是什么？作为一个具有美好蕴意的词，它涵盖的范围极广，对自由的定义因人而异。《逃避自由》一书就提到两种不同形式的自由：一种是脱离外界束缚而获得的负向自由，这是大多数人所追求的，属于易失去也易得到的自由；另一种是正向自由，指的是拥有自我力量而获得的自由，侧重内在的蜕变对人的影响。对于搬迁移民而言，从"出山"到"进城"，一方面威宁县城里的外界束缚远远多于昔日的大石头组，这些束缚可能是城市里的条条框框，甚至可能是安置社区的一部电梯、一个防盗门、一台电磁炉……另一方面，老一辈的搬迁移民早已熟悉了原有的生活环境，从"出山"到"进城"的内在蜕变若不顺利，往往会导致一种对自由的束缚。能够适应和蜕变意味着在安置社区获得了新的自由，然而对于一些难以转变的群体，这便成了困住他们的"围城"。

75岁的高关妹，身着威宁地区回族的传统服饰，总是一个人坐在房间的窗边，静静地看着窗外发呆。无人知晓她在看什么、想什么，她像尊雕塑，沉溺在自己的世界中。我们曾尝试着和这位慈祥的奶奶交流，但每次都无功而返。唯一听到她嘴里一直重复的就是：搬来好，样样都好。后面我们了解到，坐在自己的房间静静地望着窗外发呆，已经是搬迁后高奶奶的生活常态。由于患有痛风，加之年幼时的缠足经历，如今的她行动很不方便，大多数时间都是一个人待在房间里。从前在大石头组的时候，她是个能爬山下坡，干得了农活、做得了各种家务、照顾得了九旬婆婆、照看得了孙辈的劳动妇女。但搬迁之后，在这个大家庭里，她似乎已经失去了自己的价值。她不知道怎么用电、用煤气，甚至不知道怎么开防盗门，因此来到新家后她没有做过饭，只是偶尔帮婆婆洗一洗衣服。搬迁后，高关妹的身体远不如前，潜藏在深处的病症开始侵蚀她的身体，在医院查出患有胆囊炎。在医保的帮助下，住院一周仅花了150多元。遗憾的是胆囊炎并没有根治，现在偶尔还是会肚子痛，只能通过在胆囊的位置掐两下来缓解疼痛。前不久，高关妹夜里经常睡不着，起身在屋子里转悠，然后呆呆地坐在沙发上。这种时候往往有些不清醒，认不得人。去医院做了检查，才知道她已经患上了脑萎缩。卯昌富带着母亲去了精神专科医院开药，吃了药后，高关妹的状态明显好多了，夜里也容易入睡一些。但门诊开的药

卯稳树之妻高关妹

无法通过医保报销，每一次都要花 200 多元。长期的药物开支对于这个主要依靠低保维持生计的家庭而言不是一件小事。卯稳树表示，妻子在搬迁前身体很健朗，但搬到这边后，开始出现大大小小的问题。自从搬到这边后，她几乎不出门，也没什么社交活动。高关妹曾经在花果村的朋友们，现在也都搬迁到了不同的社区。她不愿跑到别的社区去找老友，也不知道怎么在这个"新的地方"结交新朋友。她常觉得，还是在老家好，这里有点闷。

"出山""进城"对于整个家庭而言，固然是一个具有积极意义的转折，但对于高关妹而言，我们不知道这是一种走出大山的自由，还是囿于一室的束缚。在这次变革之中，高奶奶似乎没有实现蜕变，反而被束缚在这 120 平方米的安置房内，在新的环境里失去了往日的自由。

卯稳树在这场搬迁中的变化则呈现另一番景象。从最开始的不愿意搬迁，到后续理解搬迁政策、同意搬迁，卯稳树在搬迁前后有了突出的变化。以往在老家面朝黄土背朝天的务农生活已不见踪迹，在安置社区的生活，卯稳树大多数时间都是空闲的。这些空闲时间里，卯稳树总会和安置社区的其他移民一同在楼下闲聊，有时候还会相约沿着县城里的大马路到处走走看看。此前也想百年之后回到老家安葬的他，现在也表示可以接受县城里公墓的统一安葬，不回老家也是可以接受的。平日里，他还关注孙辈搬迁后的学习情况，为我们分析了如今手机游戏对中小学生的危害，表示希望学校能够加强相关方面的管理。如果将这些变化与他十多年的大队干部工作经历联系起来，想来也不觉得惊讶。可以说卯稳树"糠箩搬到米箩里，豆腐搬到肉锅里"的感悟是发自内心的，也是他顺利完成从"出山"到"进城"这一蜕变的表现。他能够适应城里各种条条框框的限制，也能在新的生活中寻找自我，在"进城"后卯稳树并没有被束缚，而是在安置社区中找到了自身价值。

自由和束缚的背后，展现的是搬迁移民对社会的脱离与融入。社会融入是指个体或群体在面对新的社会环境时通过不断适应而融入其中的动态过程。易地扶贫搬迁后，社会环境的改变伴随着新的社会规则。毋庸置疑的是，借助国家易地扶贫搬迁政策的帮扶，卯氏一家三位老人确实实现了生理上的快速"出山""进城"，但在城乡差异的大环境下，面对"进城""上楼""打散"等新情况时，部分老人由于身体机能相对较差、文化水平较低、学习能力较弱等因素，陷入了社会融入的困境。

规则是人们在生产生活中需要遵循的法则。曾经在大石头组，他们知道的更多的是"不违农时""不违法犯罪"。但城乡之间因社会基础、经济基础等方面的不同，其社会规则也不同，因此所谓的"条条框框"就显得更多。朝阳新城的各种"条条框框"要比大石头组的规则更加健全，要求更高，这也让习惯了农村规则的卯家老人们表现出诸多不适应。比如社区较高的卫生标准让老人们显得格外局促。他们过去长期生活在农村，农村的卫生要求和条件要比城镇低，但进城就意味着必须适应城镇较高的卫生标准。相对于城镇，农村地广人稀，在单家独户的生活居住模式下，环境的消解能力比较强，如将生活污水倒在门口、随地吐痰、扔烟头等在农村都不是太大的问题。但城镇安置社区采用楼房集中居住模式，人口密集，已经不允许随地吐痰等影响他人的行为发生。与大石头组相比，朝阳新城的风险因素增多，对居民的安全观念要求提高，很多易地搬迁老人很难适应这种转变。

农村是一个熟人社会，尤其是在相对封闭的边远山区农村，由于受地理环境限制，人员非常稳定，农村人尤其是长期生活在村里的老人互相之间的信任程度非常高。但城镇社会是一个流动的陌生人社会，城镇集中安置社区中的易地搬迁老人往往习惯于用农村的方式来生活或处理人际关系，这既给生活造成了不便，也出现了被偷被骗等情况。易地搬迁老人在农村已经形塑了一套固定的社会交往模式，受年龄和思维习惯限制，他们大多已难以"再社会化"。我们很难去界定新的生活对于他们而言，是自由还是束缚。

在陡峭的大山深处，在狭小的岩缝之间，散落着一座座土墙房和石墙房，这里的居民日出而作，日落而息，他们的生活朴素而规律，日复一日，循环往复。

过去卯稳树三兄弟比邻而居，弟弟卯石全和卯石州两家一直在云南务工、生活，所以农田种植和养殖大部分时间由卯稳树一家负责。农闲时节，卯昌富和弟弟卯昌云通常会轮流外出务工，留下一人在家照顾年迈的父母和祖母。农忙时，兄弟俩就留在家里一同务农。大多时候，卯昌富和妻子都在家中忙于农田劳作、照料家庭，他们共同分担，互相协作。清晨，太阳刚升起，夫妻俩就开始忙碌起来。一人准备早饭，送孩子们去上学；另一人则赶往田地，耕作自家的土地，照料家畜，劳作的身影在山间来回穿梭。

海拉所处地区的地势陡峭，沟壑纵横，且石漠化问题比较严重。因此，村里的土地并不是严格意义上的耕地，但因为自然资源有限，这些土地被作为耕地来利用。卯家和同村的其他农户一样，在这些贫瘠的土地上种植玉米和洋芋。这两种作物容易生长，耐旱，并且对土壤的要求不高，同时也具有一定的营养价值，可以满足一家人果腹的需求。村里无法种植水稻，购买大米所需的价格和运输成本相对较高，因此卯家种植的 1 300 斤玉米和 1 500 斤洋芋成为他们的主食，偶尔搭配米饭食用。卯家人口众多，每逢干旱、暴雨等极端天气或者土地贫瘠时，种植的粮食往往难以自给自足，这时候就需要向大户购买或者到集市上购买。通常这种情况下，卯昌富、卯昌云和父亲卯稳树会外出务工，赚取收入以补贴购买粮食的费用。除了种植作物，卯家还饲养猪、牛和羊等动物。养猪主要是为了自家食用，但猪后腿、猪排、猪里脊等部位通常不舍得吃，会将其加工成火腿或风干腊肉出售。另外，他们养牛来辅助自家犁地、开荒。至于家里的十多只羊，通常都是养成后以每斤 7 元的价格进行售卖。这些额外的养殖与售卖也为卯家提供了一定的经济收益。

过去，卯家的饮食消费结构相对简单。他们通常会食用自家种植的作物和养殖的动物。对于一些无法自给自足的生活物资，他们需要前往集市购买。但对居住在深山中的溜索村村民来说，赶集并非易事。每当需要定期购买油盐酱醋等生活必需品时，卯昌富和妻子都会在清晨四五点起床，开始一段漫长的行程。他们需要步行三个多小时，穿越弯弯绕绕的山间小道，才能到达对岸顺山而上约 8 公里处的集市。采买结束后，他们再拎着大包小包的物资步行回家。搬迁后，长途跋涉的赶集生活离他们远去。现在，他们只需步行到社区的菜市场，就能购买到所需的日常生活用品和副食产品。卯家的饮食消费结构也因此发生了变化，大米成为必不可少的主食。他们的饮食摄入变得多样化，餐桌上出现了以前很少吃到的各种食物。与此同时，孩子们在学校享受政府提供的免费营养餐，均衡的营养需求得到保障，这有利于促进他们更健康地成长和高效地学习。

大山阻隔的不仅仅是赶集，溜索村的村民们日常若需要到村委会办事，也很不方便。花果村村委会位于坡顶，通常要走上两个小时才能到。搬迁后，社区内设立了党群服务中心，这为村民们带来了极大的便利。社区工作人员们处理着各种琐碎的事务，包括跳闸、防盗门无法打开、煤气无法使用等等。由于威宁县的搬迁人口基数庞大，各个安置社区的社区干部们的工作压力很大，早到晚退已经成为家常便饭。许多干部本身就是搬迁户的一员，他们深知搬迁农户们的需求和困难，因此非常愿意帮助居民们解决问题。现在，不论是劳动就业、子女入学、医疗保险还是社会保障等方面，搬迁户们只需到社区的党群服务中心，就能快速找到工作人员咨询和办理相关事宜。社区党群服务中心的建设，不仅提高了服务的质量，也增强了搬迁户对于安置社区服务的获得感和满意度。在他们耐心周到的

大石头组拆迁前的房屋

服务中，包括卯昌富一家在内的搬迁户们逐渐融入了社区生活，感受到了被接纳和照顾的温暖。他们开始对未来抱有更多的期望和盼头，对新社区有了更多认同感和归属感，相信自己能够在新的社区中获得更好的生活。

在大山里长大的人们习惯了日出而作、日落而息的生活方式，尽管这种生活看起来单调重复，但他们却过得安稳自在。卯昌富和妻子过去就是这样日复一日地照顾家庭、务农务工，过着朴素而实在的生活。实际上，许多其他搬迁户也是如此，他们吃苦耐劳、勤勤恳恳。搬迁到新社区后，他们享受着更加便利的生活条件，但早已习惯辛勤劳作的他们也无法闲下来。那种习惯性的奋斗和刻苦耐劳的精神成为他们在新环境中立足的基石。

"出山""进城"后卯昌富一家的消费大幅度增加。现在样样都要花钱，以前在老家条件是要艰苦点，但是至少能自给自足。据统计，2022 年我国城镇居民人均消费支出达 30 391 元，而 2022 年全国易地扶贫搬迁人口的人均纯收入为 13 615 元，收支仍存在巨大的"沟壑"。

在花果村这个土地资源稀缺的小村落，人们对于土地是极为珍惜的。尽管在搬迁后村落里已经长满了杂草，但当年村民为了保住土壤，用杂石修砌的一块块菜地仍然清晰可见。卯家老人在"出山"之前，依靠土地生活，尽管直接经济收益不高，但一家人的蔬菜、粮食、肉蛋制品等大多可以通过耕种土地解决，家庭日常开销较少，再加上一些养殖性的收入，老人不但可以养活自己，甚至还有能力为农闲时外出务工的子女提供一定支持。而在朝阳新城，尽管有国家提供的安置房，但粮食、蔬菜、肉类等生活必需品都必须自己购买，开销远大于昔日。即便卯家老人们努力降低开支，仍有大量刚性开支无法避免。在用电方面，以前家里就几盏电灯、一个老式电机，最耗电的是一台磨面用的钢磨；至于用水，老家有一口井，也修了一个蓄水池，每年花 30 元的电费从井里抽水，就足够一家人用上一年。算下来在老家一年的水电花销也就在 500 元左右。而搬到安置社区以后，水电的花销就大了，光电费一个月就得 100 元出头，冬天烤电炉电费就更多了。

易地搬迁老人在农村时，通过耕种土地获取收益而成为家庭中的生产力量，但进入城镇集中安置社区后，其人力资本失灵，无法参与就业，成为家庭中的纯粹消费性力量。这对家庭经济基础本身就非常薄弱的易地搬迁家庭构成很大的经济压力。像卯稳树和高关妹这样的高龄老人，在老家他们仍是家庭主要的生产力量，依旧每天从事着和农业有关的生产活动，但如今两人的低保收入已经替代了当初的生产收入。但与城镇老人相比，易地搬迁老

卯昌富家的新厨房

人收入较少，且开支不断增加，生活难以再平衡。这不但使其生活品质下降，还会产生一种在家庭中自我价值的"丧失感"。

伴随着"进城"，卯家老人们交往的对象从牛栏江两岸的熟人变成了朝阳新城安置社区的陌生人。在大石头组相对封闭和稳定的环境中，他们已经形成了独特的人际交往方式，建立了同质性很强的人际关系。跨越式的搬迁改变了他们原本稳健的社会关系网络，使其原先依托地缘构建的强关系网络遭到不同程度的破坏，随时间推移会慢慢转为弱关系。这就不难解释高关妹在搬迁后的表现，她的日常交往对象变少了，交往关系也变淡了。高关妹并非个例，朝阳新城安置社区中还有众多被忽视的"高关妹"。在这个"陌生人社会"中，固有的思维定式和长期"熟人社会"的社交圈使得与高关妹相似的老人往往会出现社会交往隔膜。原有的四十多户人家散居的大石头组，被人为地打散安置在威宁县城不同的社区。在这种极度分散的安置情况下，高关妹丧失了其熟人社会中的社会关系，难以获得稳定的社会交流，孤独感在这种情境下油然而生。

在昔日的大石头组，卯稳树和高关妹整日在地里忙碌，四十多户的小村庄在家的人口不多，大家相互间都十分了解。刘家有一个30多岁的儿子还没有结婚，卯家又有一个90多岁的奶奶……然而，在"进城"之后，像卯稳树和高关妹一般年纪的老人，他们的社会交往从在农村的无话不说变成了在城镇的无话可说。大石头组作为一个熟人社会，公共舆论发达，交流方式多样，村民之间能够对村庄中家长里短、公共事务等各种事情发表看法，无话不说。而如今的朝阳新城安置社区则是一个陌生人社会，居民来自不同的地方，有不同的生活经历，彼此之间完全不了解。易地搬迁老人之间很难有交往基础，涉及双方家庭的事情不方便谈，涉及社区公共事务的事情又因信息不畅而不了解。社区虽然偶有举办公共活动，但这类活动老人参加得也少。在朝阳新城安置社区，老人彼此之间基本都是"熟悉的陌生人"，面熟但不认识，最多只是见面打个招呼。即便是经常一起打牌、晒太阳的老人，对彼此的健康、家庭情况等也都不了解。

"进城"后被压缩的空间，不仅仅是物理意义上的空间，更是人与人之间的交往空间。相较于在大石头组的"随意"，城镇社会交往对于卯家的老人来说更有边界感。进城后，他们的交往空间从农村的田间地头、房前屋后等几乎任意空间固定到了社区内的广场。大石头组在长期的血缘、地缘、业缘等关系建构下，已成为一个生活共同体，村民之间极其熟悉，可以随时随地开展交往，近乎不受时空约束。而在如今的朝阳新城安置社区，这里不仅是陌生人社会，其房屋设计上也都是全封闭结构，公私空间明确，卯家老人和安置社区的其他老人只能在公共广场、活动中心、公共凉亭等正式公共场所社交往来。

同时，从大石头组的散居到城镇的聚居，朝阳新城安置社区中能用于社会交往的空间面积也大大压缩。老家的土墙房虽然简陋，但房屋建筑面积较大。在朝阳新城分到的房屋是 120 平方米，且没有老家的那种小院子，如今老老小小一共住了 8 个人。住房面积的压缩使得家庭内部很难再给已经被边缘化的老人留下独立交往空间。现在住的房子虽然好了，但还是老家更热闹。在老家的时候可以经常互相串门，约着一起在家里吃饭喝酒，但搬到城镇安置社区后就很难再约人到家里聚会，自己也不好到别人家去。

仪式是人们生活中的重要内容，由于仪式对象、空间和时间等基础的不同，城乡对待仪式的表现也有所不同。整体上，相对于农村地区仪式的复杂隆重，城镇地区的仪式要简单得多。

在老家的时候，农历七月初卯稳树就要忙着在堂屋迎接卯家逝去的先祖，用时下的瓜果做祭祀，并且在七月十五的时候挨个唤祖先的名号化纸烧钱。如今堂屋被客厅取代，这些仪式也不复存在。卯稳树对此感到十分失落，他已经习惯了在农村过传统节日，而在新的城镇集中安置社区中由于受场地、人员、时间等限制，节庆仪式很难开展，这让他很不适应。

城镇安置社区内关于婚丧嫁娶等活动的仪式也格外简单。丧葬对老人而言具有重要意义，长期在农村地区形成的习惯让易地搬迁老人已经高度认同农村的丧葬文化，并抱有"落叶归根"的思想。在以往大石头组的村民对过世老人采用土葬，并有一整套复杂的丧葬仪式。但在安置社区这些仪式简单得多，采用集体公墓、不进行土葬，这些简略的仪式让易地搬迁老人难以接受。因此，即便90多岁的何莲美如今也在城镇集中安置社区居住，但到百年之后，孩子们还是想将她老人家送回农村，落叶归根。

在城乡诸多差异和易地搬迁老人自身生计能力脆弱的背后，不仅是易地搬迁老人新的"城里人"身份难以获得自己和原城镇居民的认可，更主要的还是随着易地搬迁老人在城乡不同体系中的结构性位置发生变动，他们已难以获得过去在农村的身份认同。在传统封闭的山区农业村庄，外来影响小，当地经济、社会、文化等结构非常稳定，老人在长期的生产生活中掌握了更多地方性知识，在封闭稳定的山区村庄中占有重要位置，甚至成了"老人权威"。但进入城镇安置社区后，工业基础上的现代社会体系有别于传统的农业社会体系，加之易地搬迁老人身体机能弱、文化水平低、学习能力差，其地位迅速从传统村庄的"中心"变成了现代城镇的"边缘"。这自然也让易地搬迁老人在心理上难以接受。做过十多年大队干部的卯稳树在原来村庄的传统节日、婚丧嫁娶等仪式活动中是活动的组织者、负责人和座上宾，但在进入城镇后，传统仪式活动形式被极大简化，老人失去了从前的身份和地位，内心自然充满失落感。

出走与回归

卯昌富和妻子陈庆花是家庭的主要劳动力，他们深刻体会着易地扶贫搬迁带来的巨变，感受着搬迁前后谋生之路的差异。

曾经，溜索是他们进出村寨、连通外部的唯一通道。他们无数次地"过溜"，或是为了采买物资，或是为了送孩子们上学，又或是为了外出务工供养家庭……所有的一切都维系在这根跨越牛栏江的溜索上。如今，溜索虽在，但已失去了它的用途，已然成为他们过去生活的符号象征，承载着过去朴素生活的记忆。

从前依靠溜索，他们过着朝作暮息的生活，没有太多选择和改变的余地；现在离开溜索，他们不再囿于峡谷间，开始遵从内心的选择，来去自由。或是出走，探索新机遇；或是回归，过安稳的生活。对他们而言，离开溜索并不意味着放弃过去的一切，而是拥抱更广阔的世界和更自由的生活。他们凭借自己的努力和勤劳，追寻着更美好的未来。

54 岁的陈庆花将自己的半生奉献给家庭，为家人操劳。在过去的岁月中，她忙于务农的同时，也尽心尽力地照料年迈的父母和年幼的孩子。坚韧的她在琐碎的家务和日复一日的劳作中将自我掩藏，始终把家人放在第一位。

举家搬迁到朝阳新城安置社区，对陈庆花来说意味着一种全新的生活。没有了务农的忙碌，她突然不知道除了做饭、做家务，自己还能够做些什么。尽管生活环境变得更加舒适，但生活的压力并没有减少。孩子们都在上学，家中还有三位年迈的老人需要照料，各种生活开销，如水费、电费、煤气费等也在逐步增加。面对这个庞大的家庭开支，陈庆花开始考虑，如果没有额外的工作，没有更多的收入，又如何能够支撑起这个家庭呢？陈庆花意识到，她需要主动出击，寻找其他的工作机会来增加家庭收入。于是，她开始跟着丈夫去工地打零工，赚取生活费。

炎炎酷暑之下，建筑工地弥漫着灼人的热气。男性工人们大多光着上身，顶着炙烤的阳光埋头苦干，背上的汗水如同雨滴般滚落。与此同时，还有很多像陈庆花这样的中年妇女在工地上打下手，但由于体力不足，她们承受不了太多重体力劳动，只能从事一些相对轻松的活计，如搅拌水泥、搬运材料等。因此，即使辛勤劳作了整整一天，她们的收入往往也只有几十元钱。后来，陈庆花觉得工地的工作太过于劳累，身体有些吃不消，于是开始寻找其他的零工机会。最初，她选择去十一中学附近剪辣椒，常常一坐就是好几个小时，需要手指能熟练而灵活地剪下辣椒蒂。同样是重复而单调的工作，但相比于在工地上进行高强度的体力劳动，这份工作要轻松得多。遗憾的是，劳动报酬实在太低，一整天的辛勤剪椒只能换来18元钱的收入。有时候在外面吃一顿，一天工资就没了。但有一份工作收入总比没有要好。陈庆花明白零工工资低廉且不稳定，但她仍然勤勤恳恳地打听各种工作机会，只要有需要临时工的地方，她都会去帮忙。她尝试过在玉米地里剥玉米皮、在农田上盖薄膜等各种流水线式的农活儿，这些工作勉强能够为她提供一些收入来补贴家用。然而，一旦家里的老人或孩子生病，这些收入就会显得杯水车薪，家庭经济变得更加困难。她知道这种不稳定且收入微薄的工作并不是长久之计。她也曾参加过社区组织的就业技能培训，包括厨师技能培训等。她在培训中学习到了新知识，却很难找到相关的工作。

陈庆花一直都是一个温暖随和的人。过去在溜索村，她就和村民们往来熟络。她勤奋、热心，乐意和朋友们互相照应。来到新社区后，陈庆花接触到的人越来越多，社交圈也逐步扩大。在这个社会融入过程中，她了解到了许多前所未闻的事情，视野也变得更加开阔。朝阳新城安置社区内有许多像陈庆花一样的妇女，她们在照顾家庭之余，也经常在县城内打零工。她们彼此间相互交流信息，一旦有合适的工作机会就相互介绍，彼此在生活中也给予关怀和照顾。

社区妇女围坐在一起聊天

一天，陈庆花像往常一样，和朋友们在社区里闲聊。朋友们围坐一圈，谈到生活负担和工作难题，彼此之间产生了强烈的共鸣。过去，她们是忙于农活儿和家务的女性，但现在大多数人成了全职的家庭主妇。突然闲下来的生活状态让她们有些不适应，她们也希望能够有一份稳定的收入来源。然而，安置社区附近的帮扶岗位有限，难以容纳大量的搬迁劳动力。有时候，她们总感觉自己没能为家庭多出一份力，找不到自己的价值所在。在闲谈中，陈庆花得知社区内有一个朋友最近去了广东做绿化工作，听说收入还不错。得知这个消息后，陈庆花和其他人都有些心动，开始打听这份工作的详细信息。

在过去几十年里，陈庆花从未出过省。迄今为止，她去过的最远的地方可能只是从溜索村到现在的五里岗朝阳新城安置社区。虽说现在已不像从前那样与外面的世界几乎隔绝开来，但她依然对更广阔的远方一无所知，伴随这种茫然悄然生长着的，是隐隐的向往和探索的欲望。有很长一段时间，她独自默默地思考着这个问题。她明白，留在家里可以更多地陪伴家人、照料家庭。但她也深知，未来需要花钱的地方还很多，光靠打零工的收入难以支持家庭的长期支出。自从搬迁以来，家里一直依靠低保金作为主要的经济来源，这种缺乏内生动力的经济结构并不有利于长远发展。也许，把握机会"出走"，是一个不错的选择。

经过深思熟虑，她决定把这件事告诉丈夫，希望能得到他的支持。然而，卯昌富的想法与陈庆花并不一致，夫妻二人因为这件事多次沟通但始终未能达成共识。卯昌富觉得这是一个很不理智的决定。首先，前往广东的路费昂贵，万一工作不顺利，往返两个省份将需要支付不少费用。其次，妻子从未出过省，也没有受过太多的教育，到广州可能会面临许多不确定因素，万一受骗怎么办，卯昌富对此感到担忧。孩子们也不希望母亲远赴广东打工，毕竟这么多年来母亲一直在身边，他们舍不得与母亲分离，也担心母亲在外受委屈。但对于陈庆花而言，这其实不仅仅是一次外出务工，更是一种自我意识的觉醒。易地扶贫搬迁使她不再困于大山深处，走出大山的她终于可以去看看更广阔的世界了，她能抵达的地方已经不仅仅是溜索那端的集市。想要"出走"的不仅仅是她的身体，更是她那对外界和未来充满好奇的灵魂。她开始意识到，或许不需要将自己束缚在家庭中，她有精力也有时间，大可出去看看外面的世界，虽然这一切的初衷还是为了寻求新的谋生之路。所以，这绝不是对家庭的失责，而是她的自我意识在悄悄发芽。女性，可以成为任何想成为的人，做任何想做的事；女性，可以温柔而有力量，她们有权利选择和塑造自己期待的生活方式。

在经过多次思想斗争后，陈庆花最终还是决定遵从内心的选择，去广东试试看。对她来说，这是一场冒险：她不确定自己是否能够适应新的生活，也不确定工作是否如她所期待的那样。然而，她认为总得去试试看，这是一次勇敢而有纪念意义的"出走"。虽然面临着阻碍和不确定性，但她相信只有勇敢踏出第一步，才能看到更多改变的机会。

卯昌富意识到，自己无法说服妻子改变主意，他从未见过妻子如此坚决地想要外出务工。在离家的当天，夫妻两人仍然处于冷战状态，卯昌富没有与妻子告别，只是默默地递给她几百元作为路费。尽管他对妻子的决定心存忧虑，但他明白这是她自己的选择，他不得不接受并尊重她的决定。带着丈夫给的路费和自己平时打零工攒下的积蓄，陈庆花准备出发了。她小心地将衣物和各种生活用品全部打包好，用一些旧布条巧妙地捆绑成一个大包裹，并留出两条粗布条做成背带。她半蹲着，费劲地将行李背在身上，庞大的包裹几乎是她身子的两倍大，把她的腰压得弯弯的。尽管如此，她的脸上依然挂着欣喜的笑容。她想，东西都准备齐全了，这样到了广东，就不怎么需要添置新物件了。陈庆花背着沉重的行李，踏上了新的旅程。尽管每一步都让她感到吃力，但内心却充满了坚毅和期待。她知道，这段路途将会充满艰辛和挑战，但她准备好了。她愿意用自己的勇敢和努力，去追寻更好的生活。

漫长的火车之旅开始了，桌面上的泡面冒着热气，陈庆花看向窗外，渐行渐远的重叠山影让她感到一丝不舍，她心里忍不住担心起孩子们是否能够照顾好自己。火车穿梭在城市间，车窗外掠过的景色如电影画面一样一帧帧闪过。每个新城市都展现着不同的风景和机遇，陈庆花看着窗外快速变幻的景色，心中充满了对未来的期待。她相信，这些新的机会将带给她更多的可能性和成长空间。每一次嘶鸣声响起，都仿佛是一声催促，提醒她要勇敢迎接新生活的挑战。

火车缓缓停下了，终于到达目的地。拥挤的车厢里，座位被行李塞得满满当当，让陈庆花感到有些不舒服。她想给家人打个电话，告诉他们自己已平安到达目的地，可是她却不知道该如何拨打电话。之前孩子们教过她几次，但她很少使用手机，一直记不清楚具体的操作步骤，只会接电话，却不知道如何拨出去。现在她只身在外，只能等待家人主动联系她了。

孩子们也感到有些着急，每次给妈妈打电话都听到冰冷的"您所拨打的电话已关机"的提示音。第二天，家里接到了一通电话，是陈庆花同行的朋友打来的。朋友说她们已经顺利入住，马上就可以开始工作了。家人们听到这个消息后，才松了一口气。

陈庆花带着行囊，踏上了她的新旅程。前方的路途或许会充满挑战与坎坷，但无论结果如何，她已经迈出了第一步，这是一次令人敬佩的破局。从坚守家庭到出走务工，这是一名女性重新聚焦自我价值、遵从内心选择的开始。

过去，交通不便、经济困难，卯家老一辈人受教育水平普遍较低。对于当时生活在溜索村的村民而言，接受教育是一件性价比并不高的事情。毕竟，他们世代以务农为生，对高水平知识的需求并不迫切。而且生活在大山里，即使是去最近的小学读书，也需要每天走几个小时的山路。因此，卯昌富只上过一年级，他的弟弟卯昌云也仅仅是上到二年级。虽然大部分时间卯昌富都留在溜索村务农，但在农闲期间或者遇到粮食收成不佳的干旱情况下，他会外出打工以补贴家用。每当回忆起在外打拼的日子，卯昌富都感到一丝心酸，那些早出晚归、疲惫不堪的生活仿佛还历历在目。

贵州省毕节市威宁县海拉镇与云南省曲靖市会泽县隔着牛栏江遥遥相望。过去，居住在溜索村的村民们出行只能依靠步行。因此，大多数想要外出务工的人，都会通过"过溜"到达对岸，然后再步行几个小时的山路，才能到达最近的曲靖市工作。

1988年，年仅16岁的卯昌富开始与同村人一起出门做苦力，主要是在牛栏江对岸的云南会泽火红煤厂下井挖煤、背煤。当时的他意气风发，下定决心要靠自己的努力过上更好的日子。但第一次外出工作的经历并不像他想象中那么简单。挖煤虽然能赚钱，但却是把脑袋拴在裤腰带上的活儿，每一次下井都像是在拿命赌博。煤矿工人的劳动强度大，工作环境恶劣危险，一旦发生矿洞塌方，很难保障生命安全。对于卯昌富而言，这段下井挖煤、背煤的经历充满苦楚和辛酸，巨大的工作强度和恶劣的环境让他不得不另谋生计。18岁以后，卯昌富去了云南当建筑工人。夏天暴晒、冬天受寒的户外工作让他的身体有些吃不消。作为建筑工人，他不仅要承受辛苦的体力劳动，还经常需要进行高空作业，而这对于恐高的他而言是一个巨大的挑战。尽管采取了各种安全措施，但每次悬在空中作业时，他都能清楚地感受到心脏在胸腔内无序地砰砰乱跳。起初，卯昌富想着咬咬牙，习惯了就不害怕了。然而，经过很长时间的努力，他仍然无法完全适应这样高强度又危险的工作，面临着生理和心理上的双重压力。后来，他便选择了回老家，跟父母亲一起务农。种植、养殖工作虽然劳累，但却没什么身心负担。这样的选择使得他能够回到熟悉的环境中，远离高空作业带来的压力和恐惧。此后，卯昌富依然会在农闲时外出短暂务工，但更多的时间还是留在溜索村，过着有家人陪伴的安稳生活。

2004年，32岁的卯昌富与邻村的陈庆花结婚，同年，长女卯会朵出生，家庭开支逐渐增加，仅靠自家作物种植、畜禽养殖所得收入维持生计，已有些入不敷出。于是，农忙时卯昌富便在家务农，农闲时节他就出门做苦力。他重新干起了多年前的老本行，在云南个旧、建平、南平等地的煤厂下井挖煤、背煤。煤厂的工作一如既往地艰辛和危险，但卯昌富的身体素质已不如十六七岁时那么好。然而，作为一名成年人，他承担着家庭的重任，没有太多选择的余地。挖煤产生的可观收入依然吸引着一批又一批的工人，包括他在内。除了挖煤，卯昌富成家后还尝试过在冷库工作。冷库的工作看起来并不复杂，每天就是收货、出货、配货，但看似简单重复的工作背后却隐藏着不为人所知的辛苦。由于需要频繁进出仓库，卯昌富必须适应仓库内外的温差。尤其是夏天，他走出仓库时满头大汗，而一进入仓库，又会感受到冷气扑面而来。这种冰火两重天的工作环境对身体提出了极大的考验。有时候为了提升工作效率，他只能一直穿着棉衣进进出出，即使身处酷暑，也只顾埋头工作。后来，卯昌富实在难以接受这种低温的工作环境，便辞去了这份工作。年轻时的卯昌富经历了跌宕起伏的求职历程，为了改善生活，他辗转多地，尝试过各种各样既辛苦又危险的工作。尽管这条探索之路充满了困难和挑战，但卯昌富深知只有通过辛勤工作才能创造出更好的生活。于是，他一次又一次地踏上旅程，拼搏和奋斗之路就像烙印在溜索上的掌印一样清晰可见。

直到易地扶贫搬迁政策开始落实，一种全新却未知的生活摆在了卯昌富眼前。在决定搬迁之前，能否找到工作成了他最大的顾虑。他想着，在老家就算找不到工作，至少还能种种地，养养牛羊，勉强能够自给自足。可要是搬到新社区，耕地没了、牛羊也没了，什么都没了，自己也没接受过什么教育，没掌握实用的工作技能，也许很难找到工作。为此，他向很多已经完成搬迁的老邻居打听就业情况。听到有邻居表示，搬迁后不知道能做些什么，工作很难找，他内心更是充满了抗拒。后来，他得知邻居找不到工作可能是因为刚搬迁不久，政策尚未落实，生活还不稳定。尽管知道了现在的客观条件已相当完备，但他还是不敢轻易冒险，他需要为这个大家庭考虑。毕竟举家搬迁并不是小事，他从未听说过易地扶贫搬迁这样的大工程，他不确定大家所说的"走出去就有希望"会不会实现。

对未来工作机会的顾虑和对新生活的迷惘决定了这个多口之家的搬迁历程并不容易，2016年、2017年搬迁工作组做其搬迁工作一直未果，卯昌富始终坚持不搬。他说："我在溜索村种了多少玉米地，搬过去也要分给我这么多地才行。"对于土生土长在村里的他而言，耕地就是一切。

易地扶贫搬迁干部们知道村民心里的担忧和顾虑，于是一遍遍地上门做思想工作，跟他们解释易地搬迁的缘由和必要性，从改变当代人的生活、就业现状，到影响后代的教育水平和发展空间等方面给村民全面分析搬迁的好处。干部们想尽了各种方法来沟通，他们白天通过溜索进村逐户做动员工作，还带学生到县城看学校，带家长看务工基地，鼓励大家参与搬迁。人员多、难度大，干部们常常天黑了才通过溜索回程。这里的溜索有200多年的历史。最早期是用竹子做的篾索，篾索曾经断过，出过人命。最近20年，溜索才从篾索换成坚固的钢索，滑轮由木质的换成钢制的，安全性才得到提升。但尽管如此，过溜索仍然需要非常小心谨慎，以确保万无一失。村外人不熟悉溜索的使用方法，没办法像村民那样独立"过溜"，因此需要村民在江对岸拉动滑轮，帮助他们顺利到达对岸。

2018年工作组再次入驻大石头组，向村民承诺会按照每人20平方米的安置面积分配住房，新家的家具也由政府添置，并且不收物业费。听到能够"拎包入住不收费"，还能享受更高的城镇低保待遇，卯昌富对搬迁后的生活开始有了期待，先前绝不搬迁的想法也开始动摇。此后，搬迁工作组将卯昌富的孩子们接到了县城读书。听到孩子们绘声绘色地讲着学校里发生的趣事，细数着校园里耐心负责的老师、先进的教学设备和齐全的体育设施等等，卯昌富的搬迁意愿更加强烈了。他意识到，搬出去也许会面临就业困境，但却能给孩子们提供更好的教育环境，改变后代的发展空间。作为孩子们的父亲，他深知在溜索村就学的不易，不仅教育资源明显落后，交通上也极度不便利。孩子们年龄尚小时，卯昌富不放心他们自己走山路去上学，于是每天背着他们到花果小学，放学了又亲自去学校把孩子们背回家。孩子们稍长大些后，才开始自己走山路上学，或是借助溜索上学。每次"过溜"都是一次心惊胆战的挑战，因此，卯昌富也希望孩子们能够走出溜索村，有更平坦的上学之路，平平安安地上学。

2018年4月，务工返乡的卯昌富最终决定搬迁至朝阳新城安置社区，其父母亲则留在老家照顾九旬奶奶。2018年8月县委书记亲自前往大石头组，卯昌富一家正式搬迁。每一次搬迁，政府人员都派车全程接送，几个小时车程对于不常坐车的卯昌富一家而言确实辛苦，但干部贴心准备好的晕车药、干粮等让这趟走出去的旅途变得温暖而充满希望。搬迁后，卯昌富家里距离十一中学只需要步行十来分钟，相比以前孩子们需要凌晨爬几个小时山路去上学，简直是天差地别。

回忆起当初决定搬迁的心路历程，卯昌富笑着说自己的选择没有错，现在的生活好了不少，交通、教育、医疗等方方面面的极大便捷对于这个家庭而言尤为重要。卯昌富自我调侃道，直到现在邻居们还常常打趣说，"你不是要回去数玉米桩吗？"他答道，"当时不知道政策好啊"，眼中流露出喜悦。

搬迁到朝阳新城安置社区后，卯昌富开始寻找合适的就业岗位。听说社区组织了就业技能培训会，不仅能学到硬技能，还能领取培训补贴，他果断报了名。在培训会上，他接触到了不同的就业岗位和技能，但要将技能运用于工作实践并不容易：要么是擅长的岗位已经招满员工，要么是空缺的岗位匹配不了自己的技能。疫情期间就业市场低迷，新社区附近的工作岗位十分有限，卯昌富便选择远赴广东做建筑工人，依旧是熟悉的行业，只是距离更远了。他花了 500 元坐上县里专程前往广东的面包车，希望能有一份收入稳定的工作。然而，在工地上长时间从事体力劳动对于年近 50 岁的他而言实在有些吃力。这份工作大概持续了 20 多天，卯昌富便回了家。这段前往广东打工的经历并不顺利，工资抵扣掉往返的路费已经所剩无几。这也是卯昌富极力反对妻子前往广东做绿化工作的原因之一。他经历过很多次现实与理想错位的真实境遇，知道这不是一件容易的事情，比起让妻子去试错、拼搏，他更希望她回归家庭，过安稳、"不折腾"的日子。

年轻时坎坷的务工经历让卯昌富对外出打拼失去了信心。对于他而言，易地扶贫搬迁满足了他回归家庭和务工挣钱的双重需求。搬迁后，威宁县出台了各项针对搬迁户就业的"组合拳"，通过产业园区、扶贫车间、蔬菜基地等项目为搬迁户提供就业岗位。同时，县城的人才市场会定期推送稳定工作岗位或零工岗位。针对就业困难户，工作人员则密切监测，多渠道为家庭劳动力寻找合适的岗位，争取做到"搬得出、稳得住、能发展"。自此，卯昌富开始在县内打零工，主要是在工地上干活儿，每天收入大概一两百元。虽说依旧是体力劳动，但他不再需要从事自己难以忍受的高空作业和低温工作；虽然零工不能保障稳定的收入，工作时间也不固定，但他却能每天回家，照顾大家庭。现在，卯昌富只需要坐十几分钟的公交就可以到工地，外出务工不再需要借助危险的溜索，也不再需要长途跋涉、翻山越岭。从前在外漂泊的经历对于卯昌富而言已成过去，他很满意现在安稳踏实的日子。他总是笑盈盈地说："现在的生活比起过去啊，要好上几十倍，再也不用过苦日子啰。"漂泊的旅人总有想要回归安稳的一天，作为家里的顶梁柱，卯昌富上有三位老人需要赡养，下有三个正在就学的孩子需要抚养，现在他们有了舒适的居住环境，他希望能更好地陪伴、照顾家人。

出走，是为了看更广阔的世界，也是为了寻求新的机遇与可能性。它是一种向前的探索，是对于个人成长和发展的追求。

卯稳树（右）与其子卯昌富（左）、其母何莲美（中）

回归，是为了适时地放慢脚步，也是为了守护安稳幸福的大家庭。它是一种重新连接根基的选择，是为了获得内心的平静和安宁。

过去，溜索是人们出走与回归的必经之路，承载着生命的足迹，见证了他们的冒险和坚持，记录了他们的成长与变化。现在，溜索的意义已不仅仅是一根简单的绳索，而是一种不可磨灭的记忆，它传递着希望和勇气，代表着坚韧不拔的抗争精神。虽然人们已经离开溜索，但这种精神依然在他们心中延续，赋予他们重新选择出走或回归的自由和权利，激励着他们在新的道路上继续前行，创造出属于自己的故事。

新生与成长

溜索村隐匿于云贵高原的喀斯特群山之中，对于卯昌富家的三个孩子卯会朵、卯申文和卯米会而言，从家到学校的蜿蜒山路代表着一段求知的征程。

长时间以来，三姐弟要走三四个小时的山路才能抵达最近的位于山顶的花果小学。花果村的山路弯弯曲曲，崎岖得像一条盘踞沉眠的蛇。每天早晨，当第一缕阳光还未洒在山腰时，三姐弟连同刘家的小伙伴就会背上书包，披着晨光踏上这条山路，山间的鸟鸣伴随着他们的脚步声。走在山路上，他们总能发现一些新奇的事物：一株正在盛开的野花、一只跃动的小松鼠、一片刚刚发芽的嫩叶……他们穿越山背，沿着蜿蜒的山路从山腰走到山顶的花果小学。山路上的每一块石头，每一处拐弯，他们都记得清清楚楚，因为这是他们通往知识的道路。

通往知识的道路并非是他们唯一的挑战。每当他们需要去海拉镇购买生活用品或参加乡镇里的活动时，都必须通过一种特殊的方式出村——过溜索。那是一条凌越牛栏江的绳索，一端连接着他们的过去，另一端接续着无限的可能性。那条被时间打磨得光滑的溜索，横跨湍急的牛栏江，成了村民与外界联系的唯一桥梁。每次跨越，都是一次对勇气的考验，但也是对自己的一次超越。村里的孩子上学使用溜索时，如果年纪过小，通常需要大人背着一起过溜索。年纪稍大些的，也需要江两岸的成年人照应着，先由一位村民帮孩子系好安全绳，确认孩子姿势正确、身体平衡后，放拉绳，再让江对岸的大人将孩子拉过去。卯会朵，作为大姐，总是首先跨上溜索，安稳地滑到对岸，随后是卯申文，而卯米会总是最后一个，小小的身体在溜索上摇晃，但每次都能安全到达对岸。有时候爸爸和爷爷会在溜索的另一端协助他们横渡牛栏江。

　　每次过溜索，孩子们都会紧紧闭上眼睛，心跳加速，手心冒汗。每一次过溜索，都是他们成长的考验。他们是山路的歌者，也是溜索的舞者，他们不断在生活中探索，挑战，成长。

　　这样的日子，虽然充满了挑战，但也培养了他们对生活的热爱，对未来的期待。而当一切发生变化时，他们是否还能保持这种心态，是否能够适应新的环境，是一个未知数。

大石头组旧址前的山路

当搬迁的消息传来时，整个花果村都沸腾了。卯申文的心情复杂而激动。一方面，他将离开自己熟悉的乡土、亲近的邻居、可爱的小伙伴；另一方面，他将迈向一个崭新的世界，一个充满无限可能的地方。威宁县城对于卯昌富家的三个孩子来说，仿佛是传说中远方的神秘王国，充满了未知。

阳光透过树叶的缝隙斜斜地照在卯昌富家的院子里。那一天，一辆县政府的车停在了他们家门口。车上的人下车，带着笑容和卯昌富握手。他们来的目的很明确——劝说他们全家搬迁到威宁县城。县政府领导耐心地向卯昌富夫妇解释搬迁的好处：孩子可以接受更好的教育，村里的孩子可以前往威宁小学先借读，再转入学籍；既可以改善生活条件，又可以获得更多的工作机会。他们听得眼前一亮，但内心仍旧充满了迟疑和担忧。

为了让他们更加放心，县政府领导提议带他们全家参观一下威宁县城。在即将出发前往威宁县城前，三姐弟通过那条老旧的溜索，再一次勇敢地横跨牛栏江。他们不仅滑过了两岸，更从过去滑向了未来，命运的齿轮就此转动。他们一家挤上了车，开始了他们的威宁县城体验之旅。

当他们第一次走进威宁县城时，那熙熙攘攘的人群、宽广的道路和巍峨的高楼都让他们震撼不已。与村子里简朴的木屋、绿油油的玉米田形成鲜明的对比，这是一个完全不同的世界。卯会朵，作为大姐，本能地握紧了小弟卯申文的手，她的眼里充满了兴奋与激动。卯米会则是满眼好奇，不停地问这问那，对于这个新世界，她似乎有着无尽的探索欲望。卯申文尽管有些害怕，但他更多的是好奇。他不时拉着大姐的衣角，问："这是什么？""那又是什么？"他的眼睛，好像要把整个威宁县城都纳入自己的视野中。

威宁对他们来说，不仅仅是一个县城，更是他们生活的新起点。但与此同时，他们内心也充满了冲击与矛盾。初识威宁，一段新的旅程刚刚开始，他们还有很长的路要走。

当卯昌富一家返回花果村后，村里的话题几乎全是围绕着他们去威宁县城的经历展开。不过，对于卯会朵、卯申文和卯米会来说，最大的变化还是即将到来的学校的转变。从花果村的安静闲适到威宁县城的喧嚣吵闹，对于卯昌富的三个孩子来说，这是一个巨大的变化。这一切的改变开始于那次访问和那辆载着他们进入新世界的车。

在海拉镇花果村的深山之中，三姐弟的家与学校之间的距离，不仅仅是一段山路那么简单。每天，当同年龄段大多数孩子还沉浸在梦乡时，他们就已经踏上了那条蜿蜒的山路，下雨天，泥泞的山路行走起来更是异常艰难。这不仅仅是一段路程的问题，更是教育资源匮乏、学校条件艰苦所造成的现实困境。而这一切因易地扶贫搬迁有了新的转机。

卯会朵记得那天到达威宁九小的每一个细节：新鲜的街景、繁忙的车流、矗立的高楼大厦。但最令她记忆犹新的是威宁九小的大门。与花果小学相比，这里的一切都那么现代化，那么不同。学校的设施和环境与花果小学有着天壤之别。卯米会拉着卯申文的衣角，好奇地四处张望，那些先进的教学设备让她觉得十分新奇。有的教室里还配备了电子白板，老师可以在上面直接播放视频、动画，这与她在花果小学时仅依赖黑板和粉笔的教学方式大相径庭。卯会朵还记得，她和妹妹卯米会在花果小学的时候，经常在一个简易的篮球场上与同学们玩耍。但在威宁九小，她第一次看到了真正意义上的操场，这里有整齐划一的跑道、篮球场以及其他的体育设施。卯申文说，自那之后他爱上了学校的乒乓球和篮球，每天放学都要去玩。

对于卯昌富的孩子们来说，这次转学是一个全新的开始。他们知道，为了适应这里，他们必须更加努力。从花果村到威宁县城，这段距离不仅是地理上的，更是心灵上的一个飞跃。

人们常说，教育改变命运，而这一切在三姐弟身上得到了生动的体现。从泥泞的山路走到了县城的校园，他们在体验到前所未有的教育资源的同时，也感受到了更多的关怀。易地扶贫搬迁政策让他们有了新的希望。搬迁到县城后，三姐弟的生活发生了翻天覆地的变化，各方面的条件都好了许多。

一开始，三姐弟对于新的生活充满了疑惑和不安。特别是搬迁到县城后的学校生活，与他们之前在花果村截然不同。新的环境、新的生活方式，一切都那么陌生。他们能否适应这里的生活？他们能否找到自己在这座城市中的位置？他们能否跟上新学校的课程？新环境中的同学们是否友好？这些问题在他们心中反复出现。然而，这些担忧并没有持续太久。从花果小学转到威宁县城的小学，再到威宁县第十一中学，三姐弟在新环境中的适应能力令人惊讶。仅仅几个星期，他们就与新的同学打成了一片。也许是搬迁前的艰苦生活锻炼了他们的意志，也许是新同学的热情感染了他们，他们很快就找到了归属感。刚认识新同学时，卯米会感到有点害怕，因为大家相互之间都不熟悉。但现在，她交到了好多新朋友。姐姐卯会朵自从来到这边读书，跟以前的小伙伴交流的机会变少了，好在能交到新的朋友。遇到新的朋友、新鲜的事情总是令人开心的。

搬到县城上学，不再需要每天跋涉三四个小时的山路。他们在新的环境中快速成长，准备迎接未来的挑战。无论是教室设施、教育质量，还是老师的教学态度，都有了显著的提高。新学校的老师也给了他们很大的帮助。这使得他们能够更快地适应新的学习节奏，也对未来有了更多的信心。妹妹卯米会来到城里读小学，成绩比以前好多了。在易地扶贫搬迁政策的帮助下，他们不仅在学业上取得了进步，更在心理层面上获得了成长。他们学会了面对变化，学会了迎接挑战。他们的未来，已经不再是那条泥泞的山路，而是一片充满可能的广阔天地。

三姐弟的经历不仅反映了个体的改变，更揭示了教育对整个社区的深远影响。易地扶贫搬迁政策不仅解决了他们的生活困境，更从根本上改善了他们的教育和成长环境。教育的力量在他们身上得到了淋漓尽致的体现，也为整个地区的未来发展铺平了道路。

在新的城市，卯家的三姐弟仿佛置身于一个陌生的世界。他们感受着县城的繁华与热闹，但内心深处，仍旧怀念着家乡的一草一木、一花一叶。尤其是那条溜索，那曾是他们与外界联系的唯一通道，也是他们冒险的起点。

卯申文坐在沙发上，望着天花板静静地发呆，似乎陷入了另一个世界——眼前的景色与现在的生活环境截然不同。当他回忆起小时候在花果小学的日子时，脑海中总是涌现出那些熟悉的山路、浓郁的乡土气息和温暖的人情。

那时的他，每天都要走三四个小时的山路去上学。但他并不觉得辛苦，因为对他来说，路上的每一处风景都是新奇的，每一段旅程都充满了探险的乐趣。他会和姐姐、妹妹一边走一边玩，一边学一边笑。这些山路，就像是他童年的游乐场。后来，他进入了新的学校，开始了新的学习生活。但他很快发现，这里的一切都和以前不同。花果小学用方言教学，而新学校却用普通话上课。原本亲切的乡音被陌生的普通话取代，这让他感到一种距离感，仿佛自己与故乡、与过去有了一道隔阂。小伙伴们也变了，不再是那些熟悉的面孔，而是一群陌生人，学校只有小部分以前认识的人。曾经亲密的邻居和同学也渐行渐远了，一些小伙伴甚至初中都没读完就辍学去打工，他感到惋惜和不解。卯申文开始意识到，原本纯真的童年世界已经被现实打破。

人们来到了新社区，生活的节奏和环境都发生了巨大的变化。虽然生活条件得到了改善，但邻里之间的亲近感和团结的氛围却逐渐淡化。新社区的人们彼此之间疏远且陌生，相互见面很少打招呼，连眼神交流都鲜少见到。以前村里的温暖和紧密的联系在这里变得难以捕捉。这一变化让卯申文感到不适应，他怀念海拉镇花果村那邻里间的亲密和温暖。曾经，一声邻里的招呼就能开启一天的欢笑；如今，邻里间却仿佛被一堵隐形的墙隔开。他开始感受到一种从未有过的压力和孤独。曾经熟悉的山路、亲切的邻居、快乐的小伙伴都消失了。

搬迁后，卯申文的心情变得复杂。他对新环境的激动与兴奋，和对过去乡情的怀念，交织在一起。他既想拥抱新的学习环境和机会，却又不能忘记过去邻里之间紧密的温暖氛围；他想拥抱未来，却又不能完全割舍过去。这种内心的冲突让他感到困惑和无助。他不知道如何平衡自己对过去的依恋和对未来的追求，更不知道如何在新旧生活之间找到自己的位置。作为家中的小男孩，在新环境中的感受与姐姐和妹妹是有所不同的。正是因为心中存在着过去与现在的强烈割裂，他对于新生活的期望更多地转化为对游戏和新玩伴的渴望。

卯申文对现实的逃避和对过去的依恋，不禁让人担忧——他是否已经陷入现实生活的泥沼，是否已经开始逃避成长的压力？卯申文在威宁县城的新生活中，找到了最大的情感寄托——网络游戏。但游戏带来的只有短暂的多巴胺的刺激，激情过后，只剩空虚和迷惘。游戏只是一个暂时的避难所，不能替代真实世界中的人际互动和情感感受，现实中的挑战和压力依然存在。

与压力共生的，是新的尝试的开始。当卯申文来到远离海拉的五里岗，开始中专的学习时，那个曾被大山所束缚的少年来到了更广阔的世界，他的视野也随之扩展。他选择了烹饪这门手艺。每天的学习不再是枯燥的课本理论，而是充满活力和创造性的实践。他努力适应，探索自己的道路，寻找属于自己的未来。这个单纯的男孩，对于未来有着自己的理想和追求。他渴望成为一名厨师，一位像他的表哥一样能够展现自己才华的厨师。他希望通过自己的双手创造出美味佳肴。这种追求是他对未来的寄托，也是他在新环境中寻找自我的方式。

走出山村，似乎失去了曾经的团结紧密；虽能接触到更大的社会，却也许牺牲了曾经的纯真快乐。卯申文的未来是否会如愿以偿？他的内心是否会重获那条曲折山路上的欢快？这个小男孩的成长故事还在继续。

每个人心中都有一条自己的山路，每个人的成长都有自己的期待和困惑。卯申文的故事只是开启了一扇门，让我们窥见了搬迁所带来的复杂影响的其中一角。而更广阔的远方，那些更深层次的情感和理解，还有待我们去发现和探索。

卯申文的故事让我们看到了他的喜悦、疑惑、迷茫和梦想，这些都是易地扶贫搬迁政策下普通人内心世界的真实写照。既是他个人的成长轨迹，也是这一代人面对变革、适应现实、怀念过去、逐梦未来的共同写照。既是这个快速变化时代的一面镜子，也是一种反思和警示。他的故事还在继续，就像这个时代还在继续。他依然有充足的时间去寻找自己的道路，实现自己的梦想。

卯会朵，作为家中的大女儿，经常需要照顾弟弟和妹妹，所以很早就学会了为家庭分忧，帮父母解难。但在威宁县城这个全新的环境中，她的角色发生了变化。她变成了一个挣扎在新旧生活之间的青春少女，对于过去与未来之间的纠结表现得尤为明显。她对家乡有着深深的眷恋，经常想起家乡那片绿色的山林、溪水，那里是他们成长的地方，有着太多美好的回忆。但同时，她也对新生活有着满满的期待，希望能为家里创造更好的未来。

这种两难的情感，时常让卯会朵感到迷茫。她在网络日志中描述过一次深夜的体验。她站在窗前，看着繁忙的城市，思绪飘到了远方的家乡。"那时候我真的很想家，但我知道，为了未来，我不能退缩。"

每当他人提及家乡，提及过去，她都会安慰自己说："这是一件好事。"这句话仿佛成了她的座右铭，给予她积极的心理暗示，鼓励她度过了困难的日子。她眼中闪烁着光芒，憧憬着未来。卯会朵学的是护理学专业，她未来希望通过成人高考，进入大学学习，当一名护士。对她来说，现在课程压力比较大，尤其是数学，每天都要花较多时间学习。与成长相伴的，还有那些难以忘怀的回忆。暑假她与好友一同欢度时光，回忆起在海拉的日子。虽然与老朋友来往渐少，但新环境中结识的朋友，让她的生活更加多姿多彩。她坦然接受与童年伙伴的渐行渐远，因为她知道，成长，有时候就是这样，让我们与一些人渐行渐远，但也让我们遇到新的人和事。成长，有得必有失。

略显成熟的大女儿，眼里总是弥漫着一种复杂的沉稳。在回忆探索这片新土地的历程时，她不经意地摆弄着自己的发辫，仿佛是在寻找支点，如同过去那悬浮在牛栏江上的纤细钢索。

卯会朵的成长，伴随着矛盾中挣扎、得失中取舍，她不再是那个单纯的乡村女孩，而是一个为家庭、为自己负责的成熟少女。

与哥哥和姐姐不同，小小的卯米会，眼里总是闪烁着一种天真与好奇的光芒，她似乎对这个新环境更有探索的欲望。从威宁县城的高楼大厦到熙熙攘攘的人群，每一样都令她感到新奇。

但是，除了好奇和新奇，卯米会也有她的困惑与难处。尤其是在学习上，在花果小学的时候，因为学习内容相对简单，所以她没有感到过太大的

卯家三姐弟的奖状

压力。但在威宁县城，面对着更加严格的教育制度和更高的教学标准，她时常感到学习有些吃力。新环境的适应并不总是那么容易。她时常听不明白老师讲的内容，只能回家后再重新看一遍。

小学升初中的她站在了一个新的起点。学习上的动力与压力、对新学校的期待与担忧、对友情的珍惜与失落都交织在一起。但每当她遇到困难时，她都会想起小时候的自己，那个在风中摇晃，却始终紧紧抓住溜索滑过江面的勇敢身影。在卯米会心中，小时候那条溜索就像是她的命运线，连接着对岸的新世界，每一次滑过，都如同跨越了一个时代。她在新环境的学习中发现自己不再是那个只知道玩耍的小女孩，而是一名有追求、有目标的学生。在学习上，卯米会的内驱力似乎特别强大。她会在假期提前预习，背诵古诗，渴望更快适应新环境新阶段的学习，不让自己落后。她的努力刻苦值得点赞。门后贴的密密麻麻的奖状也是她努力的最好见证和最生动注脚。

卯米会的成长之路，充满着好奇心、决心，还有她对家庭的责任感。

在变迁的洪流中，她找到了自己的方向，勇敢地向前。

在年少的岁月里，卯家三姐弟的生活经历了翻天覆地的变化，而在他们心中，那条连接两岸的溜索的意义，也经历了重要的变迁。

曾经，那条溜索是村子与外界联系的唯一通道。卯会朵记得，每次要去镇上，都必须勇敢地挑战那条溜索。小时候每次要过溜索时她都很紧张，但她知道那是出去的唯一方式。每次和朋友们一起挑战溜索，她都会告诉自己，这是通向更大世界的必经之路。对于她来说，那不仅仅是一个简单的交通工具，更是一枚成长的勋章。卯申文则将溜索作为曾经的回忆，他仍旧怀念那种在溜索上的感觉。卯米会虽然最小，但她对溜索的记忆却最为深刻。于她而言，那条溜索就像一个巨大的摇篮，摇晃着她的童年，带她从这头滑到那头，经历了无数的痛苦与喜悦。

现在，随着易地扶贫搬迁政策的实施，他们的生活已经不再依赖那条溜索。但在他们的心中，溜索早已被赋予了更深层次的含义，成为一个情感的符号，象征着他们的家乡，他们的童年，以及那段充满挑战和冒险的日子。对于卯家的三姐弟来说，溜索不仅是过去的回忆，更是他们带着希望和梦想，从过去滑到现在、从现在走向未来的桥梁。

随着岁月的流逝，牛栏江的两岸已经变了模样，新的桥梁横跨其上。但在三姐弟的心中，那条已经消失的溜索仍然承载着他们最珍贵的记忆。因为它记录了他们的笑与泪，见证了他们的成长，也寄托了他们对家乡的无尽情感。

结语

易地扶贫搬迁是时代的红利，有着跨时代的意义，它改变的不仅仅是

威宁县五里岗街道朝阳新城安置社区

一代人的生活和生命轨迹，更改变了其子孙后代的生活。对于老一辈来说，搬迁安置地是他们生命的归宿，是他们人生终点的安居地；对年轻一辈而言，则是他们人生新的起点，是通向未来广阔天地的桥梁。曾经的山路、过往的生活，都将成为一段珍贵的影像永远留存在搬迁者的心中，永不消逝、永不褪色。

阳光仍照耀在闪闪发光的钢索上，那根曾经横跨牛栏江、连接两岸的溜索，已经不再是一种出行方式，而是一个时代特有的记忆。对于卯家三姐弟来说，更是他们成长的见证、家乡的象征、情感的连接。

阳光照耀在朝阳新城的每一个角落，一栋栋房屋整齐地屹立着，正像是这一群守望相助的搬迁者。搬迁的故事暂告一段落，但属于他们的新生活仍在继续，易地扶贫搬迁的未来将由他们续写。

悬崖村的变迁

最好的树长在我家的门前

叶子却飘向别的地方

雄鹰从故乡起飞

影子却投射在他乡的土地上

骏马出自我家

赛场却在别人的土地上

小伙子在高山上呐喊

妈妈您是否能听见

姑娘在河边清唱

爸爸您是否能听见

——彝族乐队　山鹰组合《蓝色的愿望》

　　古彝文，世界六大古文字之一。

　　彝族史诗，传世的神话，古老的文明。

　　风起了，荞叶落了。1952年，凉山彝族自治州的前身——西康省凉山彝族自治区人民政府成立。1956—1958年，凉山地区轰轰烈烈地展开了民主改革运动，这一运动彻底废除了奴隶主的所有特权与债权，近60万被束缚的奴隶终于获得了解放，并重新获得了长期以来被奴隶主霸占的土地、牲畜及农具等生产资料。这一变革标志着凉山各族人民实现了从奴隶社会到社会主义社会的历史性飞跃，实现了"一步跨千年"的伟大转变。

　　"十三五"时期，凉山州累计建成安置点1 468个，搬迁群众7.44万户、35.32万人。2020年，昭觉县等7个国家级贫困县摘帽脱贫，宣告着凉山州11个深度贫困县摘帽、1 118个贫困村退出、49万贫困人口全部脱贫。春去秋来，搬迁已三年，让我们再度相会于悬崖村，奔赴一场千年的相会。

旧村庄　新社区：悬崖村的搬迁

昭觉县隶属四川省凉山彝族自治州，位于四川省西南部，地处大凉山腹心地带，东邻美姑县、雷波县，南连金阳县、布拖县、普格县，西接西昌市、喜德县，北靠越西县，是全国彝族人口大县，彝族人口占总人口的98.8%，齐集什扎、所地、阿都、依诺四大方言，是四大方言汇集之地，境东西长95.28公里，南北宽66.15公里，总面积达到2 564.75平方公里。其地理位置独特，西距州府西昌仅100公里，交通相对便利。在经济方面，昭觉县近年来呈现出平稳有序的增长态势。根据最新数据，2022年昭觉县的地区生产总值（GDP）达到了51.02亿元，增速达到7.1%，高于全州平均水平。第一产业、第二产业和第三产业均有所增长，其中第三产业增长最快，增速达到了9%。同时，全社会固定资产投资也实现了高速增长，增速达到88.4%，领跑全州。昭觉县是一个多民族聚居的地方，主要有彝族、藏族等民族分布。历史上，昭觉曾是凉山州的古州府所在地，因此极富文化底蕴。这里是中国彝族文学的发祥地，拥有众多彝族文化瑰宝，如史诗《勒俄特依》《玛牧特依》等。此外，昭觉县还是一个文物大县，拥有博什瓦黑岩画、四开乡氏坡此蜀汉军屯遗址等众多受重点保护的文物。在社会进步方面，昭觉县近年来在脱贫攻坚方面取得了显著成果，实现了从贫困到小康的历史性跨越。

阿土列尔村，又称悬崖村，由勒尔社、特土社、牛觉社和古曲洛社四个社组成，位于中国四川省凉山彝族自治州的昭觉县，是一个地理位置独特且充满挑战的山村。它坐落在陡峭的山崖上，四周环绕着崇山峻岭，地势险峻，交通极为不便。在经济方面，阿土列尔村曾长期处于贫困状态，村民们的生活主要依赖传统的农耕和畜牧业。当地可种植玉米、土豆、四季豆、核桃、花椒、魔芋、橄榄等多种作物，也适合当地岩羊、半细毛羊、牛等牲畜的养殖。但由于山区封闭、交通不便，大多种植以自给自足为目的，较少进行市场交易。搬迁前当地居民主要以家族

（家支）聚集生活。随着国家扶贫政策的深入实施，阿土列尔村的经济状况得到了显著改善。曾经，村民要进村必须攀爬17段藤梯，且无安全保障。2016年，政府投入大量资金，修建了通往外界的钢梯，解决了村民出行难的问题。同时，通过引进外部投资和项目，村里开始发展旅游业和特色农产品种植，为村民提供了新的收入来源。地理位置的偏僻让彝族文化在这里得到了很好的保护和传承，村民们保留着传统的服饰、习俗和节庆活动，吸引了众多游客前来观光体验。在社会发展方面，搬迁前政府通过实施教育扶贫、医疗扶贫等措施，提高了村民的文化素质和健康水平。同时，村里的基础设施建设不断完善，道路、电力、通信等条件得到了显著改善。此外，村民们的思想观念也逐渐开放，开始积极参与到村庄的建设和发展中来。这些变化使得阿土列尔村的社会面貌焕然一新，村民们的生活质量提升显著。2020年5月，为了进一步发展，实现全面脱贫，村里84户建档立卡贫困户共344人陆续搬迁至位于昭觉县城集中安置点的新家，完成了从藤梯到钢梯到楼梯的跃迁。现在山上居民都搬迁至昭觉县的五个安置点生活，只有小部分在山上尚有养殖、民宿等产业的居民还保有一月上山几次的习惯。

吉克一家就是阿土列尔村84户搬迁户之一，家中三代同堂。

祖父吉克干体与祖母约其玛麻经历了大半生的悬崖村生活，现因不适应社区生活居住在距县城不远的土房中，主要收入来源为种植玉米和养殖猪羊。

吉克拉里，是吉克干体与约其玛麻的长子，妻子为阿合金里，共育一子四女，分别为吉克布且、吉克布作、吉克尔作、吉克以作和吉克有作。拉里一家现居住于昭美社区，主要收入来源为养殖牛羊，其妻子阿合金里在社区公益性岗位工作并接社区彝绣订单来补充收入。夫妻二人还在社区开了一家小超市。

吉克曲伍，吉克干体与约其玛麻的次女，外嫁美姑县。

吉克九里，吉克干体与约其玛麻的三子，妻子为约其阿里（约其玛麻的亲侄女），共育两女两子，分别为陈小菲、陈小雪、陈逸轩和陈逸豪

（彝语吉克翻译为陈）。九里一家现居住于沐恩邸社区，主要靠九里外出务工获得收入。

吉克九体，吉克干体与约其玛麻的四子，妻子为石一石里。目前九体在河南务工，妻子按照彝族习俗仍在娘家居住。

吉克里伍，吉克干体与约其玛麻的幼女，现已结婚未生育，按照习俗与父母吉克干体和约其玛麻一同生活。

吉克木果，吉克拉里的侄子，现居住在沐恩邸社区，是悬崖村直播网红，在悬崖村经营一家民宿，在社区内也开了一家超市。

"老铁们！从今以后我也是在县城有房的人了！"吉克拉里站在那条曾经无数次攀爬过的钢梯前，激动地对着手机屏幕喊道。这条钢梯，如同一条巨龙蜿蜒在悬崖峭壁之上，高耸入云，直插天际。梯子并排可行两三人，往日里冷清得只有山风呼啸，但今天，它却前前后后挤满了背着大包小裹的村民们。尽管每个人都背着沉重的行囊，但脸上却洋溢着前所未有的幸福笑容。他们互相打趣，相互搀扶，不时举起手机，用那不太流利的普通话，向远方的亲人、朋友们分享着这下山的全过程。镜头里，绝壁之上，云雾缭绕，仿佛人间仙境。

吉克拉里已数不清这是第几次下山，但这次却与以往截然不同。他告别了那间充满回忆的家屋，还有那温暖的火塘，背上必要的行囊，毅然决然地走出了那个曾经困住他们的、山峦起伏的、交通闭塞的山村。这一刻，他仿佛感受到了前所未有的轻松与自由，一切都好像迎来了新的变化。在直播间里，"老铁们"守候着，他们虽然远隔千里，但却能深切地感受到那份来自大山的喜悦与激动。弹幕飞舞，祝福连连，仿佛每一个人都在这份喜悦中找到了自己的影子，感受到了那份来自内心的蜕变与重生。

吉克拉里走在钢梯上，每一步都显得那么坚定有力。他知道，前方是一个全新的世界，等待着他的，是更加美好的未来。而这条钢梯，不仅是他通往新生活的桥梁，更是他心中那份坚韧与勇气的见证。随着镜头的推移，我们看到了更多的村民陆续走下钢梯，他们的脸上都洋溢着同样的笑容，眼中闪烁着对未来的期待与憧憬。这一刻，他们不再是被困在大山深处的村民，而是即将踏上新征程的勇士，是向着幸福生活迈进的追梦人。直播间的氛围达到了高潮，"老铁们"的弹幕如同瀑布般倾泻而出，他们的祝福与鼓励如同阳光般温暖着每一个下山村民的心。吉克拉里站在钢梯的尽头，回望那座曾经的家乡大山，心中充满了感激与不舍。但他知道，前方是更加广阔的天地，等待着他去探索、去创造。

"老铁们，我们一起加油！向着更美好的生活前进！"吉克拉里挥舞着手中的手机，大声地对着直播间喊道。他的声音在山谷中回荡，仿佛在向整个世界宣告着他们的决心与勇气。就这样，在这个特殊的日子里，一群来自大山的村民告别了过去的艰辛与困苦，迎来了全新的生活与挑战。而那条高耸入云的钢梯，也成了他们心中永恒的记忆与见证。

这里是位于四川昭觉县的悬崖村，出行仅靠一条钢梯路。

搬迁前，吉克拉里一家在悬崖村只有一间房，一大家子挤在一个屋子里，屋里是不分厨房、客厅和卧室的，屋子中间就是火塘，用以做饭烤火，狭小而昏暗的房屋里塞着三张床和一张堆杂物的桌子，屋子上层用架子搭了一圈来放粮食，土墙用报纸层层裹起，而屋外就是羊圈和鸡舍。在山上以家支聚居，同姓的家族相距不远，以方便相互照应。

高耸的大山隔绝了战乱的同时也阻断了向外发展的希望，悬崖村上的人们世代居住于此，凭借着藤梯和窄壁来往山野之间，青壮年们出去打工，凭借着自小来往绝壁的经验做高空作业，老人和孩子则困于山上，依靠种养殖维生。由于隔绝的地理环境，跋涉千里而来的投资人也会因为七转八绕的盘山路和直耸入云的天梯叹息而去。山上的人们养殖的牛羊也要背下山去售卖，但人力有限，运力不足，这样的情况下，当地的贫困实属必然。

居住在山上的吉克拉里一家也是如此，在搬迁前，夫妻二人主要的

悬崖村的钢梯

生计来源就是务农，种植了土豆、玉米、四季豆、花椒、魔芋，也养殖了十几头牛羊。在有限的空间中，人是和牲畜一起住的，上层睡人，下面是马、牛、羊，伴随着牲口的"哞""哼哼"等吵闹声入眠，清晨吸入鼻腔的又是新鲜牛羊粪便的味道。

　　这样的生活简单温馨，可孩子上学、老人看病就成了大问题。"大人忍忍就算了，孩子也睡不好"，为了给孩子更好的教育环境，吉克拉里的弟媳约其阿里在搬迁前就在县里租了房子。而吉克拉里一家为了维持生计，依然住在山上。

　　2020 年，完成了社区的建设工作后，昭觉县启动易地扶贫搬迁，将84 户贫困户搬迁至位于昭觉县城的集中安置点，为提高贫困户生活质量、改善家居环境，政府为每个贫困户补助 5 000 元，购置了"四件套"（钢质衣柜、钢质碗柜、钢质桌椅以及大小床两张）。同时当地政府还通过以

悬崖村搬迁前住房

奖代补的形式，按照户均补助 1 600 元的方式鼓励贫困户购置"五件套"（电视柜、沙发、洗衣机、电视机、茶几）。乡镇还成立贫困户物品装车服务队，调集专用车帮助运送。拉里一家就此下了山，开始了他们在昭美社区的新生活。

　　昭觉县共有五大安置社区：沐恩邸社区、昭美社区、南坪社区、依乌社区及轿顶山社区。悬崖村建档立卡户主要迁入沐恩邸社区（28 户）、昭美社区（28 户）及南坪社区（25 户）。

　　沐恩邸社区位于昭觉县城北镇，距离县城 2 公里，建有安置房 50 栋，共 1 478 套住房，属于开放式、低密度、街区化的现代社区。集中安置了来自 14 个乡镇 70 个村的 1 428 户 6 258 名搬迁群众，是昭觉县最大的易地扶贫搬迁集中安置点，其中悬崖村脱贫户有 28 户。社区配套建设有党群服务中心、社区史馆、非遗博物馆、幼儿园、警务室、卫生室、商业门市等公共服务设施。社区周边新建有昭觉县第一初级中学、昭觉县第一小学、昭觉县第三小学、昭觉县特殊教育学校等4所学校，可容纳在校学生7 600人，满足社区及周边村学生就学问题。吉克九里一家和吉克木果一家就居住在沐恩邸社区。

昭美社区现居976户，共4 948人，其中悬崖村脱贫户有28户，位于城北镇普提村，建有住宅共36栋，公建及幼儿园面积为1.13万平方米，其中公建功能（建筑）包括社区服务中心、社区文化中心、日间照料中心、医疗服务中心等。吉克拉里一家及吉克九体居住于昭美社区。

在社区治理过程中，昭觉安置社区积极推行"1357"基层治理工作模式，以党建为核心，构建自治、德治、法治"三治"融合机制，落实产业、就业、医疗、教育、关爱救助五项保障，开展"七化"优质服务，采取线上线下结合、上下联合联动的方式，让搬迁群众身心"安"下来、居住环境"优"起来、腰包"鼓"起来、日子"好"起来、幸福指数"高"起来。

穿过喧嚣热闹的县城中心，穿过路边牵着牛羊的路人，背着背篓或箩筐的彝族老人就能抵达昭美社区。拉里一家就住在昭美社区。

昭美社区静谧而宁静，穿着玄色与藏青色服饰的老人们三五成群散落在社区的各个角落，一边闲聊一边编织着手中的彝绣。当阳光柔和地洒进社区广场时，他们一个个坐在小凳上，一边闲聊着生活中的琐碎事情，一边全神贯注地编织着手中的彝绣作品，面颊上刻满岁月的纹路，但眼神中却透着生机与智慧。他们或用彝语交流着社区里的大小事，或者手指交错，织出令人赞叹的彝绣。

每一根丝线在老人们巧妙的手指间律动，勾勒出千年的彝族传统艺术。细腻的线条渗透着他们对祖辈智慧的敬重，而绚丽的色彩则映照出他们对美好未来的追求。在这里，传统与现代相融合，记忆与创造相交织。

吉克拉里宽敞明亮的新家共一百平方米的空间里，桌椅家具一应俱全，空气流通，采光极佳。空间布局合理，令人倍感舒适。站在窗台上，一眼望去，楼下孩子们嬉戏的身影映入眼帘，欢声笑语不绝于耳。

望着新家，吉克拉里心中充满对新生活的期待："家里现在有三室一厅，还有厨房和卫生间，这些家具都是政府帮忙配好的，真是太方便了。像家电这些，我们只花了 1 600 元，真是物美价廉。想想以前老家的房子，卫生间、厨房都没有，烧火做饭都是在一个大通间里，烟雾缭绕，现在用上了天然气，既安全又方便。"他的话语中透露出对新生活的满足与期待。"以前从未想过能在县城拥有这么大的房子，现在终于实现了这个梦想！"

在阳光下，吉克拉里站在新社区的门口，脸上洋溢着难以言表的兴奋与激动。他曾在遥远的内蒙古做过矿工，那里的风沙与艰辛，都未能动摇他心中对家乡的思念。他始终怀念着悬崖村的山山水水，还有那些与他相伴的牛羊。然而，他从未想过，有一天会离开那个熟悉而又贫瘠的地方，搬下山来开始全新的生活。

吉克拉里一边用彝语兴奋地表达着自己的喜悦，一边看着眼前这座宽敞明亮的大房子，心中充满了感慨。这里的交通便捷，再也不用像过

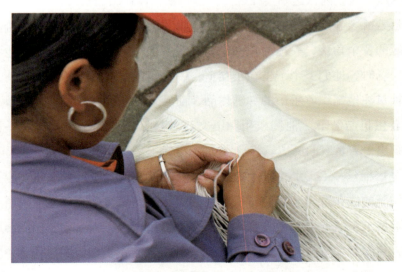

昭美社区的彝族女性在做彝绣

去那样翻山越岭；孩子们上学也变得轻而易举，再也不用为路途遥远而担忧。

回想起在悬崖村的日子，吉克拉里不禁感慨万千。那时，他和牛羊为伴，生活虽然简单，但充满了艰辛。而现在，他不仅有了舒适的住所，还有了更好的生活条件。这一切的改变，都让他感到无比幸福和满足。吉克拉里开始规划着未来的生活。他打算继续放养牛羊，同时也开了一家小超市，为家庭带来更多的收入。站在新生活的起点上，吉克拉里满怀信心。

吉克拉里的小超市，像社区内其他两三家超市一样，集中在社区入口附近，店内摆满了孩子们的零食和玩具，还放了一张台球桌。虽然装修简朴，但却充满了温馨与亲切。对于社区的男人们来说，打台球成了他们难得的放松方式。在辛苦工作一天后，他们更愿意走出家门，约上三五好友，打一场台球，饿了就在商店里简单吃几碗泡面。而在山上时，商店里的商品种类有限，更别提像台球桌这样的大件了。

相比于昭美社区，吉克九里所居住的沐恩邸社区规模更大，基础设施更加完善。社区内的小商店成了孩子们的最爱，几包零食、几个玩具就能让他们开心一整天。这些孩子的手上经常都沾满了剥核桃留下的汁液，他们勤劳的身影让人感动。而街边的彝族服饰店则展现了彝区人民的文化自信与热爱。虽然离开了故土，但他们对传统彝族服饰的热爱不减。这些服饰店主要由当地人经营，社区中也不时可见身着传统彝族服饰的奶奶们，她们在楼房间穿梭，与老友聊天，分享着过去的经历，同时也照顾着孙子孙女。

在昭觉县的辽阔大地上，对于那些一辈子生活在山上的人来说，改变原有的生活习惯无疑是一场巨大的挑战。吉克拉里，这位饱经风霜的汉子，在谈到社区生活时，眼中闪过一丝复杂的情绪。他轻轻叹了口气，感慨道："如果离家近点，还能把剩饭剩菜喂给猪羊。"这句话虽然简短，却蕴含着深深的怀念与无奈。在他心中，那些与猪羊相伴的日子，那些熟悉的山林与田野，仿佛还历历在目。然而，生活总是向前推进的，他们不得不面对新的挑战，适应新的环境。

尽管适应新生活并非易事，但吉克拉里和他的乡亲们都已经迈出了坚定的一步。他们开始尝试着接受新的生活方式，学习新的技能，努力融入这个全新的社区。虽然心中仍有对过去生活的怀念，但他们也明白，只有不断前进，才能迎来更加美好的未来。

在这个过程中，他们也逐渐发现了新生活的美好之处。社区的便利设施、优美的环境、和谐的邻里关系，都让他们感受到了前所未有的舒适与幸福。他们的孩子们也能够在更好的环境中成长，接受更好的教育，这无疑是对他们最大的安慰。

不论是沐恩邸社区还是昭美社区，社区中最多的身影就是老人和孩子。

彝族尔比谚语"族兴看男，畜旺看母"，意思是家族要兴盛，男丁要多，牲畜要繁衍增多，多生母羊、母牛等。所以，彝族传统社会人口观念有其特殊认知，从某种意义上说，认为生男丁才算"人口增加"，养育女婴不过是为姻亲之传宗接代服务的。彝族的家族谱系历史就是一代又一代家族男性接续的历史。因此，彝族家家户户多子女，子女一多，上学就难，交通不便，书本费也是大问题。

原先的悬崖村只有一间小学，建于山崖之上，落于危险之地，常有地质灾害发生。吉克拉里上学之时，读书免费，"那个时候没有养羊，只种地，没有钱，不然交300块可以考上老师的职位"，拉里的父母对于这件事情颇感遗憾。然而在悬崖村，读至小学毕业，已经算得上"高学历"。同样是家里的孩子，由于后来学校受地质灾害影响塌方，家中又缺少劳力，二妹曲伍、三弟九里与小妹里伍均未读书，只有幼弟九体上学时免费，读到了四年级。作为中年人，囿于学历限制，他们出去打工只能做一些基础的体力活。这座大山虽未困住这代人的脚步，却局限住了他们认识世界的宽度。

昭美社区的老人与孩子

搬下山后，昭美社区与沐恩邸社区皆围绕学校建造，一栋栋干净安全的教学楼足以托起下一代的明天。拉里家的两个孩子曾在山上读过书，虽不算太远，但由于师资力量有限，教学质量一般。搬迁后的学校离家只有十几分钟的路程，孩子们无须家长护送就可以自己去上学，只需要一些书本费用。九里家的孩子搬迁前上学路程要三四个小时，平常需要大人护送才能上学，因此都是住校，放假才回家，搬迁后可以直接在家门口上学。在安逸的生活环境下，这些孩子都早已忘却了悬崖村的生活，甚至学会了用手机看视频和动画片。

吉克拉里和吉克九里这两个家庭，与上一代那种因生计所迫、急于赚钱而忽视教育的观念截然不同。在对待下一代的教育问题上，他们展现出了前所未有的重视和投入。他们深信"再穷不能穷教育"，对家中四五个孩子的学业都倾注了极大的心血和期望。

搬迁对他们的教育观念产生了深远的影响，但具体的影响在两个家庭中却呈现出不同的面貌。由于自身学历的限制，吉克拉圭深知教育的重要性。他回忆道："以前，我们生活在悬崖村，条件艰苦，买不起县城的房子，甚至想过在县城租房供孩子读书。现在，搬迁下来，孩子们上学方便多了，这让我感到无比欣慰。"然而，搬迁后的转学问题也给孩子们的学习带来了一定的困扰。大儿子和二女儿在悬崖村上的学，搬迁后由于学习进度不统一，成绩出现了下滑，这让吉克拉里倍感焦虑。

而吉克九里一家在教育孩子方面则有着独特的做法。妻子约其阿里肩负起孩子们的教育重任，她严格监督孩子们完成作业，时常鼓励他们努力学习。在她的悉心教导下，大女儿和二女儿在小学阶段就取得了优异的成绩。约其阿里还尝试利用网络资源，给孩子们播放学习视频，尽管孩子们常常因为贪玩而只看动画片，但她始终没有放弃对孩子们的教育引导。

两个家庭在教育上的投入和付出都是巨大的。他们不仅要承担孩子们日常的学习用品费用，还要购买辅导书和练习册等额外资料。这些开销对于收入不高的他们来说，无疑是一个不小的负担。然而，他们从未因此抱怨或退缩，因为他们深知，教育是改变孩子们命运的关键，也是他们家庭未来的希望所在。

在吉克拉里和吉克九里这些家长的眼中，教育的价值远远超过了金钱。他们用自己的行动诠释着"再穷不能穷教育"的信念，为孩子们的未来奠定了坚实的基础。"搬下来主要是为了孩子上学方便"，作为搬迁受益最大的一代，孩子们的生活得到了翻天覆地的改善。从时刻面临地质灾害风险的悬崖村小学转入窗明几净的沐恩邸小学，他们的未来备受关注。互联网时代，抖音热歌和唐诗宋词穿插于社区孩子们的生活中，他们既会吟诵"举头望明月，低头思故乡"，也会翻跳韩国女团的热舞，在社区中跟同龄的孩子一起玩耍。家家户户都有的电视机与智能手机为孩子们打开了看世界的窗户，相比困于大山中的父辈，他们对于社区生活融入得极快，学校的同学大多来自周围的社区，周末节假日便凑在一起玩耍。社区随处可见孩子们的身影，幼至襁褓婴孩，大至十余岁的孩子。

搬迁改变了孩子们的生活轨迹，为他们提供了更多的机会和选择。他们有幸能够在现代化的环境中成长，接触到多元化的文化和知识。同时，他们也十分珍惜来之不易的机会，努力学习，发展自己的才能，为将来做好准备。对于这一代孩子来说，家庭、学校和社区共同为他们构筑了美好的成长环境。他们在这个充满机遇和希望的社区中，追寻梦想，书写未来。无论是归属感还是责任感，孩子们在这个社区中收获着无尽的情感和成长。他们将成为社区的骄傲，为社区的进步和繁荣做出自己的贡献。

久居悬崖之上的村庄，不仅生活条件艰苦，就医更是难上加难。那里的日子，仿佛与世隔绝，充满了无尽的艰辛与危险。

孩子们的祖母约其玛麻回忆起那段岁月，眼中仍带着深深的恐惧。每当村民因日晒雨淋导致藤梯腐烂而失足跌落时，全村人都会齐心协力，下山寻找，将伤者背回村庄。然而，受限于恶劣的条件，很多时候，这些伤者只能在家中等待命运的审判。有些产妇因难产而离世，有些村民因小病拖成大病而丧命。那时，生病了就只能躺在被窝里，听天由命，祈祷着能够挺过这一关。

幸运的是，随着精准扶贫政策的实施，医疗条件得到了极大的改善。贫困户的所有医疗费用都可以得到报销，这让村民们看病不再成为负担。吉克拉里的大儿子高烧输液、他自己做阑尾炎手术，都是全额报销，无须承担任何费用。这一变化，让村民们深切感受到了政策带来的实惠和温暖。

从藤梯到钢梯，再到如今的安置点，悬崖村的生活经历锻炼了彝区人民的身体，更磨炼了他们坚韧不拔的意志。他们面对困难不屈不挠，积极面对生活。如今，他们的孩子们可以在更好的环境中成长，接受更好的教育，未来充满了无限的可能。

旧活计　新出路：悬崖村村民的生计变化

丰茂的缓坡灌木间，顶着黢黑的双角、迈着轻快的步子，不时也在较陡的台地张望着下行的路线，通体乳白毛发的头羊在光亮间若隐若现。

而后稀稀拉拉跟着的三两羊群，不紧不慢似迈着行军的步伐。随着拉里加密通话一般的"喊麦"，数分钟间，列尔甲谷一侧山体的缓坡之间隐隐走出了"羊群大军"。随着拉里一家将住所搬迁至县城附近的社区，特土社散养着的 100 多只羊成了拉里身处他乡最大的牵挂。

在美姑河大峡谷与古里大峡谷的交汇处，瓦伍村瓦伍社、阿土列尔村勒尔社和特土社由北向南依次占据三处断坎岩肩斜台地，阿土列尔村另有高踞于峰顶一侧小块斜坡台地的古曲洛社和低处河谷的牛觉社。拉里家的羊舍便处在位于海拔 1 600 米左右的特土社，由山脚下的牛觉社经悬崖村钢梯攀爬到勒尔社，继续在山间盘行一小时现已铺就土石的半成路面即可抵达。自然，特土社至今仍有一条类似藤梯的快速下山小路。来到特土社，略带腼腆的拉里瞬时展现出主人翁的豪情。毕竟，这里有拉里家族的老房子，一个离开无数次却也回来过无数次的地方。这里家门前长着青苹果树。经行此处，拉里熟练地探出篱笆里的摘果网杆，随行者们也有幸得以品尝纯天然的山间珍品，"最好的树长在我家的门前"或许就是此般。

拉里在自家羊舍后平地喂养羊群

"悬崖村其实土地资源和气候条件是很好的，青花椒等特色农作物的品质好，产量高。""悬崖村土地种植条件比较好，弃之可惜。"这是见诸报端的主流媒体采访中对阿土列尔村的描述，更是拉里反复强调的重点，这或许迥异于大众的刻板印象。对于大众而言，在尚未抵达阿土列尔村之前，"最低海拔628米，最高海拔2 400米，相对落差近1 800米"都会让人不自主地将阿土列尔村与贫瘠蛮荒相关联。但仔细思虑一番，可以想到，数百年前，阿土列尔村的先民为了躲避战乱和械斗而在此世居，这里一定不只是隐世的绝壁，代际的延续生息离不开润泽一方的土地。20世纪各地在土地改革时，拉里家他这辈人共有三人在家庭联产承包责任制中分得土地，算上父母，五人名下的地块共六亩。阿土列尔村分地不区分性别，但女性分得的土地在外嫁后由兄弟转接耕作，拉里就管理着妹妹曲伍名下曾分得的土地。

除去682亩耕地，阿土列尔村还有2 860亩林地和1 560亩草场，农作物以土豆、玉米、豆类为主，因地处河谷之上的台地水土湿润且光热充沛，除水稻和荞麦等个别作物外大部分作物均能在此生长。然而，品质好、产量高、种植条件好并不代表一方水土能养好一方人，阿土列尔村的生产仅能实现低水平的温饱以自食自用，仅有限的花椒和核桃丰收时，村民们才背到离山脚三公里外的莫红集镇交易。自然，进出村子依靠藤梯的阿土列尔村村民免不了被收购商压价，其他村民能卖1元一斤的玉米他们得打九折，甚至100元一斤的青花椒只能以半价出售。无他，一些收购商知道他们是悬崖村的，断定他们不会再把东西背回山上。

"有一天，有一只鹰飞来，滴下了3滴血，恰好落在蒲嫫列依身上，分别落在了头部、腰部和下身。她全身都在颤抖，便失魂落魄地回家了。过了一段时间，蒲嫫列依胃寒又发热，身体实在受不了了，便要去找毕摩。她骑着黑马，走过三条沟谷，遇到三个急漩涡，黑马差点被水冲走。黑马劝说返回，蒲嫫列依不肯回。黑马驮着她又穿过河流，走过山坡，翻山越岭，经历滚石旋风等重重困难，终于来到了毕摩所在村子的路口，她问路来到了毕摩家。这时候，毕摩不在家，只有毕徒呷呷在家。她翻阅经书后告知蒲嫫列依是大喜运，需要用绿树枝和母鸡祭祀，来召唤生育运，可以生出神儿和仙子。蒲嫫列依听后心里很欢喜，便轻轻松松地回家去了。从这以后又过了13天，蒲嫫列依托人请毕摩，毕摩大师傅领着毕徒呷呷，背着衫叶，戴着神斗笠，带着白纸、墨汁、神图文和神铜铃来到了蒲嫫列依家，为她招生育魂。招来喜魂后，毕摩便走了。突然有一天早上，山间起了白雾。然后，蒲嫫列依下午就生了阿鲁。"

在悬崖村调研期间，每天都能听到不同讲述人细说着属于自己民族的神话，"阿鲁生"就是其中的一段。支格阿鲁是彝族神话中最具代表性的神性英雄人物，带领人民战天斗地、治理洪水、移山填水造福人民，劝勉农耕、畜牧，解决生存和发展问题。新时代的阿土列尔村，也有这样一帮支格阿鲁精神的传承者，深刻地影响拉里一家。

2015年11月29日，中共中央、国务院发布《关于打赢脱贫攻坚战的决定》，正式宣布实施精准扶贫战略。同年，阿土列尔村所处的昭觉县共识别出贫困村191个，确认贫困户14 404户，贫困人口53 650人。以社为单位，选派机关优秀干部到村任第一书记开展贫困村、贫困户大调研，找准致贫原因，逐户确立帮扶项目的精准扶贫政策推进到了阿土列尔村，"产业"第一次真正意义上在阿土列尔村生根发芽。2016年初，在阿土列尔村第一书记帕查有格的动员之下，阿土列尔村利用财政帮扶资金100万元成立养羊合作社。在合作社的带动下，拉里一家从此开始了以商品为导向的绵羊和山羊养殖。同年，利用昭觉县水务局水土保持结余资金15万元，牛觉社种植了7 000株脐橙；勒尔社和特土社在改善饮水和农业灌溉设施后，扩种优良品种的核桃树和青花椒……以这些为代表的精准扶贫政策是这片悬崖上土地的第一次现代化转变。

2016年，地质学家杨勇、新京报记者陈杰和刘旻的造访和追踪报道加速了大凉山腹地悬崖村落的进化历程；2016年11月，钢梯一期工程完工；2017年5月，安全隐患路段再改造，钢梯由1 000级增设到2 166级，几近现今的雏形。伴随着钢梯的搭建和帮扶资金的投入，网络基站、幼儿教学点、卫生室等配套设施日趋完善；更广阔的聚光灯之下，种核桃、种花椒、养绵羊、养蜜蜂等高经济价值农事活动在阿土列尔村日趋兴盛。拉里的母亲约其玛麻回忆称，那段时间来山里的游客很多，村里开了好几家小卖部，有些游客看到玛麻腰不好还会塞给她钱。可以说，一篇新闻报道将阿土列尔村这个隐秘的角落投射到主流的场域，加速着这片土地的现代化进程。

三年以来，阿土列尔村的原住民们，选择下山、搬往县域、外出务工，有的离开又回来，但更多地，没有老人和孩子生养于此的牵挂，故地重游只当是闲时游乐。2023 年 8 月，勒尔社除去试种橄榄的 10 亩土地和留下村民的小块菜地和玉米地，抛荒的地块似将晋升为主流。跟随拉里来到其旧房子所处的特土社，这里曾耕作 20 亩土地，土豆、玉米、花椒、重楼（俗称"七叶一枝花"）、四季豆、核桃、魔芋、三七等作物轮番种植的盛况不再，自家的 6 亩承包地也流转给侄子种玉米，现在唯一牵挂的就是山上养殖的 20 多头牛、100 多只羊。随着父母下山，拉里一家在干河坝村转入土地 7 亩。然而山上的养殖生活也伴随着风险，听拉里谈起在阿土列尔村养殖的山羊常遭黑熊侵袭，由于当地禁止猎枪，也没有办法对黑熊进行驱赶，损失的牛羊只能自认倒霉。提起这个拉里叹息一声："打算将牛羊迁往山下，也省了来回跑。"

行走在昭觉县革命烈士纪念塔白色基调的房屋街檐下，无论是缓步行走的路人，还是街头一角打牌的老者，较多身着或蓝或白的斗篷，像极了魔法世界里的隐形斗篷，这是彝族的传统服饰——查尔瓦。似斗篷的查尔瓦白天是披衫，到了晚上它就是抵御风寒的被子，是彝族人生活的必备物品。这个看似简约却使用场景诸多的彝族爆款，其工艺涉及剪毛、捻线、弹毛、搓线、织毛布、缝制、弹弓、夹板、印染等技艺，彝族毛纺织及擀制技艺更是在 2008 年经国务院批准列入第二批国家级非物质文化遗产名录。

彝族，是一个把自己的文化穿戴在身上的民族。多姿多彩的彝族服饰展示着其古老的民族文化，被誉为"穿在身上的历史"。据记载，彝族弹毛擀毡创始于先祖阿约阿先时代，而纺线织布则始于彝族英雄支格阿鲁的母亲蒲嫫列依。不同于其他民族地区，昭觉县是唯一集彝族依诺、什扎、所地三大方言区的彝族服饰于一处的彝族服饰文化中心，被称为"中国彝族服饰之乡"。在这里，穿行于县城街巷之间，不费劲地就能找到售卖彝族服饰的店铺，如在老电影院旁的查尔瓦市场，花费几百元就能将一件"佳史瓦拉"带回家。难能可贵的是，昭觉县最为热闹的人民巷步行街，不再是连锁品牌的专场，沿街售卖彝族银饰、彝族漆器和彝族服饰的店铺有几十余家，而且消费者大多为本地居民。

彝族服饰工艺的精髓在于"做花"工艺，"做花"即是对彝族服装及其用品上的纹饰工艺的统称，其最常用的工艺习俗有贴花、挑花、穿花、锁花、盘花、补花以及刺绣、滚绣等。彝族刺绣是众多彝族妇女从小就会的手艺，历经上千年的历史。长期以来，彝绣主要以家庭式自产自足为主。随着经济社会快速发展，特别是遭到现代机绣的冲击，擅长彝绣的绣娘们越来越少，彝绣文化一度面临失传的危机。2018年，文化和旅游部办公厅、国务院扶贫办综合司联合印发《关于支持设立非遗扶贫就业工坊的通知》，昭觉县入选第一批"非遗＋扶贫"重点支持地区名单，以薇穆嘎扎

昭觉县城老电影院旁的查尔瓦市场

非遗扶贫工坊为代表的企业或合作社相继成立，而吉克拉里的妻子阿合金里就是沐恩邸社区非遗工坊的一员。"平均每天可以绣8双袜子和一条围巾，每双袜子得20元，一条围巾则有35元收入。前几天在州里培训，老师教了一种新绣样，将花纹绣在帆布袋上更好卖。"

"运用科学方法对传统的彝族刺绣、彝族漆艺、毕摩绘画等非遗项目进行素材的收集、整理和汇总，并对彝族服饰的色彩构成、图案造型、纹样整理、形制特征、符号内涵和实用功能等方面进行了系统的分析和提炼。"清华大学美术学院研究生温博在其毕业设计中，如是总结彝族刺绣从特色的传统工艺转化成现代场域生产力的过程。据了解，沐恩邸社区非遗工坊的刺绣产品主要通过凉山彝族自治州妇女联合会进行推广，诸如彝绣袜子等商品更多地依赖地方系统工会认购等方式销售。让非遗走进现代生活，发挥当地群众掌握的一技之长，发挥传统工艺带动贫困地区群众就近就业、居家就业，成为助力乡村振兴的有效手段，彝绣的现代化之路方才开启。背着娃、绣着花、挣着钱、养着家，20万名绣娘在其间实现了灵活就业，不同的时代复刻彝绣最真实的现实图景，也算是非遗传承再焕新生最好的开局和最生动的注释。

绣针飞舞，带着丝线穿过紧绷的绸布，丝丝缕缕，一件件精美的衣服、袜子在阿合金里手中快速成形。阿合金里从搬来昭美社区起就参加了彝绣培训。"一开始什么都不会，学习简单的针法，手指都磨起泡了，绣出来的图案总是坑坑洼洼不均匀，后面慢慢培训次数多了，绣得多了就好了。"阿合金里一边答话一边做着刺绣。原来，安置区为了解决妇女就业问题，请来老师进行手把手、一对一的彝绣培训，对彝绣的分类、发展，以及技法、针法、图案进行深入浅出的教学，社区再拉来手工艺品订单，分单到户、按件计薪，让绣娘们人在家中坐，针在手中串，线在花上缝，守着家就能挣到钱。

吉克拉里回想起一家人刚搬进新家时，觉得周围的一切都不同。传统的柴火灶被现代电磁炉所取代，烹饪方式由铁锅变成电饭煲，搓衣板也不再需要了，因为现在有了全自动洗衣机。这些电器设备对他来说是崭新的，他不敢轻易触碰，担心用坏了这些好东西。幸运的是，社区在搬迁群众入住前就成立了临时党支部，他们在居民入住的第一天就开始走家串户，一边手把手地教导居民如何使用这些新设备，用纸笔将使用步骤记录下来，贴在每个电器的旁边，一边挖掘居民中的骨干，培养楼栋长。社区党员干部在居民的日常生活中加强宣传和教育，帮助他们适应新的生活方式。楼栋长作为社区管理的一部分，实现了社区的网格化管理，提高了社区服务的效能，使社区更具凝聚力，更加和谐。

吉克拉里的妻子阿合金里结婚后从美姑县搬到了悬崖村，日常生活一直是带孩子和在田地里劳作。易地扶贫搬迁后，她在安置区开启了崭新的生活。城里没有土地，她不再需要耕种，在社区党支部的帮助下，她不但成为一名绣娘，还成功争取到了公益性岗位，成了社区的保洁员。金里对这份工作格外珍惜，她深感劳动光荣，搬迁后的生活每天都充实而幸福。每天早上和晚上，金里挥舞着扫把，轻盈地扫去楼道的尘埃和杂物，将其变得一尘不染。这份工作不仅使她每月有稳定的 550 元工资收入，还让她能够为新家园的环境卫生出一份力。

阿合金里在刺绣

历史的车轮滚滚向前，沐浴党的阳光雨露，昭觉大地春晖尽显。易地扶贫搬迁是一项伟大的民生工程，旨在解决一方水土养不好一方人的问题。然而，让像吉克拉里一样的搬迁户快速适应新的社区生活，满足日常需求，并解决后期的管理与发展问题，是一项复杂而重要的任务。刺绣培训、公益性岗位……让他们能够稳得住，实现守着家、抱着娃、挣着钱的新生活。

钢梯架起，电力、通信、网络注入新生机，悬崖村换了模样。聚光灯下，这里的悬崖绝壁、钢管天梯、原生态民居吸引了十余万人打卡，逐渐成为旅游胜地。手机直播兴起、电商风潮改变了部分年轻人的生计方式。然而，一如既往的外出务工才是大部分悬崖村年轻人的选择。拉里与金里、九里与阿里，两对夫妻、两个小家庭，有着截然不同的生计方式。易地扶贫搬迁后，群众如何稳得住、能致富？社区治理有新招。搬迁好，出路新，生活的新篇章充满挑战与机遇。

"家人们，我是悬崖村木果。看，我正在背羊上山，来我直播间，点点关注，跟我一起爬钢梯。"拉里的侄子吉克木果正在直播。为了减轻重量，小羊并没有装在背篓里，而是用绳子直接捆了在背上。木果一会儿将镜头对准险峻的悬崖，一会儿将镜头转向背上的小羊。此时，直播间里有一百多名观众正在收看直播，不时有网友提问互动："你们平常吃什么？""爬上去要多久？"木果熟练地回答网友们的问题，攀爬的速度却不减缓。木果本来是个没读过书的"放羊娃"，一部小小的手机，将他与外界联系起来，仿佛是一座连接山上与山外世界的神奇"天梯"。慢慢地，他已在短视频平台积累了 46 万粉丝。悬崖村熊大、悬崖村九体、悬崖村阿牛……在视频直播平台上，悬崖村已经是一个"大 IP"，以"悬崖村某某"为例，开过直播、常发动态的足有 60 多人。

钢梯的修建改变了悬崖村的面貌，随之而来的是逐渐完备的电力、通信和网络等基础设施，这一切都将这个村庄与外面的世界联系在一起。这个曾经"一步"从奴隶社会跨入社会主义社会的彝族村庄，现在又"一步"从农耕时代跨入了信息时代。走进悬崖村，从爬钢梯到村里，再到田间地头，常能见到举着自拍杆直播的年轻人。起初，老一辈村民并不理解什么是直播，觉得"对着手机又说又笑，像个疯子"。在悬崖村"直播界"，流传着几个故事。比如，尔布收到网友三万元赞助，指定他买一辆二手车搞运输；吉克九里收到了七千元打赏，买了一大一小两匹马；吉克拉者家患有唇腭裂的孩子被网友接到成都进行手术……

曾经被贫困阴霾笼罩的悬崖村，在短视频平台中悄然间蜕变为乡村旅游的热门胜地，被游人誉为云朵之间的原始世外桃源，已成为四川山地运动旅游目的地、彝族原生态村落体验示范区以及大凉山旅游精准扶贫示范区。钢梯与峭壁交错，小心翼翼地蹚过陡峭的坡面和狭窄的岩壁，穿越连绵不断的山脉，蜿蜒曲折的道路将游客带向更高的海拔，景色变得越来越壮丽。在云端俯瞰，古里大峡谷与美姑河大峡谷相互呼应，成为令人惊叹的自然奇观。山脚下的河流与集镇，都小得像玩具积木。四面雄山峻岭，夕阳在远处晕开暖色，山风呼啸，壮丽万千。登上山区，村庄的土墙房与自然融为一体，山鸡的啼鸣，猪羊的嬉戏，构成了这里独特的乡村画卷。夜晚的山村格外宁静，满天繁星闪烁，仿佛触手可及。悬崖村的绝壁悬崖、钢管天梯以及当地的山间民居，吸引了许多游客、自媒体人和网红前来探访。"太美了，空气清新，吃的都是原生态农产品，跑山鸡、野苹果、地里现摘的青菜，仿佛又回到了小时候的生活。"广东的珍姐在短视频平台刷到了木果的直播，一番了解后，她专程坐飞机来体验悬崖村的生活。像珍姐这样的游客还有很多，据统计，每年约有15万人慕名来旅游。因此，村里现在有了十余家小卖部和民宿，木果们这样的年轻人从"放羊娃"摇身一变，成了网络中的"红人"、当地的"旅游向导"和"攀岩领队"。然而，随着热度渐渐消退，分享悬崖村风景和生活的直播同质化程度高，网友们的关注度也逐渐下降。未来，快手上的"悬崖村某某"们也许还需要找到新的突破口。

"腰上、腿上都绑着安全绳，带上工具，就爬铁塔去检修，一碗简单的

悬崖村的小卖部

悬崖村的旧民宿

四季豆拌米饭就是我的午餐，基本上都在人烟稀少的大山里。"吉克九里回忆起他在电网高空作业的场景。山势崔嵬，壁立千仞，铁塔耸立在峭壁之上。百米高空上，稍有不慎就会摔下去。只是看看九里拍摄的工作视频就会让恐高的人腿脚发软，但对于九里来说，对于悬崖村的许多外出务工的年轻人来说，爬百米高空是一件稀松平常的事情，一点都不会感到害怕，而这样的工作可以换来可观的收入寄回家供孩子读书，是很好的选择。

九里用"觉诺"来形容从事电网高空作业的人。在彝语里，"觉诺"是雄鹰的意思，九里认为他们像雄鹰一样翱翔在天空，用辛勤和汗水守护万家灯火，创造美好生活。昭觉县是一个产业发展薄弱、经济相对滞后的地区，县城自身产业吸纳就业的能力十分有限。因此，对于悬崖村的大多数年轻人而言，尽管易地扶贫搬迁改变了他们的居住环境，但并没有改变他们原有的生计方式。在九里的幼年时光里，连续的暴雨导致悬崖村山体滑坡，巨石砸垮了村里唯一的小学，从此也斩断了他上学的机会。再加上家庭贫困和交通不便，九里索性没有上过一天学，甚至连自己的名字也不会写。他的童年在山间的自由玩耍中度过。饥饿的时候，他会爬上树，摘下野梨和山核桃，口渴的时候，他会掬一捧清澈的山泉水。渐渐地，他长大了一些，跟随着父亲，去往更高的山放羊谋生。当九里长大成年后，他决定告别悬崖村，从事高空作业的工作，追寻更好的生活。

回想起刚搬迁的日子，九里心里又高兴又害怕。高兴的是他们告别了悬崖村那艰辛的旧生活，迎来了干净整洁的新生活，一个更加便捷和现代化的生活。然而，担忧的是，离开了土地，家人又将依靠什么谋生？在县城，他没有固定的工作，进城开销不小，要用钱的地方太多，他怎么能够养活妻儿呢？九里暗下决心："老婆在家里照顾孩子，我得出去打工，赚钱养家。"于是，九里并没有在新家久住，他像往年一样，继续外出务工。他凌驾铁塔之上，飞越高山深涧，构建起覆盖宽广、技术先进的电网，新疆、福建、广东的电网建设都有他的矫健身影。项目施工时间不定，有的一年，有的一两个月，工资也各不相同，从一天两百多元到四百多元不等，比工厂的工资高出许多。搬迁后，交通更便利了。但迫于生计压力，九里并没有因此经常回家，而是跟随项目，直到项目完成才回家。走"钢丝"是昭觉县劳务输出的重点行业，像九里这样的"觉诺"们身强体壮，不畏高不怕苦，能够很快适应高空作业，爬电塔拉线路又快又好。

"阿杰咯，阿杰咯，阿杰咯……"在高空休息时，九里常常对着晚霞唱起彝语歌曲，愿歌声随着晚霞飘到亲人的耳边，也鼓励自己打起精神，不要怕严寒或酷暑。

在大凉山腹地的昭美社区，拉里一家是这里的新居民。曾经他的父母吉克干体和约其玛麻也一同从悬崖村搬迁至热闹的昭美社区，但久久未能适应新环境，于是拉里和三弟九里通过借款三万元，以十万元的总价在离县城较近的干河坝村购置了一处农村旧房。同大多数农村留守的老人一般，干体和玛麻再次过上了自给自足的田间生活，家中有母猪三头、山羊八只、鸡若干。

相较于年长的一辈，未来是属于年轻人的。拉里的弟媳阿里则更为接纳且积极融入信息世界。自2014年第一个小孩出生后，阿里爸爸给她买了第一台智能手机，身处大凉山的她也与大多数同龄人有着相近的爱好——追剧；同时，她也总喜欢化上美美的妆，会和一众亲友交流除雀斑等医学美容的想法。

搬离故土，生活成本肉眼可见地上升，新的挑战也随之而来。阿里和她的朋友们一起面对了从无到有的买菜支出，以及多样化的商品供给导致的不断增加的生活用品和其他支出。不过，阿里与朋友们的生活并不仅仅充斥着挑战，还有新的娱乐方式带来的愉悦。她们一起唱 K，享受着城镇化带来的时尚娱乐生活方式，这显示了商业文明对社区娱乐生活的积极影响。这也是文化渗透的一种表现，城市文化和娱乐方式逐渐融入安置点社区的日常生活中。与此同时，在阿里的家庭中，他们对子女的教育投入不断增加，因为孩子数量众多，因此承担着较大的教育投入压力，但从交谈中能感受到"希望通过提供更好的教育，为下一代提供更广阔的未来"这些观念上的改变，搬迁地区的长效价值的实现似乎就在不远的未来。总而言之，商业文明带来了选择上的多样性，但也带来了新的经济压力，年老一辈出于经济考量再次回归乡野，青年人也在适应中奔赴美好生活。

悬崖之上，传统农耕，面临的是自然的不确定性；下山上楼，生计转型，迎来的是社会的不确定性。吉克一家，在悬崖村易地搬迁之前，多有外出务工情形。拉里在20岁出头曾跟随亲戚到内蒙古矿场务工7个月；三弟九里更是曾经同昭觉一批胆大的年轻小伙一起做过高空飞人，行走在新疆的高压塔线之间；三弟媳阿里曾在15岁去江苏毛线厂流水线打工，也于十七八岁在广东东莞、惠州打工；四弟九体正在河北打散工；甚至较为内敛的五妹里伍也曾同阿里一道在广东务工。然而，他们最终大都选择了回家。

可能，这里面较为特殊的是三弟九里，2023年初还前去东北摘松果，却由于面临亏损而不得不回家，在外接不到活儿，只得赋闲在家。夫妻二人对家庭的经济状况充满担忧，阿里也谈道："现在没办法全职带孩子，等到孩子年龄大点，还是得开个小吃摊，或者再次外出务工。"相比而言，拉里一家似乎颇为稳定。除去山上放养牛羊的不稳定收益，妻子金里在社区承担着楼道清洁的公益性岗位，一年能赚到6 600元；与此同时，金里在昭美社区经营着自己的小卖部，每天的营业额在100元到200元不等。很有意思的是，本来不怎么会玩桌球的金里，为了增加店里的客流量，砸下巨资8 000元购置了一套桌球，想要经营好小卖部也是需要费一番脑筋的。

在悬崖村，传统的农耕生活与自然的不确定性紧密相连。然而，教育资源匮乏，使得这里的孩子们很难获得良好的教育。这限制了他们的知识和技能发展，使得他们难以融入新的现代社会从而参与社会分工。由于教育的缺失，吉克一家的成员为追求更好的生计方式选择外出务工，然而工作机会有限，通常只能从事体力劳动或低技能工作，如矿工、高空飞人、工厂流水线工人等。有限的技能和高可替代性也使得吉克一家在参与社会分工中更容易受到经济波动的影响，面临新的不确定性。在面对现代社会的挑战时，教育是帮助社群增加就业机会、减轻经济不确定性的关键要素。为了确保社会的稳定和社群的可持续发展，社会需要更多地投资于教育，并提供支持，以帮助这个社群应对现代社会的各种挑战。

旧观念　新文化：悬崖村观念和文化的转变

"十里不同风，百里不同俗。"在彝区，至少在悬崖村，由于生活条件艰苦，坐在地上吃饭、人畜混居都是很常见的事。沙发、板凳对于2020年刚搬进来的悬崖村人来说都是新鲜玩意儿。在这样的情况下，一场来自中央的风俗改革开始在这片土地上铺开。2019年末，中央农办等11个部门联合印发了指导意见，对移风易俗做出全面部署。紧接着，凉山州17个县市相继制定了《开展移风易俗倡树文明新风主题教育实践活动工作方案》。这场改革浩大而深刻，悬崖村的村民们也无法置身事外。

"人畜混居""席地而坐""蹲地就餐""数月半载难洗一次澡"，这些是"中国最贫困角落"大凉山人长久以来的卫生习惯。随着2020年的易地扶贫搬迁，这些习惯在新居民的生活中逐渐淡出。2020年5月，阿土列尔村开始搬迁，吉克拉里一家也跟随政策搬进了昭觉县城7公里外的昭美社区。这个社区的生活与他们熟悉的悬崖村完全不同。在这里，他们有了新的住房，建筑美观、绿树成荫，但同时也有了社区管理、居民公约、卫生检查等一系列新的规定和习惯。

移风易俗的过程并不容易。在《当代文坛》上，张艳梅解读《凉山叙事》时提到，风俗习惯根植于日常生活中，代代相传。风土制约着特定地域文化特质的形成，不同族群处在不同的风土文化之中。彝族的生活习惯受自然环境影响，而且具有强烈的精神属性。在刚搬迁进城时，很多村民依然保留着养猪养鸡的习惯，不让养就偷偷养。这种习惯里面有生计需要，还有对劳动和家园的怀想。

对于在悬崖村生活数十年的人来说，摒弃原来的生活习惯，养成现代卫生观念需要强大的外力助推。沐恩邸社区的工作人员表示，这里采用"四包"形式治理社区，即总支包社区、支部包楼、党小组包单元、党员包住户。党员家庭会率先示范，整顿家中内务，讲究个人卫生。同时社区干部也会通过广播、坝坝会、入户督导等手段帮助村民建立良好的卫生习惯。据媒体报道，2020年5月刚搬迁时，每隔几天就有人往楼下草坪丢垃圾，时间一长还吸引苍蝇。但在2023年8月我们调研走访的时候，楼道非常整洁，房屋前后的绿化区域也没有任何垃圾，显示出了改变向好的趋势。

此外，有些安置点还建立了居民公约，并实行积分管理机制，以激励居民养成良好的生活习惯。譬如南坪社区的《社区居民公约二十条》《社区居民公约实施细则"三十六"禁》等。一户一档积分管理机制也是基层干部想出的新招。像卫生做得好、孩子考上大学、积极参与社区工作等都可以获得积分，而"比如某某坐在草坪里面了，我们就会通过扣积分来进行监督"。这些积分每年都有两次兑换生活用品的机会。社区干部说，现如今老百姓的生活习惯好了很多，基本不会触犯居民公约。搬迁的三年时光里，村民正一步一步地适应。

从凉山州移风易俗整体策略来看，政府以及基层社区干部的思路是用刚性的建章立制倒逼现代文明意识的建立，用柔性倡导示范引导现代生活习惯的养成，宣传引导与奖惩制度同步推进。能感受到社区为此付出的巨大努力，正如沐恩邸社区干部所说："不是嘴巴上说怎么管就行了，是要在行动上下很大很大力气的。"

卫生习惯的养成不是一蹴而就的，至今，安置点村民的卫生观念和行动都还有一定进步空间。如在昭美社区，在与一个即将上小学的小女孩交谈时，我们询问她家中是否有洗手用的清洁用品，以及她是否有洗手的习惯时，小女孩摇头表示没有，她的神情中透露出一丝失落。

文化建设是一个长期积累的过程，卫生观念的彻底转换也需要更多时间。当现代卫生观念作为闯入者进入古村落时，我们需要更多的包容和耐心。

多生多育、多子多福是彝族长期积淀的生育观念。38岁的阿合金里生育了 5 个孩子，28 岁的约其阿里也生育了 4 个孩子，10 岁的年龄差并没有带来什么不同。在中国式现代化浩浩荡荡进行的趋势下，悬崖村成为易地扶贫搬迁的典型，然而易地扶贫搬迁对悬崖村人的影响并非立竿见影。

"新娘子出嫁当天脚不能沾地，由 10 多个青壮年轮换背上山。"约其阿里介绍彝族传统婚礼时说道。在悬崖村时，结婚当天新娘需要从悬崖村山脚由身强力壮的年轻人背上夫家。易地扶贫搬迁之后，婚礼地点和形式有了些许调整，但是传统彝族婚俗没有太大变化，仍然由相亲、说媒、议婚、订婚、接亲、回门、往来、落住等一系列程序组成。

现在不允许在社区内举办红白事，需要到外面农家乐举办。对于这一点，阿里和金里都觉得是可以简单适应的事。阿里表示，这里没有随份子的习俗，可以带一些酒水、饮料、鸡蛋给主办方。如果经济条件允许想给礼金，可以给一两百元。

凉山彝族地区传统婚姻的缔结先是"父母之命"，再就是"媒妁之言"。按照当地婚俗约定，没有夫呷（媒人）介绍，男女双方自主恋爱是有辱门楣的行为。昭觉的移风易俗条例中，娃娃亲、包办婚姻被严格禁止。不过，彝族婚姻普遍排斥外族人。社区干部表示，现如今自由选择结

阿合金里和约其阿里

婚对象的情况也有，彝族女孩偶有嫁给外族人，但很少见彝族男孩娶外族女孩。

在过去，娃娃亲是存在的。金里和丈夫的结合依靠父母指定，大约在17岁时金里与丈夫有了婚姻契约，但这时并不会与丈夫住在一起。几年之后，当女方怀孕时才会搬到丈夫家。金里这一过程走了10年。阿里的婚姻情况也类似，在16岁时与丈夫九里缔结了婚姻契约，十八九岁时"过门"，与丈夫生活在一起。

当父母猛然把婚姻递到孩子面前时，金里和阿里向我们表达了同样的感受——懵懵懂懂。阿里回忆道："那个时候（出嫁当天）我太小了，根本就不知道在干嘛，真的。没有高兴也没有不高兴，就是懵懂的状态。"

懵懵懂懂进入婚姻之后，两位女性都开始懵懵懂懂生孩子。前文提到阿里、金里都生了几个孩子，大约状态就是今年生了一个，休整一两年，再生下一个孩子。面对应接不暇的生育，生活在大城市的人显然是不理解的。第一次怀孕时，阿里说自己很平静，看着自己肚子一天天大起来，并没有感到害怕。但当有了生孩子经验后，下一次怀孕时就会自然想起第一次生孩子的场景，害怕但是又无可奈何。阿里又回忆道："一到预产期就可怜自己，真的，我很心疼自己。"

怀孕后家务分工是否有变化？"没有，还是跟平时一样。"阿里脱口而出。对于她们来说，不管是怀孕还是坐月子，家务和农活儿的重担仍然在自己身上，这里不存在坐月子一说。当一线城市的人们围绕结不结婚、生不生孩子或者怎么祛除妊娠纹而烦恼时，悬崖村的女性似乎还没有对生育说"不"的权利。

在这里，婚后生活也与我们常规认知的有所不同。新婚夫妇在结婚后并不会长期同居组建家庭，而是分别住在各自父母家，只有逢年过节才会相聚。直到女方怀孕，夫妻才会真正组建家庭，离开父母生活。这一习俗导致每对夫妻从结婚到共同生活之间所花的时间差距很大，譬如拉里和金里花了10年，而九里和阿里花了2年。搬迁后才结婚的小妹里伍也是采纳了"结而不居"的习俗。她说目前还不太清楚已经结婚2年的丈夫的工作。

吉克家的小儿子九体和他 2000 年出生的妻子也是采取同样的婚嫁习俗。

彝族学者巴且日火曾撰文说，彝族人"一步跨千年"，但还未能完全舍弃旧传统文化的行囊。移风易俗提倡喜事新办，但对彝族婚俗还聚焦在高额彩礼、大操大办等方面，并没有进一步推行婚姻改革。这种外部强制力是否应该深度介入彝族婚姻习俗中，以及以何种姿态介入，现代婚育观念是否会一步一步渗透进入安置社区，对易地扶贫搬迁效用的检验需要耐心。

"日出而作，日落而息""看天吃饭"是搬迁前悬崖村人的常态。拉里以前在山上种植了品类繁多的农作物，包括土豆、玉米、四季豆、花椒、魔芋等等。种植的农作物保证了拉里一家几口的基本生活需要。除此之外，搬迁前，拉里一家没有过多的消费需求。

但是搬迁之后，昭美社区所展现的城镇生活规则是很多人都不习惯的。区别于社区刚性的条约，隐藏在日常生活中的城镇规则更需要拉里一家人自我调适。首先体现在"远离土地，吃穿全靠买"上。拉里家地上堆了一筐土豆，都是在社区购买的。拉里一家平常两三天采购一次蔬菜瓜果。试想，原先拉里一家的食物都来源于自家的庄稼地，除了购买种子以及一些农用工具，一年到头在吃上面没有过多的消费。而如今三天两头就需要去社区购买蔬菜，消费频率呈指数级攀升。

城里人在教育方面的投入，也与拉里截然不同。在悬崖村，养育孩子的成本很低，无非是多张嘴多双筷子，因为教育成本被极致削减。拉里作为家里长子读了一点书，小学四年级之后辍学在家务农。几个弟弟妹妹，除了四弟九体读到小学四年级，其他都没有接受过教育。当教育的成本高于家庭可承受范围时，让孩子辍学是那时的常态。

搬迁之后，世界变大。尽管政府已经承担了大部分教育花销，但一年几百元的伙食费和杂七杂八的教育花销还是让人倍感压力。和拉里有五个孩子一样，悬崖村搬迁下来的家庭大多子女较多，教育花销是家庭消费的很大一部分。尽管这样，多读书改变命运的想法也深入了中国西南边陲。拉里想起自己的读书情况，隐隐透露出一丝落寞与艳羡。当年他在班上成绩很好，但贫穷的家庭无法支撑他继续上学。而同班有一个同学继续求学，如今已是别村书记。尽管家里不富裕，拉里也表示只要孩子能读书，一定让他们继续读下去。谈到孩子的成绩，拉里脸上露出骄傲的神情，他的女儿成绩不错，家里有不少奖状。能感觉出拉里及其他类似的家庭对于教育的重视和期许。

在搬迁前，拉里的交通花费很少，大部分时间都在山间地头，有时也忙碌于昭觉县城集市和家之间。直到现在，拉里的活动范围也仅仅在悬崖村、昭美社区安置点、昭觉县城之间。现在拉里买了一辆电动载货三轮车，主要承担小卖部进货的职责。目前拉里仍然会定期回到阿土列尔村，因为那里有他养殖的山羊。从安置区到阿土列尔村有几十公里，乘坐公共交通工具需要 40 元，早班车则需要花费 30 元。拉里对各种交通工具的价格了然于胸，非常熟悉。搬迁前，他最远去过的地方是昭觉县城，而且前往县城的频率很低，如今则需要在交通上花费更多金钱。

如果不想在交通上花费过多，步行就成了刚脱贫人的最优选择。拉里的弟媳阿里就是这样。拉里父母因不习惯安置区生活，花钱在安置区几十公里外买下了土坯房。他们平时大多会选择从沐恩邸社区步行一个多小时到父母目前居住的地方，一是因为花销，二是因为没有非常便捷的车的班次可以直达。

2020 年 4 月 28 日，是一个特别的日子。吉克拉里拍摄了一则 38 秒的短视频，记录他作为户主来到在县足球场召开的"易地扶贫搬迁县城集中安置点住房分配大会"的情形。资格确认、排队、抽签……会抽到几楼的房子呢？他在抽签前心里希望抽到三楼、四楼，因为一楼、二楼的风景没有那么好。和吉克拉里一样期待的还有媒体报道的某色拉洛。他说："我的孩子们昨天听说我要来抽签选房都特别开心，特别是大女儿某色伍作，一直黏着我说要跟我一起来选房。"

与内心雀跃、期待分房的年轻人相比，还有一群人，他们对搬迁生活感到陌生，甚至恐惧。吉克拉里的父母、悬崖村网红木果的父母都是这群人中的一员。这两家老人在搬迁之后不久都选择了搬出社区，去其他地方居住。

政府出台了优惠贷款的帮扶策略，吉克拉里和他的父母贷了款凑够 10 万元，在距离社区几十分钟车程的山头买下了一套土坯房。房子不大，有一间厨房、几个房间，另外还有猪圈、羊圈。除了养猪、养鸡、养羊，吉克拉里父母还向原房主租了一块地来种植农作物。吉克拉里的父母非常适应这里，也很喜欢这个地方，吉克拉里妈妈对于离开安置区的原因笼统概括为不习惯。

由于不适应社区的生活方式，怀念悬崖村的农耕生活，吉克拉里的父母带着自己的小女儿来到土坯房生活。其实，他们家并不富裕，房子是贷款买的，养殖的母猪也是向邻居租的。花这么大价钱（安置房只要 1 万元）只为离开安置点，可以想象对于年过半百、长期生活在悬崖村的老人来说，这一份对社区生活的不习惯的程度是多么剧烈，离开社区的意愿是多么强烈。

网红木果的父母与吉克拉里父母的情况稍有不同。虽然都是不习惯社区生活，但木果父母在外面住了一年后，最终还是选择回到了社区。起初，木果父母也是抗拒社区生活，想待在悬崖村老家的。木果作为小儿子负责爸妈的养老，他耐心地向爸爸解释说："爸爸，你可以不喜欢县城，你可以不来，但是全部人都搬到了安置房，我不可能为了照顾你一个人再上山（回悬崖村的家）。而且小孩也要读书，也不方便。我给你在附近租个房子，你也可以养鸡养猪，还可以烤火。"木果说服了爸爸。他给父母在距离沐恩邸社区两公里的地方租了类似悬崖村的平房，租期一年，房租 6 000 元。在这期间，木果慢慢给父母做思想工作，一年后木果父母同意回到安置房，他这才把父母接回来。木果表示，现在爸妈适应得不错，每天看看电视、带带小孩。

木果还回忆道，悬崖村 2 组五六十户中一半的老年人不想搬迁，但年轻人大都挺想搬迁。"他们（老人）说去县城什么都没有，就光有一个房子，有什么用？吃的、用的这些怎么办？"不管是不想搬迁的老年人，还是搬迁之后回归土坯房的老年人，面对现代化的生活方式，他们起初都很难适应。生活的习惯已然组合成了基因，难以强制性改造。这背后有乡土眷恋，也有生活方式迥异的压力，原因是多方面的、复杂的。对于这部分人而言，调适生活最简单的方法就是离开安置点，回到自己熟悉的环境里。个体情感体验在更为庞大的城市改造进程中，需要做出妥协，以换取更好的物质条件以及子孙辈未来的更多可能性。

木果表示，他很在意父母的意愿，不会强迫他们回来，而为了家中晚辈，父母也愿意做出一些调整和牺牲。现在他们的生活也适应得更顺畅一点，每天以电视娱乐，安逸于和孙辈共处的时光。从木果与拉里两家人的个例调研可见，老年人对于举家搬入社区生活的态度有一定的区别，但留恋和选择搬迁的原因都是相似的：留恋是出于自身对土地生活的依赖，搬迁则是认为更现代化的生活对于子孙辈发展有好处。这一现象也体现出彝族家庭生活的集体主义，少有出现一部分家庭成员与另一部分成员形成观点矛盾的情况。当然，这其中也许有一些确认偏差和研究员偏见的影响成分。

吉克家庭所经历的搬迁是一个传统彝族家庭融入现代化生活的一个缩影。当他们面临一个崭新的生活环境和社会生活规则时，个体的思想却不能快速地改变，从而产生传统观念和崭新外界信息的冲突。

搬迁后，吉克家庭面临着融入社区楼房生活新规则的挑战，这无疑是对实际生活最直观最大的影响。不同年龄段和个体之间都存在着适应性的差距。更重要的是，悬崖村的居民在搬迁后并不只是被动地适应新生活，他们对于新的处境做出了一定的生活环境调整，譬如让老人从楼房再次搬去平房居住。吉克拉里父母的新平房保留了搬迁前无卫生间、附近有田地等元素，也融合了搬迁后离县城更近更方便、砖瓦房等元素。可以看到，以吉克家为代表的政策移民人群会在新旧文化间做出适应和调整，具有一定的主观能动性。

大多数的中青年人对融入现代化生活都期待万分，而年长一辈的人却会有更多关于适应性方面的顾虑。吉克拉里的父亲吉克干体表示，对于搬迁他是开心的，因为孙辈读书和子辈接触外界生活都更方便了，但同时难免担心自己和妻子的适应能力。而且，约其玛麻在生完最后一个小孩里伍后就腰椎受损了，只能躺着和坐着，环境有一点点改变都容易给她造成大麻烦。因此，在搬迁到昭美社区的楼房不到一年的时间，吉克家就筹备买下了离昭美社区步行大概两小时距离的一个山脚平房。虽然不算太近，但相比攀爬悬崖村已经要便利许多。目前是吉克干体和约其玛麻以及他们的小女儿里伍在这里居住。

为了买下这个平房，吉克家庭的成员一起凑了 10 万元，其中还有 3 万元是贷款，可见平房生活对于他们父母辈的必要性。

拉里父母家附近因大雾雨水的浸润，泥会变得异常软烂，走路时难以避免鞋上沾满泥巴。作为生长在泥土上的吉克一家而言，他们和土地连接，和泥土亲近是再自然不过的事了，不同于城镇里长大的人。约其玛麻与吉克干体不习惯安置点的生活，阿里则补充说老年人基本都不习惯社区厕所和吃不惯县城购买的大米饭。平房没有安置厕所，厨房里所采用的也是烧柴火的灶台，但各房各处都有电灯和基本电器，譬如厅里的电视。在中午的时候，他们会热情地拿出食物招待来访者，主要是日常的吃食，譬如简单煮熟的玉米、鸡蛋和土豆。而于父母辈而言，最习惯吃的是传统的彝族玉米粉磨制的饭。

除了对县城饮食的不习惯和对柴火煮法的依赖，以及对现代化厕所乃至社区生活方式的不适应，新平房附近可以养殖种地也是再度搬迁的一大原因。他们目前饲养着三头母猪，皆是向邻居租的，日后还债靠的是卖母猪诞下的小猪的收入。相对于负债数万元买房和支撑畜牧活计，在补贴后只需花费 1 万元即可购得安置房显然是划算轻松很多的。主动去选择承担负债风险，可见购买这个平房是出于强烈需求的，而其中的原因是生存技能局限于畜牧业和长辈对旧环境的依赖。阿里时常透露出他们一家中青年人对于目前的消费和收入水平间的平衡充满担忧，即使有社区的技能培训，他们仍显露出较为强烈的对原来的土地自给自足经济的依赖和惯性，没有考虑把新学到又忘了不少的技能作为生计发展方向。当他们想到通过投资增加收入的时候，主观意愿也是将资金投入农业畜牧业。考虑到悬崖村的地理环境之艰难，他们所做出的一个主动的调整适应就是在离县城更近更便捷的地方租地继续搞畜牧农业，同时还要向父母辈隐瞒经济压力和担忧。而父母辈已经年过半百且大半辈子都依赖土地，而今为了儿孙辈的未来发展虽然愿意做出妥协，然而自己长久以来实在无法适应新环境。

总结起来，搬迁到离昭觉县城更近的昭美社区，生活在多方面发生了改变，不只是物质生活环境上的改变，还意味着生活规则从彝族传统的农村常规变为民族融合更具现代化的县城常规。从 2020 年 5 月搬迁后到被调研的 2023 年 8 月，三年多的时间吉克一家不同年龄段的人展示出不同程度的对新环境的适应性和对旧环境的依赖性，其中最直观的就是吉克家的老年人因不适应而搬去山脚下的平房居住，而两个儿子各自的家庭都适应了社区生活。"新规则"有两个方面：一是社区生活的硬性规定，二是

吉克拉里父母家的平房

更贴近城镇生活的软性社会规则。造成生活差异的方面有许多，其中饮食习惯、住房环境（即是否可以就近种植和放牧）和卫生习惯对于悬崖村原住民而言是最关键的几样。即使经历了三年多的"新规则洗礼"，吉克一家所展示出来的许多深层文化观念依然和在悬崖村时无太大差别，改变更多的是实际生活中的便捷性和现代性。为了应对搬迁后老年人的不适应，许多像吉克一家一样的悬崖村村民选择二度搬迁到县城附近的平房居住。然而二度搬迁并不意味着回归到悬崖村的居住环境，而是将安置区与悬崖村两个住处的特点结合而做出的调整与适应。

搬迁之后，吉克一家在生活模式、对民族文化的看法、婚姻家庭观念以及现代化接纳度等方面是否发生了变化？面对新的社会规则的冲击，吉克一家在搬迁后的这几年里展现出较多原本观念的保留，无论是文化上还是自己的生活方式上。

对于悬崖村原住民而言，生活方式大致可以分为传统务农和外出务工两种。传统务农的生活方式决定了他们会生活在悬崖村内，也意味着所拥有的社交圈、文化习惯和社会规范都是与外界隔绝的。外出务工的生活方式则意味着生活环境将会是更大的城市，同时也将外出人员推向了一个更多样化的文化社交圈，主动或被迫地接触了更多城市化和现代化的观念。在吉克家族里可以观察到吉克拉里和吉克九里两家对于生活方式选择上的不同，且他们的选择和观念都没有因为搬迁到昭觉县城而发生改变。相较吉克拉里和妻子阿合金里，吉克九里和妻子约其阿里对于城市现代化生活的态度要更接纳一些。拉里和九里在青年时期都有过外出务工的经历。拉里由于对婚后妻子的顾及和有在村内开展畜牧业的打算，再次回归到了传统务农生活，然而九里并未因婚姻家庭的建立而改变想要留在外面务工的想法。九里更喜欢在外面城市的生活，主要是在社交层面可以和工友一起玩乐。即使在安置社区，他也时常和邻居说笑。他在青年时期已经定下了外出务工的生活方向，然而哥哥拉里在提及青年时期外出机会的缺乏时展现出的态度要更无所谓一点。至于女性，金里表示由于没读过书不识汉字，不懂汉语，城市生活会给她带来紧张感，因此从未动过外出念头。阿里读到了小学四年级，也有一个更加外向勇敢的性格，因此在 15 岁时就开始去江苏毛线厂务工。目前因为养育 4 个小孩的原因，她已经回归家庭八九年，但也盼望着在孩子们长大一些后再次务工，过城市化的生活。自易地扶贫搬迁以来的三年多，拉里和金里的生活方式依旧主要是传统家务劳作和依赖于悬崖村的畜牧业。他们计划在未来慢慢将牛羊畜牧搬迁到离县城更近一点的地方，不过本质上依然遵从旧的生活方式。九里和阿里在 2023 年暂时短居于昭觉安置区，都是因为现实因素譬如阿里要照顾还在哺乳期的孩子和九里工作的暂时缺失，但这些并不影响他们一直以来对外出城市生活的渴望。

选择外出到大城市务工或是留居本地不单单是对生计和生活地的选择，也折射出他们对外界信息的接纳和向往程度，以及对所选择的生活方式发展前景的信心判断。由此可见，移居到安置区并未动摇他们观念上对于传统或城市生活方式的价值判断。

吉克一家中年纪最小的妹妹吉克里伍的例子要更鲜明一点，1997 年出生的她不但没有展现出像大多数年轻人那样对外界的更多向往，反而流露出对一些城市生活元素的反感。她曾经在十几岁的时候短暂地在广东打过工，但她绝大部分时候都生活在父母身边，即使现在结了婚，按照当地彝族风俗也是如此。她的父母因为难以适应安置区楼房生活因而搬去县城旁的平房居住，而里伍也选择陪伴在父母身边而放弃在楼房生活。她安逸于每天烧火干农活儿的日子，照顾父母又依恋父母。关于社交媒体上女生分享的妆容，她认为，不太喜欢女生打扮得花枝招展，觉得应该朴素一点。她对待外来事物和新的生活方式的态度是有迹可循的，她的妈妈约其玛麻也类似地对网络直播一类事物表现出抗拒，认为在悬崖村直播的人是"疯的"。相比之下，约其阿里则是这个家里对外来新鲜事物展示出最大好奇心的人。她早在 2014 年就获得了第一台智能手机，她不但能熟练地用手机追剧娱乐，还在悬崖村生活的时候就已经开始直播自己的日常，收获了几千个粉丝。因此，她们所表现出来的对外界事物的接纳程度和所选择的生活方式是息息相关的。搬迁到昭觉县安置区本意味着吉克一家生活方式向县城生活的贴近，然而据上述可见，他们对城镇和传统生活方式的看法和观念并没有因为搬迁至县城而发生改变。

大观念的保留并不意味着搬迁后吉克一家没有接纳更多的城市化或现代化事物。由于搬迁后和外界接触增多，加上互联网短视频时代的到来，在2020年后吉克家的各位中青年成员都陆陆续续地开始使用智能手机并接触短视频平台。生活中很多方面对于现代化设施的容纳，譬如不烧火而用电磁炉，用蹲厕而不是在室外解决等都是受到环境改变的影响而个体必须去协调的，但观看短视频作为娱乐方式的一种反映的是个人的意愿。尽管妹妹里伍不喜欢城市里女性的化妆打扮，她也选择了看快手等方式去娱乐自己。妈妈约其玛麻尽管不喜欢直播，也没有反对儿媳阿里的直播，而且面对直播给悬崖村带来的游客收益也欣然接纳。或许是外界新事物的浪潮太持久而猛烈，她们在被冲刷后都顺应着行动着，却未触及观念。

吉克一家对彝族文化和习俗的看法和搬迁前差异也不大，而且这些文化习俗融合进了搬迁后的安置区生活。金里在访谈时会主动拿出她在社区学织的彝绣衣服给我们看。她在悬崖村就已经会绣一点了，社区的彝绣培训给她带来了进一步发展且获取一些补贴收入的机会。金里表示对自己的文化是有一定自豪感的，觉得彝绣和彝族文字是属于自己民族独一无二的存在。每逢过节或有红白事，彝族有请毕摩到家里祈福的习俗，这一习俗也延续到了搬迁后安置区的家里，而且成为召集亲友和悬崖村旧邻居到家相聚的契机。红白事所反映的不单是民族文化，婚姻嫁娶也反映该团体对家庭和父系社会的态度。昭美社区的居民来自大凉山各个村各个分支，习俗和语言都有一定的区别，譬如悬崖村所在的分支不过火把节，而彝族其他分支视火把节为最重要的节日之一。可见，搬迁后接触其他文化的邻居或贴近城市生活都没有改变吉克一家对原本习俗文化的维持。

对于家庭分工和角色扮演，吉克家在搬迁后也延续了传统核心家庭的模式：女性成员主要操持家务和养育小孩，男性负责生计。金里和阿里这对妯娌透露家务全都是自己完成的，当然农活儿的话由于涉及生计且需要更多体力，所以男性成员也会参与。不同的是，拉里要更顾家一些，对于小孩上学的事会抽时间和妻子一同完成。而弟弟九里则完全把小孩教育的事交付给阿里，当然，这其中也有他时常在外务工的缘故。搬迁到安置区后，由于移风易俗政策的实施，各个家庭都有一个明确的卫生指标，因此家务卫生的活儿增加了。这加重了女性成员的日常劳务负担，男性成员则反而因为悬崖村田地的荒废减少了农活儿（拉里的畜牧业除外）。阿里在搬迁后又生了两个小孩，因而家庭任务更重了。关于家庭任务分配，她表示女性做家务似乎也是天经地义的事。但过了两天，她也主动表示说不理解为什么夫妻俩的小孩只有自己在照顾，会因此事跟丈夫吵架。可见，她的性别观念是相对矛盾而模糊的，在认同传统的父权系统分工的同时也有一些性别平等意识的觉醒。搬迁带来的不仅是居住条件的变化，更是社会关系、信息接触方式、生活节奏乃至自我认知方式的整体重构。在这些变化中，性别意识的觉醒只是一个切面，它与家庭分工、教育理念、代际互动、职业选择等一系列的观念更新交织在一起。诚然，许多观念的转变需要一个长期的过程，短期内可能表现得零散、模糊，甚至矛盾重重，或是并没有转化为具体的行为调整，但这并不意味着它们没有发生。恰恰相反，正是这些细微的、不确定的、却真实存在的变化，预示着他们的观念世界正在发生重组。

结语

在悬崖村的搬迁过程中，既有孩子们的适应，也有老一代悬崖村人的不适应。搬迁毋庸置疑改善了悬崖村人的居住环境、医疗环境、教育环境，但也冲击着他们世代流传的彝族文化。在搬迁的三年里，吉克一家面临着从日常生活的工具到赖以为生的活计再到习俗思想的巨大转变。

在山上祖祖辈辈的生活经验中，他们席地而坐，火塘是他们房屋中不可或缺的一部分，在辛勤的劳作后一家人围着火塘烤火吃饭聊天，然而搬迁后的现代化房屋中，却无法容下一口火塘。许多在悬崖村上度过大半生的老人，他们不会使用现代化的电器，也难以摸索出离开土地后的出路。对于这些在贫瘠的土地上广种薄收的人来说，土地与牛羊是他们生活的精神依托，比起窗明几净却处处受限的楼房，他们更适应面朝黄土背朝天的生活。找一片空地，种上玉米和蔬菜，养几头牛羊，日出而作、日落而息的生活，才是他们最大的安全感来源。而作为搬迁受益最大的一代，孩子们的生活得到了翻天覆地的改善。

他们在传统与现代的碰撞中摸索前行，在保留彝族传统与拥抱现代文明的过程中走出一条属于悬崖村人的新路。从藤梯到钢梯再到楼梯，他们终将走向更加广阔的世界。

王幸福的故事

2015 年 12 月 1 日，云南省贡山县的王幸福正在工地干活儿，但天气突转大雨。脚穿破布鞋、胡子拉碴的王幸福忧心忡忡地看着压城的黑云，一脸麻木并喃喃自语着今天又要少挣半天的工钱，母亲看病的钱又少了些着落。但他不知道的是，与此同时，全国各地政府主要领导正一脸严肃凝重地等待召开远在北京的全国易地扶贫搬迁工作电视电话会议。就此，一场脱贫攻坚战在这个东方古老大国浩浩荡荡地展开。

幸福团聚诉幸福　零丁洋里叹伶仃

自打 2017 年 12 月 10 日那天接到丈夫王幸福打来的电话后，刘丽芳挂在嘴角的笑容就没有消失过。刘丽芳哼着小曲背着背篓，去收今年家里种的草果。自家的六亩草果地在山顶上，通往山顶的小路很是崎岖，尤其是雨天，路更难走。满孜村位于高黎贡山，贡山常常下雨，多云、大雾、潮湿，调皮的泥沙混着雨水爬上刘丽芳的登山鞋，给爬山的人增加了层层阻碍。可刘丽芳却不觉疲惫。她步履轻快，满脑子都是那天丈夫在电话里说的"过几天我回家，咱们一起过阔时节"。

刘丽芳和王幸福夫妻二人是在贡山县的一家小饭馆相识的，那时刘丽芳高中辍学，在县城的小饭馆当服务员谋生。在小饭馆工作，总是会遇到形形色色的客人，不管再怎么周到服务，也抵挡不住有些客人的无理刁难。某天晚上，刘丽芳正忙着传菜，邻桌的醉酒大汉冲着她吹口哨，示意刘丽芳过去，想让刘丽芳和他们喝几杯酒。刚上班没多久的小姑娘哪见过这场面，她手里端着一盘菜，愣在原地，不知如何应对。环顾四周，饭店经理的沉默，周围人的冷眼旁观，让刘丽芳手心沁出了汗，手中的盘子快要滑落，急得几乎都要哭出来了。就在这时，一个身材高壮、皮肤黝黑的男子挡在了刘丽芳的身前，只见他给醉汉们散了一圈烟，三言两语便轻松化解了这场危机。

就这样，2013年，刘丽芳在18岁那年，认识了在工地打零工的王幸福。二人很快便坠入爱河，尽管他们加起来一个月只有两三千元的收入，但他们相互扶持，共同面对生活中的挑战和困难，把日子过得温馨且幸福。2015年，他们迎来了爱情的结晶，一个可爱的女儿，刘丽芳给她取名为王舒云。小舒云的出生给王幸福和刘丽芳的生活带来了无尽的喜悦与幸福，但与此同时，经济问题成了小两口面临的最大问题。家附近县城工地的活儿不稳定，经常没有活儿干，刘丽芳饭店服务员的工作虽然稳定，但每个月只有一千多元的工资。女儿刚刚出生，需要用钱的地方很多，县城里面消费又高，小两口经常入不敷出。两人商量后，刘丽芳决定辞去饭店的工作，带着女儿舒云回到老家满孜村生活，丈夫王幸福则去外地打工。从此，王幸福一家三口就过上了聚少离多的生活。

公路顺着山梁向前曲折延伸，穿越高黎贡山的山峦，一辆小巴车沿着崎岖的山路蜿蜒行驶，车厢内弥漫着淡淡的汽油味。小巴车车厢内的空间相对狭小，王幸福坐在靠窗的位置。凝视着山路两旁高耸入云的巍峨山峰，他已经记不清这是离开家的第几个年头了。

穷人的孩子早当家，王幸福从小就开始帮家里种地。山间小路狭窄，王幸福却脚步轻快，担着两桶粪肥，一会儿上坡，一会儿下坡，轻车熟路地除草、施肥，耕种家里仅有的几亩草果地。"只要手上还有劲儿，就一定要把土地种好"，这是王幸福父亲告诉他的。王幸福坚定地相信，只要自己努力，就能够创造出丰收的希望。

可现实是残忍的。大山里种地，还是要靠天吃饭，天气的变化、病虫害的侵袭使得草果地的收成并不高。母亲身体一向不好，父亲自从生了一场大病后便瘫痪在床，且一蹶不振，整日抽烟酗酒。草果地微薄的收入根本支撑不了一家人的消费，家庭的重担就这样落在了十几岁的少年身上。为了生活，他不得不离开这片养育他的土地。和许多同龄人一样，王幸福决定进城打工，但只有初中学历的他根本找不到稳定的工作，可他又必须找到一种维持自己和家人生计的方式，于是王幸福只能出卖自己的力气，在县城里的工地上打打零工。哪里需要用人，哪里便有王幸福的身影。他在工地上承担着各种各样的体力劳动，从搬运砂石水泥到清理工地，从砌砖到修建围墙，刮瓷、开装载机、修摩托车样样都干，如此便是好几年。每当夜幕降临，精疲力尽的王幸福躺在临时搭建的铁皮房宿舍的床上，听着隔壁房间里抽烟喝酒打牌的声音，都有一种想回家的冲动。留在山上无疑等同于继续贫穷，可现在王幸福走下了高山，在不同的工地上辗转飘零，他的未来又在何方？

直到王幸福和刘丽芳相识，两人组成了一个小家，再到女儿王舒云出生，王幸福对生活又充满了希望和憧憬。小县城工地上的活儿不多，于是他就去更远的城市打拼。对王幸福而言，只要能给家人带来更好的生活，自己再辛苦也无所谓，妻子和女儿便是他最大的慰藉和精神支持。只不过这样一来，他只能和妻儿两地分居了。

车已经驶上了盘山公路——越来越窄，越来越陡，越来越曲折。路一

怒江及周边山脉

侧是高耸的峭壁，另一侧是汹涌奔腾的怒江。横断山，路难行，高黎贡山和碧罗雪山间，怒江美丽的自然风光掩蔽了环境的恶劣，王幸福所热爱的故土，却由于土地贫瘠而养不活他们，家乡除了延绵不断的大山、蜿蜒的通往山顶的小路和稀疏的土地，不再见其他。

小巴车开到县城山脚下就不能往上开了。贡山县只是一个有三万余人的西南边陲小县，很多村寨位于高山野林当中。村子被群山环绕，山峦起伏，云雾缭绕。山峦之间，瀑布飞流直下，水声激荡着整个山谷。位于山顶的满孜村更是人烟稀少。满孜村通往外界只有一条狭窄颠簸的人马驿道，运物资、卖草粿都只能靠人背马驮。

这条路王幸福走了无数次，他背着沉甸甸的包，双手提着蛇皮袋，包裹里装满了给妻子和女儿带的礼物。王幸福的脚步虽然有些沉重，但他的步伐却始终坚定而稳健。上山的路弯曲而陡峭，豆大的汗珠从他的额头上滚下。王幸福小心翼翼地踩着石头，往家的方向前行。

经过三四个小时的艰苦跋涉，王幸福终于来到了家中院子前。

王舒云正盘着腿坐在院子里"作画"，许是盘腿坐久了腿麻，小姑娘站起身伸了个懒腰，一转头便看见了站在院前的男人。她探了探头，确定了站在不远处的是爸爸之后，往前奔去，往上一跳，小手便紧紧搂住王幸福的脖子，红彤彤的脸蛋贴在王幸福的胸口，咧着小嘴不停地喊爸爸。这副可爱模样让王幸福欢喜得本来就笑眯眯的眼睛变成了两条弯弯的细缝。王幸福颤着手，理了理女儿裙摆间的褶皱，抖去上面的灰尘，把王舒云举过头顶，将她稳稳地放在自己的肩膀上，慢慢直起腰。女儿舒云用小手抓住王幸福的头发，稳稳地坐在在父亲的肩膀上，笑声如同银铃般欢快。

女儿王舒云欣喜的叫声穿透力很强，刘丽芳早就听到了舒云在门外喊她快出来的动静，却迟迟没有走出家门。

刘丽芳其实比女儿更先看到站在院门口的王幸福，当时刘丽芳正忙着打扫灶台，灶台边堆放着各种蔬菜。过几天便是阔时节了，由于买食材不方便，她提前就下山买好了需要用到的食材。打理杂乱的东西属实容易让人心生疲惫，刘丽芳瞥向窗外，只那一眼，便瞧见了朝思暮想的人。

王幸福房屋旧址

刘丽芳立刻放下了手中的锅盖，一脚踢开面前阻挡她通往门口道路的小木扎，快步朝门外走去。突然，她似乎是想到了什么，步伐一顿，在原地站定了脚。看着小木扎歪倒在地，刘丽芳又原路折返，忙从水缸里舀起一盆水，洗去双手的锅炉灰，胡乱往围裙上擦拭干净手，捏起镜子，用手心抹去了镜面的灰尘，忧心忡忡地看着镜中添了几条皱纹的自己。

王幸福深吸一口气，抱紧女儿扑腾的两个小腿，弯腰跨过门槛，走入屋内，正对上了妻子蒙眬的双眼。他放下了肩头上的舒云，紧紧抱住了自己日夜魂牵梦萦的人。王幸福用力张开手臂，黝黑有力的手臂爆出青筋，似乎要把刘丽芳揉化在怀中。他深吸着妻子身上能让他安心的味道，偏头贴在刘丽芳耳边说："丽芳，我回来了……"刘丽芳抬起头想再说些什么，可是话到嘴边，又被喉间的哽咽吞了回去。回应他的话，化为顺着脸颊滚落的两行喜悦的泪水。

这一刻，一家人终于团聚。

今天就是傈僳族最隆重的节日——阔时节，整个满孜村都洋溢着喜庆的氛围。傈僳族过阔时节时有诸多讲究，归家这几日，王幸福和刘丽芳白天在村里参加"蹈火"，晚上和女儿在家中的院子里"跳嘎"，空闲时间便在打扫房屋，意为祛除家中的晦气。王幸福昨天和刘丽芳一起整理了房屋，清扫了一遍家中的院子，把清扫出来的烟灰都倒出了家门，祭拜了"三脚架"神，祈求来年的好福气。王幸福今天更没有闲着，村里的男丁一大早都聚到了村长家中，帮忙杀猪。

对于深山里的满孜村村民来说，吃一次年猪绝非一件易事。这是一头将近三百斤的老土猪，养了两年才杀。年轻力壮且身材高大的小伙子们，负责把猪拖出猪圈，有的揪耳朵，有的拉猪腿……只见几个在寒冬腊月光着膀子的精壮小伙，把猪的四条腿捆牢，掀翻。男人们的吆喝声响彻全村。随着杀猪老师傅手起刀落，霎时村里又变得安静起来。开水已经烧好。俗话说得好，"死猪不怕开水烫"，王幸福和其他小伙将滚烫的开水不停往猪的身上浇，阵阵热气直往上冒。王幸福拿着刀片，在猪的身上刮擦，被热水淋过之后猪毛很容易就被刮下，猪瞬间变得白白净净的。老师傅嘴里叼着烟，手中的利刃在猪肚上游走，将猪的内脏，包括肠、肚、肝、肺等依次分离出来，刀起刀落，仅一个时辰，一头猪就宰杀完成，各个部分在桌上码得整整齐齐。老少爷们便开始各忙各的，装豆腐肠、香肠，腌肉，炼猪油……

忙完都已经下午四点多了，王幸福没有留下来吃杀猪饭，他拿着分得的一块猪肉和一块猪肝快步返回家中。刘丽芳正在厨房里忙碌，洗完菌子又去调个蘸水，调好蘸水后又忙着处理王幸福从县城里买回的鲫鱼。她用刀背刮去鱼鳞，在鱼肚中间划了一刀。王舒云坐在灶台不远处看着妈妈杀鱼，刘丽芳在鱼肚子里掏出了泛青色的、带点黄光的、赤豆大小般的小球。她拿着冲舒云摇了摇，跟女儿说："这是苦胆，千万不能弄破，不然你最爱吃的酸木瓜鱼就做不成喽！"王舒云接过妈妈手中黏滑的苦胆，咯咯直乐。腾腾热气弥漫在整个厨房。熊熊燃烧的火焰照得娘儿俩脸庞通红。王幸福接过刘丽芳身上的围裙，手持锋利的菜刀，开始分割从村长家带来的猪肉，刀与砧板相接，发出清脆又有节奏的声音。鲜红的猪肉被切割成薄片，肉质的纹理和脂肪的分布清晰可见。"终于有肉吃啦！"王舒云悄悄溜到王幸福身后，双眼亮晶晶地看着灶台上层叠起的肉片，大声喊道。王幸福被突然冒出来的声音吓了一跳。他回头看向女儿，眼底尽是无奈与愧疚。妻子刘丽芳十分勤俭持家，她尽力节约开支，对待生活用品是能省就省，能少买就少买，能不买就不买，两三个月才下山去买一次肉。

饵块炒猪肝是王幸福的拿手菜。待油热后,王幸福迅速将切好的猪肝片倒入锅中,开大火快炒。一阵噼啪声响起,猪肝片立刻开始翻滚。再加入泡椒和饵块,瞬间,锅中的香辣味道弥漫开来。另一边,刘丽芳起锅烧油,将腌制好的鲫鱼块下锅煎至金黄,撒入了葱姜和小米辣,锅中爆发出一阵香辣的气息。她随即倒入了清澈的山泉水,煮开后,再加入白木瓜——云南人亲切地称之为"酸木瓜"。这种酸木瓜散发着独特的果香和微辣的味道,去籽下入锅中,便能与鲫鱼鲜嫩的肉质完美融合在一起。大铁锅中煮沸的汤水噗噗蹿着热泡,刘丽芳又往里投入一种带根须的植物。

"这是什么?"王舒云双手扒在灶台边,好奇地问。

"车前草。"刘丽芳边轻轻搅拌着锅中的食材边温柔回答。

村中的老人经常挖它来熬药喝,说是可以去心火,也可以当蔬菜烹饪。车前草的味道酸涩,但和鱼肉一起炖至软烂,不仅涩味得以调和,也利于清热消炎,更加增添了酸木瓜鱼的独特风味。

炒完几个热菜之后,王幸福和刘丽芳坐到了灶台旁边的小石墩旁,准备做今天的最后一道菜——石板粑粑,这也是女儿王舒云最喜欢的菜。把石板放在火上,受热后便从松软可削变得坚实密硬,火烧不坏,水浇不裂。撒上薄薄一层炉灰,这是祖先传下来的不粘锅的古法。王舒云把野生甜荞粉搅成的糊倒在石板上开始烙制。在火的烘烤下,石板渐渐有了温度,荞麦粑粑边缘的气孔中溢出焦香,粑粑熟了。

王舒云眼睛已经被金黄酥脆的粑粑完全攻据了。只见她屏住呼吸,抿着小嘴,偷偷把手伸向锅里。刘丽芳见状"噗嗤"一声笑了出来,轻轻拍了一下舒云的小手,随即往盘上浇上了一圈蜂蜜。这是来自怒江峡谷中的野生蜂蜜,集万物于一山的峡谷地貌,使得蜂蜜饱含清甜。王幸福拿起一块被蜂蜜包裹的粑粑,轻轻吹去热气,送到女儿嘴边。虽说小小的灶台略显拥挤,但女儿的笑容在王幸福眼里比蜜都甜。

这是专属于王幸福一家的夜晚,香气氤氲蒸腾,美味融于舌尖。一家三口围坐在餐桌旁,桌上摆满了丰盛的菜肴:和鸡蛋一起蒸的树菌,细细咀嚼下去,能带走胃里的尘积;小炒肉片入口的感觉出奇的柔软嫩滑,一咬就在嘴里化开；饵块和猪肝炒在一起，有一种越吃越诱人的干香；四季豆角斜切成小段炒来也是既入味又清甜；还有让人连喝几碗的豌豆尖汤；荞麦粑粑的焦香和野蜂蜜的甜润混合，一口下去，舌尖上，就迸发出家的味道，抚慰着在外奔波的人。

　　正当一家人沉浸在家庭欢乐中时，一阵急促的电话铃声打破了饭桌上的温馨与祥和。刘丽芳赶忙往裤子上擦擦手，定睛一看，是姐姐刘丽兰打来的电话。紧接着，带着急躁和焦虑的声音传入刘丽芳耳朵。

　　"幸福，大姐说志浩得了急性肠胃炎，闹得厉害得不行。"刘丽芳紧皱着眉头，忧心忡忡地说道。

　　就在刘丽芳一家欢聚一堂吃团圆饭时，高山上的腊咱村内，刘丽芳的大姐刘丽兰正看着蜷缩在床上、出了一身冷汗的儿子一筹莫展。只见他脸色苍白，额头上渗出细密的汗珠，时不时痛苦地低声呻吟着，她的心仿佛被一只无形的手紧紧揪住了一般，马上就能撕开一个缺口。

　　不知道是吃坏了什么东西，刘志浩突然犯了急性肠胃炎，上吐下泻，完全止不住。急性肠胃炎的感觉像是胃和肠子被打了个结然后一阵一阵拽来拽去的，疼痛难忍。刘志浩已经痛得说不出话来了。他爸爸刘庆扬终于赶回家中，看到了被吓到呆滞的大女儿和哭成泪人的妻子刘丽兰。刘丽兰在先前照顾儿子时因慌乱不小心扭伤了脚。她揉着被泪水糊住的双眼，望向门口的刘庆扬，啜泣着："这可怎么办啊……"

　　山上的村里没有诊所，刘丽兰家也没有摩托车，步行下山到县医院至少要走三小时的路程。刘庆扬见状丝毫没有犹豫，把躺在床上的儿子扛到背上，往山脚下跑去。

　　深山的夜晚，裹着寒风的黑暗笼罩着父子的身影。父亲刘庆扬背着年幼的儿子志浩，踩着崎岖的山路向下跑去。冷风凛冽，深夜的山路格外险峻。尽管刘庆扬干了一天的农活儿，早已经疲倦不堪，却依然坚定地挺起背脊，化身为儿子的顶梁柱和保护伞。

冷风贴近肌肤，由于事发突然，刘庆扬跑出来时连外套都没穿，父子俩只能依靠彼此的体温来抵御严寒。刘志浩的双腿不住地颤抖着，小心地攥紧父亲的颈脖，感受着独属于他的来自父亲的安全感。

"儿子，别睡觉，再坚持一下，我们马上就要到诊所了。"刘庆扬在山间的小路奔跑，喘着粗气，声音颤抖着，时不时跟儿子说话，生怕他昏睡过去。

一个半小时过去了，刘庆扬终于背着小儿子跑到了县医院。医院不大，但是人群熙熙攘攘。刘庆扬轻轻把刘志浩放在急诊室的长椅上，搓着手忧心忡忡地站在一旁。刘志浩的小身躯在长椅上微微颤抖着，试图忍受着肠胃炎带来的疼痛。刘庆扬转身走到问诊台前，小心翼翼地询问护士儿子何时能看上病。护士翻看着纸质档案，告诉刘庆扬需要等待一段时间。刘庆扬点了点头，看到儿子痛苦的脸上闪过一丝忍耐的神色，他的心像烛火一般燃烧着，为儿子的健康祈祷。

时间缓缓流逝，刘庆扬坐在急诊室外，或许是刚才跑得太急，或许是夜里太冷，又或许是太过担心儿子的病情，他不自觉地又一次咳嗽起来。起初只是轻微的咳嗽，但很快升级成剧烈的咳嗽，他似乎无法控制。医院的人们回过头来看向他，一些人带着担忧和同情的眼神注视着他。刘庆扬感到嘴唇湿润，用手轻轻摸去，发现手掌上染上了血迹。

刘丽芳飞快地穿好外套，跟随着王幸福前往山脚下的县医院，心中充满着对外甥刘志浩的担忧。赶到县医院时，已经快夜里十二点了。他们急忙穿过拥挤的门厅，寻找着刘庆扬和刘志浩的身影。病房里的空气沉闷而压抑，刘丽芳听见阵阵响起的呕吐声，医护人员正忙碌地给刘志浩输液。

输完液后，刘志浩的状况开始稳定下来了。刘庆扬守在儿子床边，时间似乎停滞了，他的眼神中透露着对儿子的无尽担忧。刘丽芳忍不住心疼地握住刘志浩的小手，抚摸着他的额头。看着男孩瘦弱的身躯，憔悴的脸庞，刘丽芳深深地叹了一口气，心痛地说道："幸福啊，你说咱山上怎么就没有个诊所呢，村里离医院那么远，幸好今天姐夫赶回家及时，要不然……"王幸福紧紧地搂住了刘丽芳的肩膀，双眼中充满了担忧和无奈。

他轻轻地抚摸着刘丽芳的长发，缓缓地说道："是啊，丽芳，在山上生活最怕生病了，咱们这边诊所还是太少了，我最大的愿望就是你们都能平平安安的……"

刘丽芳把头轻轻地靠在王幸福的肩膀上，泪水在眼眶中微微打转。他们默默地看着姐夫和志浩。在这个狭小而拥挤的病房里，他们也在心底默默祈祷，希望志浩能尽快康复，两家都能拥有幸福而安稳的生活。

在县医院住了几天院后，刘志浩康复了。刘丽芳和王幸福把外甥刘志浩送回了丹珠村。从丹珠村回满孜村的路上，夜幕徐徐降临，坐落在高山间的村庄亮起的灯光就好像夜空中的繁星。王幸福想起了在医院的那个下午，姐夫刘庆扬转身坐到了灯光照不到的阴影里的一张凳子上，随即从兜里掏出了皱皱巴巴的诊断书，上面写着——肺癌晚期。王幸福眼里映出了刘庆扬手中忽明忽暗的烟卷的亮光。

扶贫难搬难俱到 噩运专挑苦命人

虽说满孜村一直在进行一些重建项目来改善民生，但效果还是没有那么理想。满孜村是云南省怒江州贡山县茨开镇下辖的行政村，位于海拔较高的山区地带，自然环境较为恶劣。这里的村民主要是怒族和傈僳族，以农耕为主业，种一些核桃树、草果、玉米、水稻，但有的村户连自给自足都困难，生活条件也比较简陋，最主要的是生活实在不够便利，每次上下山都是一种煎熬。一方水土养不好一方人，是对这个村子贴切的形容。王幸福家有几十亩地，但遇到旱灾也无能为力，为了补贴家用，只能下山做一些临时工，收入很不稳定。王幸福和刘丽芳的家是一座古朴的木屋，结构简单、粗糙，空间也较为狭小。在二女儿王舒清出生后，容下一家四口更是达到了极限。不仅如此，因为构造的特殊性，每年夫妻二人都要翻修好几次，才能尽量保证房间不漏雨漏风。

王幸福家周围环境

　　这几天，刘丽芳都承担着安慰姐姐刘丽兰的工作。然而回到家之后，刘丽芳自己的心情却久久不能平复。她回想起丈夫不在家自己需要处理很多事情的时候，尤其是孩子生病，经常是她一个人送到医院。吃苦受累不怕，但是如果真的出现了什么紧急情况……刘丽芳望着已经熟睡的两个女儿，眼里出现凄楚的目光，泪水充盈着眼眶，不敢再往下想下去。王幸福感受到了妻子的不对劲，他轻轻将妻子搂到怀里："这几年让你吃苦了，我也想陪在你和女儿们的身边，挺对不住你们的。"刘丽芳摇摇头说："你在外面已经够辛苦的了，这些倒没什么，我就是怕万一，万一……可医院怎么可能搬到山上来？希望孩子们都健健康康的。"说着，刘丽芳终究还是忍不住将头埋进丈夫的胸膛，她的肩膀控制不住地抖动起来，眼泪浸湿了王幸福的衣服。

　　第二天一大早，王幸福又要赶路去工作了。早上下起了雾蒙蒙的小雨，陡峭的道路变得更加泥泞。王幸福艰难地向前走，一公里的下山路不知险些摔倒多少次。王幸福的身上已经湿透，分不清是雨水还是汗水，满脑子都是女儿的那句"爸爸，下次什么时候能回来？"已经三十多岁的人了，王幸福很少因为某件小事难过。他是家里的顶梁柱，是老少的希望。他在家中一直维持着一副积极乐观的形象，在外面的工作和生活那么艰苦，他都从未掉下眼泪，称得上是个硬汉子，但面对现实的无情，他再一次感受到了无助。生活难道就如同父辈一般，这样无望地贫困下去了吗？

　　过了几个月，村里突然传出了要搬迁的消息。"听说政府知道咱们村交通不便的情况，要进行整村搬迁！"一时间各种各样的声音都传了出来。有的说："不会吧，那也太麻烦了。"有的说："有这种好事？我们是不是要出钱？"还有的斩钉截铁地说："我们家在这里住了一辈子，搬去哪儿？我才不干！"刘丽芳在和村里人一起干活儿的时候，听到了这个消息。之前从未了解过易地扶贫搬迁的她，听着村民们七嘴八舌的讨论，没太把这件事情放在心上。

　　很快，村支书召集大家去村委会一起开个会。村支书是一个四十多岁的中年男人，几代人一直在满孜村生活，原先是个体户，在外工作做出了一定成绩，决定回到村子里带着村民们致富，做事十分有想法、有毅力、有方法，深得村民们的信任。

　　到了村委会，已经有很多人围在几个提前知道消息的人身边，开始询问搬迁的事情。大家很激动，都想知道这到底是怎么一回事。村民们你一言我一语，一边喝着茶水一边聊着天。带头的几个村民"指点江山"似的发表着自己的意见，搞得台下的听众情绪高一阵，低一阵。这时，村支书走了进来，挥挥手示意大家坐下。会议室的座位第一次不够坐，村民们有的靠在墙边，有的蹲在地上，有的站在门口。村支书清了清嗓子，用洪亮的声音说道："大家都静一静啊！关于大家问的这个搬迁的问题，确实是最近我们最要紧的事情，这是国家下的政策，是给我们搞福利的好政策！马上，扶贫小组的人就要来跟我们细致地聊这件事情，每家每户都会照顾到，大家安心等通知！"接下来，村支书对易地扶贫搬迁进行了简单的介绍："咱们村啊，现在交通非常不方便，已经有很多个村民跟我反映过这个问题，希望可以修路，我们这些年也一直在努力，但是先不说这个能不能实现，即使是修了路，我们距离县城也有一段路程，加上山上各种事情不方便，大家反映的问题一个个都让人头疼。国家现在希望我们搬下山到县城里去住，那里孩子们上学，大家平时去医院、买东西什么的都会方便很多！""咱们村的房子啊，很多都有年头了，经常需要修修补补的，有的连信号都没有，国家预备给我们建楼房，全是新的嘞！大家都住在一起。"村支书用最通俗的语言向村民们描绘了一幅下山后新生活的美好画卷。

结束会议回去的路上，村民们叽叽喳喳说个不停。一行人中，怒秀梅大姐有强烈的个人想法。怒秀梅和她的丈夫都是土生土长的贡山人，但家里都是务农的，从小没受过什么教育。数年前，他们曾经外出务工，想借此维持家里的开支，谁料下山之后根本没有合适的工作，即使是幸运地遇到了，也极其不稳定，有时还被拖欠工资，用怒秀梅的话来说就是："他们根本就把我们当好欺负的人！"怒秀梅夫妇最后不得已回到了满孜村，家庭的贫困情况也并没有得到好转，这让怒秀梅一家对外面的世界没有任何好感。一路上，怒秀梅总是抛出一个又一个充满争议的议题，激发着大家对于离开大山的恐慌情绪，仿佛要把大家拉到和她一个阵营里去才觉得安心。但来参加这次会议的，还有村里的几个年轻人，近些年一直在外打工，他们对待搬迁的态度，好像不同于怒秀梅。

"梅姐，时代变咯！我都看到新闻了，现在国家给咱们这些边远地方的发了好多补贴嘞！"

"搬出去多方便呀！这山路我真是走的够够的了！"

怒秀梅摆出一副"不听老人言，吃亏在眼前"的架势，开始了唇枪舌剑。眼看一个人说不过，于是拉上身边几个姐妹，试图劝说这帮"不知社会险恶"的年轻人。大家谁也劝不动谁，最后干脆一哄而散了。

刘丽芳被这一路上各种"正确的"意见搞得晕晕乎乎的，回到家中拨通了丈夫的电话。王幸福听说了这个情况，思索了一阵，说道："这事情挺突然的，我跟我这儿其他地方的朋友打听打听，咱先别慌做决定，等我回去再说。"刘丽芳挂掉电话，脑海里开始浮现下山生活的场景，在感到新奇的同时，她的心里更多的是矛盾、犹豫和恐慌。她年轻时在县城里工作的那段经历并不开心，那时的她拿着微薄的工资，餐馆里还时不时有醉酒的男人吆喝着让她喝一点，她不想再过那样的生活。现在的她，只指望有些技术的丈夫能多挣点钱，自己呢就能省则省，把家里孩子照顾好。她也从未想过，有一天，国家突然看到了自己，给往后的生活带来这样一种选择。

　　在上级党组织的安排下，县里设立了一个搬迁小组，配合、帮助满孜村完成易地搬迁工作。易地扶贫搬迁中最困难的工作之一是动员群众。很多村民开始时对这件完全陌生的事情是充满怀疑的，甚至有一些敌意。小组的工作人员在村委会的帮助下挨家挨户地和村民们讲搬迁政策的内容，讲党是真心实意地想让大家过得好。这个环节艰难而漫长，但他们没有放弃任何一户，哪怕劝说成功的可能性很小，也一次次地上山苦口婆心地讲解政策。

　　小组组长叫老高，一米七出头，穿着一件旧旧的蓝色衬衫，四方的脸上一双炯炯有神的眼睛中闪烁着光芒。王幸福的家在半山腰，串门到他家的时候已经是中午，王幸福和刘丽芳邀请老高直接在家里吃点饭。说着话，几个人一起进了屋子，霎时间，小小的屋子里挤满了人。老高先热情地开腔："我和支书了解了你们家的情况，两个女儿，两个贴心小棉袄！真幸福啊！"老高的热情似火慢慢感染了王幸福，本来寡言的他和老高聊了起来。老高详细地介绍了这次易地扶贫搬迁的政策，搬迁时，每个家庭都可以选择搬迁地点，包括村内安置、城镇安置、县城安置三种；按照家庭人口数目和户口所在地分配房屋面积。那么对于王幸福家来说，除了户口不在满孜村的妻子刘丽芳，王幸福及其父母和两个女儿都具备分房资格，五个人每人 20 平方米，一家人一共可以分到 100 平方米。此外，还会有相应的岗位安排、就业培训和补贴。

　　"也就是说，我们不愁找工作？"王幸福有些惊讶地问。

　　老高爽朗地笑了，一边笑一边拍打着王幸福的肩膀："放心吧！肯定不愁！尤其是像你这样的技术人员，组织上一定会有适合你的好岗位的！"

　　老高的话给王幸福和刘丽芳吃了半个定心丸。

　　"搬了之后老房子还是我们家的吗？"王幸福又问道。

　　"那这个房子需要我们出多少钱？"刘丽芳在一旁补充道。由于家中的草果地经常收成不好，也卖不出几个钱，王幸福挣的钱也由于家里开销和六七口人大病小病花费得差不多了，这时的他们，要说积蓄几乎是没多少。

　　老高当然知道他们在担心什么，说道："房子不需要出钱，按理来说县里的房价要三四千元一平方米，但是分的这一百平分文不收。至于你们的地，到时候会有人来种。房子会拆掉，但这一片的农地还是属于你们的，想接着种的话，到时候建个小棚屋，随时回来！"

　　送走老高，王幸福和刘丽芳回到房间休息，昏暗的灯光映在刘丽芳的脸上。

　　王幸福望向妻子："你怎么想？"

　　刘丽芳一边整理床铺，一边说道："我感觉这事有点突然，突然要给咱房子，还要把原来的家给拆了，我怎么心里这么拿不准呢。万一将来没地儿住，或者要让我们交钱怎么办？到时候上哪儿说理去啊？"刘丽芳的话里充满担忧。

　　王幸福点点头："你说的确实有道理，这房子是我们安身的根儿，这事儿得好好考虑考虑。"王幸福又顿了顿，说道："但村支书和县里派下来的人，说话应该不会不算数吧？如果真的是老高今天说的这样，对于咱们和孩子来讲，可能都是件好事吧，爹娘年纪也大了，身体经常不舒服，能离医院近点咱也放心。"

　　见丈夫这么说，刘丽芳也态度软了，说道："我觉得再观察观察吧，这事也不是不行。"

　　此时，村支书那边也结束了一天的工作，这刚开始的群众工作是最难做的，村民什么也不知道，什么事都担心，可给他累得够呛。村支书回到村委会办公室，一进门，就看到状态更悲惨的老高，就笑了："怎么，工作太困难啦？你来的时候那个啥也不怕的样儿嘞？基层的工作不好做吧！"老高一笑："我现在也不怕！就是嘴皮子累了一天，实在说不动了！但是能让群众在党的领导下把日子过得蒸蒸日上，我就心甘情愿劳动！"

在这之后，老高全部的心思都扑在了易地扶贫搬迁工作上，有时候想的入神，饭都能吃到鼻子上。村支书和老高很长一段时间都在为动员群众而奔波，最多的一户甚至去了几十次。大部分村民祖祖辈辈生活在这里，一辈子都没有走出大山，他们对外面的世界好奇而又恐惧，仿佛这山之外的祖国的强盛、城市的繁华并不属于他们。许多人也不敢相信这突如其来的好政策真的没有"坑"。老高和村支书为了有应对办法聊了很多次，想破了脑袋。村支书作为村集体和县里沟通的桥梁，深谙村里的情况，针对每家每户和老高进行了详细的探讨，老高再跑回政府申请，争取每家都得到最合适的搬迁方案。为了让村民们感受到搬迁政策的真实性，村支书和老高多次给大家播放各种易地扶贫搬迁的视频，展示政府公示的相关文件，描绘着未来要入住的地方——幸福社区的样子，便民超市、医院、停车场、学校、爱心食堂应有尽有，那会是一个生活便利、没有贫困、充满烟火气的地方。

随着时间的推移，刘丽芳对这件事的思考越来越多，也越来越深刻。人在需要的时候总是会找知心的人倾诉，刘丽芳也不例外。她和姐姐刘丽兰关系十分亲近，这么大的事，她决定和姐姐联系一下。

刘丽兰一家人住在一座已经经历了三十多年风吹日晒的双层小木房里，房子的第一层建了厨房，旁边用来囤杂物，乱七八糟的东西堆满了屋子，有时甚至不好落脚。楼上的几间房间则是他们各自的卧室，说是卧室，其实就是用木板隔开几张床，半夜的时候，轻轻一动就会发出咯吱咯吱的响声。夫妻二人从前都因为条件不好，没有把握住读书的机会，所以更加尊敬那些有学识的人，常常叮嘱大女儿刘芝芳要好好学习，以后走出大山。此时的刘芝芳正在读小学六年级，而村内是没有学校的，想读书只能走下山去，到县城里的小学住校，最快一周能回一次家。因为家里没有摩托车，刘庆扬每周日下午都会走三四个小时的山路，送她上学。对于刘芝芳来说，小时候的家乡除了延绵不断的大山、蜿蜒的通往山下的小路和泥泞的土地，还有爸爸的背影。

刘丽兰的丈夫刘庆扬在家中排行老三，上面有一个姐姐和一个哥哥，下面有一个弟弟。刘庆扬是一名共产党员，为人憨厚老实，又是个热心肠，是腊咱村的村民小组长，平日里会帮助村里处理大大小小各种事情。这个职务没有额外的工资，但刘庆扬仍旧不辞辛苦，尽职尽责地在组织处理村级事务上投入了许多精力。因为这个原因，他并没有外出打工，虽然不是建档立卡贫困户，但生活过得很拮据。准备搬迁时，许多农户可能还在犹豫，对搬迁有所顾虑，但刘庆扬身为党员，有着坚定的信仰，经过思考，他决定相信国家的各项政策，并开始在村里给村民做工作，推动搬迁工作的进行。

刘丽兰一般情况下对这些事情并不关心也不过问，丈夫和她说什么，她答应就是，刘丽芳和刘丽兰打电话那天，刘丽兰一家已经决定要搬迁了。

听说妹妹的村里也有这个搬迁政策，刘丽兰赶忙告诉了身旁的刘庆扬。刘庆扬听到之后喜出望外，接过电话说："这是好事啊！妹妹，带着孩子们一起下山吧。"

"我家孩子老人都没有在城里生活过，会不会去了不适应呢？"刘丽芳的心里还是有些顾虑。

电话那头的刘庆扬先是一怔，然后笑着说道："你是不是傻呀妹妹，城里的生活只会更好更方便，咱不能因为害怕变化就选择维持原状吧！"

这句话点醒了刘丽芳，如果连这个勇气和决心都没有的话，日子是永远不会发生改变的，可能孩子们也只会继续像自己这样生活，虽然刘丽芳总是告诉自己过日子"平淡就好"，但还是希望孩子们能有自己的人生路。

"这搬迁政策呀，我已经了解得差不多了，我和你姐已经决定要搬了！到时候我们见面也更方便啦！"

有了姐夫的话，刘丽芳的心里踏实了许多。一直以来，她和王幸福都很尊重这个坚韧不拔、受大家爱戴的姐夫。

"志浩怎么样了？"刘丽芳问道。

"已经好啦，现在又活蹦乱跳的了。但我这心里，还是后怕啊……那天志浩的脸都乌青了，一想起那个画面，我这心里头就难受得很……"姐姐回答道。说完，电话那头沉默了一阵，发出滋滋的信号声。

刘丽芳想着怎么安慰姐姐，忽然想起老高的话："去了那边就有医院了！听说是社区里头就有诊所，去县医院也再不用走那么难走的路了！快得很！"

姐妹二人就这样聊到半夜。挂掉电话，刘丽芳失眠了，她隐隐约约地觉得，生活即将发生大变化了。

动员工作有条不紊地进行着，村支书和搬迁小组已经来过王幸福家好几次，又过了几周，王幸福再次回家，准备和搬迁负责人见个面。

那天王幸福一进家门，就被早早在大门那儿候着的刘丽芳堵在了门口。

"先别进去，搬迁这事你是怎么想的？"刘丽芳神情有些紧张。

"我找邻村已经搬了的人问了问，和村支书说的大差不差，今天再聊聊具体情况，我觉得要不咱就搬了吧。"王幸福说。见妻子半天不吱声，又问道："怎么了？"

"你觉得行就好，只不过妈这几天可不高兴了，她就不想搬，我一提这事她就不乐意。"刘丽芳低声说道。老人们在山上生活了一辈子，听说要搬家，故土难离的不舍让他们别提有多难受了。尤其是小舒云的外婆，是个善良但固执的小老太太，不想让任何人扰了她的清冷。

王幸福一愣，想了好一会儿，说："行，我知道了。"便拉着妻子往家里走去。

这时的老高和村支书在刘丽芳的招待下已经在屋里坐下。经过一段时间基层工作的洗礼，老高的头发明显白了不少。

见王幸福回来，老高面带笑容地起身打招呼："辛苦了，还让你专门跑回来一趟！"通过这段时间和王幸福推心置腹地交谈，老高清楚了王幸福一家的诉求，他觉得王幸福是这村里最踏实勤勉又具有智慧的年轻人。

王幸福推了推刘丽芳："你去把炉子捅捅，让火烧得旺一点，我一会儿来倒茶。"

刘丽芳摸起铁叉朝炉子里捅了几下，多添了几块烟煤，炉子里发出"刺啦刺啦"的响声，小小的房子里变得更热乎了。

一旁的外婆默不作声，王幸福见状和村支书对视一眼，说道："我们年轻人还好，适应环境比较快，就是孩子们的生活，是不是会有改变？"

村支书立马理解了王幸福的意思："王弟，你放心，搬迁过去的社区会配套专门的幼儿园、小学、初中、高中，孩子上学会十分方便，每年学费也有相应的补贴，这点完全不用担心！义务教育的巩固率我们是会保证的！除此之外，孩子看病离社区医院和县医院都很近，以后生病了去医院会方便很多，做家长的也能放心一点不是？"

听到这儿，一旁的外婆抬眼看了看村支书。

村支书看出来外婆还有所顾虑，又补充道："到时候我们会有详细的文件，都是需要和你们确认的，以上我说的这些一定能给到你们。弟妹一个人带孩子不容易，如果到时候县里有比较好的工作，你离家近一点，天天都能见到女儿们！"

一旁一直不作声的舒云听到这句话，眼睛突然亮了起来："真的吗！"王幸福扭头看了看女儿："你想不想每天都能见到爸爸呀？"王舒云毫不犹豫地回答："想！我想！"舒云激动地蹦了起来。

一家人和村支书都笑了，为小舒云的可爱，也为真的有这个机会而感到的强烈幸福感。外婆望着外孙女满怀期待的脸，也露出了久违的笑容。

这天，老高和村支书与王幸福聊了许久，把王幸福最后关心的问题

——解答清楚了，王幸福的心松了一口气。临走时几个人推来搡去，最后硬是塞给了王幸福一大包吃的，说留给孩子们。当天晚上，刘丽芳和丈夫王幸福的心里有了相同的答案。

通过搬迁小组和村委会这些工作人员的不懈努力，满孜村实现了整村搬迁。老高每每回想起这段经历，都颇为感慨。当时个别坚决不搬的村民让他操碎了心，一度感到绝望。但这是他的职责和使命，一想到自己在做一件这么有意义的事情，老高便会把心中的委屈、烦闷放下，投入新一天的动员工作中去。在这个过程中，老高已经和村民们打成一片，清楚地知道每一家的具体情况，也获得了村民们的高度信任。他认为，搬迁的成功和大家的信任，就是他这几年工作最大的成就。

刘丽芳和王幸福夫妻向往县城的生活与就业机会，把住址选在了县城的集中安置点——幸福社区，住在这里，在农忙时期回去照顾种植的核桃树和草果农地也算方便。此时旱灾已经过去，草果地一片绿意盎然，一片片叶子油亮油亮的，蜂蝶往来飞舞着，蓬勃的生机在这块土地上迸发出来。而刘庆扬一家考虑到家里的耕地需要随时照顾，还有出行成本和邻里

王幸福家拆迁时的情形

亲戚间可以互相照顾等原因，放弃了搬迁到县城，选择安置到了城镇集中安置点——普拉底乡金湾小区。

然而搬迁的幸福不能扭转全部的苦难。刘庆扬的咳血愈发严重，医生说刘庆扬的情况很不好。过了一周，王幸福来看望刘庆扬。进屋后，刘丽兰呆坐在灶台前，面色不再红润，仿佛被最后一根稻草击垮，一旁的刘庆扬示意王幸福坐下。

"你说我这每天精神头挺好的，好不容易孩子稍微大点，也马上要搬迁了，怎么一下子就病了呢……"

此时的刘丽兰已经沉闷了几天，对她来说，她和孩子的天塌了，眼泪管不住地直流。

王幸福的心里一阵酸涩："医生怎么说？"

"希望不大了，尽全力也很难保证最后结果，大概是只有几个月了。"刘庆扬一支接着一支地抽着烟，越想越是难受。"我爹当年早早就得病走了，我从小过着没爹的日子，没想到现在我的孩子们也要过这样的生活了。"刘庆扬叹息道。

一鼓作气，再而衰，刘庆扬经历的几十载人生用尽了他的力气。村庄里亮起的灯光就好像夜空中的繁星，但代表幸运的星星没有眷顾刘庆扬一家。两个月后，噩耗还是传来了，刘庆扬去世了。

福利下乡僵局破　温馨恍若再世人

那个清晨，晨光微熹，王幸福站在窗前的那一块地砖上岿然不动，面朝南方的山谷连绵起伏。婴儿的啼哭，如同五颜六色的氢气球腾空而起——小女儿出生了。刘丽芳的疼痛似乎在哭声中一点点消散，她成了三个孩子的母亲。

2020年，对王幸福和刘丽芳来说，是崭新的一年。他们的小女儿在最好的时候出生，新的生活迎来的新生命，是稚嫩的，期待的，满怀希望的。王幸福一家已经搬来幸福社区接近一年，逐渐适应了这里的生活，夫妻二人也各自找到了安身立命的工作，就连先前每天都愁容满面的外婆也喜欢上了这里的日子。自 2019 年贡山县第一批易地扶贫搬迁工程启动后，幸福社区陆续搬来了各个村镇的农户们，人气不断聚拢，热闹的欢声笑语自然也多了起来。

每天下午五点，悠扬的流行歌声总是准时地响起，幸福社区里充满了新生活的嘈杂声。刘丽芳也下班了，她穿着制服走进幸福社区，碰上社区的兄弟姐妹们，走一路，便聊一路。她很享受这些平凡的时刻，这些慢下来但又很充实的日子，是充满烟火气的。虽已是三个孩子的妈妈，但她仍不过 25 岁。刘丽芳觉得她的生活在近年安定之后才真正找到了平衡，或者说，才真正摆脱了内心的孤独。

在她的少女时代，孤独是她最大的记忆，山上的房屋都是零星分布的，她只有去学校时才能有朋友陪伴，但很可惜，她早就已经不读书了。没有同龄人朝夕相处，自己的姐姐嫁了人，妹妹有出息，一直在坚持读书，唯有自己守着屋前的一片参差崎岖的玉米地。后来，她成年了，迫不及待地外出打工，找了一份包吃包住的工作。刚开始时她很满足，这里终于不再是头顶潮湿的茅草屋，身边终于有了年龄相仿的姐妹。可独自在外漂泊哪有那么容易，服务员的工作很辛苦，员工宿舍更是逼仄狭小，同事们每天都很累了，交流的时间自然不多。委屈的时候，她就会思念家里的父母，思念那个遥远的家乡。那时候的她觉得自己就是一台机器，之前是只会发呆的机器，后来是忙碌不停的机器，不知什么时候才能卸下生活厚重的铁甲，找到那种她一直期盼的、最平实简单的生活。

所以，她很珍惜现在的生活。她有了一份安稳简单的工作，付出就会有收获，那收获不仅是手机里的数字，更是一种自豪感、踏实感和安宁生活里的幸福感。没有了高山阻碍，没有了翻山越岭的思念，刘丽芳每天上班的路上就能看到穿梭的汽车，喧嚣的人流；下班回到自己温馨的小家，丈夫女儿就在身边，朋友就在不远的眼前，新的朋友更是在大家相互熟悉后不断涌来。刘丽芳就这样在生活的轨道里漫步着，经营着她自己的小

幸福社区外观

家，看着她的孩子们沐浴在她从前不敢奢望的新生活里。

　　大女儿舒云平时在贡山小学住校，二女儿舒清在搬家后也上了幼儿园，不用刘丽芳太过费心。只有那个可爱的小不点需要一家人都时时牵挂着。寒暑假的时候，刘丽芳总是先去社区里的儿童之家接上大女儿和二女儿，再回家做饭，不然外婆在家里照看小女儿总是顾不过来。好在舒云是个懂事的好孩子，也是负责任的大姐姐。从前在老家的时候，山中盘错的水泥路和家中捉襟见肘的生活当然没有条件让妹妹去读贡山县里的幼儿园。小小的舒清从咿呀学语到口齿伶俐都只能呆在那潮湿的木板房的方寸之间。高耸的山上房屋并不密集，爸爸妈妈又在外面干活儿，舒清没有适龄的玩伴，常常一个人望着蝴蝶发呆，好不容易等到每周末姐姐回来了，才有人给她讲故事，教她画画。自然而然，舒云成了妹妹最喜欢的人，舒清也成了姐姐甩不掉的小尾巴。没想到还认不了太多字的舒清很快便找到了自己的爱好，而且是和姐姐一样的爱好——画画。在搬到新家之后，姐妹二人很快便达成了一致，儿童之家是她们最喜欢的地方！

儿童之家有一个温馨而安静的读书角。书架上摆放着琳琅满目的书籍，从童话故事到科学百科，从绘本到历史传记，每一本书都散发着纸浆的清香，都是由志愿者们精心挑选而来的。一开始是彩色的封面和丰富的插图吸引了舒云的目光，接下来她喜欢上了故事，便更加迫不及待地从中召唤出自己想要探索的世界。她最喜欢童话故事，陶醉于奇幻的情节中。

儿童之家隔壁的老年服务中心是外婆最喜欢的地方。中心会为社区的老人们不定期举办一些多姿多彩的休闲活动和生活培训项目。几个月之前外婆每天都要来这里和她的好姐妹见面，因为小外孙女的出生，外婆才不得不回到了家里。

刚来到这里的外婆一开始还是像原来在山上一样总是免不了担心，担心自己会不知道做什么，担心自己在这里变成一个没用的人，担心自己适应不了年轻人的环境。她已经在大山里待了一辈子了，还差这最后一段时间吗？实践证明，无关年龄，每一段岁月都可以有崭新的风景。原来，外婆也如此热爱崭新的风景，她也可以跟上大时代的潮流。由于之前在高山上，交通极其不便利，城里人司空见惯的煤气、燃气，在大山里都罕见。烧惯了柴火的外婆，一下子到了现代厨房，搞不懂天然气和各种开关，甚至一进了厨房就变得手忙脚乱，修炼了这么多年的厨艺在慌乱中都抛掷脑后了。王幸福夫妇那时候忙着找工作，根本顾不上家里，好在有幸福社区做保卫大家安宁的后备军。刚搬来的一段时间，外婆都去幸福社区的食堂就餐。食堂是由帮扶企业成立的，面向所有居民，价格实惠、薄利多销，面向老人还有优惠。

面对这种情况，幸福社区以最快的速度组织成立了各种社区活动中心，面向社区里的所有老人在老年服务中心开设了生活课堂，志愿者们一对一手把手地教老人们现代的生活技能。终于，外婆也在生活课堂上学会如何使用燃气和煤气了。回到家后，她总是喃喃地重复着老师教过的每一个步骤："第一步，打开红色的开关，顺着方向转按钮……""啊，原来是这样啊，也没有那么难啊，这东西真好，不比我天天砍柴省力气啊。"学会了使用燃气，新的生活一点点熟悉起来，外婆自然也没那么"抗拒"了。老人家从前总是挂在嘴上的"不舒服我要自己回去的啊"这样的话再也没提过，反而是对迎接新事物上了瘾。没过多久，淋浴也学会了，空调偶尔也舍得开一下了，"这个箱子吹出来的热风不烤脸，冬天在家洗澡也不冷啊"。

外婆的老姐妹们有时还会相互"炫耀"着，谁家孩子给买新手机了，或是谁又学会用智能手机了，谁又学会刷抖音了，他们一起跟上潮流。网络的潮流要跟上，贡山县里的潮流更要跟上。贡山县里的人们最盛大的聚会当属"街子天"了，也就是集市，每周有例行的小集，每个季节还有具备文化特色的大集。从前外婆年纪大了不方便出门，也不喜欢凑热闹，除非生病万不得已，才会让女儿女婿背着自己走山路，否则她可不会让孩子们受这个累。而现在，出了门溜达个十分钟就是市集，每当她的姐妹们拉着她赶集时，外婆都要去凑热闹。准确地说，外婆的姐妹都是凑热闹时熟识的，逛集的路程漫长，总要一起聊些家长里短，一起挑挑拣拣，砍价谈判，很容易便熟识起来。老人们永远是最勤劳的，赶集也不例外。大家一清早全从幸福社区出发，遇见彼此便自然而然地结伴同行了。每周的星期六都是贡山的"小街子天"，大大小小的摊子从山头延伸向山脚，摆满了琳琅满目的商品，各种农产品、手工艺品和散发着诱人香气的小吃，无所不包，热闹非凡。刘丽芳有个朋友搬家后就在"街子天"出摊卖烤猪蹄和冰粉，夏天天气炎热的时候冰粉卖得最好，生意好的时候一天就能卖一千多元钱。山间的水流声伴着人声鼎沸，岁月悄然流逝。

除了学会基本的生活技能，适应了那些曾经不属于老年人的生活，外婆也拥有了自己的爱好。除了农忙时一家人开着王幸福刚刚购置的小车回满孜村做些农活儿，其余时间她总会待在社区老年服务中心和她的好姐妹们一起做手工。其中外婆最喜欢的便是剪纸和刺绣。老人们不比隔壁孩童，他们总是沉浸在创作的乐趣中，好似遗忘了时间的流逝，仿佛时光在这一刻停留，顾不得周围的喧嚣和纷扰。那些老人有的皓首苍颜，有的皱纹纵横，却在这里展开了第二青春，用针线和剪刀诉说着岁月的痕迹和深深的情感，延续了充满意义的生活。

在幸福社区这个贡山县最大的搬迁安置区中，大家都在社区建设中感受到了自己的主人翁地位，拥有了追求生活与发展的内生动力，满意度、幸福感和获得感不断得到提升。诸如幸福社区一样的搬迁安置区，以全方位的基础设施建设，改善了贫困户从前的生产和生活条件，缓解了过去由地理位置偏远、基础设施落后、公共服务不足等导致的多维贫困状况。

搬迁生活对于舒云和舒清来说是在湛蓝天空翱翔的热气球旅行，满是对前方的期待和兴奋；对于外婆来说是一个不知冷暖但处在安全地带的迷宫，不得不面对新的生活，学会去接受"当代的幸福"。但易地扶贫搬迁工程的实施，对于刘丽芳和王幸福来说就没有那么简单了，他们迎接的是接踵而来的机遇和挑战。他们正值壮年，来到了一个新的生活舞台，自然要拿出所有本领来施展拳脚，争取一个和从前完全不同状态的、属于自我的人生。实践证明，他们可以做到。成年人的热情本就是火山，积蓄了无穷大的能量，只是从前巍峨的高山挡住了他们迈向远方的步伐，束缚住了他们的勇气，羁绊住了他们的脚步。大山寸步难行的泥泞道路和与世隔绝的

幸福社区外景

遥远距离为这两个年轻人罩上了巨大的、坚实的透明玻璃罩，虽然他们早已向往外面的世界，却以自知之明为由不敢去撞破它，走出它。走出，就意味着，他们满怀信心做好了迎接挑战的准备。

2020 年 1 月新年刚过，贡山县住房和城乡建设局就面向贡山县所有女性发起了招聘，招聘女性城市维安志愿者。应聘者需有初中以上学历。对于同等条件下的应聘者，在政府就业帮扶政策的号召下对易地扶贫搬迁者优先录取，以在一定程度上促使新居者适应生活。贡山县之前只有男性城市维安志愿者岗位，担负巡逻、治安等职责，招聘第一批负责监测点工作的城市维安志愿者时，应聘者大多也为男性。贡山县自 2018 年起陆陆续续建成了不同的安置点，城市面貌也焕然一新。城市发展方兴未艾，需要大量的建设者，因此，贡山县住房和城乡建设局便拟招募 20 位女性城市维安志愿者，并联系各个社区负责人进行宣传。刘丽芳就是这样嗅到了新工作的机遇。她在幸福社区的村民组长那里看到了这则招聘启事，虽然要求不高，但是选拔很严格，需要经过一轮笔试和一轮面试，笔试内容考查关于城市建设和城市治安的相关知识。刘丽芳自从初中毕业辍学后已经很久没看过书了，退堂鼓当然也是要打一下的。那时她还怀着孕，孕期反应也十分强烈，但刘丽芳看到"女性城市维安志愿者"这几个字时，她还是决心一定要争取这个光荣的身份。经过见缝插针式学习，刘丽芳在笔试中取得了优异的成绩，最终从 120 位应聘者中脱颖而出，成为光荣的城市守护者。在部门进行了统一的培训和实习后，刘丽芳正式上岗。她每天的职责就是在监控室监测治安环境，巡查是否有人乱扔垃圾、在人行横道违规停放车辆、违规摆摊、寻衅滋事等。一旦出现上述情况，刘丽芳就需要通过智能监控系统立即通知街上的巡逻人员，对现场情况进行处理。如果街道发生意外或纠纷，刘丽芳也负责驻守监控室并给当事人调取监控。

高清液晶监控大屏幕和一套互联网智能监控操作设备是监测室的核心，操作员可以随时操控监控的角度和画面大小并及时发布巡逻通知。这样一套智能设备的操作并不简单，还需要熟练掌握，及时应对。刘丽芳非常认真地对待自己的这份工作，在习惯了一段时间后，她成为具有核心技术能力的工作人员。她很骄傲，自己从建档立卡的被帮扶者，变成了城市建设与守护者。贡山的那么多条街道的整洁安宁都与她有关，这让她感受到了新生活铿锵作响的质地——她成了这个城市的一分子。新工作一月3 500元的工资更是为他们的小家又增添了一份幸福，不仅可以满足物质生活，更为精神生活增添了朝气。穿着深蓝色的城市维安志愿者工作服的刘丽芳，总是化着淡妆，英姿飒爽，青春洋溢。她还报名了驾校，并已经拿下科目一的考试。那天，她和贡山县的同学们一起去大理参加了考试，她兴奋极了，那是她第一次真正意义上的旅行。大理古城的灯光点点、人群涌动好像与她相映，仿佛在告诉她：恭喜你，走到了外面的世界。

在前进的道路上，王幸福更是不甘示弱。他刚刚搬迁到幸福社区，就实现了职业身份的跨越。从前他一直在各个建筑工地上做零工、搭过钢筋也砌过水泥。正巧幸福社区名下一个集体经济性质的建筑公司需要一个有经验的人来担任他们新一轮建筑项目里的领班，修筑一条盘山公路，社区干部就将王幸福推荐了过去。贡山县人社局还聘请了一些经验丰富的修路师傅，为王幸福他们进行岗前培训，以更好地制作水泥、使用钢筋。王幸福凭借着之前的务工经验，很快就明白了工作要领，正式担任小组领班的职务，拿到了每月约7 000元的薪水。一天可以挣280元，即使下雨天只出工半天也有140元。

王幸福也由最初的建档立卡贫困户变成了城市的建设者，并且是贡山经济发展的重要推动者。"要致富，先修路。"王幸福作为一个工人小组的领班，带着手底下的七八个兄弟一起修筑山中盘山公路的上游段。盘山公路的修建是贡山扶贫工程的重要一项，也是助力贡山农业发展的必经之路。交通制约了农产品的运输，贡山县的草果产量最盛，品质上佳，但运输不易，虽有品质，但无"销路"。草果林地大多在大山的半山腰以上部位，地势崎岖，九转回肠。草果很难及时运出去，外地客商更不可能上山收货，有时候村民们好不容易把草果运下山，一些客商知道他们交通不便甚至还会恶意压价。贡山县的各村镇原来每户人家几乎都有一片草果林，王幸福是家中独子，继承了家里的六亩草果林。草果行情好的时候一斤能卖到 3.5元，前提是草果需要生长在不向阳且湿度大的树林下。贡山县雨季频发，但植物普遍蓄水率低，因而种在向阳坡的草果就容易旱死，第二年还得补种。草果的经济价值虽不算高，且播种一次两到三年才能挂果，但对之前做零工兼务农的王幸福一家来说，种植草果带来的收入是必不可少的。

崎岖泥泞的山路，阻隔了村民的希望，因而在实施易地扶贫搬迁政策的同时，贡山县乡村振兴局也开启了各地的修路工程，赋予大山里的一方方土地更高的价值与活力。王幸福每天都要驱车来到这片山中地势险峻的泥泞道路，工人们需要把公路从山脚修到山顶，好让山上的村民们把草果运下山去，卖给外地的客商，盘活村民们最珍视的土地资源。山腰上的路面泥泞湿滑，布满了深深的车辙和泥潭。若在下雨时行走其间，脚步沉重，每一步都会陷进去，泥浆四溅。车辆行驶时，不时会被泥泞道路的凹凸不平抛得晃晃荡荡，车轮轧过时带来的咯吱声犹如什么在蚕食着耳膜。

这份工作王幸福已做了两年有余，他一想到这条山路会变成宽阔平坦、坚硬光滑、由柏油铺就的公路就会很自豪，不久之后，这里就会变成截然不同的景象。车辆行驶在公路上，不再有颠簸和颤动，只有平稳的行驶和引擎轰鸣的声音。公路两旁还是最初的绿树成荫，宁静和谐。

王幸福和刘丽芳从前在县城做零工时，往往被社会称作"外来务工人员"，他们虽也是贡山的一分子，但小城里并没有他们的一席之地，他们委身在拥挤的员工宿舍，凌乱不堪的样板房，心里却一直念着高山上的家人。生存的压力让他们有着惊人的社会适应力与社会忍受度，但夫妻二人以前从没有自我认可，不觉得自己在做一份"职业"。现在他们都拥有了稳定的工作，夫妻二人也有了骄傲的职业认同。

他们是这个城市的建设者，也是家庭的顶梁柱。

2021 年 7 月 4 日，是王幸福和刘丽芳小女儿的 1 岁生日，也是刘丽芳大家庭聚会的日子。日子鲜活起来了，家人亲戚离得近了，温馨的家庭聚会更要安排起来。一向喜欢惊喜和仪式感的刘丽芳红红火火地就为小女儿张罗了生日会，除了还在外读书的小姨没能回来，刘丽芳的姐姐和侄子侄女全都来了。家人是共同创造着快乐记忆、为彼此提供精神支撑的人，也是一起走过艰难岁月、一起分享幸福时刻的人。厨房里飘来了阵阵香气，孩子们围坐在餐桌旁，很守规矩地盯着那让人垂涎欲滴的火红的辣椒炒肉、香喷喷的红烧鱼、香气四溢的干煸牛肉。舒云变成了姐姐芝芳的小尾巴，平时文静的她也变得叽叽喳喳起来，温暖和喜悦伴着欢笑声填满了整个空间。

刘丽芳的侄子自爸爸去世后就变得内向，不爱言语，但却会很羞涩地握住妹妹的手；侄女芝芳向来开朗坚强，即使家中突逢变故也从未消沉，而是在冗长的悲伤中独自成长。刘丽芳最喜欢这个侄女，姐夫去世后她更加爱护这个坚韧的姑娘。舒云也最喜欢姐姐，从小她就从妈妈那里听了许多关于姐姐的故事，这个妈妈口中"别人家的孩子"就是她心中最完美的姐姐。

2019 年初，芝芳 12 岁，从普拉底乡小学升入中学，一家人也从大山上的腊咱村搬到了普拉底乡金湾小区安置点。搬入敞亮温暖的新房子，生活也要步入新阶段，因父亲去世而长久浸润在芝芳生活里每一处角落的忧伤在爆竹声中也渐渐褪去。生活好起来了，她也应该变得更好，像父亲希望的那样。

普拉底乡学校是一所包含小学与中学教育的一贯制学校，也是普拉底乡唯一的小学和中学。搬新家这一年，正逢芝芳升入初中，她遇到了坚定追随的榜样——语文老师何老师，还有她亲爱的朋友们。而芝芳，也有了自己的方向，埋下了未来梦想的种子。

这有很大一部分源于她在普拉底乡中学的语文老师何老师。何老师也在贡山长大，大学读了中文系，毕业后成了一名优秀的人民教师，她选择回来，回馈她最亲爱的家乡。何老师把知识带回了贡山，也把热爱和希望带了回来。芝芳因为何老师的课而爱上了文字，学会了独立思考，并从文学的世界里朦胧地找到了穿越荆棘的路径，从而走出命运无常的黑洞，让阳光穿透少年的她，填补了心灵的缝隙。

一个孩子如何真正成长？一定来源于他内在的力量。文学就是芝芳认识自我的源泉。

芝芳最喜欢《平凡的世界》这本书，初读时主人公的命运牵动着她的心，她也如身临其境一般感受到了书中那炽热邈远的力量。"走出与回归"这个问题也让她产生了思考。不知从什么时候起，她的理想与目标越来越明晰，她未来也想像何老师一样，读中文系，然后回到自己的家乡成为一名语文老师。她从语文中获得了太多能量，她也想回到家乡与何老师一样把知识传递给未来的孩子们。面对生死，个体是无力的。童年时父亲的骤然离世构成了芝芳人生无助感的一部分。但她还清楚地记得父亲曾对她说的话，叮嘱她一定要好好读书，照顾好弟弟和母亲。父亲从前是腊咱村的村民小组长，也是一名共产党员，父亲对并没有工资发放的村集体工作投入了大量的精力，也收获了村里父老乡亲的爱戴。腊咱村的扶贫工作已经开展了很多年，从前芝芳也常听父亲讲那些工作中与扶贫有关的事，懵懂中便感受到了干部们和父亲奉献的力量。

易地扶贫搬迁通过"挪穷窝，换穷业"提升了贫困户的发展能力，推动了贫困人口可持续发展。最重要的是，它通过教育阻隔了贫困的代际传递，教育是阻隔贫困的最有效方式。像芝芳一样，她在社会与时代的风华中，在日复一日的学习与前进中滋生出了超越自我与世俗的无穷力量。她成了自己人生的绝对主角。这个新时代的女孩继承了父亲的品德，受到了扶贫干部们的感染，领会了何老师以教育实现的文学人生，在搬入新居的新生活中一点点抹去了不幸的阴霾，找到了理想中的自己。社会的春风与自我的找寻塑造了她的理想。未来的她，想带领家庭摆脱从前的贫困，跨越所谓阶层的成见。那是最赤诚且坚定的力量。

新的生活总算在从前的辛苦中酝酿出了如今的甘甜，每个人继续向前，一家人相依相伴，未来美好而令人神往。

他们对着蛋糕，许下了最真挚的愿望。小寿星不知道眼前的人们在做什么，只是拍手笑着。生日歌明快的旋律在空气中荡漾，舞动着，仿佛是永不停息的庆祝烟花。刘丽芳请来了对门的大姐，为大家照了全家福。"咔嚓"，这个瞬间似乎美好而永恒，变成了这个家庭的生活影像。生活在那一刻定格，并继续向前。

柳暗花明渐有形　幸福跬步岂为慢

　　如果现在享受着更好的生活条件，进入了更幸福的生活状态，那么过往的种种艰难困苦便如冬季的河流一般干涸了，只留下或深或浅水流冲击出的痕迹。举目远眺，前方是旷野天空上云雾般缭绕的小小幸福；回首来路，曾经的汹涌波涛已成为今后坦途的基奠。

　　正午的阳光过于强烈，将周边的楼房树木都镀上了一层炫目的光晕。舒云努力将自己的身子往沿街小卖部的阴凉中挤了挤。夏季的风仍然有些凉爽，混着小卖部里漏出的一丝冷气，吹在舒云身上像是一种嘉奖。

　　舒云此行有着重要任务：为自己和妹妹购买午饭。暑假爸爸妈妈上班的日子里，是社区食堂的午饭保证了姐妹俩的生活质量。食堂面积不大，干净的玻璃门后是洁白的大理石地面和敞亮的大厅，热腾腾的饭菜在十一点后便陆续盛进窗口的保温锅内，香气四溢地等待居民们带走。菜色算不上多，通常是五道菜品，

阳光下的幸福社区

配着主食米饭和馒头，好在每天总有几道可以更换，菜单也是每日早早地贴在玻璃门上，同步发送在社区微信群中。舒云最喜欢社区食堂做的猪肉白菜炖粉条，三天买饭总有两天要配上这道菜。今天出门匆忙，舒云并没有看菜单，心里默默祈祷着能有自己最爱的那道菜。

小卖部里凉风阵阵，半掩着的门后是五彩斑斓的糖果和米面粮油，琳琅满目的生活用品和食品整齐排列着。有几个差不多大的小孩在糖果面前双眼放光，这只手拿一块，那只手抓一把。舒云还在惦记着早些到爱心食堂，但是耐不过舒清期待的目光，两人拐进了超市。总之，最后两姐妹手牵着手跑进爱心食堂，口袋略微鼓起来，装的是小女孩一点小小的快乐。舒云兴奋地看到今天有自己最爱吃的好菜，满满地打了一饭盒，才花了10元钱。两人雀跃着，一路轻巧地顺着阴凉指引，溜回了家里。

今天是舒云和舒清的奶奶出院回家的日子，王幸福去办理手续，接奶奶出院。刘丽芳给丈夫打了个电话询问情况。田间劳作的老年人没有养生一说，倘若不是搬迁到幸福社区，如今应该还在屋后给小块菜地浇水。早年间劳作没有休息一说，靠天吃饭更没有营养均衡一说。如今老了，终于有了机会在幸福社区安享晚年，开始享福，可慢性病却渐渐严重起来。

奶奶患有慢性病高血压，多年来一直依靠按时用药和定期就医维持着生活。然而，一个月前她的病情开始恶化，药物的控制效果越来越差，导致她频繁出现头痛、头晕、心悸等症状。刘丽芳和丈夫很担心后续症状会恶化，于是将她送往医院进行全面的检查和治疗。

对刘丽芳一家人来说，浓厚的乌云已经压在头顶——这该花费多少钱？这个病现在治了，能不能彻底治好？以后是不是离不开药物了？是否一个无底洞正等着他们一家人跳进去？但是别无选择，刘丽芳和丈夫不能也不会放弃，无论如何，都要去治病，不能拖延。

临走前，王幸福带上了家里所有的大额现金，一共三万六千元。担心钱不够，王幸福还联系了自己工地上的老板，如果紧急需要更多的钱，就从老板那里借。刘丽芳收拾好了需要的证件和病历本，呆坐在沙发上看着女儿们跑来跑去。

　　她的视线在家中漫无目的地掠过，扫过窗外的幸福社区招牌，扫过家中悬挂的小组村干部电话。村支书……村支书！刘丽芳想起他们来到这个社区后，里里外外的事情都是村支书在张罗：帮着大家找工作，建设儿童之家，一起组织着跳广场舞，协调邻里关系。村支书的朋友圈里时常转发着什么扶贫帮扶的案例，一张张笑脸洋溢在推送文章里。家里老人去看病，要不要跟他说一声？万一孩子需要照看……刘丽芳脑子里一团乱麻，但是电话已经拨了出去。

　　"喂，哎，哎，是我刘丽芳，支书……"围在奶奶和爸爸身边的舒云看到，妈妈打着电话，表情逐渐激动起来，原本脸上紧绷的表情也放松开来，于是手高高地扬起来喊爸爸过去。爸爸接过电话，原本紧闭的嘴唇也高兴地咧开了，不住地应声。之前家里暗沉沉无人说话的压抑乌云好像一下子散去了似的，灯也明亮了起来。

　　对于建档立卡户，医疗保险可以报销 90% 的费用。这个消息让王幸福夫妻俩的心里放下了一些担忧，他们不再担心高昂的医疗费用将给家庭带来的沉重负担。术前准备三天，手术一天，刘丽芳都提前仔细地准备了需要的物品。手术很成功，只需要住院观察，等情况平稳下来就可以出院。

　　经过治疗，奶奶的病情逐渐好转。每天的身体检查都显示出积极的结果，这让王幸福他们欣喜不已。而且因为医疗保险报销 90% 的费用，一家人在经济上也能够承受得起，这让他们感到了无比的庆幸和感激。几天前，医生终于给出好消息，奶奶的病情稳定，可以出院，后续按时服药便可。这个消息让王幸福一家人都振奋起来，他们准备好了一切的物品和文件，准备今天接奶奶回家。

　　接通电话，王幸福告诉刘丽芳："医疗报销好嘞，统共花了 1 000 元。" 1 000 元不是小数目，但是相比最开始设想的三万元，少了太多太多。刘丽芳只是笑着，不断地说着好啊，好啊，望着街上来往的人群和远远的天空一角。刘丽芳盘算着，今晚该吃些什么清淡的饮食，明天赶集又该去买些什么东西。奶奶回来了，家里的人也算是齐了，所有人聚在家中带给她一种忙碌而安稳的感觉。将婆婆送进医院时候压在心头的巨石，似乎也从未出现过，就这样轻飘飘地过去了——旧时脑中遥远的暗沉回忆中，刘丽芳小时候见过或者听说过的因贫困最终被重病带走生命的亲戚，无能为力的大人们麻木的神情，已经很久没有出现在她的脑海中。她来不及想，也没空停下来细细地回忆，只觉得自己肩头的担子好像比她小时候想的要轻一些，她的日子过得比自己母亲要好很多。

　　想到第二日的集市，舒清在床上扭来扭去，和姐姐滚作一团。虽说集市每个周五都会准时到来，但是爸爸妈妈姐姐和她一起出动却是少见的，通常爸爸妈妈是要上班去的，姐姐和奶奶在家度过如同往常的一日，只有妈妈会在集市快结束时买点菜，顺路回家。有什么东西是网购买不来的呢？无非是快递要走五天，快乐便也要等五天，到时和姐姐一起牵着手跑去快递点便能收获。逛集市要爬上高高的坡，走好远的路。

　　每到周五，贡山县热闹的集市便组织起来。想要摆摊的农户们为了抢占客流量大的好位置，提前一天便试图在集市的街道上摆放占位。早上六点，天蒙蒙亮之时，集市所在的街道就已经初具热闹的征兆。步行的、骑摩托车的、开汽车的……摊贩用各种交通工具将自己的产品运到高低起伏的街道边，遮阳遮雨的棚子便随之搭起来了。水果、蔬菜、肉类、衣物、生活用品……琳琅满目，应有尽有。摊贩们或是用热切的目光试图捕获路过的民众，或是用大喇叭放着录好的口号招呼，口号中夹杂着普通话和傈僳语，确保受众群体尽可能地多。前来赶集的民众则是三两成群，步行或者骑电动车在各个摊位前流连。人们背着当地特色的大竹篓，将购买的物品通通放进去，解放双手攀爬陡峭的街道。背不动大竹篓的老人或蹦蹦跳跳的小孩子，则是斜挎着布包。布包颜色鲜艳，图案别具一格，质量也是没得说。

　　舒云看着自己的妹妹像被卖工艺品包的摊位勾走了魂的样子，乐得不得了，回头蹦了一下，招手让爸爸妈妈看到自己。一会儿不注意，爸爸背

雨后的贡山县集市

上已经背了一个新的大竹篓。崭新的竹篓，涂了油的竹条亮得能反光，构成错落有致的花纹。最外圈用红色绸带围住，这样拿放东西时就不会像自己做的竹篓那样被尖刺划到手。舒云记得小时候家里的竹篓就是爸爸编的，边角的竹条翘着，小小的她探进去够东西的时候就被戳到过好几次，留下细密的划痕。旧的竹篓底部容易碎，背回来的粮食撒出去一点，妈妈都要心疼地顺着路回去找。崭新的大竹篓一定不会漏，也不会划伤手了吧。大竹篓比爸爸的上半身稍微短点，妈妈正在往里塞刚买的蔬菜和肉。肉，舒云瘪了瘪嘴。已经不是从前没搬家的时候了，那时候吃不上几口肉，她是喜欢一切肉类的。但是搬家之后，妈妈买菜做饭，肉越来越多，舒云发现自己好像也不是那么喜欢吃肉了，实在是吃得有点腻了。炖菜、炒菜……妈妈总要放上肉，感觉自己都要变成胖乎乎的小孩了。

贡山县集市的摊位

顺着集市一路走上去，王幸福夫妻俩倒是没什么要买的。县城物价不算便宜，有什么需要的在网上下单，无非是要等几天，钱反而不是顾虑。主要是奶奶刚出院，总算不用惦记着往医院跑，一家人难得一起出来走走，也算是给放暑假的孩子们一些甜头。大竹篓比王幸福从前自己做的竹篓轻得多，却又结实得多。两条宽敞的肩带背着，王幸福和妻子聊着中午回去该给母亲做些什么饭，这几天孩子中午自己买饭吃估计也吃腻了；刚刚买的韭菜是新下来的一茬，听说是从大棚里种出来的……

"志浩弟弟！大姨！"走在前面的舒云突然喊出声，两只手空不出来打招呼，急急忙忙回头跟家人示意。刘丽芳还在和丈夫说话，听到女儿的呼喊眯起眼顺着看过去。顺着人群跑过来两个小男孩，一个黑乎乎的小男孩拽着另一个，后面跟着两个人各自的妈妈。"大姐！"刘丽芳也笑起来，招呼着其中一个。

大姨刘丽兰原本没打算今天来赶集——丈夫去世后，儿子变得内向，女儿在学校学习，出门似乎是可有可无的，更何况网购也很便利。她最喜欢给妹妹打电话，听妹妹讲自己工作中遇到的人和事。妹妹曾经劝过她多出去走动，带着孩子和周围的小孩子玩。刘丽兰也知道，但是做出改变总是难的，她尚且不愿和人交际，更不愿强迫儿子去交朋友。自己家搬迁了，离开了熟悉的小屋，虽然如今的房子明亮起来，可是她在新地方总有一种拘谨感，不知道如何做才能和新家一样新起来，望着邻里玻璃窗透出来的灯光不知道如何搭话。有了新的手机，新的家具，窗外新的景色，但她好像觉得自己还是误入他人住所的外来者，局促不安地试图模仿人们的举止。赶集，这个欢聚重逢意味大于采购意味的集会，如今的她也觉得不是必需。

但是今天的刘丽兰出现在了集市上，和儿子一起——更值得说明的是，他们是和儿子的好伙伴和他妈妈一起，也就是和自己的好邻居和她儿子。刘丽兰时常默默地感谢这家人的出现，能够有同龄的小男孩和自己儿子一起出去玩，能够有邻居和自己结伴一起去买菜，分享打折的衣服，一起接送孩子。刘丽兰不会说什么感人肺腑的话，只是在清扫自己门前的时候将邻居的门口一起清扫干净，时不时将自家收的草果分给邻居一些，在儿子和好伙伴一起回家时给小孩子们分点糖果。不知从何时开始，儿子脸上的笑容多了起来，愿意和妈妈分享在楼道间玩的捉迷藏是多么有趣，以及和小伙伴又发现了哪个新的秘密基地。刘丽兰听着，脸上也不自觉带着笑。昨晚儿子回家就两眼亮晶晶地说，对门的小伙伴喊他明天一起去赶集。被这家人热情地喊着，刘丽芳也提早起来，一起热闹地赶集去。

能在集市见到姐姐，对刘丽芳而言是个惊喜，她一直希望自己的姐姐能开朗一些，早日走出姐夫去世的阴霾。一家三姐妹，大姐好像总是默默扛下了所有，好像也不需要多少关爱。刘丽芳心疼自己的姐姐，时常打电话过去聊聊天。如今看着和自己女儿玩成一片的小侄子，看着姐姐开朗的笑容和淳朴的邻居大姐，她只觉得今天中午真的值得炖一锅好菜。

姨妈考博齐欢聚　舒云暗舒凌云志

这家人再次欢喜地聚在一起，是庆祝舒云小姨刘丽霞考上医学博士。舒云不知道小姨读的什么学校，只知道在昆明，是很厉害的医生。博士，听妈妈说，多少年也出不来一个，那都是最顶尖的人才，是最厉害的人才能当的。在昆明这种大城市，当最厉害的医生，舒云懵懂地想着。就连自己最崇拜的芝芳姐姐，也是满脸羡慕地提起，小姨能靠自己而不是家人在昆明生活。

小姨出现时，包间里突然人声鼎沸。舒云跟着抬头看，却觉得自己好像看到了从前最羡慕的阿姨。印象里小时候她跟着爸爸怯生生地进县城，来往的阿姨背着能够反光的小包，拿着手机，踩着高跟鞋，戴着金色边框的眼镜，衣服上印着一长串字符。她们自信地出入一栋栋楼里的办公室，好像和自己在田地里弯着腰拔草、穿着围裙的妈妈不一样，也和坐在地摊上拿着大喇叭背着大竹篓的阿婆们不一样。舒云不知道那是什么不一样，只觉得自己虽然也跟着爸爸站在县城里，捏着妈妈给自己刚洗过的衣服的一角，却仍要往后躲。她像是也的确是第一次闯入县城的孩子，这一幕也逐渐成了梦境里的一角，成了搬家后才开始慢慢拼凑的拼图。如今，在灯火辉煌的包间与热闹的人群中，舒云又一次看到了这样一幅拼图。

舒云左右看了看。爸爸在和妈妈说话，今年的草果好像需要仔细看着拔草；奶奶在给舒清敲开螃蟹的壳，舒清和志浩弟弟则是凑在一起看手机里最新出的游戏；芝芳姐姐是放了学才来的，穿着校服戴着黑框眼镜，书包挤在身后让她被迫往前坐了坐……舒云觉得还是不太一样。

就如同多少年前她闯入县城，觉得那些阿姨和自己不太一样。现在的她觉得，虽然是坐在一个桌子上，去昆明读博士的小姨和大家还是不太一样。明明已经从山顶的昏暗小屋中搬到了宽敞的幸福社区，明明自己也穿着最流行的小裙子，珍珠小包也能发光，小翻页本里是长串的单词，妈妈有时间的时候自己也可以跑进楼里的办公室找她，舒云还是觉得自己和小姨不太一样。

餐桌上大人们又开始祝酒："丽霞是我们这家里唯一一个走出深山的，去昆明闯荡……从一小考上一中，考上本科……"舒云跟着停下筷子举起自己的果汁杯，想着自己也在一小读书。小姨也是在一小读过书的，是哪里不一样呢？

"我也会在一中好好学习的，争取像小姨一样去昆明……"是芝芳姐姐在祝酒，表明自己的决心。舒云跟着点头，囫囵说了句也会在一小好好学习，将姐姐的话学了个九成九，引来大人们和小姨善意的哄笑。芝芳姐姐也在一小读过书，现在在一中读书，是哪里不一样呢？

"……当时我也在一中，不过实在学不下去数学，不读了。妹妹坚持下去，这才走了出去。我嘛，只能在这山沟沟里……"是妈妈在感慨。舒云好像突然听懂了些什么。是不是曾经，妈妈也有机会成为自己幻想里的那些阿姨？是不是或许，小姨自己的姐姐们也只是这一点不一样？

"舒云现在成绩挺好的，就是看以后她自己……"爸爸的话才说到一半，舒云突然急急忙忙大声说："我要好好学习，将来也要走出去！"大人们又开始笑，芝芳姐姐也偷偷地笑话她："你刚刚已经说过啦，你忘了？"

但是舒云看到小姨望向自己，是带着笑的，比温柔更多一点的笑。舒云也不太明白自己为什么要重申一遍，但是小姨好像懂了自己，在她的笑容和目光里舒云好像也懂了些什么。她仍然和小姨不一样，毫无疑问地。从前刘丽芳三姐妹中，只有最小的妹妹如今在最远的大城市。而现在，刘丽芳三个孩子中最大的姐姐舒云想要成为那个自己眼中的不一样，成为梦境里行走在办公室之间的阿姨，成为更小孩子懵懂之时看到的不一样。

…………

聚会结束时，时间还早。太阳还没落下去，大家在酒店门口的夕阳中挥手告别，步行或开车回家。舒云牵着舒清的手回头看，小姨的身影被阳光镀上了一层毛茸茸的金边。她仍笑着冲她们挥手，说着"有时间来昆明玩"。

舒云转回头，牵着妹妹，跟着爸爸妈妈，迈步向着夕阳西下的方向走回家。今天的天气难得地好，万物都被镀上了金边。地势向下的街道上高矮错落的房屋楼顶是金色的，街边窗户玻璃反射着一个个金色斑点，迎面走来的人们面容逐渐模糊在太阳的背影里。远处高山在清晰的空气中锋利地划开阳光，几只归巢的鸟振翅高飞，越过高山后变成黑色的剪影。舒云目光追随着那些鸟，直到看到被高山隔断的夕阳像绸带一样断裂。

好在幸福社区地势高，夕阳仍然不舍得将这些温暖过快地收回。舒云停在楼下，急着回家的舒清则是一溜烟拿着钥匙跑回去，拍开了客厅的灯。于是家里的灯亮起来，和夕阳一起照进舒云的眼底，是两簇小小的火苗。

夕阳不会偏袒，同样的温暖笼罩在正在播放脱贫攻坚表彰大会的电视上。"28 个人口较少民族全部整族脱贫，一些新中国成立后'一步跨千年'进入社会主义社会的'直过民族'，又实现了从贫穷落后到全面小康的第二次历史性跨越……脱贫地区处处呈现山乡巨变、山河锦绣的时代画卷！"①习近平总书记的话铿锵有力，印在像扶贫小组组长老高一样无数的基层干部心中。他们深切明白眼前这一切欣欣向荣的光景，这响彻全国各地的喜讯，意味着背后多少付出与牺牲，包含着何等的不易。想慨叹，却难以一言概之；想细数，记忆却如流云般在眼前飞速划过……

但是他们知道，一步一步和父老乡亲、战友搭档走来的路、苍翠危险的深山、安居乐业的社区、庄严辉煌的人民大会堂、坐在家中看电视的自己和山林中牺牲搭档的墓碑，都被夕阳一视同仁地温暖笼罩。一同沐浴过往艰辛的来路，也将一同迎来明日灿烂的朝阳。

---

① 习近平：在全国脱贫攻坚总结表彰大会上的讲话. 中国政府网，2021-01-25.

老洪家的新生

老县镇位于陕西省安康市平利县西北部，距县城 28 公里，距安康市区 18 公里，与安康市汉滨区毗邻。总面积约为 133 平方公里，镇内交通便利，G346 国道、徐锦路、安平高速公路穿境而过并与集镇联通，是离安康市区最近的城镇，也是平利县西部的主要入口。信息灵通，区位优势明显，具有得天独厚的工商发展优势。清嘉庆十年（1805 年）之前为平利县府治所，故名"老县"。

锦屏社区位于陕西省安康市平利县老县镇太山庙村，是该镇搬迁群众最多、规模最大的移民搬迁安置社区，总面积为 7.27 平方公里，核心区建成面积为 4.09 平方公里，是全县成立最早的农村社区之一。锦屏社区先后荣获全国民主法治示范社区、全国最美搬迁社区、陕西省慈善示范社区、安康市文明社区、安康市书香社区、平利县廉洁示范社区等称号。

因病致贫

老洪，陕西省安康市平利县蒋家坪村一名土生土长的农民，自和妻子友兰成家后，一家四口一直在山上生活，一间砖房，十一亩地，转眼过了几十年。说是农民，但其实老洪早就不种田了，生计的压力让他清醒地意识到，在这个山沟里，在他家这几亩坡地上，再怎么种田也养活不了一家人。他和妻子种过小麦、水稻，养过牲畜，也试着种过茶叶，但因为地势偏斜，土地条件也不咋好，交通又闭塞，折腾一年的收成都不够一双儿女交学费的。早些年，老洪就听村里人说有个挣钱的好营生，"下了矿山，每年能挣大几万"。没考虑太多，老洪就和村里其他壮劳力一道下煤矿去了，山西、贵州，哪里招矿工，他就和村里老乡去哪里。这些年下来，工资每个月都是按时发，也没拖欠过，比干其他活多赚不少。谁不知道下煤矿是拿命赚钱的活儿？但对蒋家坪村的男人们来说，这不是什么新鲜事，为了生存，大家都是这么选择的。

进矿井的大门缓缓敞开，意味着十几个小时的工作即将开始。矿工们穿着看不清本色的旧工装，头戴灯帽，或嬉笑或沉默，一齐没入黑暗里。矿山口，如同通往另一个世界的入口，一步踏进，视线陡然一黑，只有头顶的矿灯在漆黑中映出一片昏黄。随着电梯的缓缓下行，脚下的震颤越来越明显，每每提醒着矿工们他们即将面对的危险。当电梯终于停下，矿工们成群挤在狭小的矿道里，开始了一天漫长的地底之旅。

矿井里，尘土弥漫，在光束中飘散，闪着些许金属的光泽。肥硕的老鼠四处流窜，却是矿井今日安全的最好证明。矿工们常常要爬过狭小逼仄的空间，低头驼背，紧握着镐锄不停地挥动。浇水防尘使得矿道总是泥泞，汗水从额头不断滴落，浸透衣衫，落在地上溅起泥浆。在这里，仿佛只有每一次镐锄的撞击声，能够回应时间的流逝。

在矿工的世界里，危险是家常便饭，他们需要与之共存、时刻保持警惕。这个职业，不仅仅是一份劳动，更是一种与死神擦肩而过的勇气。只要在矿里，坍塌就随时可能发生，即便再先进的技术也无法完全避免。地下的岩石时刻可能发生移动，一块小石头的落下，就足以让矿工们陷入险境。而他们的脚下，也常常隐藏着危险的陷阱。气体，是另一个潜藏的威胁。地下一丝毒气的泄漏，就足以让整个地下变成一片毒雾的海洋。在这里，呼吸从来不是一种自然的行为。尘埃无声地飘扬，悄然侵入矿工们的肺部，短时间内难以察觉，却暗暗吞噬着他们的青春和健康。

收工时，矿工拖着疲惫的身躯，踏上电梯，重新回到地上。厚厚一层灰尘包裹着他们的衣服，汗水拌着黑黑的煤灰，沾满了他们的脸。有些在井下难耐苦热赤膊上阵的，干脆浑身都成了泥黑色。在一个又一个没有阳光的日子里，剩下的仿佛只有面目模糊的黑色影子，什么身份形象早就都丢了去。谁会在意他们是谁的父亲，谁的儿子？谁又能告诉他们明天该往哪儿奔？眼下最要紧的，就是快点解了这饥肠辘辘、疲惫难当的苦楚。矿工们顾不上那一身的泥，快步向食堂走去。

　　这样的日子，矿工老洪坚持了十几年。友兰也就这样做"矿嫂"做了十几年。夫妻俩聚少离多，只是卯足了劲儿想攒些钱，改善一家人的生活。友兰在家看顾孩子之余，一个人负担起了十几亩的田地。孩子大了，她就开始出去打零工、做服务员，多赚些钱补贴家用。慢慢地，女儿嫁到市里，和丈夫一起经营电器生意。儿子在外务工，也找到了本地媳妇叶成菊。子女们早早地成家立业，让老两口很是欣慰。虽然两个小家都还攒不下什么钱，但渐渐能够自给自足了。

　　老洪和友兰细细盘算过，靠这份煤矿工作，家里这些年已经有了三十几万元的存款了。而家里这十一亩地，因为友兰这几年开始帮叶成菊带两个年幼的孙女，也都荒废了。看着子女都到城里发展了，他们开始考虑要不要搬到城里去，也能改善改善生活。

　　这两年，老洪的尘肺病愈发严重了，一开始是咳嗽、气喘，现在感觉越来越上不来气儿，整个人体力也跟不上。即使这样，老洪还是坚持跟着村里的工友们去下矿。他也不是没去医院查过，但对矿工来说，尘肺病终究是难以避免的慢性职业病，而且不可逆转。老洪总是想着，这身体左右也就这样了，为了家里人，为了生计，为了多赚点钱，豁出去也是值得的。

　　直到 2015 年，老洪查出了肺癌晚期。

　　"在村子里做矿工的人很多，现在也有。""到外地做矿工的，都有尘肺病。"现年 55 岁的友兰回忆道："虽然很危险，但是工资高一点。就是拿命换钱，拿危险换钱。"经过了这些年，提起老伴的病痛，她的情绪里满是无奈和遗憾。

　　老洪的儿子洪志勇，现在在镇上创业开电器店。"当时我父亲得了尘肺病，检查后医生说无法彻底治愈，只能缓解，可刚缓解后就出去做矿工，四五个月后又变得更严重。"

　　因病致贫，四个字背后是一个平凡的家庭无法承受的生命之轻。夫妻俩辛苦了半辈子，攒下了三四十万元。而一场癌症，却要把老洪用命换来的积蓄全部掏空，要把他的性命也夺了去。

对于这类"职业病"，有关单位没有任何的赔偿。"在煤矿打工哪有补偿啊！"友兰理所当然地反驳着。"2015 年查出病，当时还不是贫困户，都是自己自费掏，花了三四十万元。""家里的钱勉强够，都是之前的积蓄。"作为一对朴实的农村夫妇，面对因工作而给生命造成的巨大损失，友兰和老洪并没有要维权、申诉的意愿，默认这一切都是自己的选择。长期以来，他们也没有过为自己上保险的意识。对村里的人来说，毕竟大病不一定来，钱揣进自己兜里却是实实在在的。真要是赶上大病一场，那也是命，自己花钱治就是了。

然而，面对癌症治疗开销的真实数目时，捉襟见肘的情况来得比想象的快太多。为了老洪，全家人凑出了所有能用的钱。友兰选择把两个孙女交给儿媳，自己再次到市里务工，同时也方便陪伴住院的丈夫，在他身边看护。"我在家照顾两个孩子，爷爷有病了，奶奶就在安康照顾爷爷。"儿媳叶成菊回忆起那段艰难时光时如是说。就这样，一家人硬撑到了第二年。

2016 年，友兰明白，家里再也撑不住了。在住院部陪床的日子里，友兰每天务工下班后，时常不忍面对丈夫失去血色的面孔和日渐消瘦的身形。病痛折磨着这个一生劳作、从未得闲的男人，他为这个家付出了太多，却一点福都还没享上就病倒了。无数个夜晚，友兰在窄小的架子床上辗转反侧，难以成眠。她内心默念着，再想想办法，再想想办法。

"（钱）花得彻底没了，才找上门去，不找上门谁给你建（档）贫困户啊。我自己找的，在站长那儿问的。""跑多少趟才找到，县上都派人来调查，说俺老公在挣钱，俺老公趁得有钱。"友兰在讲起这段时，情绪中流露着委屈和忿忿不平。自己的丈夫没偷没抢，辛苦一生，赚的是拿命换的血汗钱，如今这钱也没了，却简简单单被认为是"趁钱"[1]、不穷。友兰一趟又一趟地奔走，想着这次无论如何要为老洪、为家人争取点什么。"镇上和县里的人都下来调查，调查了三次，才给我们弄下来的。"

2017 年，在被认定为贫困户后不久，易地扶贫搬迁政策通知到了友兰

---

[1]　方言中表示富有、钱多。

一家。这对病重的老洪来说，是一个莫大的安慰。"因为在老家，交通条件落后，爷爷有病花费比较大、家庭比较困难，就划定为易地扶贫搬迁户了。"儿媳叶成菊，现锦屏社区就业服务中心信息员说道。婆婆要照顾公公，孩子年幼不能无人照看，之前一直和丈夫一同在外务工的叶成菊不得不留在老家。蒋家坪村的包帮干部了解到叶成菊的情况后，为她推荐了信息员的工作。"刚开始的时候工资一个月只有 1 000 多块，但为了在家照顾孩子也只能这样。"在被认定为贫困户后，友兰一家在政策的扶持下总算渡过了难关。

友兰一家的房子在锦屏社区电子厂的正上方，虽然家中老人身患疾病，但是易地扶贫搬迁时友兰一家并没有被分到低楼层的房子，而是分到了六层。"要紧着非贫困购房的家庭。"叶成菊解释道。同步搬迁的非贫困户搬入锦屏社区大概要花费二十万到三十万元购房，这些家庭有优先选择楼层、户型的权利。"一开始是毛坯房，装修时在镇里租的房子。"蒋家坪的老房子被推倒了，新房子尚不能入住，友兰一家只能先租住在镇上。但时间不等人，老洪毕竟已罹患绝症，为了让他能住进新房，家里的装修紧赶慢赶地推进着。"当时我父亲生病了嘛，我们全家人都租在十几平米的房间里。上下楼看病也是背来背去，每天白天都出去干活儿，晚上照顾老人也睡不了觉。"儿子洪志勇回忆道。

"当时我们是第一家搬进来的。"叶成菊说。"他急得不得了，他想把房子赶紧弄好住进去。"此时，友兰激动地补充道，改善一家人的生活，是老洪毕生的心愿。"可他自从到这屋子来就没下去。""六层楼，还下去啥，就给他背上来的。"

被儿子背上楼那天，老洪的身体已经形销骨立，呼吸急促、断续而沉重，肺癌的病情终究还是进入了最晚期。而命运终究还是给予了他一丝慰藉：在经历了无数的辛劳和挣扎后，他得偿所愿，搬进了锦屏社区的六层楼的新房里。

新房客厅的窗户朝向阳光充足的一面，每当阳光透过窗户洒进房间，老洪总是静静地坐在窗前，望向远处。他感受到阳光的温暖，也听见社区电子厂的嘈杂、楼下孩童的嬉闹。他已虚弱得无法走动，在矿井里苦熬的那些日夜，给他带来了这几乎被尘埃填满的胸腔，每一次的呼吸都让他感到剧烈的痛楚，浑身撕心裂肺的癌痛更是造成了加倍的折磨。他曾抱着巨大的希望，坚信只要自己承受这些苦难，就能够换来一家人生活的改善。可苦难终究不值得歌颂，苦难只是苦难本身。

幸好，生活中的一切，开始归于宁静。妻子、儿子儿媳、两个小孙女，还有女儿和外孙，都陪伴在他身边，虽然饱受病痛折磨，多年积蓄因为癌症成了一场空，可他毕生所奋斗的，兜兜转转之间，还是实现了。

然而，命运没有给老洪自己太多的时间，搬入新家仅仅二十天，他就在家中平静地离世。

即便如今蒋家坪村的居民生活状况已有所好转，依然有许多村民选择投身矿工这一辛劳又危险的职业。在激烈的市场竞争环境下，不具学历和技能优势的他们，为了维持家庭的温饱，为了孩子的未来，为了更好的生活，不得已选择了下煤矿。这是为生计而不得已的考量，却不能因此任由矿工们承受苦难。因为普遍缺乏配套设施和安全意识，作为一名矿工，尘肺病几乎是一种注定的结局。矿工群体用汗水、坚持、勇气甚至生命的代价，为整个社会的生活提供了不可或缺的燃料和能源，然而他们的存在往往被深埋在地下的黑暗中，被社会所遗忘。

为了避免安全事故的发生，确保安全生产是首要的任务。尽管矿工们在黑暗的地下工作，但他们的安全应该被社会优先考量。政府和企业应加强监管和培训，确保矿工们能够在安全的环境中工作。提供必要的防护设施，如口罩、防毒面罩等，可以在一定程度上减少尘肺病等职业病的风险，保障矿工们的身体健康。另外，建立健全的社会保障体系也是必要之举。五险一金等制度可以为矿工们提供相对稳定的经济支持，为他们的生活质量提供保障。同时，定期体检可以帮助矿工们及早发现健康问题，提早干预，避免疾病进一步恶化。

可以说，提高安全生产意识，健全社会保障体系，确保矿工劳动权益得到充分尊重和保护，为矿工们创造更安全、更健康的工作环境，让他们的辛勤付出得到应有的回报和尊重，是全社会应当承担的共同责任。

千千万万个如老洪这样的矿工，他们的不幸遭遇将是可以避免的。

与锦屏社区中的每一位勤劳可爱的易地搬迁脱贫户一样，叶成菊一家也是锦屏社区土地流转发展全流程的众多见证者之一。他们不仅感受着土地的变迁，同时还感受着自己的命运也在随之静静地发生改变。

一家人于2017年下半年以易地搬迁贫困户的身份落住锦屏社区。虽然这里曾经只是一个普通的集镇，但随着易地扶贫搬迁政策及之后乡村振兴政策的不断推动，锦屏社区逐渐形成，并发展出了毛绒玩具加工厂、电子厂等第二产业群。另外，社区不仅仅有工厂，让社区居民实现"稳得住、乐得业"，随之诞生的还有一座新的现代茶园——女娲凤凰茶业现代示范园区，并在配套政策的扶持下逐步成长为这片土地上的一颗明珠。这座茶园不仅为社区居民们提供了就业机会，也是蒋家坪村乃至平利县茶叶产业发展蒸蒸日上的有效见证。在这片茶山的青翠中，社区居民们终于能够亲身感受到一份来自土地的馈赠，同时也见证了易地扶贫搬迁政策与乡村振兴政策带来的成果。

老洪在世时，一直在煤矿工作，而家里其他人在安康务工，友兰独自在家务农。直到2011年左右，家里才因为务农挣钱入不敷出、家庭劳动力不足而停止务农。在过去，家里拥有十一亩肥沃的土地，还有几亩茶园，但随着时光的流逝，自2011年后这些土地都撂了荒，家里人的生计也从务农中彻底脱离出来，务工逐渐成为主要生计方式。

然而，命运的轮回并不总是如人所愿。老洪因矿工的职业病，于2015年查出肺癌，面临生命的考验。随之而来的是巨大的医疗费用支出，这让他们的积蓄迅速花费一空，生活开始陷入穷困的困境。面对这一突如其来的变故，他们并未屈服，而是积极向政府申请认定贫困户，并不辞辛劳地寻求援助。终于，在友兰的不懈坚持和来回奔波下，在连续的努力和等待之后，他们获得了贫困户指标，成为政府扶持的对象，也成了易地扶贫搬迁政策的对象。这个政策改变了他们的命运，让他们拥有了新的生活起点。

2017 年前后，随着政策的推进，全家人都积极地迎合着这一次改变命运的机会——易地扶贫搬迁。在易地扶贫搬迁政策实施的同时，老洪的病情却在不断恶化，再加上家乡的变化和新政策的出台，叶成菊夫妻二人决定回到老县镇，方便照顾老人的同时也为家人的幸福和未来而继续努力奋斗。

对于叶成菊的家庭而言，易地扶贫搬迁政策不仅提供了物质上的支持，更改变了他们的生活环境和生活方式。叶成菊回忆道："我们 2017 年底搬进这个安置房，是这栋楼里最早搬进来的一户。虽然最开始六楼不是我们的首选，但现在看来，视野开阔，而且楼下是工厂，环境也相对安静。"他们搬迁到了新的居住地，准备开启新生活，但命运却并未眷顾他们。老洪在这新的生活环境里只待了二十天，便沉疴而逝。生死离别，只是命运变幻中的一幕，此后儿子儿媳以坚韧的姿态，带着家人在新居中重新开启了生活的篇章。

2018 年，在社保服务站（现为便民服务大厅），叶成菊在帮扶干部冯朝荣的推荐下，找到了一份稳定的工作。虽然工资不高，没有五险一金等待遇，但这份工作却是她迈向更好生活的阶梯。

"主要就是负责主管创业就业方面的工作，也是因为慢慢地接触到不同的圈子，所以觉得应该继续努力，我就报考了在职的大专，目前在读，也希望可以给孩子们做个榜样。"她对未来充满希望，在追求更高学历的道路上，以实际行动为孩子们树立了积极向上的榜样。

而洪志勇在镇上开了一家卖电器的小店，创业的道路总是充满了风险和机遇。他们紧跟市场需求，在不同季节销售不同的电器产品，用自己的双手和智慧，书写着易地搬迁脱贫户们通过政策扶持和补贴来创业的篇章。叶成菊说道："我们现在日子也能过得去，为了方便，前两年买了一辆长安汽车，可以代步也能拉拉货。平时偶尔也带着孩子们出去旅游或者看电影，前两天才刚从西安回来。"

他们的生活虽然不奢华，但充满了温馨和幸福。孩子们在他们的悉心呵护下茁壮成长，对未来充满了希望。叶成菊对孩子们的教育也非常重视，她希望能够给孩子们更好的教育机会，为此也在考虑将她们送往县里或市里接受更高水平的教育。

与此同时，土地流转给一家人也带来了实质性的变化。最主要一点体现在收入方面，老家的几亩茶园随着时代的发展与易地扶贫搬迁工作的开展，逐渐地被流转出去，给他们带来了一些额外的收入。

在叶成菊工作地和她（右一）交流

在叶成菊家中和她（右三）及家人交流

土地流转带来的一次性费用虽能作为收入补贴家庭，但不足以支撑生活开销。不过友兰并未因此沮丧，除了流转土地获得收入外，她还努力地寻找着其他的机会。作为社区的公益性岗位工作人员，她自觉地每月清洁自己负责的区域，努力为整个家庭做出自己的贡献。在搬迁后的新生活方面，友兰专门在阁楼里搭建了一个炒茶的空间，希望能通过自己的努力，收获一份对自由闲适生活的满足感，也是对搬迁前"面朝黄土背朝天"的农村生活的一种缅怀。

在易地扶贫搬迁和乡村振兴政策实施过程中，土地流转成为他们生活中的一道风景线。这个小小的改变，或许并未打破她们的生活轨迹，但它却是这个社区发展的一部分，是社会进步的缩影。

妇女能顶半边天

在安康市平利县老县镇锦屏社区的便民服务大厅里，有这样一位勤劳上进的女性，她32岁，一身干练的职业装扮——她就是叶成菊。在这个完成易地扶贫搬迁工作后充满着奋斗精神的社区中她已成为不可或缺的一员。同时，她的生活故事，如同一段关于奋斗、坚持和家庭的旋律，在锦屏社区中默默地传颂着。

叶成菊和洪志勇相识于安康市的一家餐饮店。2013年，二人步入了婚姻的殿堂，那时的叶成菊只有22岁。为了追求更好的生活，他们将两个女儿留在老家，自己则继续辗转于广东、江苏等地务工。与大多数农民工一样，他们希望通过辛勤工作攒钱，之后在城市买房落户，为家庭创造更好的条件。然而蒸蒸日上的美好生活被老洪的一场大病突然打破。2015年，常年在煤矿务工的老洪因尘肺病引发了肺癌，全家为给他治病花光了家庭所有的积蓄。面对这样的变故，叶成菊夫妻二人做出了艰难的决定，开始一边返乡就业，一边陪伴照顾老人。

在老洪生病的同时，平利县按照国家发展改革委颁布的《全国"十三五"易地扶贫搬迁规划》等重要文件精神，出台了县里的易地扶贫搬迁政策。县里决定从 2015 年开始，着手启动平利县地区的易地扶贫搬迁工程。听到这个消息后，加上为了给老洪治病，友兰只身前往政府申请贫困户指标，镇上和县里的领导曾三次入户审查老洪家里的基本情况。最终，2016 年一家人申请下来了建档立卡贫困户的指标，也如愿获得了易地扶贫搬迁户的资格认定。2017 年底，一家人从山上搬下来，入住了锦屏社区。

2017 年，叶成菊开始在老县镇便民服务大厅担任信息员。这份工作让她从一个打工妹摇身一变成为办公室职员，不仅改变了自身的职业发展路径，而且也为家庭带来了更稳定的收入和更多的发展机会。洪志勇抓住了县里支持贫困户创业的政策机会，利用一次性创业补贴和自己掌握的家电维修技艺积极创业，成功注册了电器公司。在搬迁前后几年中，一家人经历了很多的大事，也面临着很多艰难的抉择。这一部分将从叶成菊出发，了解她在搬迁前后人生际遇和家庭地位的转变，体悟叶成菊一家是如何在困境中重拾希望的。搬迁将几代家庭成员重聚在一个屋檐下生活，叶成菊和其他家庭成员之间的互动，展现出搬迁给农村家庭的权力结构带来的影响。

易地扶贫搬迁是一项浩大的社会重建工程，对农户而言充斥着许多未知。这意味着农户要离开世代赖以为生的土地，告别他们彼此熟知和信任的乡土社会网络。尽管大部分搬迁发生在县内，且搬迁距离并不遥远，但在安土重迁的文化传统下许多家庭在搬迁政策刚颁布时难免是心存疑虑的。缺乏一定的非农劳动技能也是许多农户不想搬迁的原因之一。在锦屏社区内，一位仍具有浓重泥土气息的爷爷抱怨道："搬下来后不知道该干什么。目前偶尔干些零工，大多数时间都在家里闲着。"社区内大部分的居民已经摆脱了农民打扮，这位爷爷的形象在社区内显得有点格格不入。"还是不适应，感觉搬下来不太自由。"爷爷补充道。

与对搬迁犹豫不决的农户不同，叶成菊一家人在一得知老家蒋家坪村将实施搬迁政策时就积极响应。各家庭成员在搬迁一事上是否有过不同意见我们不得而知，不过通过叶成菊和友兰的描述，我们认为所有家庭成员在搬迁问题上的态度应该是一致的。特别是考虑到老洪的病情，全家都在积极推动搬迁的进展。

叶成菊表示："当时交房时还是毛坯房，我们先在老县镇附近租房子住，顺便装修房子。一装修好就住进来了，我们当时是这栋楼住进来最早的一户，但我公公住进来二十天就去世了，目前我婆婆跟我们一起住。"

友兰表示："当时老头子着急，想回家，我们老房子也没了，就抓紧装修了新房子。当时是给他背上六楼的，之后就住了二十天，人就走了。"

叶成菊一家积极响应搬迁政策的重要动力之一在于：随着原村宅基地的腾退和老洪病情的恶化，全家紧锣密鼓地装修新房，希望能够让老洪住进新房，以此来宽慰他的内心。这也反映出在中国传统文化中，房屋对于农村家庭意义重大。家中的长者病重时，唯一的心愿就是能在自己的家中度过余下的时光。

在老洪检查出肺癌之前，叶成菊一家人并非典型的贫困户。早在2011年，叶成菊一家就不再种地了。他们夫妻俩常年在外务工，特别是洪志勇14岁从职业技术学校出来后就开始做家电维修的工作了。老洪在病发前经常辗转山西、贵州等地的煤矿务工，赚取血汗钱，友兰也曾在外务工。倘若老洪的病情没有突然恶化，他们或许不会因病致贫，早已达到小康的生活水平，由此我们可以看到一个普通家庭在疾病面前的脆弱性。

面对搬迁这一重要家庭决策，一家人并非只是简单地顺应政策，而是积极了解搬迁政策的细节，努力借助这股搬迁政策的"东风"，在新环境中帮助整个家庭尽早走出困境。他们并不属于那些"等靠要"思想严重的贫困户，而是积极奋斗、为改变命运而拼搏的平凡家庭的代表。

夫妻双方在家庭收入中所占的比重是决定男女家庭地位最重要的因素

之一。在传统农村社会，"男主外，女主内"的劳动性别分工意味着女性往往以无酬劳的家务劳动为主，这会导致丈夫弱化妻子对整个家庭的贡献，对女性的家庭地位带来挑战。正如波伏娃在《第二性》中所指出的，"女人的不幸在于，她没有和那个劳动者一起变成同类的工人，于是也就被排斥在人的伙伴关系之外"。而易地扶贫搬迁给农村女性带来了改变命运的机会。搬迁后，家庭的生产生活条件发生了极大改变，政府针对搬迁户开展了职业技能培训等后续就业扶持措施，特别是有些安置区还针对女性群体进行了电商培训，发展扶贫车间，给女性提供了更多的非农就业机会，这些举措都在潜移默化中影响着女性个人身份的转变。

2017年底，叶成菊在包帮干部的介绍下开始在老县镇便民服务大厅担任信息员的工作。这份工作的主要内容是对接社区居民创业就业，搭建政府与社区居民创业就业的桥梁。尽管这份工作薪水微薄，叶成菊刚成为信息员时月工资只有1 000多元，然而这份工作却开阔了叶成菊的视野，也激发了她提升自身的动力。叶成菊说："我目前是我们便民服务大厅待的时间最长的一个。主要我学历有点低，错过了很多机会。我现在负责的这项工作主要是对接县人社局，从中了解到有大专学历就可以申请县人社局下边的协理员岗位。如果考上的话，工资就更有保障些，一个月工资有3 000多元，单位还会帮着交五险，总体也会稳定很多。2021年我报名了会计的大专学历考试，和我同事一起报名的，需要上三年，明年才会毕业。当时为了报名我还去西安考了一次试，因为安康这里名额好像有限，所以我多报了几个地方。当时报名的时候我选填的是农民工，所以会免一门考试。现在我在安康上成人大学（高职扩招），平时会上网课刷题。"

这也为叶成菊提供了服务社区居民的机会，她说："社区工厂通常会把用工需求告诉我们社保站（即现在的便民服务大厅），然后我会将这些工厂招聘信息发布出去，为它们做宣传，也会发到各村微信群鼓励村民们报名。"

正因如此，在当地社区居民心目中，叶成菊从事着一份算是体面的工作。向社区居民宣传就业机会也增进了街坊邻居对叶成菊的尊敬，但也会产生一种微妙的威严感。叶成菊补充道："熟悉我的人会将我视作家人一般，而稍显陌生的人则可能对我保持一些距离感。"

信息员的这份工作也让叶成菊更全面地了解了扶贫帮扶政策。在创新创业窗口工作了几年后，叶成菊逐渐接手了越来越多的相关业务，深入了解了就业补贴政策，熟悉了申报规则和流程。她主动参与到丈夫的创业决策中，在和丈夫商量过后，夫妻二人东拼西凑拿出了十余万元启动资金，并领取了5 000元的创业补贴，随后着手注册了公司。叶成菊丈夫能够在搬迁后顺利创业，除了本身掌握的家电维修技能之外，叶成菊在创业初期也发挥了关键作用。而对于许多贫困户来说，由于对创业补贴政策了解不足、不清楚如何申请等原因，可能错失了利用类似政策的良机。洪志勇所经营的电器店名字"禾美电器"也是叶成菊起的。虽然叶成菊信息员工作的工资不高，但是却在丈夫事业发展中发挥了"贤内助"的作用，这也是洪志勇选择让叶成菊给电器店起名的原因之一。

部分学者指出比较夫妻在各项家庭事务上的决策权是衡量夫妻权力结构的重要指标，个人在家庭决策上的主观感受可以直接反映出夫妻权力关系的实际情况。我国农村具有"从夫居"的婚姻传统，这往往意味着农村女性在家庭决策中处于从属地位。第三期全国妇女社会地位调查数据显示，85.2%的女性对自己的家庭地位表示比较满意或很满意，男性的相应比例为89.3%，对自己家庭地位满意程度最低的群体是农村女性。近年来我国两性在家庭重大事务决策上变得更为平等。数据显示，在"家庭投资或贷款"的决策上，由夫妻共同商量及主要由妻子决定的比例达74.7%，比10年前提高了14.3个百分点。在"从事什么生产/经营"和"买房、盖房"的决策上，妻子参与决策的比例分别为72.6%和74.4%，分别比10年前提高了5.7和3.9个百分点。

叶成菊和她丈夫在大多数家庭事务的决策上都属于平权模式，即叶成菊口中所述的"大事还是两人商量着来"。如前文所述，家庭搬迁的决策也是家庭成员共同商量的结果，并不存在观念上的激烈冲突。在收入从属方面，开店之后家庭财务管理者虽由叶成菊变为了洪志勇，但在家庭经济资源的实际分配中洪志勇还是会优先考虑其他家庭成员，主动放弃自己在个人消费方面的自主权。洪志勇解释道："现在开着店就得用钱，总问她要太麻烦，就我管着。我自己花销小，也不抽烟，就偶尔应酬喝喝酒。我妈主要就是吃喝花销，我老婆就是再买买衣服之类的。主要还是孩子们的花销大，一个孩子一年的教育花费差不多就得一万块，以前还学跳舞花得更多，基本上一年全家的花销里面百分之六七十都是花在孩子身上……我平时在家的话，两个孩子还是比较听话的，多少还是有点怕爸爸的。"

目前叶成菊家中绝大部分的收入都投入了孩子教育当中。大女儿今年10岁，在读三年级，二女儿8岁，在读二年级。在两个女儿的教育方面，叶成菊是孩子教育的主要决策者。从家中墙上贴的奖状和茶几上摆放的奖杯以及叶成菊的讲述中，可以感受到叶成菊对两个孩子教育的重视："这是之前学舞蹈拿的奖杯，两个孩子都去学了。舞蹈课老师就是平利县的，在我们老县镇开了个舞蹈班。但老县镇也没啥太多选择，就舞蹈班、跆拳道班啥的，没有什么乐器班。由于小孩年纪越来越大了，学习压力也上来了，所以两个孩子不愿意学了，我也没再勉强。三年级的课业知识已经有点难了，需要学英语了。小朋友平时学习主要是我管得比较多，两个孩子学习还可以……平时偶尔也带着孩子们出去旅游或者看电影，前两天才刚从西安回来。"

除了重视两个女儿的学业，叶成菊还积极培养她们的兴趣爱好，送她们去上舞蹈班，并带孩子出去旅游见世面。而叶成菊工作的便民服务大厅与孩子们就读的小学都离家很近，这让她能够轻松地兼顾工作与照顾孩子之间的平衡。叶成菊还在努力提升自身学历，希望给孩子们"树立一个好榜样"。"希望有机会可以让她们去县里或者市里接受更好的教育，有机会的话还是想试试。"叶成菊补充道。

相关研究指出，当女性在家庭内部议价能力提升时，家庭内部决策的结果会更接近女性偏好，更多的家庭经济资源会向孩子教育等家庭

"公共产品"倾斜。从叶成菊的讲述中也可以发现叶成菊"望女成凤"的心态，夫妻二人并没有因为孩子是女儿而降低对孩子的期待。易地扶贫搬迁提高了叶成菊在家庭事务特别是孩子教育中的决策权，这会导致家庭更加重视孩子的教育投资，长远来看这将有利于提高代际流动性和打破贫困陷阱。因此，搬迁后妻子在家庭中相对地位的变化，特别是其在家庭内部相对议价能力的变化，是带动搬迁户"稳得住、能致富"的关键所在。

婆媳关系也是一种代际关系问题。很多研究传统农村家庭权力结构的学者认为农村婆媳关系往往是一种压迫关系，媳妇往往会受到丈夫、公公和婆婆的剥削。由于安置房的面积是按照家庭人口来分的，这种房屋分配政策很自然地将几代家庭成员聚到了一起生活。在公公生病前，叶成菊夫妻二人常年在外务工，并没有和公婆住在一起，夫妻二人原本打算在城市买房组建小家庭；搬迁时一家人按照六口人分到了120平方米左右的房子，每一个家庭成员不论长幼，都对这个房子有平等的贡献。虽然老洪去世了，但友兰依然和儿子儿媳以及两个孙女住在一起。在锦屏社区，有很多家庭都像叶成菊家一样几代人住在一起，那么这种几代人同住的模式下婆媳关系会有怎样微妙的变化呢？

关于婆媳相处，叶成菊说："我妈今年55岁，身体还可以，家里她帮了我们夫妻俩很多，让我们省了很多心。她现在在社区的公益岗工作，打扫打扫卫生，每个月600块，每周打扫两到三次。她很勤快的，都不用人催着干活，看见脏了赶紧就去打扫了。"

叶成菊在讲述时会把婆婆叫成妈，侧面反映了叶成菊把婆婆当成了自家人。从叶成菊的描述中也能看出，友兰并非传统农村家庭中压迫儿媳的悍妇，而是一位勤劳朴实、颇有责任感的家长。友兰说：

"我前几年查出来肝囊肿，一直没当回事，三个月前觉得不舒服，后面我自己去医院做的检查，然后说要做手术。最后是我儿子他们陪着在安康市里做的手术，住了七天院，现在好多了。不过我平时也会体检，查肝功、血糖、血脂什么的，年纪大了肯定还是要查的，我们这每年还有免费的两癌筛查，我都去检查的。

"我这个公益岗也是之前他们社区有名额，给贫困户的，后面给了我一个。打扫的区域不算多，就在楼下过去那条街。我不用人催，脏了我就赶紧打扫。虽然一个月六百块不多，平时给孩子们买点啥也就没了，但是自己挣钱自己花还是安心一点。"

从中可以看出，自从老伴儿走后，友兰就额外注重自己的身体，也会尽量不给儿子儿媳添麻烦。虽然她经常保持沉默，还会时不时望向窗外发呆，但从她的言语中我们发现她是一个十分有主见的人。

"我老伴儿是 2017 年因为肺癌走了的，2015 年就查出来了……当时看病花了三四十万，在疾控中心看的，一点没给报销。后来家里没钱了，我就去找以前我们村的村干部，想申请贫困户。后来县里和镇上都来过人，来了三次就为了核实情况，最后才在 2016 年给我们定了贫困户。"

在给老伴儿治病导致家庭陷入贫困后，友兰首先想到的不是安于现状，和亲戚朋友借钱，而是敢于给家庭积极申请"建档立卡贫困户"的名额。易地扶贫搬迁户必须是建档立卡贫困户，可以说叶成菊一家后来能顺利搬进锦屏社区并入住现在的房子，离不开她婆婆的勇敢和魄力。在被评为建档立卡贫困户后，许多优惠政策也开始向叶成菊一家倾斜。关于儿媳报考成人大专一事，友兰表示支持，因为"更好的工作可以增加家庭收入"。正是因为友兰事事以家庭利益为先，才会换来叶成菊口中的"感激"和现在婆媳之间的亲密关系。

叶成菊的微信名叫"简单的幸福"，洪志勇的微信名叫"奋斗"，这些简单朴实的词汇也是一家人一路走来的真实写照。虽然家庭屡次遭遇波折，但这一家人一直没有放弃对未来美好生活的信心。目前的叶成菊一家人也从过去的阴霾中逐渐走出，走在慢慢变好的路上，这背后功不可没的是家里两位成年女性在一些家庭重要决策中的胆识。不管是友兰敢于为家庭争取贫困户的指标，还是叶成菊积极协助丈夫创业，这些家庭决策的背后让我们真切感受到了平凡家庭中的女性力量。

女性是维系家庭的纽带，叶成菊及其所在家庭的变迁，展现出女性自身的成长在带动家庭脱贫致富中的关键作用。在锦屏社区，有一批和叶成菊相同的女性，为了自己、孩子和家庭而努力变得更好。

张娟现在是锦屏社区毛绒玩具厂的一名女工，今年 37 岁。在搬迁之前，她跟随丈夫在广东打工，搬迁后为了方便照顾老人和小孩，回到社区工厂上班。毛绒玩具厂是计件工资制，张娟的工作主要是缝纫玩具外衣。她一边娴熟地操作着缝纫机，一边介绍着她的工作："我每天六七点就来上班了，一个四毛七，一天能做 300 到 400 个。我们刚来时也参加过上岗培训，这几年做下来也就手熟了，之前参加技能大赛也拿了两个小奖。"

张娟所在的工作车间是负责缝纫玩具外衣的，而工厂还有负责将玩具翻面和填充棉絮的工种。在这个车间工作的大多是中青年妇女，大家工作时有说有笑，其乐融融。因为是计件工资制，大家干劲十足。很多女工为了能多干几件，中午都不回家吃饭。

柯兰小时候因为发烧损伤了声带，因为这个原因，搬迁前她一直留在家中务农。搬迁后，柯兰开始在社区的三秦电子厂打工，主要做绕线的活儿。三秦电子厂也是计件工资制，柯兰很开心地展示她会用手机记录每天工作的件数，这份工作不仅给她带来了快乐，还有自豪。"她已经在这个工厂工作了好几年，她很聪明，手也很灵活。"社区工作人员补充道。

除了毛绒玩具厂和三秦电子厂，现在锦屏社区还有源添袜业等其他几家工厂，这些工厂给女性创造了家门口就业的机会。目前锦屏社区的社区工厂共提供就业岗位 350 个，解决贫困劳动力就业 110 人，工人月均工资由 2 000 元增长至 2 500 元。这些新的发展机会不仅让贫困女性重新进入社会生产领域，也从外而内悄然改变着她们的家庭地位，让她们在更广阔的舞台上施展才华，通过勤劳的双手抓住"稳稳的幸福"。妇女能顶半边天，锦屏社区女性就业和生活方式的转变印证了易地扶贫搬迁给女性及其家庭带来的巨变。从在家照顾老人孩子到逐渐走进社区工厂、外出务工甚至在社区担任基层干部，易地扶贫搬迁重塑了普通中国农村女性的形象。这些形象或许平凡，却更能反映出这一改变的伟大。

步入正轨

作为一个易地扶贫搬迁社区，锦屏社区糅合了农村生活留下来的淳朴自在和现代化社区生活的规则秩序，蕴含着一种内生的张力，又在外力拉扯中恣意生长，展示出的是一种矛盾又和谐、真实而生动的生活哲学。

锦屏社区在 1.5 平方公里的土地上扎了根，成为老县镇易地扶贫搬迁后形成的新型城镇社区。从 2011 年开始，经过七年的建设，累计搬迁安置全镇 11 个村的易地搬迁户 1 346 户 4 173 人。2018 年 3 月，锦屏社区成立了社区党支部，现有正式党员 59 名。为确保群众"搬得出、稳得住、快融入、逐步能致富"，锦屏社区党支部紧紧围绕习近平总书记在锦屏社区考察时的指示要求，按照"山上兴产业、山下建社区、社区办工厂"的发展思路，探索实施了一核（易地扶贫搬迁社区党组织核心引领）三园（发展产业园，建好创业就业园，打造群众乐业安居的幸福家园）发展新模式。具体而言，整合辖区资源发展茶叶、绞股蓝等主导产业 800 亩，将 478 户脱贫群众镶嵌入产业链中稳定增收；培育专业合作社和新型市场经营主体 22 家，带动 115 户增收；依托镇工业园区 12 家企业，为 150 余人解决就业岗位；依托社区办工厂，建设厂房 9 400 平方米，发展分别以电子元件、毛绒玩具、手套加工、袜子生产为主的社区工厂 4 家，提供就业岗位 220 余个；发展电子商务，设立农村淘宝网店 2 家、快递公司 3 家，就业 80 余人。同时，按照打造"15 分钟服务圈"的目标，高标准建成党群服务中心、社区内便民服务中心、生活超市、医院、小学、幼儿园，水、电、路、网等基础设施配套齐全，教育、卫生、文化等公共服务设施建设完善。

如今的锦屏社区"以党建促扶贫"的基本模式是网格化管理，对此锦屏社区党委书记江书记自述："自上级领导委派我来当这个书记之后，招兵买马、建立团队成了开展工作的首要任务，最终搭建了5+3+1的团队。5人为社区常驻工作人员，目前其中一人休产假，我们这都算是娘子军了；3人来自镇政府，包括驻村第一书记和两名工作队员；1人为中纪委下基层挂职选调生。"至于具体工作划分，江书记称："社区管理很多时候看起来更像是在提供后勤服务，甚至是在扮演物业的角色，我们的工作包括各项细枝末节，包括了培养甚至可以说是'教育'农户适应社区生活、培养良好生活习惯等事项。我们社区工作人员每人负责20户，每周至少入户沟通一次。通过这种水滴石穿的方式，帮助农户适应倒垃圾、用马桶、搞卫生清洁、用水用电安全、疫情防控等多方面问题。"而在行政业务上，社区管理很多时候更像一个"中介"单位，"能在我们这办的尽量就在我们服务中心办，不能办的就需要帮助农户对接原村办"，"我们主要负责对接"。可以说，对于农户的管理很大一部分权限仍然在村委会，社区主要负责对接、中介和衔接的工作。

穿梭在锦屏社区的街道上，可以看到社区工厂与社区新居民楼隔河相望，桥边立着一块大型展板，上面印刷着"山上兴产业、山下建社区、社区办工厂"的字样，显示了习近平总书记对锦屏社区发展第二产业带动贫困户脱贫致富的发展思路的肯定。一排排白墙灰瓦的居民楼整齐排列，每一栋楼房上都标明了"陕西移民搬迁安置社区"字样，还特别注明了每一栋楼原来属于哪个村庄。除了社区工厂和居民楼，社区还配备了小学、卫生院等基础设施。在社区管理服务的基础上，锦屏人靠着政策的帮扶与自我的追求，真正过上了安居乐业的日子。

易地扶贫搬迁带来的巨大变化在具象化之后，体现在了生活品质不断提高以及生活观念逐步转变上。目前锦屏社区的治安非常好，这种好不仅仅是没有犯罪，而是颇有一种路不拾遗、夜不闭户的和谐安宁氛围。人们大多认为，易地扶贫搬迁改善了他们的生活，"要说方便那肯定是住在这方便"。杨顺亮老两口学会了使用微信、抖音等手机软件，会在楼下快递点接收儿女寄来的快递。锦屏社区中的篮球场、乒乓球场为脱贫搬迁户们提供了锻炼的场所，也培养了他们的文体爱好。"晚上广场上还会有人跳广场舞，这在搬迁前肯定是没有的。"汪显平的太太如是说道。而就医条件的改善也为周围居民带来了极大的便利，办理了慢性疾病卡的余长贵每月看病花销减少了一半，而友兰则每年都可以在附近的卫生院进行两癌筛查。顺着社区主干道，会发现小小的社区里，竟称得上"麻雀虽小，五脏俱全"，快递站、卫生院、超市、鲜花铺、婚庆店、洗衣房、儿童乐园、兴趣班等应有尽有。

社区里儿童非常多，且十分聚集。社区的母婴用品店很多，母婴相关的配套设施也不少。每天傍晚时分，社区广场上人来人往，大点的孩子自己下楼打篮球、滑滑板车，小点的娃娃拿着水枪到处跑，或者在亲人的看护下四处探索。看着球场上社区孩子们挥洒汗水的身影，不禁让人感慨易地扶贫搬迁确实给人们生活带来了巨大改变。镇上的幼儿园有公立和私立两所，几乎所有孩子都会去附近的镇中心小学上学。社区党群服务中心二层为孩子们安排了爱心课堂，一层还配套了专门的妇女儿童活动室。在锦屏社区，基本上每家都至少有一个孩子。人们对孩子教育的重视与日俱增，一些家长为了让孩子初中择校到市里更好的学校，从小学起就开始担忧和筹谋。社区居民的生育观念也有所进步，生了两个女儿的社区信息员叶成菊说："在这方面，我婆婆还是很开明的。"当谈及孩子的学习时，叶成菊则谦虚地说还行吧。其实墙上的奖状和桌子上舞蹈比赛的奖杯就已经说明了一切，易地扶贫搬迁后叶成菊的孩子们享受到了更好的教育资源，也培养了更多的兴趣爱好。

当提及"十小工程"时，江书记如数家珍："安康市里要求的是'六小工程'，有的社区做的'五小'，好一点的能拓展到'七小'，我们社区基本'十小'都落实完成。"所谓的"十小工程"，主要是为解决搬迁群众"搬得出、稳得住、快融入、能致富"的问题而开展的，而锦屏社区则"因地制宜"，逐步地实施了建好小管家、小配套、小平台、小库房、小餐厅、小课堂、小厅堂、小市场、小菜园、小公墓的"十小工程"。正是有这"十小工程"的衔接，才能使脱贫攻坚户没有后顾之忧，从而在搬迁后的新社区中快速融入并且提高生活水平。

当看到小学生成群结队从居委会出来时，居委会书记颇为自豪地说道："我们社区有四位大学生，正值暑假，他们便自发地进行小课堂，给学生们讲课。"这是由社区牵头的公益项目，这些大学生并没有工时和证书，是完全自愿和公益的，这份"反哺家乡，既能走出去，也能走回来"的担当让众人敬佩不已，也让人切实感受到了易地扶贫搬迁后社区居民在社区和政府的优惠政策下欣欣向荣的一面。此外，教育资源的改善还体现在距离的拉近上，由于老县镇是较早形成的集镇，全镇 11 个行政村的中心小学就坐落在这里，搬迁前孩子们必须走很远的山路才能来上学，而搬迁后交通上则方便很多，再加上小课堂的辅助，相信易地扶贫搬迁为脱贫户带来的代际可持续性将得到大大加强。

在落日之前，前往小菜园，走在田间地头，可以看到不少居民仍在这一亩三分地里劳作：有人正在除草，有人正在河边挑水浇地，有人一边翻地一边撒下白菜籽，也有人手里拿着从地里摘得的瓜果蔬菜。这一方小小的菜园，承载着锦屏人对土地的依恋，也拉近着新旧邻里之间的距离。

与锦屏社区党委书记江书记（右二）交流

公益性岗位是社区以工代赈的措施之一，既可以为部分易地扶贫搬迁户提供生活补贴，又能够让其通过劳动来坦然接受这份情义。杨家为三代式的家庭结构，目前户主杨顺亮及其配偶柯友梅和家中老母亲陈尚连一起居住在锦屏社区，夫妻俩育有一子一女，但子女目前均不在锦屏社区居住。夫妻俩均年逾五旬，学历均为小学水平，交谈时能感觉到二人精神爽朗。柯友梅表示，自己十几年来一直患有胃炎，但医药费用不在新农合报销范围内。杨顺亮的母亲今年已经 86 岁了，访谈时老太太正好遛弯回来。杨顺亮在搬迁之前是外包的水泥工人，搬迁后主要从事平利县林业局提供的护林员公益性岗位，主要工作内容是砍掉一些有病虫害的松树，目前已经干了两年了，每月工资是 600 元，会按时打到银行卡里。

友兰今年 55 岁，身体还算硬朗，现在在社区的公益性岗位工作，主要负责打扫家对面街道的卫生，同样是每个月 600 元的工资，每周打扫两到三次。之前从万福山村搬来的荆开平和妻子张逢英育有一子一女，平时家里只有二老与 6 岁幼儿园在读的小外孙张雨涵。同样在社区的公益性岗位就职的荆大叔说道："我现在的工作就是社区给安排的公益岗，主要负责打扫社区的卫生，每个月会往银行卡里打 600 块钱。"

第一次在老县镇便民服务大厅见到信息员叶成菊的时候，她梳着利落的马尾辫，一身干练的职业装扮，脸上挂着亲切和蔼的笑容。提到自己工作的主要内容与性质的时候，叶成菊说："我们这个部门性质还是属于帮扶部门。这边社区工厂通常会把用工需求告诉我们社保站（即现在的便民服务大厅），然后我会将这些工厂招聘信息发布出去，为它们做宣传，也会发到各村微信群鼓励村民们报名。"社区工厂主要的招工对象大部分都是锦屏社区没办法外出务工的居民，工厂工作人员流动性并不是很大，人们既能在家门口有份体面工作，同时又能及时照顾家里老人与小孩。但是其他非社区工作单位有工作需求时会先发给劳务公司再发给叶成菊，再由她代为宣传。一般拖家带口没办法外出务工的人才会选择留在本地，有机会出去的人更多的还是愿意外出寻找更多的机会。"因为外面工资还是高一点嘛。现在啥都用钱，要用钱的地方还是太多了，本地的工资性收入还是比较低。"

对于未来的打算，叶成菊则表示，她 2021 年在同事的推荐下报名了会计的大专学历考试，已经成功通过考试，需要三年的培养期，也就意味着 2024 年叶成菊就会拥有大专学历，之后就会考虑报考协理员的岗位。叶成菊在为更多的社区居民提供就业机会的同时，也为成为更好的自己奠定了基础。

行业组工作人员吴瑕表示，在易地扶贫搬迁工作中存在这样一个"老大难"的群体——"懒汉"。吴瑕提道："在政策出来前很多人在山上借钱盖房装修，为此积累了大量的负债，但是这部分人往往是更加勤奋的人，他们打工挣钱还债，积极向上，而有些懒汉不愿意多干活儿，所以没钱，也不想借钱修缮房子，在政策红线——有安全房无法享受搬迁的限制下，反而大多数懒汉能享受补贴，而勤劳的负债人却只能眼巴巴看着。"吴瑕同时也提及了相应的解决办法——"村民自治，民主评议"。此外，当地有着自己的特色制度，为了应对外出打工的年轻人较多，留在当地的多为老年劳动力的问题，同时也是为了满足当地一些承包户和散农的需求，由各村集体出钱，占比 65%，再由企业出钱，占比 35%，成立了一家公司，政府不参与运营，只派一名党建人员监管财务，该公司年底将收益按投资比例进行分红，这样不但企业能盈利，村集体也能减轻财政负担。而社区居民在此扮演的角色也格外重要，公司在农闲时提供类似保姆、保安、清洁等零工岗位，与居民签订合同，以派遣的方式让社区居民有组织有保障地就近就业；在农忙时更是如此，将需要打零工的群体组织起来，供应给各个地方，企业派人监管。这样一来，企业的利益得到了保证，省去了不必要的流程，社区居民也能实现收入的稳定和增长。另外，该公司的职能也很广泛，既能为不愿意收粮的农户提供"付费收粮"服务，又能帮不愿意种地的农户完成"土地流转和托管"，还能实现规模化经营，守住粮食安全和耕地红线，打造高质量农田。

同时，在锦屏社区里还有这样一群人，他们是中国大部分农民形象的缩影，勤劳、朴实是他们的"标签"。对大部分城市居民而言，他们可能会认真考虑一份工作体不体面，值不值得牺牲宝贵的"个人时间"，而对锦屏的农户们而言，务实才是第一位的。特别是中老年农户，他们会竭尽全力地劳动，甚至燃尽自己。洪志勇回忆起自己的父亲时说道："当时我父亲得了尘肺病，检查后医生说无法彻底治愈，只能缓解，可刚缓解后就出去做矿工，四五个月后又变得更严重。"社区毛绒玩具厂包装区给毛绒玩具翻面的奶奶表示："只要有订单，早上六点就过来，中午吃个饭，晚上到八九点再回去。"她一双手翻出了腱鞘炎，每天却只能做到旁人三分之二的工作量，一天赚不到八十元钱。社区里不少中老年人都会努力争取打扫卫生的公益性岗位，因为每月可以获得600元的收入，"也不够用，但是拿到手里图个安心"。许多没有专项技能的中老年人在没法务农后，都会积极地参加捡柴火、砍松树等林业临时工工作。虽然他们托词说自己是闲不住，可这种闲不住本身，很难说不是多年劳苦生活形成的"条件反射"。

对于留在镇上的青年人来说，生活稳定远大于个人志趣。留在社区的青年人多已成家立业，在一波波的政策红利下，一家人常常需要为了生计精打细算，反复筹谋，评估利弊，争取为家庭求得一个可行范围内的最优解。他们逐渐意识到信息差有时可能造成贫穷，开始主动地加入各种社区微信群，联系邻里和同事，提升学历、去外县学习等等。一切以家庭的利益为先，个人的志趣默默藏在背后，或与家庭紧密相连。人们努力适应着政策、配合着政策，以发挥"合力"的作用，从脱贫攻坚到乡村振兴，他们在路上，我们也在路上。

对于青少年和儿童，则是一个耳濡目染、行动多于传授的过程。当看到自己的爷爷在炎热的夏天将超市新进的饮品一瓶瓶摆进冰柜时，在蚊帐里睡觉的小孙女也会养成出来帮工的意识。当姐姐在工厂里勤工俭学，每日做活儿时，年幼的弟弟会以玩乐为由，把暑假时间花费在帮姐姐上。女孩还在上高中，就选择在大学生创业的快餐店做收银员，并装作成年人的样子以避免多余的盘问。

这些勤劳的人，有着平凡的梦，和我们一样。或许面对着不同程度的困境，对生活却都有着相同的期许。面对这样一群人，让人很难不流露出感性。事物从无绝对，有光明就会有阴影。生活不会完满如月，不会平静如水，生活夹杂着生存的苦痛，夹杂着际遇的无奈，生活就是生活。在脱贫攻坚和乡村振兴政策陆续施行的这些年，易地扶贫搬迁后的锦屏社区从不是房产销售大厅里一个完美的样板间，它是个老人，又是个孩童，经受了几多风霜，又有着幼弱的希望与萌芽。当褪去示范社区的外衣，拨开真实生活的迷雾，在一次又一次的倾听和追问之后，我们应该给锦屏社区一个公允的评价：无论困难几何，易地扶贫搬迁真的为人们带来了乐业安居的新气象。

清晨的阳光透过禾美电器店（洪志勇所开的电器店）的橱窗，洒在这家虽小但干净整洁、应有尽有的电器店内，映照出一片温馨的氛围。店里还有一位女店员忙碌地进进出出，为新的一天的营业做着准备，展现出对工作的认真和热情。透过窗户，可以看到店外熙熙攘攘的行人，每个人都有着自己的脚步，自己的生活。而在这片岁月静好中，蒋家坪村土地流转的故事，正在悄然上演。

而隔壁的兽医兽药店老板，也成了这个土地流转故事中的一部分。当年，他坚定地认购了蒋家坪村里公开售卖的十亩茶地的承包权。而后，将

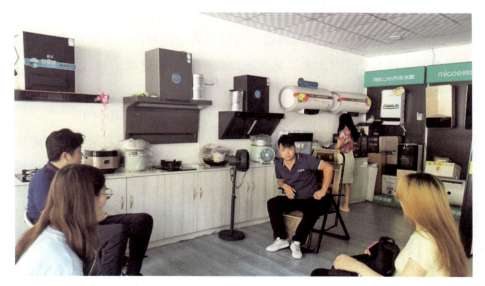

在洪志勇工作地和他（右二）交流

这些茶地的承包权转售给了蒋家坪村的老书记罗延会，成为罗延会在卸任后成立蒋家坪凤凰茶厂的一块基石。

这个转手，虽然只是简单的土地承包权买卖，却折射出了土地流转的复杂性。每一笔交易，都有着自己背后的故事，每一份决策，都关乎着人们的未来。在这个乡村的每一个角落里，土地流转不仅仅是经济行为，更是一个承载着情感、希望和梦想的选择。

尾声

当年的罗显平是做梦都没想到，习近平总书记会到蒋家坪。

罗显平是平利县老县镇蒋家坪村党支部书记，前段时间他天天泡在茶山里，却忙得顾不上喝一口茶，因为总书记来过之后，这个偏远的山村几乎天天人流爆满。"我们得好好抓住这人气，把总书记交代的'因茶致富、因茶兴业'的事办好。"罗显平颇为骄傲地说。从2016年到完成脱贫攻坚的过程中，"茶旅融合"是蒋家坪村的脱贫突破点。在2020年脱贫攻坚全面胜利之后，"化整为零"发展茶园经济是蒋家坪村的兴业新模式。进村的2米宽土路修成了4.5米宽的水泥路，千亩茶园建成了现代示范园区，民宿和农家乐也有了雏形。

随着习近平总书记的到来，机会也悄然降临在这个小山村里。

蒋家坪山顶上的女娲凤凰茶业有限公司发展势头越来越好，这里的法定代表人正是蒋家坪村前党支部书记罗延会。罗延会曾担任村支部书记长达21年，对蒋家坪村的发展历程有着深入了解。而在他卸任之后，罗显平才继续接过了这一重任。罗显平在任内有着重要的一刻，习近平总书记视察蒋家坪村时"五级书记同框"的照片记录了这一时刻。这是一个令人骄傲的时刻，也是蒋家坪村从脱贫攻坚到乡村振兴有效衔接的一种见证。

罗延会坦诚地分享了茶园的历史变迁。他回忆起茶叶厂最初的情况：

平利县老县镇的茶业现代示范园

"蒋家坪有着多年种茶的历史，村上今天还有 2 000 余亩 1974 年种植的集体茶园，可大部分都已经荒废。我们这个茶厂之前属于凤凰人民公社，是乡政府管理的，1983 年实行大包干后就变成了社队企业。"虽然在 1983 年大包干后，蒋家坪村一些零散的茶园被承包给了个体农户，但由于个体种植难以规模化和不便于管理，到了 1996 年，茶园已经荒废。直到 2014 年，罗延会主动承包了这片茶园，共 430 亩。

在易地扶贫搬迁和乡村振兴过程中，土地流转成为一个关键的线索，揭示出乡村发展的多面性。这不仅是一个经济行为，更是一个充满着历史、文化和社会因素的过程。土地的流转，不仅影响着农民的生计，也塑造着乡村和社区的未来。

在蒋家坪村的易地扶贫搬迁工作和乡村振兴的衔接过程中，探究土地流转问题成为众多问题的一大焦点。当地社区农业农村服务站工作人员的主要职能之一就是管理和督促土地流转合同的签订，因此他们对社区中的土地流转大小事宜及政策都较为了解。

据当地社区农业农村服务站的工作人员介绍，最初是由村集体村组的需要催生了茶园工作的开展，而后农户们自愿参与种植，且以村小组认领的形式自发地建起了自己的茶园。长久以来，虽然没有形式上的书面凭证，但毫无疑问，这些茶园的土地使用权一直都属于农户，农业农村服务站的工作人员也强调了这一点。直到 2014 年，平利县蒋家坪村才完成了土地确权的相关工作。这片土地的使用权终于得到了确认，茶园主人们（社区居民）对这块土地有了更明确的使用权和承包权的认知。

关于低产茶补贴的问题，农业农村服务站工作人员做出了进一步的解释。所谓的低产茶补贴，其实是政府为了鼓励茶园的提升而设立的，而且仅针对规模较大的承包商，需要茶园面积超过 300 亩才有资格申请。虽然没有太多承包商或社区居民符合这个条件，但是这也体现出政府对于茶园提升、优化及改造的支持和鼓励的态度。目前，茶园提升计划的补贴标准为每亩 200 元，这进一步昭示了政府对于锦屏社区蒋家坪村茶叶产业发展的大力支持。但是工作人员指出，这个钱是用于茶园承包商的成本补贴，最终肯定不会发放到农户手里。

弄清楚这些之后，一切似乎都有了答案。

茶园作为锦屏社区未来乡村振兴和社区发展的核心资源，不仅涉及社区居民的生计，也关系到整个社区社会的未来规划。茶园土地流转是一个充满了历史、经济和社会因素的过程。只有在政策引导下，才能确保各方的权益得到平等的保护，茶园才能真正地为农民"长个子"。

在锦屏社区中，易地扶贫搬迁政策背景下的土地流转可以被称为是一种契机，一座连接过去与未来的桥梁。它不仅改变了众多搬迁户和原居民的命运，也串联起了搬迁前后锦屏社区的发展。正如社区居民所说："这片土地，承载了我们的希望，也铸就了我们的明天。"每一次的土地流转，都是在书写着乡村的新篇章，为乡村振兴注入一份新的活力。

与叶成菊家庭类似的锦屏社区的每一位居民，都在各自岗位上用实际行动书写着奋斗和拼搏的故事。土地流转，不仅改变了他们的生活，也让他们深刻体会到了家庭生计的变迁和自然资源的重要。在这个充满温情和希望的社区里，每个人的努力都在构筑着一个更美好的未来。

在锦屏社区中，土地流转不仅是一种经济发展的方式，更是一种文化传承和希望的延续。易地扶贫搬迁政策背景下锦屏社区的不断发展，让更多的人从贫困中走了出来，也让这片土地变得更加繁荣。叶成菊一家就是这个土地流转故事中的缩影，他们的生活在土地的变迁中焕发出了新的光芒。与这片土地融为一体，见证着时光的流转。这个小小的社区，逐步成为乡村振兴的一部分，见证了人们在土地上创造的奇迹。

在这个故事中，土地不再是孤寂的，它反而蕴含着希望和可能。土地流转，让这个地方变得更加美好，也促进着叶成菊一家向着更加光明的未来不断前进。与叶成菊一样，锦屏社区的其他每一个人都热爱这片土地，也舍不得他们的土地，他们用自己的坚持和努力，谱写出了一曲真实而动人的乐章。这些可爱人儿的生活或许不是那么富丽堂皇，但在这个充满激情和希望的社区里，大多数社区居民都散发着热爱生活的光芒，用土地流转的方式成就了自己的人生传奇。

心中的紫土豆

路上的村民不断地吆喝着："来拿两个土豆，好吃！瞧瞧这颜色，是这儿特有的紫土豆，来，你们尝尝！"

作为"中国凉都"的六盘水吸引着一批又一批的游客。吆喝声在耳旁响起，在拥挤的街道上，刘传花的身影并不起眼。这是海坪村，充满着烟火气的、繁华的、现代化的海坪村。高山里若隐若现的红色屋顶是易地搬迁新社区，是刘传花和和她的丈夫，以及四个孩子的新居。

刘传花已经记不清迈过多少路，才走到了这里。他们从搬迁前的山坳就祖祖辈辈地种着土豆，摸索着生活。此刻的土豆，带着热乎的锅气，传递到游客的手上，她的生活似乎也就这样从山里走了出来，走向了外面的世界。

嗒、嗒、嗒——黄土大地上其实是有倒计时钟的，那是镌刻中国人一生印记的标尺。出生，长大，成家，垂垂老矣……人生不过须臾几十年的光阴，人逾越过横亘的天堑需要花多久是个未知数，何论村落？而此刻，海坪村带着"子子孙孙无穷匮也"的模样，拥抱所有人。

她说："孩子，吃块土豆吧。"

背过身，一路向西

太阳东升西落，颜亨询的生活就这样复沓着。2012 年，33 岁的他已经在外务工近十年。他的经济状况还算不错，如果继续留在福建务工，今日家庭的境况或许早就更上一层楼了。

只是，母亲的病让他动了回家的心思。颜亨询的母亲以前也曾突然说不出话，颜亨询返乡后二十几天，母亲的症状有所好转，之后他便一直在外务工。而这次的情况显然更加严重。通过诊断得知，母亲肺部肿胀，并患上了老年痴呆症。

颜亨询哥哥一家都在福建务工，因而没办法长时间在家，而老人不仅需要治疗疾病，更需要有人照看。在老家还有四个孩子的颜亨询，在各种考量下最终选择了回家。和他一起选择回家的，还有他的妻子刘传花。

刘传花是云南人，离家后就在深圳打工，做些检查产品的工作。夫妻二人在打工的过程中相识，21世纪初的时候手机并不普及，于是二人便通过书信联络。颜亨询与刘传花在信中不仅写着自己的工作日常，还倾诉着那份对爱情和家的向往。

2004年，正是颜亨询母亲生病的时候。老人家的想法是在家中添些人口，以新人过门来祛除病邪等不好的运势。颜亨询跟刘传花讲了母亲的想法，刘传花答应了，和他回到了这个处在贵州群山之中的家。刘传花的父母有过反对，但最终拗不过她，还是让她结了婚。

2013年，得知颜母再一次病重，她做出了和九年前一样的选择——和他回家。

根据国务院扶贫办摸底情况，截至2013年年底，因病致贫、因病返贫贫困户有1 256万户，占建档立卡贫困户总数的42.4%，接近贫困户的一半。在各种致贫原因中，因病致贫在各地区都排在最前面。颜亨询一家也是因病致贫的一户。

向西出发，跨越1 614公里，颜亨询和刘传花回到了他们的家。

怀故居，空陈迹

六盘水市水城区，层峦叠嶂，景色秀美。太阳光透过云雾弥散下来，和煦地笼罩着这座山城。乌蒙山脉和武陵山脉奇伟峻丽，绵延不绝，蜿蜒曲折的山路向上延伸，一直到人际和网络都延伸不到的地方。村民享受着秀美山林带来的幽静与世代相传的一成不变，却也困羁于山。历史与自然

变化无常的水城天气

刘传花家原住址的环境

的惯性隔绝了与外界接触的窗口，支配着与这片土地相生相伴的贫瘠、落后与封闭。民腹饥而囊空，村贫瘠而屋漏，声声呐喊于山顶响起，于山谷中沉寂，怎么也走不出这冷峻浩大的天地。

变化极端的天气，贫瘠的土地，全然裸露的石块，极其珍贵的水资源，村民或是耕种粮食，或是饲养牲畜，或是扛着被子背井离乡外出务工，心愿是那张只有春节才可能拥有的刻着熟悉火车站名的车票。颜亨询家几代人在这深山中生活，房子坐落在山野之间，树木丛生之中。他们世世代代拮据而又小心翼翼，靠着微薄的收成，蹉跎过一年四季，勉强维持着生计。"正入万山圈子里，一山放过一山拦"，艰难地穿过一片片玉米地，爬上一个个高坡，刘传花夫妇踏上了回家的狭窄泥路。

山路崎岖嶙峋，狭窄的土路只可容纳一人行走，晴天走得还算利索，若是下起雨，穿上鞋子便会寸步难行，不如光着脚走。刘传花的脚丫深深陷入泥地里，艰难地抽出再走出下一步。或是一身泥泞，或是不留神在田间地头摔一个跟头，只能轻轻拍一拍泥土再继续走着。就像刘传花家里的处境一样，在岁月的滚滚车轮下，也只能不停地负重前行。

四面斑驳的石头墙上布满青苔，不见人烟踪迹，只有高大的松树稀稀落落矗立在房子周围，略微显得有几分凄凉。这便是刘传花的家，是她辞别父母，从云南千里迢迢赶来认定的归宿，是她精心养过猪和羊、洗碗做饭、劈柴生火、伺候公婆的地方，是她们一家八口人其乐融融围坐在一起吃饭的地方。那房子是用坚硬石块堆砌而成，那些石块是老一辈人从遥远的大山深处几个昼夜背过来的，风餐露宿，脚踩着稀泥，赶着马，从无到有，一砖一瓦自己砌起来。万里黔中一漏天，屋居终日似乘船。瓦片时常会开裂，需要经常更换，雨势太大时全家的锅碗瓢盆便需要一起出动。"千磨万击还坚劲，任尔东西南北风"，笔直粗壮的房梁有序交错地支撑起这片小天地，却也能抵挡变化无常的风雨，在这深山之中给予这一家八口小小的卧榻之处。

因为只有两间小屋，公公婆婆睡一间，刘传花和丈夫带着年龄较小的孩子，大一点的孩子则自己学会从木梯子爬到楼上独自睡觉。说是楼上，

刘传花家原本的房间，现在只剩下长满青苔的石头墙

刘传花家原住址的石头墙

其实是在房梁与房顶间狭小的空间，局促到豆蔻之年的大女儿也要佝偻着腰背，艰难地躺下。被子是用松叶自己亲手制成的，并不保暖，也易腐烂，每隔一年就得重新采摘制作被褥；裹上仅有的几件冬季的衣物，也能熬过几度春秋。

刘传花家里每天都会去挑水，走过三十分钟迂回的山路才能看见水源。若是带上无人照看的孩子，小脚蹒跚地跟着，则需要更久。那里有一抹月牙清泉，是村民取水的地方。有时候衣服也会带过去洗，然后挽着一箩筐的衣物，挑着一扁担的水。扁担嘎吱嘎吱地响着，和刘传花一起，一摇一晃地回到家里。一如既往、一成不变地给家人洗菜，做饭。

说到做饭，没有可以堆火的灶台，也没有可以让炊烟袅袅升起的烟囱，只有简单地堆砌起的一个三角架子，再加上从山上捡回的柴火与松毛，便成了八口人其乐融融围坐在一起吃饭的地方，吃的是家里的二亩地种的孩子爱吃的且只能吃得起的土豆和玉米。如若收成不好，便好几个月都吃着同一种食物。

屋后的树桩是线路的架设之处，勉强维持住这个村庄村户的用电需求。这里屋内没有厕所，屋外也没有路灯，到了伸手不见五指的夜里时常会有猫头鹰的凄凉叫声，孩子们晚上自然不敢外出，只能由大人用老式手电筒带他们去外面。

这里有峻美秀丽的峰林，有一望无垠的玉米地，却没有可以通向医疗、教育的便捷小路，也没有除了家务和农活外只属于自己的小小房间。

大山给他们带来了一道又一道的坎坷，走不出，看不破。

如果能有"药神"

伤痛总是湮没在岁月的尘埃里，时间似乎已经把这个家所经历的许多疤痕掩盖。但只要揭开一角，过往的一切便清楚地呈现。

颜绍昌年少时也曾出门打工，在工地里干着修隧道的活儿。修隧道、矿工之类的活儿总是让人联想到坍塌和受伤，颜绍昌也不例外，20多岁打工时被石头砸伤了脚，从此落下了病根，成了残疾。年龄的增加让腿脚的病痛愈发强烈，一旦超过了身体可以接受的范围便需要吃止疼药。

搬迁前木柯村还没建卫生所，离颜家最近的医院便在山那头的玉舍镇上。农户家并不轻易去医院，总是能捱过一阵是一阵，捱不过了才拖着身子跋山涉水到医院看病。颜绍昌的病症也去医院看过，结果是无法完全治愈，颜亨询便一个月来到镇上的医院取一次止痛药。

通往玉舍镇的路途并不容易，脱贫前木柯村与村外世界连接的通道只有以无数人足迹开辟出来的山林里的土路。群山之中，密匝匝的树林让人难以分辨前路方向。上坡，下坡，再上坡，颜亨询便这样不知疲倦地走着，走了几十年。

父亲的病情还算稳定，母亲的情况则不容乐观。留在农村的老人在上了年纪后身体上出现各种疾病的现象其实并不罕见，老人年迈，夫妻俩在2012年回家之后就先以照顾为主，并没有考虑去医院进行治疗。但后来，母亲的病情就慢慢发展到了神志不清的阶段，知道自己在说话，却不知道自己在说什么。对外连接的通道只有土路，上下之路的艰辛对于正值壮年的刘传花夫妻俩来说都有些吃力，更不用说上了年纪的老人。

面对着重重的困难，颜亨询唯一的想法就是一定要治好母亲。颜亨询在倾尽全力给老人治病这一块儿是无比坚定的，于是，为了给老人寻找治病的方法，刘传花夫妇带着老人走出了这座大山。

2015年6月，刘传花夫妇的第一站是贵州省六盘水市医院。或许是镇上的设备受限，也或许是老人的症状严重到让他们觉得必须到市里才能够解决这一问题，市医院便成了他们第一个寻求方法的地方。从群山之中的村落再到城市里的医院，城与村的鸿沟，26公里的距离，足以使这个家庭花上半天多的时间才能初步窥探到就医的可能性。

"维持现状"是他们得到的回复。在做了检查之后，老人身上的病症基本上有了解答：肺部肿胀和老年痴呆症。肺部肿胀尚且有治愈的希望，而老年痴呆症则只能治疗，无法完全治愈。碰了壁的颜家夫妻便拿了医院开的药，回到了老家。

有的病让人看得到希望，有的病则让人似乎看到了生命的尽头。在老年痴呆症（即阿尔茨海默病）上，他们不是唯一的病患。《2015年全球阿尔茨海默病报告》显示，全球有4 700万阿尔茨海默病患者，仅2015年一年，就有约一千万新增病例，相当于每分钟有约十九人罹患阿尔茨海默病，而中国在其中位居第一。在低收入和中等收入国家，约94%的老年痴呆症患者在家中接受照料。因为许多地区的健康和护理系统有限，无法为这类患者或其家庭提供支持。

颜亨询母亲的病况，和世界上很多人一样；而对于颜亨询和刘传花来说，老人就是唯一。治病的决心依旧没变，八九个月过后，颜亨询和刘传花再一次带着老人去往新的医院。这一站是贵州省人民医院，270公里的路程，十倍的难度，省与村的鸿沟则更如天堑横亘在这个家庭和康复如初的美好愿景之间。搀扶着老人走在泥泞的土路上，呼应着老人每一次可能清醒的呼唤，熬过颠簸的车程，颜家夫妻心里的希望随着距离的减短而不断增加。

在省医院，住院是他们得到的第一个回复。对于夫妻二人来说，住院是个好消息，总比拿了药直接回家看上去更有治愈的希望，所以选择住院是必然的结果。而这一住，就是两个月的时间。两个月里，刘传花留在病房里照顾老人，清洗身子、准备饭食都是在医院的日常。颜亨询则寻着有空的时间出门务工，尽量维持着老人在医院的住院机会。

"我们这儿没法治，吃点药吧。"两个月后得到的第二次回复让他们再一次碰了壁。两个月的时间，在距离木柯村270公里外的贵阳，一个家庭的希望再度破灭。得知无法治疗的消息后，刘传花夫妇便回到了原来的家。而为母亲治病的开销，则将近二三十万元。因为老年痴呆症的特殊性，该病所需药物在当年的报销比例较低，所以基本上大部分的治病花销都是颜家夫妻自己支付的。而两人所有的积蓄基本上都因为治病被花光，家里原有的货车也因为要治病被变卖，又向亲戚们借了十多万元的外债，才最终凑齐医药费。

颜亨询和刘传花回到了群山间的家中。老人的病症愈发严重，生活的境况似乎早已四面楚歌，而人生则更加艰难，明天和意外永远让人措手不及。2017年，刘传花的小儿子颜加城检查出了膀胱肿瘤。百度健康医典显示，膀胱肿瘤多发于中老年男性；而2017年发现的时候，颜加城才5岁。负债与生活的压力已然让这个家庭举步维艰，小儿子的病情无疑是雪上加霜。

对于颜亨询和刘传花来说，要不要选择治病这个抉择其实永远只有一个答案。2017年，颜亨询和刘传花带着小儿子，再次踏上这条曾向外无数次寻求过医疗方案的生命之路。那时5岁的颜加城待在刘传花胸前的挂脖里，这次离家之旅或许是他第一次又或是为数不多的离开家的旅程；从妈妈的怀里向外看世界，眼前的景象变换着，从绿油油的山与树，到充满着吆喝声的乡镇，再到高楼耸立的城市，最后进到充斥着消毒水味道和满是蓝衣服的屋子里。

那是一场让刘传花将心提到嗓子眼的手术。婆婆在医院接受治疗但作用甚微的经历仿佛昨日才发生，但这次不同于普通的治疗，一旦手术失败将要面对什么，刘传花不愿知道也不敢知道。这一次，他们得到的是手术成功的消息。刘传花长舒一口气。孩子被从手术室推出，膀胱处的肿瘤发现得还不算晚，处理及时得当只等待术后的恢复。

但手术的成功其实并不意味着膀胱肿瘤警告的解除，若不慎感染，在治疗后近五年复发率将达到50%～70%。手术时疼痛短暂，而术后恢复需要遵循的条框往往更加复杂。刘传花愧疚于只能给小儿子吃些土豆，没办法提供更好的食物。但是对于这样一个家庭，这已经是刘传花能做到的极限了。2018年，颜亨询带着小儿子再次来到医院进行复查；两年后，为了进一步改善治疗效果，泌尿外科常用的辅助工具导尿管也出现在了颜加城6岁的身体上。

康复是值得庆贺的事，尽管这几乎花去了颜亨询和刘传花近八万元的积蓄，其实手术费和治疗费一共可能达到了十五六万元，但报销了将近一半。生命是不能被略过的重点，而往往当它以疾病的形式落在一个人的肩上时便成了一座山，隔断了以前的生活方式，让我们都只能朝着那条山路走到底。对于颜亨询和刘传花来说，翻越这座山的代价，不仅是积蓄的一扫而空和外债的增加，更是与过去生活的一刀两断，将可能繁盛起来的未来扼断在自己的选择里。

太多人选择了这种方式。2018年国家统计数据显示，我国建档立卡贫困户中，因病致贫、因病返贫的比例均在42%以上，和刘传花一家返乡的时候一样，是因为对家人深沉的爱，但这份爱在群山和农村里往往显得更加沉重。许多疾病的治疗战线极长，稳定病情、化疗、手术、免疫系统重建等环环相扣，唯有长时间通关者才有可能真的治愈回家而重新出发。电影《我不是药神》里，那一句"我病了三年，四万块一瓶的正版药我吃了三年，房子吃没了，家人被我吃垮了"或许才是现实生活的真实写照。

只是每一次的选择，刘传花都没有选择背过身去，但大山里又有多少有相似经历的母亲、妻子选择"狠心逃离"？不是不爱，是无奈。生活泥沙俱下，在群山之中，刘传花会不会望着通往山下的路，后悔过自己的抉择？会不会在夜深人静的时刻流过泪，盘算着仅剩的几张钞票？

答案已无从考据，对于她来说，老人和孩子的病是无法被忽略的伤疤，但生活还要继续，因为孩子，望向他们。

花朵，孩子，希望

刘传花一家共有四个孩子。适龄儿童就应该接受教育，然而出于多方面原因，他们家孩子往往只能延期上学。他们一家在孩子上学问题上的第一个考量因素是经济。颜母和小儿子的病花去了他们所有的积蓄，刘传花在家里照顾老人和孩子，能够为家庭提供经济支撑的只有寻空出门务工的颜亨询。大女儿颜加兴6岁时，家里经济负担重，便在上学的进程中按下了暂停键。

　　而第二个很重要的考量因素，就是安全。刘传花的家在群山之中，而距离刘传花家最近的学校是在山脚下的木柯小学。脱贫攻坚前，木柯村出行只有一条小路。这里的小路指的是在树林中的泥泞小路，并未建道，所谓的"道路"本身，连路都算不上。

　　孩子们去上学，只能走这些小路。山区里的孩子因为上学路况艰难而延缓上学其实并不是罕见的事，刘传花家也一样，四个孩子年纪小的时候她并不放心他们单独走山路。同样地，她犹豫着，在上学的进程中按下了暂停键。

　　但孩子上学，本身也是他们坚定的信念。艰难何阻，前行便是。凌晨四点左右，伴着公鸡打鸣声，刘传花起床洗漱，将家里剩下的土豆与玉米在锅中煮熟，爬上木头楼梯来到二楼，弯着腰叫醒需要上学的孩子。土豆放进书包中，孩子们就出门朝着学校走去。山间的小道下过雨后，远望只见坑坑洼洼的黄褐色泥土。像这样被雨水浸透了的泥泞的小路，就算像刘

木柯小学

传花一样习惯走山路的老手也容易滑倒。孩子们慢慢地前行着，树林里肃杀又寂静，有时手挽着手，互相搀扶着帮忙爬上一个小坡。山路崎岖不平，山峰延绵不绝，过了一个山头又是一个山头，周围的青山就像蝉茧一样把人包围起来，孩子们循着记忆熟练地穿梭。翻下山来，才能眺望到木柯小学所在的位置。那幢建筑是两小时路程里的灯塔，孩子们朝着它去，盼着望见它，加油打气着来到在他们生命中不能被略过的重点——学校。

木柯小学是一栋只有两层楼高的建筑。脱贫攻坚前，只用石头垒起来的两层楼颜色单调，同时也存在着风险隐患。这栋建筑后来才刷了墙漆、加了防固墙，变成了木柯的幼儿园，五颜六色在适配孩子天性的同时也保障了孩子的安全。贵州六盘水毗邻云南，颜亨询在聊天中提到木柯小学的老师有部分来自云南，也有老师从师范大学出来后，来到这里教书。整个学校规模不大，木柯小学的老校长一直坚守在岗位上。

刘传花希望孩子能够多读些书，尽管家庭的经济状况并不富裕。她自己在辅导孩子作业上并没有什么优势，但"孩子们争气，成绩都在班上中上等"，在学习这块儿不用特别操心。日子就这样慢慢地过着，孩子们也一天天地长大。刘传花在大山里盼着，盼着孩子们真的能够带着他们走出这座大山，让那些通往不了的道路在以后的人生中变成坦平大道，让无数次的担忧化作心里的骄傲。

囿于群山，家庭的发展停滞，对于未来还能有何想象？或许，刘传花只能在夜里静默地注视着熟睡的孩子们，在风雨飘零之中，让孩子能够睡个好觉。第二天，又是新的开始。

海日残夜，江春旧年

"移病居荒宅，安贫著败衣"，即便有家庭的温馨与团结、邻里的帮衬与协助，但这些精神层面的支持对于现实世界里刘传花遭受的物质上的匮乏来说，是无力的，是零星的。家贫不能自给的生活让刘传花捉襟见肘，难以喘息。但像刘传花这样坚韧的人，怎么会在孩子们面前表露出脆弱的一面？更是不可能在孩子们面前流眼泪。她作为一个母亲，身上担起的责任，无法告诉他人的辛酸与苦楚，逼迫着她扛起重担。她打落牙齿和血吞，自己一个人面对生活带给她的惊涛骇浪。

思往事，愁如织；怀故居，空陈迹。回忆起过往种种，总让人悲喜交融。刘传花是黎族人，旧时光里人们用书信传达心意，她开始写信给那个让她情不自禁脸红的在福建漳州工作的青年。通信大约一年后关系才略微自然熟络起来，十五六岁的年纪和丈夫来到了这里。那时父母不愿意闺女远嫁，山高水远，嫁到异乡的女儿还能与自己的亲生父母见几次面？但是丈夫的责任心与孝顺顾家，让她像土豆一样，愿意去一个未曾触碰过的地方吸收雨露，扎根繁殖，生生不息。

刘传花的娘家在云南一个偏僻的大山里，如果天公作美，没有灾年，她会在饱一顿、饿一顿中恰好健康长大，而土豆一定是常客；荷一把锄头，在田间地头日出之前而作，踏着星辰或是戴着蓑笠冒雨而归；在家乡附近的村子里寻觅一位肯吃苦、能干力气活的男青年，劳作一辈子维持着生计；在年轻美好的年纪成为一名母亲，然后在孩子的成长中渐渐长满皱纹，百年之后最终归于尘土，与大山中的其他渺小生物一样，与祖祖辈辈一样，一代又一代。

穷人的孩子早当家，她也早早地学会了帮父母干农活儿，上山打猪草，喂猪，捡柴。成家立业是陌生又带有几分神秘的词汇，她在懵懂的年纪中成熟干练起来。做饭是她不知不觉中早就掌握的技能。起初她只是好奇地看着，并没有刻意去学习，可能是具有某种天赋，看着家里的老一辈人做饭，就掌握了掌厨做饭的精髓，烧得一手好菜。父母希望她能接受教育，走出深山，家庭拮据的父母凑出一篮鸡蛋换她上学，可惜像多数山里家庭一样败给了现实。初中就辍学打工，遇见丈夫，组建家庭，她并不知道自己是否还能回去，云南便成了可望不可及的幻想和一缕深深的羁绊。

从决定嫁过来的那一刻，刘传花便在心里暗暗做好了决定，"结发为夫妻，恩爱两不疑"。丈夫坚毅而刚强，她和丈夫的性格都比较温顺，他们一起孝敬老人，抚养孩子，相知相伴，挺过最艰难困苦的日子。

流水账式的文字道不尽刘传花在大山里流水账式的生活。

农活儿都是刘传花一个人在干，在那样的地方，连个邻居都很少碰见，山上的每一条土路，每一个雨后泥坑，每一寸树干野草，便是刘传花的朋友了。她不爱见生人，也见不到生人。

家里没有钟表，判断时间要靠太阳升落，或者根据自己干的农活儿的量来估计，之所以要有对时间的基本判断是因为中午需要回家，给两位老人做饭。婆婆有老年痴呆症，一刻也离不开人，刘传花出门务农时公公就帮忙看着婆婆，但是两位老人毕竟年纪较大，孩子又太小，煮饭这类事还得要刘传花亲力亲为。饭桌上倒是也没什么菜，每天不过是玉米土豆这些自己能种的东西罢了。可就算是只吃这些东西，有时也不能够填饱肚子。温饱都成问题时，没有人拥有跳出生活困境的能力，刘传花也不例外。

一个人，一块地，一锄头，一扁担。

日复一日，年复一年，单调又复杂，忙碌又无聊，掀不起一点波澜的生活宛如一潭死水，平静又沉重。但这每一个词的背后，自有千钧之力。每一阵海浪过来的时候，观者从不觉得浪花汹涌、危险，可被击中的人却永远地困在这个浪头，下个浪头，下下个浪头，永远困在这片海，永远难以上岸。

山里的人们溺于其中，如铁笼困兽般，走不出大山。

山外的人们只觉得山不过意味着半小时或一小时蜿蜒的车程，不过意味着十几二十分钟黑暗的隧道，是言语尔尔"路是难走了点"，是越野车的轰鸣声与征服。

山外人只见人力胜天，山内人却道无可奈何。

刘传花种的是一种紫色芯的土豆，是当地的特产。地上的部分就是干瘦的枝叶，拔出来后底下的部分生着五六颗黑皮小土豆，这也是刘传花家饭桌上最常见的菜样了。她捡起一颗小土豆，剥开一点黑色的外皮，看了看紫色的土豆芯，将先前扒出来的土豆整株又重新埋回土里，直接用手拨

刘传花以前种植的紫芯土豆

拢了翻出的土，形成一个小土堆，盖住那不好卖的几颗土豆。她的背后是几十株黑黢黢的长相相似的黑皮土豆枝叶，她的手中是养育了维持生命的食物的泥土。面朝土地，背靠天，那个在农田里穿梭着的她，怎么也想不到，有一天会有新的机遇出现在面前。

一人高的苞米（玉米），低矮的土豆，就是刘传花耕种的主要作物。每天不是在田里，就是在去田里的路上，农活儿得从早忙到晚，再加上距离的遥远，随便抬点肥料，扛点水就要一两个小时。刘传花指了指被拴在旁边吃草的一匹马，说道，这里的人做农活儿都得靠马，马能驮重物，一匹马能驮两百斤土豆或者猪草，甚至更多。但是人扛这些东西，最多也就是一百斤，一百斤已经沉重到难以正常行走了。连通行都成问题的山间泥路，刘传花还要背上百斤土豆，还要怀里抱一个娃娃，有时候手上还得牵一个娃娃，谈何容易？

家里八张嘴，就靠这么点地养活，根本不够吃饱的。刘传花又得把食物留给还在上学的小孩、身体不好的公婆，自己能吃的更是少之又少。刘传花只能吃道路旁边的野生植物，像小拇指尖那么大的红色果子就是她的零食，有时候做农活儿饿了时就摘几颗，也叫小孩儿们摘着吃。这种果子尝起来很清爽，最初没有任何味道，后期是很淡的清甜味，有几颗籽，却不大好咽。地里的玉米秆就是大山里的甘蔗，等到玉米收得差不多了，秆子才能吸收营养增加甜分，吃起来有一股甘甜的味道。不过，这些零食也都有季节性，只有在果子成熟期、玉米收割完时才能吃到，并不是一年四季都有。毕竟大部分时候那都是活多饭少。

生活的细节能将一个人压垮。刘传花独自扛起一个大家庭，丈夫去附近找点零工赚钱，那是全家唯一的收入，但孩子上学要花钱，老人看病要花钱，家里的日常用品要花钱，极偶尔的买点吃食要花钱，一份收入完全支撑不起这么多的花销支出。生活困难不能跟孩子们讲，辛酸苦楚不能跟老人讲，丈夫又常常外出打工，这些生计压力落到刘传花一人身上，逃不掉，说不了。

山里的孩子没有什么特殊的娱乐活动，他们与泥土、山林、蝴蝶成了好朋友。他们没有玩具，他们也不知道什么是玩具，只有在口口相传的歌谣里找到乐趣。

他们比城市孩子吃过、见过、种过更多样式的土豆，也对土豆有着不同寻常的情感。他们和父母都如同土豆一样，生于土，长于土，成熟于土。贫瘠的土壤里，沉甸甸的土豆是果腹的希望，是埋进土壤后抚慰灵魂的力量。炎炎日光下的汗水不会欺骗他们，面朝黄土背朝天的劳作终有丰盈与充实的回报。

上学的路上孩子们常常结伴而行，轻快地走着，随手扯下路边的狗尾巴草，饿了就摘下山间的野果。长女懂事后，就开始学着大人的模样帮忙照顾着弟弟妹妹，姐姐和妹妹一起蒙着头在被窝里说着悄悄话，哥哥带着弟弟一起玩着井字棋游戏，地为棋盘，石子为棋子。无聊的时候就看着无边的群山万壑，静静地坐着发呆。

小孩子间没有什么矛盾，可能是随父母的性格，安静而又内向，对外人有些不敢说话，只腼腆地微微一笑。但偶尔的相互吃醋也是免不了的。刘传花记得背着幼子回娘家的时刻，三女颜灿也会委屈地问妈妈为什么不带上自己，母亲便会认真地向孩子道歉。

刘传花的三女颜灿总是会扎着整齐的马尾辫，留着浅浅的刘海，见到她那天穿着黄白相间略有些大的格子衬衫、浅蓝色的背带裤和一双可爱的绿色小拖鞋。她见到生人时不会主动开口说话，却会小声地礼貌回答。颜灿的衣服是姐姐穿过后留给她的，孩子间的衣服是这样的，书本是这样

当地人经常吃的烤土豆和烤鸡蛋

的，姐姐同学送的玩偶也是这样。他们很少有属于自己的物品，都是兄弟姐妹四个人共享，团结友爱，长幼有序，不争不抢。

四个孩子都是很小就开始帮着父母做农活儿，很小就懂得如何心疼父母。当父母拖着疲惫的身子回到家里后，他们会主动用稚嫩的小手给父母亲捶捶背，揉揉肩，让父母稍微从田间的劳作中舒缓过来。

孩子在父母的言传身教中慢慢成长，早早地便学会了基本的农活儿与家务活儿。妈妈在炒菜时，孩子们帮忙加些柴火，帮忙洗米煮饭，或是拿着簸箕扫地，他们总是能自己找到事情做，帮父母减轻一些负担；他们学着父母给长辈洗脚的样子为父母洗脚，在闲暇的时候说说学习计划和当天的奇遇。

爸爸会给两位男孩子理出技术水平参差但精神抖擞的短发，女孩子的梳妆则由妈妈全权接手，整洁而又干净。可能是由于父亲常年务工在外，母亲陪伴的更多一些，也可能是父亲母亲要分别扮演传统父母中严肃和慈爱的角色，孩子还是会更亲妈妈一些，妈妈会规定并且严格执行睡觉的时间，会要求孩子们认真学习功课，也会要求孩子们养成为人正直与善良的习惯，又黏又怕是孩子们对妈妈的依恋和爱。

因物质条件受限而没有办法给到比土豆更健康更美味的食物，以至孩子们如今不习惯接受丰富的菜肴，旁人无法感同身受，只有刘传花自己知道，现在觉得亏欠也好，遗憾也罢，在彼时彼刻，那是属于这个家庭的无能为力和欲言又止。

债务是刘传花一个难以释怀的心结，因为家里人生病要花钱，只有到处向亲戚借，婆婆的病负债三十万元，小儿子的肿瘤负债七八万元，至今还有共计十几万元的债款。虽说都是向亲戚借的，不会有那么严格的还款期限，但刘传花心里还是不舒服，毕竟谁也不愿意背负着债务生活。对这样一个收入不稳定，甚至可能无收入的家庭来说，要定期定量还钱还是太困难了。

没有钱没有胆，没有办法没有出路，这就是贵州大山里的人们最真实的生活写照，亦是大山子民的困境和围城。

一方水土养不活一方人，一方人该何去何从。

如果都是健康团圆，那么即使生活清苦一点也没什么关系，憧憬与期待让贫苦的生活有一丝甜味。然而人有旦夕祸福，家里人接连遭遇重病，为了维持家庭高额的医药费，刘传花的丈夫不得不外出务工，这时照顾公婆与四个孩子的重担不得不交付在她瘦弱的肩上。

婆婆的病情愈加严重，像是担惊受怕的流浪猫，眼睛里充满着恐惧与迷离，忘记喝药，也忘记了相知相伴一家人的姓名，甚至忘记了自己是谁。凌晨四点，刘传花为家人做饭，送孩子上学，去湖边洗衣挑水，给残疾的公公端饭，给忘记姓名的婆婆擦洗身体，去田间劳作，在深夜中睡去。为母则刚，一个并不高大的身躯被赋予如此强大的力量，群山之间，田间地头，日复一日，年复一年，似乎一眼可以看得到头。尽管仍是一贫如洗，但是亲情与爱情的牵引，让她像树一样坚韧顽强地向上生长。

婆婆清醒的时候，是全家人最欣慰的时候，好像命运终于眷顾了他们一些转机，公公与婆婆也能够相互搀扶。可惜天公不作美，没有给他们一丝喘息的机会，连这仅有的一点温存也要掐住，熄灭。短暂的好转后婆婆的身体状况每况愈下，小儿子的生病无疑是雪上加霜，给公婆和孩子看病买药的负债常常压得她喘不过气来。刘传花不知道多少次觉得深陷囹圄，她不敢让孩子们看见，孩子们会心疼地用粗糙的小手生疏地抹去妈妈脸上的泪水，心疼地问："妈妈，你怎么哭了？"她只能深夜里在孩子睡着之后偷偷抹泪，看见身旁呼吸深沉的孩子们，她就觉得再苦再累也是值得的。

纵然如刘传花般勤劳肯干，也依旧无法逃离贫困的生活，更不用提那些丧失劳动能力的山里的农民。

提及至此时，她忍不住第二次落泪，缄口不言，却将自己心里的不容易通过泪水表达了出来。起早贪黑、照顾家庭、侍奉公婆、教育儿女，刘传花已然做了她所能做到的一切，而生活却几乎一眼能望得到头，让她陷入死胡同，现状无力更改。走在自己苦心耕种的土地上，她也会想，有没有可能有一天，能离开这个地方，能拥有自己的干净敞亮的房子，能让孩子们不用早上四五点起床只为了不迟到，能有一份体面的工作有稳定的收入，能享受自己的闲暇时间有娱乐生活有放松的活动，能不再承担那么重的生活负担……

去向何方？

从 20 世纪 80 年代的"三西"地区开发扶贫政策开始，政府组织的自愿移民就已经被作为扶贫的重要手段，"十三五"期间易地扶贫搬迁的规模和政府投资力度更是史无前例——将一千万建档立卡贫困人口从自然条件恶劣、生态环境脆弱、不具备基本生产和发展条件的区域搬迁到基础设施较为完善、生态环境较好的地方。

了解了国家层面的易地扶贫搬迁大政策后，玉舍镇木柯村干部迅速行动起来，向村民们介绍并积极落实有关要求。搬迁前村干部入户走访，向刘传花保证，易地扶贫搬迁首先就是确保农民的住房需求，住房是根本性的，不会让搬迁户因搬迁而负债，因搬迁而影响脱贫。

其实水城区的易地扶贫搬迁政策综合考虑了很多因素：目前的经济水平，当地居民的生产生活习惯，政府的承受能力……在此基础上为了方便搬迁户的生产生活，当地政府一轮轮地考察研究，在安置点配套了水电路等便民基础设施，力图让农户住得下，定得下。

尽管村干部信誓旦旦地做出了诸多保证，提出让刘传花一家搬去集中安置点，但刘传花还是犹豫了。那是个什么样的地方？附近环境好吗？孩子们有地方上学吗？老人家的病治疗方便吗？最关键的是，能有一份工作有收入吗？搬过去后没土地没法种食物，又没有收入的话，全家八口人该如何生活呢？

刘传花有很多的顾虑，同样在搬迁户名单上的其他人也是如此。为了打消他们的顾虑，玉舍镇政府安排用客车，带这些农户去入住地参观，实地去看将来的生活环境。刘传花家也去了两三次，带上了家里所有人。她的旧居和海坪村相隔较远，单程车程也要一个多小时，村里就安排他们轮流去参观，每次也很难带上本镇全部的搬迁户，今天这几户，明天那几户，就这样一轮又一轮地将搬迁户全部带到海坪村走走看看。

对农户们来说，易地扶贫搬迁有点像痴人说梦；安土重迁的思想也让易地扶贫搬迁成为脱贫攻坚中的一块"硬骨头"，是重中之重、难中之难。生活中很小的一个引子都有可能成为搬迁过程中重重困难的来源，要想完成这项工作所面临的矛盾冲突远比我们想象的多。王奶奶不便长距离跋涉的身体状况是一家人的心结，苏大爷不会使用冲水式厕所以及带有下水管道的洗碗池让其他人束手无策，林阿姨对于没有工作没有收入的担忧跟千里之外的徐叔叔的犹豫如出一辙……这些都是亟待解决的难题。中国用五年的时间对约一千万贫困人口实施易地扶贫搬迁，实施如此规模、如此艰巨的伟大工程，在中国扶贫史上是空前未有的，在世界历史上也是空前未有的。

家里最开始提出要搬迁的，是刘传花。这也不难理解，生活的重担早已消磨掉了刘传花的很多情绪，突如其来的好消息无疑点燃了新的希望。似乎之前一直想要的工作机会、娱乐生活、居住环境都近在眼前了，她终于能够摆脱单调乏味没有尽头的生活，拥有一个新的美好的未来了。刘传花坚信，只要肯勤劳踏实地工作，全家人总能过上好日子。

但她没想到的是，搬迁还面临着家里人的反对。首先提出不同意见的是家里的老人。上了年纪后，人总是不愿发生改变，希望维持原状，刘传花家里的老人也是如此。"几代人都在这儿住着了，你的哥哥姐姐也都住在这儿呢，不离开家，这儿就是我的家。"怎样开导老人们，说服他们，尤其是还有一位老年痴呆的婆婆，是个难题。不仅如此，她在搬迁过程中定然还会遇到更多的困难，比如，如果老人不习惯新环境，该怎么办。这些都是很不容易的工作，村干部干不得，也不方便干，最后还是得刘传花来。这个过程刘传花没有用嘴皮子跟老人们多说什么，而是带着有行动能力的公公一起到海坪村去逛逛，向他展示他们一家人以后可以住整洁稳固的房子，家里有冰箱、有暖炉、有棉花做的被子、有冲水式的厕所，周围有邻居，还有小广场，离医院、学校都有多近……

家里的老人亲眼见过搬迁安置点的居住环境后，对于易地扶贫搬迁的疑虑依旧没有消解。"他们是骗你的，现在看着好好的，等骗你出去了就是要拆我们家房子，到时候我们去哪，谁管我们老百姓？"刘传花请了村里的村干部、老人的朋友们，一次又一次向家里人解释易地扶贫搬迁的正规性和合法性。

海坪街道安置点共分三期建成，而海坪村是第二期工程，总共安置了来自玉舍镇、勺米镇、坪寨乡、都格镇四个乡镇的搬迁群众 453 户 1 947人。海坪村位于水城区南部，海坪街道办西部，距水城区中心约 28 公里，东抵勺米镇，西与五里坪村接壤，南与俄脚村相邻，北与玉舍镇居委会相邻。安置点的房屋分为三人户、五人户、七人户三种类型，不同房型的楼层数不同。分房是按照家里的人口数算的，像刘传花一家人如果搬到海坪村，将会被分到一个七人户。

搬迁后的安置区全貌

最终，经历好几番折腾，刘传花一家终于决定，整家搬迁到海坪村。2018年8月，刘传花一家人正式入住海坪村，开启了一段新的生活。

同圆好梦，家梦融于国梦。2020年11月23日，贵州省宣布所有贫困县摘帽出列。至此，中国832个国家级贫困县全部脱贫摘帽。12月3日，国务院新闻办新闻发布会宣布，"十三五"易地扶贫搬迁任务已全面完成，960多万建档立卡贫困群众全部乔迁新居。刘传花家就是其中一户。

"新"的家

生活里外，微小却能润物细无声的改变在悄悄发生，原本暗黑的生活逐渐裂开，照进了希望的光。带来这一转变的发生地，是位于野玉海山地旅游度假区中的搬迁安置区。

野玉海山地旅游度假区共分为海坪彝族文化小镇、野鸡坪高原户外运动基地、玉舍国家森林公园三个片区，其具有神秘特色的彝族文化，温润凉爽的自然环境，便利快捷的交通，热情质朴的风土人情，令人慕名而来。每年农历六月二十四，彝族同胞汇聚在海坪彝族广场举行最为隆重的彝族火把节，以祈求风调雨顺、来年丰收。

在易地扶贫搬迁前，海坪村并不是现在这样的，它更像是个翻版的木柯村，出行不便，维持生计已不容易，如若直接搬迁，那便真正只是"搬迁"，还未做到"扶贫"。新的居住地并不能只提供一套房子，更需要为居民提供就业，能够持续性地提供超越原住地的价值，才有可能真正将易地扶贫搬迁从物理的居住地移动进阶至心理意义上的归属，才有可能让村民们逐渐地与社会接轨，真正地走出大山。

旅游扶贫成为海坪村独一份的经验，野玉海山地旅游度假区的海坪千户彝寨便是将坪寨乡、杨梅乡、玉舍镇、勺米镇、发耳镇、都格镇六个乡镇中，符合搬迁安置条件的建档立卡贫困户集中搬迁安置打造出来的。

过了野玉海的高速收费站，眺望到世界鞭陀博物馆和九重宫殿，走过野玉海山地旅游度假区的牌子，穿过不绝于耳的吆喝声，穿过人头攒动的风情街，穿过烹煮着贵州黑山羊的天下第一锅，穿过在晚上会因火把而照

彝族火把节盛况

搬迁后的刘传花家外观

亮的彝族广场，随公路向下，看到海坪村村民委员会这一栋大建筑上的三个红色大字"海坪村"，海坪村便到了。

刘传花的家就在野玉海旅游景区内。

易地搬迁过来的农户房子分配后，比邻而居的现象大幅增加，所以一幢建筑中靠左的是属于刘传花一家的房子，而中间和靠右的则又属于另外两家。房子是农村很常见的二层建筑，最夺人眼球的便是房屋整体的漆红色，海坪村的房子全同刘传花家这一栋一样，一眼望去便是红色的海洋。房顶，在普通的混凝土搭建的屋檐之上还铺上了一层草皮；屋檐下，垂放着倒挂着的木质牛角标志。

这与千户彝寨的建筑风格实际上如出一辙。从玉舍国家森林公园向下盘旋的"世界第一高铁"往下看，云雾缭绕，葱郁山林层峦叠嶂，群山之中的房子似乎隐没其中，而远望，千户彝寨和三个易地扶贫搬迁安置点勾勒出了山体的起伏。安置房的设计在保证安全舒适的基础上，还需要与野玉海旅游景区协调；对应"海"，海坪村就与海坪千户彝寨在设计风格上顺成一脉，旅客入住时才能更沉浸地感受到彝族的文化。

安置房作为农户在新环境的寄托，房屋的内部设施便与生活的质量挂上了钩。为了能够让搬迁过来的农户在房屋居住条件上有更好的体验，这批易地扶贫搬迁安置点房屋在内部装修时就已经在设施上做了更多的帮扶。政府为安置点房屋内都配套了大小床、沙发、电视机和火炉，同时也为搬迁农户提供了许多日常用品，如电饭锅、炒菜锅、扫把拖把、卫生纸、牙膏牙刷、洗衣粉、水桶等，搬迁户仅需拎包入住，带上换洗衣物即可。这些设施的提供无疑为搬迁户提供了莫大的便利，更有许多村民依托政府修建好的安置房，根据自身家庭情况需要，对房子做了一些改造。

刘传花家没有多余的资金能用于房屋的改造，基本保持了安置房原本的设计。这栋房屋一共两层，每一层空间虽小，但五脏俱全。有一张能坐上四五人的沙发，沙发旁靠墙边是一块正方形的小桌子，平时是家里吃饭和孩子们完成作业的主阵地；冬天到来的时候将火炉开起来，便也成了寒日里难得的温暖。最靠里的是厨房，沙发正对着的则是刘传花和丈夫的卧室。靠入门楼梯旁的便是卫生间，对于搬迁来的农户来说，搬迁前群山就是方便之处，所以大部分农户都很难理解家中有卫生间这一件看起来很平常的事，不冲厕所也是常态。刘传花家的卫生间则十分干净。五年以来，她逐渐适应了离开深山的生活，学会了冲洗马桶，使用电火炉，开启了崭新的人生。

楼梯狭窄又有些许陡，十多级台阶转了个弯便到了二楼。二楼有两间房，都是孩子们住的房间，一间是姐姐和妹妹的，另一间则是哥哥和弟弟的。姐妹的房间只有一张床和一个床边桌台，放着日历和一些玩偶。房子上端吊着一段细绳，挂着两套夏季校服和五六套衣服；床的一角放置着几套厚的或薄的被褥，旁边叠着几套冬装校服和冬天的厚衣服，这就是孩子们全部的衣物。哥哥和弟弟的房间则更大些，因为连着二楼的窗台，便有很大一块空地供孩子们趴在栏杆上望向远山。

向外望，刘传花家周围基本全部都是易地扶贫搬迁的安置户。根据政府制定易地扶贫搬迁政策时的设想，安置点按照"下楼就有"的标准，医院、学校与工作地都已不再是天外来物，实现了搬迁群众就近就学就医全覆盖。

搬迁后，之前的二亩土地留给了仍在木柯村的哥哥，但她也没有彻底与耕种断绝联系。这间房子的地势较低，到了夏季常有暴雨，雨水就容易随着地势涌进家里。积水倒也不深，大概到脚踝的位置，但进水后处理起来也麻烦，刘传花便动了些脑筋，在家旁边重新挖出了一块小农田。这一块地本来是一片绿草坪，没有限制的情况下她便将它改造成了一片可以耕种的土地，同时也可以将雨水往农田里边引，既解决了家里积水的问题，同时也盘活了土地。

过去的生活带着固有的惯性闯入现在的生活。比起买菜，自己耕种不仅便宜，更是早就已经成为了一种习惯。屋旁的小院种上了小番茄、豆角、南瓜等蔬菜，还种了一捧草莓苗，植物种类繁多，小小的菜园子打理得干干净净，井井有条。傍晚一家人一起沿着山路转一转、走一走，见到村里的人热情地打一声招呼，寒暄几句。

搬迁对于这个家庭，像是在一块紧绷的布上加上了一条拉链。虽然日子过的依旧紧巴巴的，但是好似一家人都有了喘息的机会，生活可以不再仅仅是活着，忧愁明天的生计，生活里也可以有希望，有爱好，有与生存无关的值得快乐的东西。丈夫有了更多的时间用于休闲，也有了一些简单的爱好，愿意在工作之余去垂钓。"坐观垂钓者，徒有羡鱼情。"静静盘腿坐在青山绿水之间，看漫天云卷云舒，愿意上钩的鱼儿他也会放回去，只为享受这片刻的舒适与宁静，倒是有一种小隐于野的闲适。孩子们有了电视机，也会开始弥补早期童年有所缺失的动画片。兄弟姐妹仍像以前一样，安安静静的，没有争吵和矛盾。平日父母上班，他们会在整整齐齐码在床底下的书籍中拿出几本，在房间里安静地阅读，或是单纯地透过窗子，发一小会儿呆，再或者刷会儿短视频。他们接触到了新的世界，了解到了更广阔的天地。而刘传花则喜欢上了跳舞。曾经的她没有机会脱离繁忙的农活儿和家务活儿，现在的她忙里偷闲，或是邀上村里的姐妹，或是带上孩子，或是就自己一个人，走上一公里左右便到了跳舞的地方，在这里不用拘谨，大家都是好朋友。这时，她可以暂时放下所有压力，酣畅淋漓地用一支支舞蹈，将工作的疲倦、生活的压力消融。海坪村里也会排练舞蹈，村支书是一位三十多岁皮肤黝黑的青年，吹拉弹唱，样样精通。刘传花工作结束后也会加入进来，配着"乌蒙欢歌"的彝族传统民歌，喊着左左右右右的节奏，在彝族广场热情地欢呼，乘兴而来，兴尽而返。

快手是刘传花和她的孩子们快速接受新事物的主要渠道之一，这也是搬迁前她想都不敢想的事情。她会观看短视频研究学习各地菜谱，然后大展身手让孩子们大快朵颐。土豆仍是幼子的最爱，但与搬迁前略有不同，现在土豆并非唯一的主食，这份喜爱不是被动接受而是多了一些主动的选择。以前土豆是家里仅能消费起的食物，现在则可以吃到炸土豆、烤土豆，是饭也是菜，不仅制作方式更为多样，调料与味道也更加丰富起来，不变的是芬芳，甘甜，清脆。

儿童已谙事，歌吹待天明。四个孩子都在上学，学历也渐渐超过了父母的初中文凭，刘传花和丈夫还是会陪伴着孩子们写作业。三女和幼子的功课兴许还能辅导一二，他们感到苦恼的是对于长子颜伟奇的功课，他们总是心有余而力不足。好好学习，考个好大学，是刘传花夫妇眼中走出这座大山的最好出路。无论是曾经，还是现在，他们就像普天之下所有的父母一样，奔着要把所有最好的东西都留给孩子们的心思，决心砸锅卖铁也要把孩子送去上大学。但不一样的是，现在这个梦想变得近了很多。刘传花静静地坐着，看着儿子的拇指和食指用力捏着铅笔，听着铅笔与书本直面接触时的沙沙作响，有时竟不知不觉带着笑意浅睡。或是偶尔坐不住了，瞟几眼手机上的快手，跟着视频里有趣的内容笑起来，孩子看见母亲笑，就会坐不住了，好奇地凑过来探着脑袋，白炽灯发出的光温柔地弥散在整间小屋。

周六或周日是街上的摊贩最为集中的时间，每到开学季，刘传花都会帮孩子们收拾得干净整洁，让他们高高兴兴地坐上面包车前往玉舍镇赶集。镇上文具店、理发店、肉铺、水果店一应俱全，商品也是琳琅满目，让人应接不暇。摊贩的叫卖声不绝于耳。刘传花背着背篓，牵着幼子，大的孩子有模有样地领着弟弟妹妹，孩子们欣喜欢快地融入赶集的人群中。

刘传花的姐姐和侄女也在集上卖菜，她们在路边有一个小摊子，菜品多样，多是当地特色，比如新鲜出山的折耳根。刘传花轻快娴熟地打理着新鲜的菜品，时不时与姐姐和侄女唠几句家常。侄女做起生意来有模有样，她今年刚考上大学，开学之前帮助母亲卖菜。侄女有机会走出这深山，去探索外面的世界，刘传花也有骄傲满意的神色，更不用说坐在身后的姐姐了。凉城的气象万千，刚刚还是晴空万里，一会儿则是"黑云压城城欲摧"。她敏捷地帮助姐姐将蔬菜收到帐子里用塑料薄膜盖上，用板凳将帐篷上的积水顶下去。

AD钙奶是孩子们最喜欢的零食之一，大概一个月会给孩子们买一次，文具也是每个学期开学前需要考虑的。由于手机操作得并不熟练，刘传花还是会随身携带着现金，这里的村民很少会选择使用购物袋，背着木篓是

刘传花家孩子们的奖状

更为方便的选择。路上刘传花询问孩子们想吃些什么，孩子们经常会懂事地摇摇头，说没什么想吃的。孩子们不会主动要求买什么，也不会去跟别人攀比。但当收到母亲买的饼干和自家小菜园里无法收获的水果时，孩子们也会开心地拿着，轻轻地嗅着，小口小口地品尝。无论怎么精打细算，勤俭持家，刘传花也不曾亏待过孩子们。

亲情的爱是双向的。大女儿在日历上圈出了上学的日子与家人的生日。孩子们生日时虽然没有生日蛋糕，没有需要花钱购买的生日礼物，但是这里有起床后便听到的每一位家人的祝福，有用过的本子纸折成的花朵，有妈妈做的菜肴。这样的物质生活当然无法与大城市的孩子相比，但对于这样一个曾经如此艰难的家庭来说也已经弥足珍贵。

除了去集市购物以外，刘传花偶尔也会通过网络去购物，比如买一件价格比较合适的新衣服。最近一次网购是今年六月份，这是为了购置丈夫的新工作所要求的服装。她两年前也给自己买过一件白色短袖，衣尾一圈围绕着彩色刺绣，现在仍是洁白如初。以前农作时，面朝黄土背朝天，怕被泥土弄脏衣服，深色的粗缯大布才是常态，没有机会穿上浅色的衣服。如今压在身上的重担仿佛在慢慢地卸下，有了喘息的机会，还可以去深吸一口山间的空气，感受一下鸟语花香。

村里的搬迁农户并不都从木柯村远道而来，所以刚开始的时候，除了以前村组里的几户村民以外，刘传花对这个村子一无所知。这几年，随着对环境的逐步适应，他们也逐渐从对邻居的情况一无所知转变为现在无事时搬着小板凳一起唠唠家常，家家户户都备有让邻居方便串门的塑料板凳。如果遇到红白喜事，他们一家都会尽己所能出力。村子里也会组织一些集体活动，几百位村民围坐在一起包粽子就是其中较为热闹的一项，淘米，洗粽叶，包粽子，煮粽子，全村人欢聚一堂，无分老幼。集体活动时，刘传花和她的家人都会到场，融入这个新的大家庭。村里虽小，却也十分团结，相互往来，维系着一份农村人的淳朴和浓浓的乡情。

刘传花在集市上采购

新的工作，新的开始

沉舟侧畔千帆过，病树前头万木春。未来的生活相比过去，总是让人满怀憧憬。刘传花与丈夫在搬迁地的新工作给他们带来的不仅是生活水平的提升，更是对新生活的希望。

过去在田间早出晚归汗流浃背，而现在刘传花的工作轻松了许多。刘传花距自己上班的地方只要五分钟路程。山间的清风拂过路边的野花，吹得刘传花上班的脚步也轻快了许多。早上九点钟，她准时出现在村委会的厨房，开始了一天的工作。伴随着"咚咚咚"的声响，不一会儿的工夫，所需的菜品就已经洗净备好：五花肉洗净切块，西蓝花切成小块，包菜撕开，腊肉切片。刘传花手上的动作没有停歇，刷刷刷干得飞起，脸上的笑容也没有停歇，西蓝花下面硬的地方也没有扔，剥掉外壳留下内芯后切片来炒，好吃得很。

厨房内虽称不上光洁如新，但是东西的摆放就像刘传花本人一样，井井有条。鸡蛋以及豆制品还有调料等列队摆在架子上，蔬菜码在冰箱中，米面粮油等安安静静地躺在厨房的角落里。除此以外，还有很多"新奇"东西，比如刘传花自己炼的乳白色猪油，比如烧菜之后舍不得扔掉又重新收集起来的油，比如专门放厨余垃圾的脏兮兮的塑料桶，养了泔水拿去喂猪。外面牛群"哞哞"的声音和公鸡打鸣的声音挤过那扇狭窄的小窗户来到厨房，又迅速地被五花肉下锅的"滋啦"声吞噬得干干净净。刘传花的耳朵有先天性疾病，普通音量的讲话她听得费劲，但炒菜时热油下锅的声音足够大，大到不仅能够闯入她的听力范围，甚至也闯进她的生活，成为她平淡生活中为数不多的热爱。

刘传花的手艺确实是好，猪肉肥而不腻，菜在保持干脆口感的同时又很入味。吃饭时间到了，村干部们拥上楼来，拿起饭碗大口吃起了饭菜。刘传花满足地看着大家享受着她的手艺。若是哪道菜被多吃了几口，她还会难得地多说几句话，给人讲讲这道菜的做法。她脸上始终带着那有些困倦但无比真诚的笑容，在众人的喧闹中寻一份安闲自得，在忙碌的生活中觅一丝柳暗花明。

自不必说，做完饭后的清洁工作刘传花做的也是得心应手。对于曾经要操持四个孩子两个老人的生活的家庭主妇来说，做这些工作从容自如。伴随着一阵叮叮咣咣的响声，锅碗瓢盆都逐渐显示出原来的颜色。没一会儿的工夫，村委会的二层小楼也被从内而外清扫了个井然有序。

除了做菜、打扫卫生，每隔上一周，刘传花还要去市场买菜。买菜时的她和做饭时的她一样，带着职业女性的杀伐果决。作为村支部的大内总管，十几口人的午饭系于她一人之身，容不得拖泥带水。她利落地下单，迅速地收拾，所有的蔬菜和肉类都是以极其快速又干脆的方式被纳入红色塑料袋中，滴水不漏。眼看着地上堆起一排购买好的食材，她迅速地统一打包，统一装筐，统一入车。这些食物从厨房地上到冰箱也只用了两三分钟。眨眼的功夫就买好了菜，再一眨眼，菜已经送回村委

刘传花在村委会厨房准备饭菜

会，安静地躺在冰箱里了。看着刘传花的身影，总让人联想到职场上那些叱咤风云的女性，她们热爱自己的事业，在自己擅长的领域闪闪发光。生活的苦难或许会磨平一个人的棱角，但热爱会带给生活一道希望的光。

在搬来之前，刘传花最发愁的便是搬迁后没了耕地，家里人该吃什么用什么。那时的生活虽苦，但好歹生活自足，万一搬过来连饭都没得吃可怎么办。但是来到这里，刘传花才发现这个问题是杞人忧天，村委会和政府会尽力为每一户家庭提供基本的生活保障。

考虑到刘传花家中有老人孩子需要照顾，不能外出务工，村委会为刘传花提供了村委会厨师以及保洁的工作。对于同时承担着家庭主妇和收入来源双重角色的刘传花来说，在离家很近的村委会工作显然是更好的选择。为贫困劳动力提供就业机会是政府自 2018 年安置区入住之后一直在认真落实的事情。政府为像刘传花一样的家庭提供了很多就业机会，包括景区外就业、自主创业、景区内就业，共解决就业 3 000 人左右。

随着景区渐入佳境，2023 年以来，在景区公司直接就业人数达到了

120 人，更不用提那些在旅游旺季被雇用的临时工，以及自发在景区内部摆摊的当地村民，刘传花家也是其中的一份子。

太阳耀眼的光被云层筛过，时断时续地照在往来游客的身上，也照在刘传花家的小摊上。刘传花有时摆个小摊卖烟和水，有时在别人的小摊上帮工。在游客多、生意繁忙的季节里一天能挣 90 多元，抵得上一天的工资。景区的摆摊工作并不稳定，能挣多少没有定数，很有可能客流量大时摆摊的人多，供大于需，收益反而不好。但刘传花对此没有抱怨，因为即使是这样，比起过去的生活也已经好了很多。只要有时间，她就推着摆摊小车来到景区吆喝卖货，用勤劳弥补时运的差距，以时间换取效率。这也是这个坚强的女人一直以来的坚守，命运不公，便努力一些，再努力一些，用万分的坚韧补足命运的差距。

有空时刘传花也会带上家中最小的儿子女儿来摊位上帮忙。刘传花看向孩子们的眼神里有一些担忧，怕他们应付不了客人，但更多的是心满意足。尽管未来总是不确定的，但大人勤劳肯干，孩子懂事，一切且听风吟，静待花开。

颜亨询在景区小火车处工作。他拿着记事板，别着一个小对讲机，小对讲机里时常传来方言浓重的普通话，伴着对讲机的杂音，让小火车的运营多了一些神秘。

颜亨询在野玉海旅游景区的小火车处做检票员。小火车三十分钟一班，提前十五分钟检票，颜亨询基本没有什么休息时间，全程站在安检口，偶尔跟来这里打暑期工的二儿子聊聊天。更不用说正值旅游旺季，作为检票员免不了要和形形色色的人打交道，一会儿是嚷嚷着自己找不到座位的游客，一会儿是来商量能不能让自己的人先进去选座的导游，还有暑期刚来还不能完全担当大任的临时工。事忙，颜亨询却不乱。他站在那里，有条不紊地对每个员工下达指令，转过身对游客耐心解释，俨然是这里的主心骨。

小火车售票站地处山腰，脚下是峡谷，远处是云山，清凉的风吹得人忘记当下正处八月，更不用提山里一阵一阵的雨总是打得人措手不

颜亨询的工作地点

及。这个项目于 2017 年入选全国优选旅游项目，是全国唯一的山地观光"爬楼"火车。它仿佛盘旋在天空之中的列车，当列车驶过时人们不仅可以看到"高铁爬楼"的奇观，悠悠高山、烂漫山花、云雾山海也都一一收入眼底，沿路的彝寨风情、森林美景一览无遗，脚下的峡谷和远处的山脉在山间的雾霭中若隐若现，安置区的红色屋顶被埋在重重密林中，像是大山深处开出的花。

外省的承包公司为该地搭建了合适的旅游项目，为颜亨询这样的本地务工人员提供岗位，让他们能工作养家。搬迁之后，颜亨询先是在山上的森林公园打了三年的零工。后来随着旅游业的复苏与发展，他来到小火车处应聘安保工作。颜亨询和刘传花一样，干活儿踏实稳重，领导将他转到了售票处做小火车的安检员，还给他涨了工资。虽然工作繁忙了一些，但是对这个风波不断的家庭来说，拥有了两份正经的收入来源，生活终于逐步走上了正轨。

往者不可谏，来者犹可追。

山重水复，柳暗花明

　　因病致贫、因病返贫一直以来都是脱贫路上的"拦路虎"，在安置区内，几乎每一个贫困户家中都有需要人时时照看的病号。刘传花家的病号格外多。且不提患有老年痴呆症和肺部肿胀的婆婆，得了膀胱肿瘤的小儿子，哪怕是刘传花和丈夫两个青壮年劳动力，都有一些毛病需要适当调养。

　　刘传花的公公年轻的时候在外面工作摔断了腿，之后就成了残疾，贵州多山多雨，断了的腿在阴天下雨的时候便会发痒发痛，更不用提随着年纪的增大，腿脚越发地不灵便，每个月都要吃上百元的止痛药。

　　颜亨询则有胃出血的毛病，胃出血是一个比较危险的疾病，不仅有可能导致吸入性肺炎，随着出血量的增多，还会导致血压下降，引起失血性休克，甚至肾衰竭。颜亨询觉得是由于过去当货车司机的经历养成了饥一顿饱一顿的习惯，刘传花不屑一顾，认为是丈夫和朋友常常喝酒导致。颜亨询不仅为此住了一个月的院，平时也需要格外注意，饮食要清淡，要少食辛辣等刺激性食物。因此，现在即使在工作期间，他中午也要放下景区的工作回家煮饭吃。

　　好在搬迁之后，看病方便了许多，不必再乘坐一个多小时的中巴，也不必自己掏全部的费用。全家有了医保，无论是手术还是买药都能报销大部分的钱。无论是颜亨询的养胃中药，还是公公的止痛药，都能够在社区医院低价拿到。

　　医院安置在景区内部，距离刘传花家步行二十分钟左右的地方。医院是一栋两层的小楼，能够治疗一些头疼脑热的毛病，能够给孩子接种疫苗，还能够针灸按摩推拿。虽然比不上市里的大医院，但对安置区的村民来说，已经是差强人意了。村民都会到这里来拿药，便宜又方便，刘传花家也不例外。

　　一想起看病欠下的巨额债务，乐观坚强的刘传花还是会陷入忧愁。在

搬迁后的社区医院

过去，发展与希望对于这个家庭而言不过是空中楼阁。巨额的医药费，滚雪球似的债务，嗷嗷待哺的孩童，无法自理的老人，还有每个月杯水车薪的收入，每一项都压得刘传花喘不过气来。一直以来的乐观与坚强不是她的选择，而是她的命数。她没有选择，只能用自己的坚强撑起这个家，走入前方的漫漫长夜。艰苦的时光终将过去，坚强的人必将苦尽甘来。搬迁以后，这个家庭的重担正在逐渐地减轻，希望不再是空中楼阁，一切终将雨过天晴。

有能治的毛病，也就有不能治的毛病。刘传花自小就有耳出水的毛病，在听力上有所欠缺。遗传疾病在小地方的医院很难得到彻底的根治，而以刘传花家的经济条件，去大医院的性价比远远不如凑活地生活下去来得高。

人有五感，形声闻味触，少了一感的生活跟常人相比到底还是难了一些。别人谈笑风生时，刘传花听不见就只能尴尬地附和，靠着自己听见的几个词脑补出整个对话的意思。但刘传花已经很满足了。

慈母爱子，非为报也

慈母爱子，非为报也。尽管在自己身上不舍得花钱，夫妻俩在孩子的教育上却投入了相当多的心血，只为送孩子们走出大山，去外面见识天高海阔。

家中的四个孩子，最小的明年也要开始上初中了。相比于之前翻山越岭的上学路，现在的上学路比之前好了太多。铺了石梯的山路和近了几倍不止的距离，缩短了孩子们与知识和未来之间的距离。安置区的小学距刘传花家步行只有十分钟左右的路程。学校能够覆盖易地扶贫搬迁安置点三个村居，免除学杂费，让所有安置区内的孩子都能够得到基本的教育，不再因为山高路远、经济拮据而阻断了上学的路。

刘传花和丈夫的文化程度并不高，孩子们上了初中以后，就没了辅导孩子学习的能力，只能通过老师了解情况。尽管没有辅导孩子学习的能力，但却不影响夫妻俩为了孩子殚精竭虑。

贵州省实行强制分流政策，初中排名后50%的孩子要被强制分流到职业高中。刘传花的大女儿颜加兴学习成绩比较一般，在第一次中考时差了17分，要被分入职业高中。在家长的观念中，职高比起普通高中要差了一大截，刘传花无法接受这个结果。她和丈夫没多犹豫便下了决定，要送女儿去复读。

但让人意外，也不让人意外的是，女儿并不想回学校复读。父母胼手胝足，为了家庭付出一切在所不惜。自小眼见这一切的大女儿只想早早挣钱，报答父母的含辛茹苦。颜亨询和刘传花夫妇为女儿这个决定急得焦头烂额，他们一遍遍地告诉女儿，让她不要担心钱，只顾学习就好。眼见女儿还是不为所动，又去求了女儿的班主任，请班主任帮忙说动女儿。

班主任也被打动了，班主任对孩子说："以你们家的家庭情况，很多家庭会选择不让孩子读书了。但你父亲还在争取，他还要让你读更多书，你要珍惜这个机会啊。"谁言寸草心，报得三春晖。在班主任和大女儿长谈过后，女儿决定复读一年，再考一次，争取考上高中。

颜亨询对此感到格外自豪。他为孩子的懂事而自豪，更为自己成功地把孩子劝回了学校而自豪。贫穷家庭的孩子皆是如此，匮乏的物质条件让他们尽早感受到了生活的不易，在别人家的小孩还在父母身边撒娇来满足自己的年纪，他们已经学会了牺牲自己来满足家庭。但即使如此，即使生在贫困家庭的孩子和生在大城市家庭的孩子确实存在难以逾越的鸿沟，自小物质条件的匮乏以及因此带来的眼界的缺失和心态上的卑微可能需要用一生的时间去慢慢弥补，但也总有一些父母，要尽全力将自己的孩子托举到他们能托举到的最高处，送他们去到能去的最远的地方。

搬迁给孩子的成长带来了很大的影响，最明显的便是硬件条件的提升。过去住在山上，连电都没有，遑论网络。搬迁之后，就像许多年轻人一样，刘传花也迅速坠入网购的快乐中。但除了偶尔在拼多多上给自己购置一些便宜的衣服和首饰以外，她更多的是给孩子们购买书籍。孩子们床下的箱子里面装的《红星照耀中国》《朝花夕拾》都是常见的初中必读书目，姐姐读完了妹妹读，妹妹还读不懂的就留到以后读。

在家贫如洗的日子里，给孩子添置学习资料是让人望而却步的想法。而现在，刘传花闲暇时便会在网络上浏览，给孩子们挑一些书买回来。离开了迁出地，离开了那让人无论如何都无法挣脱的透明天花板，这个家庭的希望正在慢慢升起。

搬迁给孩子们接受教育的方式也带来了改变。自二儿子颜伟奇提出想要一台电脑开始，刘传花夫妇便陷入了为难中。一方面是升入初中后，的确需要在网上查找一些学习资料；另一方面，小孩子正是爱玩儿的年纪，万一有了电脑就沉迷游戏该如何是好。刘传花夫妇连手机都不敢给孩子购置，生怕孩子有了手机就忘记了学习。网络，给刘传花夫妇的教育方式带来了冲击。

然而，面对向来懂事的二儿子的再三央求，刘传花夫妇还是心软了。借此机会，刘传花夫妇也想让孩子明白金钱的意义。两人对儿子提出，儿子可以拥有属于自己的电脑，前提是购买这台电脑的一部分钱要他自己打工来挣。父母添大头，儿子挣小头，刘传花夫妇俩用这种方式让孩子明白每一分钱都来之不易，要好好珍惜。

颜伟奇欣然同意。暑期伊始，他便跟着父亲来到小火车售票处做临时工。父子俩配合得默契十足，一个管理秩序，一个计算人数。一大一小两道蓝色的身影穿梭在站台上，对小火车上的每一位旅客迎来送往，目送小火车一趟一趟去而复返。孩子心中盛满对未来的憧憬，父亲心中装着对孩子懂事的欣慰。

这样的小小身影，在景区内随处可见，光是这个小火车的站台上就有三个看着同样年轻的孩子，一同协助颜亨询管理小火车的秩序。此外，这些年轻的身影还分布在火把节的广场上，在周边卖小吃的摊位上。这些年轻的劳动力成为当地旅游产业的蓄水池，在假期这样繁忙的旅游季就被吸纳进来提高景区的载客量，而在那些没那么繁忙的季节里则被放归到各个学校中。这些小临时工有的可能是为了补贴家用，也有的可能是为了挣零花钱，但景区的存在对他们来说无疑是在平常的生活里打开了一条裂缝，给了他们跳出这平庸生活的一丝力量。

刘传花夫妇对子女的金钱教育不止于此。除了让儿子自食其力打工挣钱以外，刘传花也在别的方面身体力行地教育孩子们。夫妇俩每周会给每个孩子50元零花钱，除去周一上学的车费和周五放学回家的车费以外，每个孩子还能剩下40元零花钱。父亲对孩子们说："你们要学会自己安排钱的用处。"孩子们养成了不同的消费观念：小弟弟小妹妹选择节省度日，省吃俭用攒下了200多元钱；大孩子们攒钱后适当消费，给自己买些玩具或添置参考资料。但无论怎样，在家庭的熏陶下，几个孩子早早地明白了金钱的意义。对家境贫寒的家庭来说，金钱的教育是子女的必修课。

过去居住在半山腰上，比邻无人。放眼望去，是连片的齐腰灌木丛，附近荒无人烟。没有玩伴，也没有玩具，对玩心正重的孩子们来说，娱乐也是奢侈。在静得像一潭水的黑夜中，四个孩子互相为伴，一起掰着手指数天上的繁星。这听起来像是现代人的浪漫，但却是山中人的枷锁。刘传花家的四个孩子见了生人后手足无措，让刘传花也发愁不已。

三岁看大，七岁看老。在小孩子性格养成的关键年纪，受环境所迫没能养成开朗的性格。若是能够在温暖和谐的社区里长大，或许孩子的性格也会有所变化。这或许就是易地扶贫搬迁政策的意义，不只是给这一代人物质上的满足，更是给下一代人思想和精神上的滋养，阻断贫困的代际传递，造福一代代人。

平时的日子里孩子们也很少去找别的小伙伴们玩，打扫完了卫生、干完了家务之后，孩子们自己在家中打一副发黑的扑克牌，用电视刷一刷短视频，或者干脆就在不透光也不开灯的房间里坐着发呆。过去孤独的生活给他们留下了烙印，成为他们性格的底色。

刘传花夫妇虽然也想让孩子们的性格变得开朗外向，但这终究无法揠苗助长，父母也只能安心等待子女的蜕变。蝴蝶破茧总是需要一定时间。由于环境恶劣，山里的蝴蝶所需的成长时间可能格外的长，不过好在蝴蝶已经来到了更适合生活的环境，接下来只需要安心等待，等它挣破壳来振翅远飞。

不过，或许刘传花夫妇自己都没有意识到，父母对子女的言传身教，往往是在那些点滴的相处中不经意地渗入了每一寸岁月。刘传花的小女儿颜灿虽然不爱讲话，但举手投足间处处体现出妈妈的影子来。家中没有什么收纳用的家具，但哪怕是用废弃的纸壳箱子做收纳，小女儿房间里的每一件东西也都收拾得井然有序。她所有的衣物都挂在一根穿过天花板的绳索上，她所有的被子则整整齐齐地叠放在床尾。她的床头柜是一个大纸箱子，里面的东西按照书籍、玩具、日常用品等分门别类地摆放，连枕头边上的玩偶们都摆放得整整齐齐，按照睡觉的方向躺在枕头边。在别人弄皱了她的床时，小女儿会后面悄悄地，在别人看不到的死角，把坐皱了的被单抻平了。正如刘传花那干净整洁的厨房，那井然有序排着每种蔬菜的菜地，那买了五年却光洁如新的衣服，以及她干活儿时手起刀落的干净动作。

不知道从什么时候起，可能从木柯村时的那栋石头房子里起，可能从看到母亲在地里忙活的身影时起，这日复一日的言传身教便在她心里埋下了小小的芽，长成了参天大树。在未来，小女孩或许没有选择离开这个村寨，而是留在这里，在安置区开启一段新的人生故事；小女孩也有可能一跃千里，去到更高更远的地方。但妈妈这一小块精神的楔子总会嵌在她的记忆里，伴随着易地扶贫搬迁的记忆，影响她的一生。

一切都是进行时

海坪村作为旅游扶贫的典范，将易地扶贫搬迁与城镇建设、景点建设、特色产业发展结合在了一起。野玉海山地旅游度假区主要还是以海坪为核心，以易地扶贫搬迁安置点为主要景区打造海坪千户彝寨景区。中国凉都康养胜地是六盘水打出的旅游招牌，夏季平均19℃的气温，凉爽宜居的气候，使六盘水成了全国人民在炎炎夏日里难得的避暑胜地，让来到这儿的游客共同领略着不一样的黔乡特色。

青山环抱、山多地少，素有"九山半水半分田"之称的野玉海成了许多早已在快节奏生活里倦怠的人新的"诗和远方"。现下，旅游景区基本都朝着自然风光大饱眼福、人文历史抚慰心灵的方向打造，刘传花所在的海坪村海坪彝族文化小镇也是如此。文化小镇内有按照土司原住处复原建设的土司庄园酒店，也有从高处俯瞰悠悠高山与烂漫山花的观光小火车；千户彝寨与火把广场让游客感受火把节万人点火共庆佳节，九重宫殿（彝族历史文化博物馆）让游客沉浸体验彝族文化，天下第一锅让宾客品尝贵州黑山羊的鲜美……

景区发展得好，这些在景区安置的搬迁户也能吃到红利。刘传花每天下午到晚上在景区广场旁的商摊打工，生意好坏与景区人流量也有着密切的关系。2023年，野玉海山地旅游度假区预计全年将接待游客150万人次，实现综合收入7 000万元。对比上一年疫情尚未放开时的综合收入2 489.746万元，接待游客43万人次，2023年野玉海山地旅游度假区游客数量暴增，让刘传花打工的小摊也能达到一下午200元左右的收入。

　　刘传花穿着围裙，坐在她平时在小摊上炸洋芋时所坐的椅子上，盘算着未来。她依旧喜欢美食，以后还想以此为生。

　　烹饪美食不仅仅是刘传花维持生计的技能，也是她的兴趣所在。饭桌上的一盘辣土豆片被周围人夸赞时，她会娓娓而谈，详细地描述削皮、切块、翻炒的过程，需要哪些辅料，多长时间出锅。聊起做菜时放盐的多少，刘传花说就先放一勺，平平一勺，炒完后可以尝尝咸淡，少量多次地叠加。做菜是最需要耐心的，刘传花生活中很大一部分热忱都交给了烹饪。

　　也许是经历过吃不饱饭的日子，做点吃的是刘传花的心愿和理想。等到孩子们都上了大学，长大成人，她想盘个门面，开自己的店铺。至于做什么则无所谓，可以是做小餐馆，也可以是做点炸洋芋这样的小吃，反正就是跟做饭有关的，她都乐意。想到这里，刘传花的笑意又浮上了嘴角。只是这笑意很快又被冲散了。

　　也是，在孩子们长大的过程中可能会遇到太多的事情，这些美好的愿景，对于一个从大山里走出来的家庭来说，是期盼，是奢望。但刘传花总是那么的坚定，坚信靠双手能过上好日子，坚信生活会越来越好。她要把奢望变为现实，而勤劳就是她最大的武器。

刘传花在景区的打工小摊

关于未来的规划，丈夫颜亨询与刘传花的意见有所不同。颜亨询希望在孩子们都读上书，最好是都考上大学后，趁着夫妻俩还有能力出去务工，带着妻子去打工赚钱。不过夫妻俩同样认为，必须供孩子们一直读书，要让他们有本事有能力。每每看到那些考上大学的孩子时，刘传花眼里有羡慕，有期望，她希望将来有一天，她的孩子们也能一个接着一个拿到录取通知书，能一步一步走出大山，突破重山带来的困境，打碎大山子民世世代代如诅咒般的贫穷命运。他们已经吃过太多的苦，不能让孩子们再走这条路。

社会科学研究学者曾计算，要想通过打工在大城市安家安顿下来，至少需要两到三代人的努力。那么从大山里走出来呢？又需要多少时间，需要几代人？刘传花的故事是一个印证，这个印证需要在十年、二十年甚至五十年后才能被完成。要多少年不重要，山外人的想法更不重要，重要的是无数个刘传花愿不愿意靠双手来实现这个未来，来完成这个印证。这样的问题在刘传花身上只有一个答案，那就是"当然愿意"，带着微笑的"当然愿意"。

住在景区，景区的发展也就决定了刘传花想做的餐饮服务行业的经济收入。在餐饮方面，野玉海山地旅游度假区计划打造几家特色非遗美食体验店，建立起标准化规范化的"生态黔菜"快餐店。此外，景区还将收纳周边特色小吃商贩，汇聚百种黔乡小吃，吸引各方游客。

刘传花家被分到两套安置房，现在家里人住的是一套双层间，还有一套面积更小的房子目前正在出租。受到景区的辐射带动作用，海坪村的闲置房屋常常用来租给当地旅行团散住，或者是退休后的个体游客来住三两周。当地住户是这样在做，景区也积极鼓励农户依托千户彝寨的闲置房屋，通过招商引资等方式大力发展民宿等住宿设施。

今年暑期旅游旺季，依托火把节，野玉海山地旅游度假区就已收纳了将近 10 万人流量。在火把节当天，景区统一组织了文艺汇演，让五湖四海汇聚到此的游客们尽情享受彝族特有的篝火狂欢。而在平时，景区将文化演艺、娱乐活动和旅游服务有机融合，持续开展度假区驻场文艺演出。

夏季的每天晚上在火把广场都会有彝族特有的打铁舞活动，像刘传花这样的当地搬迁户就常常参与其中。

刘传花是在搬到海坪村后才拥有了自己的微信，她的微信名是"幸运之星"。无须多言，四个字就能够表现出她对易地扶贫搬迁的感激与对现有生活的满意。刘传花的微信头像与大多数同龄的同经历的农民不同，她没有以一束花、一棵草或者以家人的照片作为自己的社交头像，而是一张经过修图软件处理的她本人的艺术照。干净清爽，黑白简约色调，没有太多的修饰，正如她本人那样，干练，简单，不施粉黛，却美好温润。

搬迁后的生活是平凡的。早上不用起那么早，只要九点多步行三四分钟去村委食堂做饭，待十几口人吃完饭后清理餐厅与厨房；下午偶尔去隔壁的玉舍镇上赶个集、买买菜，到点了就去火把广场炸洋芋；晚上有空想放松放松就带上儿女，跟着朋友，一起上广场跳打铁舞。这种生活跟城市中的灯红酒绿自然是无法比的，但对于大山的子民，这就是他们一直在寻找的，平凡却又充实的日子。

工作、娱乐、社交，一点一滴，汇聚成细细密密的生活之网，接住了刘传花一家，让他们不至于漂浮下坠，不至于无处安身。"生活总会越过越好的，我们都要加油。"这是刘传花的座右铭，这是她信奉的，也是她坚持的，她用自己的乐观、积极感染着身边的人。有家人，有朋友，有本领，有工作，平安喜乐，这已经是刘传花所能想到的最幸福的日子了。

生活正在变好，因为年轮一圈圈镌刻着他们成长的印记，大山也见证了一代人走出山林、奔向世界的重大转变。

结语

群山万壑，郁郁葱葱。在这崎岖的山路上，在一幢幢彝族特色房屋构成的小镇里，刘传花靠意志走出搬迁前的艰辛与窘迫，靠着勤劳与坚韧走向搬迁后的日升日落。一个人的生命中怎么会有这么多的苦难，麻绳专挑细处断，厄运专找苦命人。但如果要同情刘传花，反而是对她的一种不尊重。刘传花一家人曾经在生活的苦海里拼命挣扎，筋疲力尽却从没有放弃和命运斗争。即使是在那些灰暗的日子里，刘传花依旧乐观而又坚强，她顶住生活的千斤苦担，笑着看向未来她和家人必将拥有的幸福日子。中国大多数的农民就是这样，朴实，勤劳，有韧性，肯吃苦，却唯独缺少一个走出去的机会。

易地扶贫搬迁，就是这个机会。这个政策让无数百姓走到了他们期盼已久的大山之外。对于刘传花一家而言，易地扶贫搬迁已过了五个春秋。他们收入更加稳定，老人孩子的生活也都有了依靠和保证。一个好的政策润物细无声地感染几代人。"纵然只是一页切片，但也弥足珍贵。真实自有千钧之力。"只有亲身走过泥泞路，亲自见过石头墙，才能够看到易地扶贫搬迁带给百姓的巨大变化。

易地扶贫搬迁政策的出台，是因为"一方水土养不活一方人"，可什么才叫"一方水土养不活一方人"呢？一个山里的家庭，已经拼尽全力生活，但依然无法挣脱环境的桎梏。搬迁的意义就是给所有人脱离桎梏的机会，让他们能够通过努力实现发展。这项政策给了这些家庭以新生，让希望的种子在每一个家庭生根发芽。

余华在节目曾说，浙江海盐的海水是黄色的，而书上的海水是蓝色的，所以小时候他想一直游一直游到海水变蓝。刘传花的故事总能让人感受到人民的勤劳、质朴与纯粹，生命虽有千万种苦，一直游总能变蓝的信念不必说，便已成为所有人的共识。

"在世界与大地的冲突中，艺术才得以体现。"海水大概是变蓝了，困难与艰辛的时刻却总被人忽略。海坪村的农户，千千万万的农户，在黄土大地上生存着，与他们相遇的一瞬，或许就能够告诉他们，没有人会被忘记。

魏家大院

坊城新村位于山西省大同市云州区西坪镇，是大坊城村与西咀村两村易地搬迁来的村民的扶贫安置村。坊城新村于 2016 年开始建设，2018 年搬迁完成，目前全村有 206 户、435 人，占地面积为 1 600 亩。坊城新村居民近一半来自大坊城村。大坊城村是一个典型的山西村庄，村民居住在窑洞里，以农业为主，生活相对平静。对他们来说，水是当地珍稀的资源，但与此同时，雨水却会带来窑洞塌陷的风险。和中国无数的其他村庄一样，坊城新村的老龄化现象较为严重，大部分年轻人都逐渐离开村庄。

与坊城新村的初见

大同，古称云中、平城、云州，夏凉爽而冬酷寒，曾有近百年作为中国都城的历史。元代虞集在诗中这样写道："云中楼观翠岧峣，载道飞香远见招。"那是距今近一千年前。可见，在那时，作为北方经济中心、军事要道的云州是多么繁华、富饶。随着中原衰落，大同也逐步淡出了人们的视线。据 2020 年扶贫统计数据，大同共有十多个县被认证为贫困县，山西全省有近 30 万贫困人口，农村老龄化问题严重。广袤的黄土民族就此变得越来越沉默。

此行的目的地——坊城新村，就坐落在大同市的东边。

坊城新村的现居民，有近半来自大坊城村。这里曾经是一个极为典型的山西村落：村民居住在窑洞中，以种地为生，靠天吃饭，日子平稳而又缓慢。当然，这个村落也有着属于自己的骄傲：这个村落的居民是洪洞大槐树南迁的遗民，见此地芳草丰美，土地平旷，东西各一条河，呈二龙戏珠格局，便在此定居。村中西有一面佛，东有一座庙，其建造时日都已湮灭在时间的长河之中，却在村民记事以来便始终伫立在黄土之上。山西人是"枕在文化上的民族"，这一点在大坊城村被体现得淋漓尽致。

如今坊城新村的常住人口大多由老人组成，村内的年轻人寥寥无几。魏家可以说是村中的大家族了，魏继仁、魏继明和魏继林三兄弟从小在魏家大院中长大，现在也一同居住在坊城新村。在易地搬迁的过程中，兄弟三人各自的职业道路和生活选择让他们的感受和体验呈现出丰富的层次和细腻的差异，映射出个体生命故事的独特与时代变迁的共鸣。

集体的热心肠

一座小院，三间屋子，就是魏继仁和老伴儿现在的家。小院大概两个轿车车位大小，有一个小小的菜圃，位于进门左手处，空余的地面都已经硬化，铺上了石头地砖，可任由小孩子玩耍嬉闹。整个院子屋舍十分整洁，除了日常的生活用品外，少见凌乱杂物，从中不难窥见主人公的生活状态。

三间屋，对应着传统的三间窑洞，并排着，坐落在小院里。农民生来就喜欢土地，在易地搬迁的过程中，搬到城里楼房安置地的农民很容易感到不适应，因为他们不习惯住在封闭的大楼里。相比之下，坊城新村让每一家农户都拥有一个小院子，露天透气，可以摆放杂物，种一些花花草草，便于走街串巷。

两卧一厅一厕，屋里总体约有 50 平方米，左右两侧各一个房间，中间是客厅——坊城新村的大部分安置房都是这种结构，这也就使得整个村子的格局看起来非常规整，好似棋盘一般。进屋就可以看到一张餐桌，靠墙放着；冰箱、抽油烟机、灶台、碗柜、洗手池，一应俱全。左面的房间预留给儿女，供他们逢年过节回家时居住，墙壁上挂着大大的儿子女儿各自的结婚照；右边的房间平时就由魏继仁和老伴儿两人自己居住，里面放置着一个小沙发。房子建造时，政府便考虑到了当地人的生活习惯，给安置村里所有的卧室都兴建了土炕，好让村民能够更好地适应新环境。土炕冬暖夏凉，既可以睡觉，又可以坐在上面干活儿。

魏继仁老两口在家里摆放着不少照片，有黑白的，也有彩色的。当这些不同年代、色彩与拍摄风格迥异的照片放在一起的时候，一眼看去，会给人造成一种非常强烈的冲击，从中可以轻而易举地窥见这几十年以来老百姓的生活所发生的翻天覆地的变化。为数不多的寥寥几张黑白照，无声地诉说着岁月的流逝，展现着主人公过去的峥嵘岁月。其中一张是魏继仁老伴儿年轻时的照片，约莫二十岁的光景。照片中，她穿着一件深色的上衣，将满头茂密的头发整整齐齐地梳到耳后，嘴角挂着浅浅的微笑，尽显五六十年代女青年的风貌气息。彩色的照片数量不少，除了客厅里亮崭崭的全家福以外，老两口还有一张巨大的彩色婚纱照——这是前两年在儿女的撮合之下补拍的。照片里，魏继仁夫妇两人紧紧地挨着，魏继仁将老伴儿亲切地圈在自己怀里，两人对着镜头自然流露出幸福的笑容，他们的动作与神情已经不再像过去年代的新婚夫妇那般板正拘谨。随着时代和生活环境的变化，老两口的思想相较过去已经变得更为开明，魏继仁老两口似乎较好地接受并融入了新的时代与新的生活环境，而儿女这一代"年轻人"让他们这一代"老古董"拍婚纱照，这种"仪式感"想必也给老两口心里带来了不少甜蜜与快乐。

魏继仁今年虽然已经七十有余，但腿脚还利索得很，面色红润，看起来精神抖擞。他个子不高，操一口浓重的大同方言，皮肤被晒成晋民常见的棕褐色。脊背笔直，中气十足，说话时常常容易激动——会直接站起来，手脚并用地跟对方解释。

搬迁前的大坊城村，虽然名曰"大"坊"城"村，但村中景象完全和城市毫无干系，也完全称不上所谓繁荣。村里的自然条件和生活环境都十分朴素艰苦，和任何一个生在黄土高原的村落一样，窑洞是村民们仅有的藏身之所。至于地理位置和经济条件，大坊城村甚至连附近挨着的小坊城

魏继仁在旧房前

村都不如。和当时多数村里的农户家一样，魏继仁住在靠山挖出的土窑中，那便是后来的魏家大院。山中岁月漫长，如果不是这次搬迁，魏继仁没想过自己这辈子还会搬出那个自己从小就居住的院子。

旱厕挑粪，要从家里的旱厕把粪水舀出来，用扁担挑到田地里或荒地里倒掉。为了节省时间，要尽可能让扁担沉重一些，对于一个孩子来说，这是切切实实的重担。幼时，挑粪就是魏继仁最不喜欢的活儿。这活儿虽然没那么累，但脏，脏得即使只是气味都能熏得人睁不开眼。但不喜欢归不喜欢，活儿总得有人干，从家里到田间地头，常常能看到魏继仁挑粪的身影。

大坊城村缺水，每家每户都要去好几里外的地方挑水。虽然传说中的祖先将村址选在了东西各有一条河的"二龙戏珠"之地，但对于生活在水源稀缺的黄土高原的人们来说，想要获得水资源，还是需要在日常的时光里花费些工夫的。魏继仁长大后，村里家家户户开始流行起在院里打水井。水井是人工、纯手动的，铆足一口劲儿，泵十几二十分钟，才堪堪够一家四五口人的生活用水。像江浙村民那样痛快地在河中冲澡，这对魏继仁来说，是难以想象的奢侈体验。在这里，想要洗澡，要去十几公里以外的县城里洗，也只有在逢年过节、需要出门办事的日子，魏继仁才会跑到城里去洗澡；

至于平时，也就睁一只眼闭一只眼、凑合着过去了。挑完粪后，身上的气味久久不落是再正常不过的事情，这里的村民也从小适应了这样的生活。

只是，受限于当时的文化水平与认知缺陷，魏继仁还没有意识到，村里有那么多腿脚不便的佝偻老人，其实都与他们当地的水源有着密不可分的联系。由于大坊城村周围的土地盐碱化，当时他们洗衣吃饭的用水都含有碱性成分，长期食用会对人体健康造成不利影响，这也就是为什么村里有很多老人都患有腿脚不便和骨骼骨质方面的毛病。

旱厕挑粪、洗澡难、喝水难，这些其实都不能算是最困扰魏继仁的问题。居住在依附于黄土高原而建的窑洞中的他们，最为头疼的，是窑洞遇水易塌的毛病。无论是魏继仁、魏继明还是魏继林，抑或是仍留在村中的年轻一代的典型代表魏刚（魏继林的儿子），在他们的脑海中，搬迁到坊城新村给他们带来的最直接的好处便是离开了窑洞。作为黄土高原的标志性建筑物，窑洞给当地人民提供了栖息的场所，他们利用高原有利的地形，凿洞而居，打造出冬暖夏凉的栖息地。可是，窑洞毕竟是由黄土构成，不比城镇中的水泥与钢筋混凝土房屋，窑洞有一个致命的缺点——难以抵抗雨水。每到下雨天，窑洞经常会漏雨，此外还存在着屋顶坍塌的风险。魏继仁和魏继林两兄弟始终难忘1995年的那一场大雨——随着暴雨的不停冲刷，窑洞的屋顶轰然倒塌。对魏家的每一个人来说，那都是一个不眠之夜。被雨水破坏的家园，只能等到雨天过去再找人进行重建，这便是生活在黄土高原的居民从小到大的生活——在每一个下雨天担惊受怕，在雨水冲刷后一遍又一遍地重建家园。在魏家老宅，每一个房间的天花板一角都留有一方孔洞，那是用来观察屋顶受雨水冲击的情况的。一旦发现屋顶有塌陷的迹象，他们便会相互通知，赶忙撤出窑洞。

屋子塌了，还能再建，可那些被掩埋在废墟之下的人，他们却永远地留在了那个雨夜。

如今搬迁到了坊城新村，屋子都是由混凝土搭建而成的，原本生活在魏家老宅的他们再也不用担心屋顶会塌陷了，也再也不用在每个雨天都来回观察屋顶的情况，再也不用一颗心悬在半空中。与此同时，村里的配套设施也进行了相应的改善，道路硬化后，他们不会再在下雨天踩得满腿泥泞。

雨天，已不再是他们的噩梦。

现在，坊城新村的家家户户都配备了自来水、天然气、电冰箱、洗衣机等各种设备和电器，生活变得方便了许多，不仅满足了饮水、如厕、洗澡等方面的基本生活需求，而且还可以解放人力。很多从前只能依靠人力劳动完成的家务，现在都可以依靠机器代劳，并且效果比之前人工的还要好。这便将过去终日忙碌的农村妇女从烦琐的家务中解放出来，让她们拥有了更多空闲的、属于自己的时间。魏继仁的老伴儿安连嵘便是其中之一。现在的她，可以在家看电视，也可以出门转转，与人聊天。此外，安连嵘还掌握了一项全新的娱乐方式——晚上去村委门口的大广场上跳广场舞。

当初刚搬来坊城新村的时候，魏继仁前前后后花了半年时间才和新伙伴慢慢熟悉起来。刚搬来那会儿，魏继仁只和原来大坊城村的邻里比较熟悉，但对于从西咀村搬迁来的伙计们，他们之间基本上没有太多交流。后来，得益于魏继仁经常参与村内事务，在村里组织的活动或者大会上常常露面，彼此见面的次数多了，大家才慢慢"热乎"起来。时至今日，时不时会有西咀村村民来找他咨询一些事情，一来二去的，魏继仁也和大家都熟悉了起来，

晚上在锻炼身体的村民

现在的他觉得已经和西咀村融为一体。

下午天气太热，不适宜下地干活，要好的村民便聚在一起，大家很喜欢搓麻将，痛快搓个几盘是聚在一起时的重要娱乐；一家子亲戚碰面往来也比搬迁之前更加频繁，碰见了红白事，也会聚在一起庆祝或商量；村里的女人们从前要干很多农活，既要种地养鸡，也要干好家务，还要照顾老人孩子，现在很多时候就在家操持家务和朋友打打麻将；过去晚上没有路灯，出行要靠月光和手电筒，晚上没事大家就待在家里，有电视的看看电视，没电视的早早就休息了，现在晚上还能在广场上散散步或跳跳广场舞，娱乐活动变多了。搬迁从实际上改变了魏继仁老两口之前闭塞且忙碌的生活，以前的生活单调又乏味，远不及现在精彩丰富。

魏继仁家里的土地有 30 来亩，基本上都用来种植玉米。最多的时候，魏继仁还管过 50 亩地，因为那时兄弟家里头有事，他便帮忙一起照看着。那时候，他一年只能从土地里获得 3 000 元的收入。

一开始，村里的黄花产业并不像现在这般规模庞大，村里头也还没有意识到发展黄花产业的重要性。那时候，大部分村民都选择种植玉米，因为玉米种植起来更加省事、方便，不像黄花那般娇贵，需要费不少功夫料理。然而，玉米的价格是远远比不上黄花的，因此村民无法从种植玉米中获得太多经济收入。况且作为一种主食，大部分玉米要么是给人吃了，要么是作为饲料，给家里的牲畜吃了，用于出售的玉米并不多。

魏继仁也不是没有想过种黄花，只是黄花并不耐旱，魏继仁害怕降雨稀少致使自己损失惨重，便打消了这个念头。

现在，坊城新村里的大部分土地都已经由村集体统一流转了出去，魏继仁家里那 30 多亩地也不例外。同时，随着农业技术的进步，田间干旱缺水的问题也相应地得到了解决，彻底改变了村民过去靠天吃饭的困境。如今，在行情好的时候，一亩黄花地便可以挣 1 000 元。

只是，现在村里头的年轻人，基本上都不愿意种地了，而是纷纷选择去外地打工谋生。魏继仁的孩子也不例外。魏继仁老两口育有一儿一女，现在都在呼和浩特安了家。儿子是大学生，现在在电视台工作，生了一个小孙女；女儿也是去内蒙古上的学，生了一个小外孙。对于子女的现状，无论是工作还是家庭，老两口都很满意，也感到非常骄傲。他们的子女是走出窑洞、走出农村的人，受过良好的教育，在外面有一份体面的工作，有一个美满的家庭。这种子女的成功，让远在坊城新村的老两口觉得倍儿有面子，让他们在村里能抬起头来。但有些时候，他们又不免想念远在呼和浩特的孩子们。看到村中基本只剩下老人的情况，他们也不免感慨无人再愿意种地的现状。

魏继仁自己其实是愿意种地的，只是他现在已经年过七十，有心无力了。对魏继仁来说，种上一两亩蔬菜自己吃，这是一件很美的差事，让他们自己吃着更加放心。

和无数普通的传统农民一样，魏继仁到老也割舍不了心中对土地的眷恋。他们种了一辈子地，这一辈子都脚踩大地背朝天。土地早就在潜移默化之中成了他们生活的一部分，就像呼吸一样自然。

不过，在魏继仁身上，我们看不见丝毫颓然之气，他的精气神儿很好。虽然会怀念土地，但他并不会束缚于此。"人嘛，总是要向前看的。"这是魏继仁的口头禅。

除了种地，魏继仁还是村里的报账员，人们都热情地称呼他为"老会计"。魏继仁本身就热心村里的公共事务，在那个年代又算是比较有文化的人，便顺理成章地成了村里的报账员。

听说我们几个是从"北京""人大"来的，魏继仁很是激动。他从房间里找出了自己的党员证，还有他们老两口获得的"爱党爱国家庭"荣誉证书，激动地说道："我是名老党员呢，我是1984年7月1日入的党。"他将这个日子记得很清楚，脸上难掩激动。

对于魏继仁这个当了一辈子报账员、习惯于精打细算的人来说，未来的生活，还是需要有计划的，必须得好好合计清楚。比如现在搬迁之后老两口每年的收入和花销如何，大致由哪几个部分组成，魏继仁都会计算得

荣誉证书

相当仔细。据了解，魏继仁和老伴儿现在每年大约开支1.5万元：看病吃药一年3 000元，水费村里固定为一年108元，电费一年600元左右，天然气每年3 500元以上，其余的都是吃饭、出行类的花销了。政府每年会发放燃气补贴，一立方米燃气补贴1元，个人再支付1.62元；取暖则没有另外的补贴。

过去住在大坊城村的时候，家里没有安装天然气，魏继仁老两口平时都是依靠煤炭和柴火来做饭、取暖。平日里，肉类是不常吃的；偶尔吃上一顿，基本上也是来源于自家养的牲畜——由于牛羊数量很少，魏继仁一般得到逢年过节的时候才会宰上一头，平日里是不会舍得吃的。

魏继仁虽然现在已经七十多岁了，可是他在算账方面却一点也不糊涂，他心里头还惦记着现在明显升高的生活成本，搬到坊城新村之后，魏继仁一家每年的花销明显增加了。

可是，他似乎忽略了，随着搬迁所带来的生活条件的变化和社会的发展，自己的收入也跟着一起水涨船高了。魏继仁在村里当报账员，一年工资有3万元；自己和老伴儿每年还有3 500元的养老金。此外，坊城新村还帮助村民统一进行土地流转，每亩流转收益有500元。合计下来，老两口每年收入共有四五万元，已经算是不错的水平，可以满足他们的基本生活需求。

搬迁时，村里考虑到老年人的养老问题，便在村里建设了一个老年人颐养中心，但魏继仁夫妇并不打算去那里养老，而是更喜欢自己住着，等到无法自理的时候，再去呼和浩特投奔子女。

在魏继仁夫妇看来，只有子女不愿意照料的老人，才会去老年人颐养中心。

"养儿防老"和"孝文化"的传统思想在魏继仁夫妇的观念中根深蒂固——老人必须依靠自己的孩子度过晚年。因此，即使现在坊城新村已经有了老年人颐养中心，可以给无法自理的老人提供食物与照顾，但仍然有不少老年人不愿前往。对于魏继仁老两口而言，让子女回到坊城新村来照顾他们可以说是一件不现实的事情，毕竟儿女都在新的城市成家立业了。相比于去村里的颐养中心，他们更愿意跟随子女走，因为在他们的眼中，去住老年人颐养中心是实在没办法的无奈之举，但凡子女愿意照顾的老人都不会住进颐养中心。住进颐养中心的老人，会被街坊邻居认为是子女不孝，不仅老人脸上无光，子女也会觉得丢脸。

魏继仁很有精神头，他为自己的晚年生活规划了很多。魏继仁参与村委事务已有四十多年，未来他也打算继续干下去。过去在大坊城村的时候，他每周二周五都要去县里报账；搬迁到坊城新村后，魏继仁的事务也变得更多了。原来村里的目标就是脱贫、解决贫困问题；现在国家出台了乡村振兴的各项政策，事情比以前多了很多。如今，在坊城新村中，村里的路面、垃圾分类和运输、环境绿化、公共厕所卫生等各项事务都是村委需要关注的问题，这也构成了魏继仁日常参与村庄工作的方方面面。不过，魏继仁发自内心地喜欢这些，他常常会主动到村委工作，即使是日常散步，他也习惯了去村委逛逛。

时至今日，魏继仁仍然在村委工作，这背后其实还存在着另外一个原因——如今，坊城新村中绝大部分的常住人口都是老年人，年轻一点的也有五十多岁了，文化程度较低，没有能力去接任他的工作。

对于魏继仁来说，年龄无法限制住他继续为集体做贡献的热情。"只要村里有需要，只要我还能干得动，我就愿意一直为集体工作。"这句话仿佛成了他的不老宣言，同时也是他作为一名老党员的终身价值追求。

在魏继仁身上，很明显地流淌着为集体、为人民服务的精神。这种精神，跨越了 70 年时光的长河，历经岁月的淘洗，无论是在背靠黄土高原的窑洞，还是在新时代的坊城新村，始终熠熠生辉，像一幅画卷，徐徐地展开在我们这些后来人的面前。

离乡的归家者

魏继仁的同胞兄弟魏继明和大哥迥然不同，他是一个"大忙人"——每天一大早，魏继明便会早早起床，将村子里里外外打扫一遍，紧接着又马不停蹄地离开村子去附近的农场打工，一直到晚上七八点钟的时候才会回家。

可能是为了方便自己务工，魏继明剃着寸头，看起来十分干练。他的身形微微有些佝偻，但精气神很好。若是换上常见的工作服，就很像是每天在城市中见到的寻常的绿化带修建工、清洁工、工地工人。质朴是他的代名词，劳动在他的身上留下清晰的痕迹。

魏继明刚刚回村几个月，此前一直在外地务工。他回村的理由很简单——由于年事已高，他已经难以胜任城里的工作要求，同时萌生出"落叶归根"的想法。

过去整整 15 年，魏继明都独自一人在外地务工，从未回过家，直到今年（2023 年）年初才离职返乡。家里的土地，他都交给在省城打工的儿子流转；村里的老房子，也委托亲戚邻居代为照料。新房的搬迁对他来说，不过是打工生活中的一个小小的波澜。搬迁之时，他并不住在村里，也不知道搬迁的具体政策，只有儿子打来了一个电话。随着这通电话，老房子轰然倒塌，他的老物件、老东西，随着搬迁被儿子就这么一股脑地搬到了新房。

2023年春天，魏继明70岁了。原来的工地不愿意再雇用他，年纪成为他继续在人力市场上漂泊的一座大山。孩子虽然长大了，但也有了自己的家庭，没有宽裕清闲到能照顾自己的地步。魏继明漂泊半生在外打工，有收入，并非贫困户，不能入档。

村集体知道了他的情况后，对他回村的想法表示欢迎与支持。村里说，可以给他提供一个公益性岗位，保障他的基本生活。于是，魏继明现在便成了村里的道路清洁工。

每天早晨七点，天尚蒙蒙亮，魏继明就出门帮忙清扫村里的道路。自南到北，一天两次，一个月开600元工钱。村子附近还有一个蔬菜农场，魏继明有门道，去做日结工给人种菜，种类主要是黄瓜和西红柿，一天工钱100元，包午饭。这样下来，魏继明一年的收入估摸着要比之前在外地务工时少一些。

魏继明坚持打工的原因，一则是觉得养老金不够，因为他打工的车间并没有五险一金之类的社会保障，如今他的养老金只有每个月微薄的一两百元。他也想过自己干不了了的时候该怎么办，他说会尝试向政府申请低保，向儿女要钱则完全不在他的考虑之内。他的儿女都在大同市云州区打工，为了让后辈的教育资源更好一些，两个孙女上的都是私立学校，儿女的经济压力很大。和中国其他的老人一样，对质朴和心疼儿女的魏继明来说，他也不可能去找儿女要钱，这便是他坚持打工的第二个原因。

山西太原、河北涿州，这是农民工魏继明在中国大地上画出的地图。最早的时候，他就在山西省会太原市的某工厂车间打工，主要工作职责就是在车间里负责下料后的卫生打扫，工钱是一天100元，工厂管吃管住；后来，他也去河北涿州打拼过，奈何他没有什么技术，只能还是负责些打扫卫生的杂活儿；再后来又辗转去了山西武灵镇，在煤矿里帮人看风机，一天开80元的工钱，一年只能挣两万八九千元。

有时在全岩巷道，作业时产生的粉尘使可视度不到 50 公分，即使矿工兄弟们戴着防尘口罩，各类防尘降尘除尘设备设施正常运转，常年积累下来，还是会很容易患上矽肺病这个职业病。班中饿了趁机吃点，矿工兄弟们会主动忽视掉飘浮在空气中的煤岩尘，赶紧补充些能量，好有体力继续干活儿。至于食物的质量、口味，那不是农民工魏继明应该考虑的事情。灰头土脸，这是魏继明每天工作时的真实写照，熏黑的脸上瞪着两只大眼，和矿工兄弟相互打量。不过，他不能挑剔——作为那个年代没有什么文化的农民工，能进城找到一份工作，已经足够他开心的了。他有力气，能吃苦，在城市里努力找一个位置。

对于在外乡漂泊了 15 年的魏继明来说，坊城新村给了他一种"家"的感觉，这里的一切都让他感到满足。在外打工的 15 年里，魏继明回村的次数寥寥可数，因此并不能像自己的兄弟一样，在旧窑洞和新房之间有鲜明翔实的比较和表达，但是对他来说，他有着更为独特的体验和感受——他能够明显地比较出新房和过去所住民工房的区别。对于以前在外漂泊、住在民工房的那段岁月，魏继明用"受罪"一词来形容——很多人挤在一起睡觉，周围充斥着呼噜声和汗臭味，根本无法用舒服一词来形容。

对他来说，返乡后能住上坊城新村这么好的房子，这是令多少人羡慕的事情。

对于搬迁这件事，魏继明感到获益颇多。对于他这样的农民工来说，坊城新村给他提供了一个家。这个家，不只是在物理上硬件设施更好的一座房屋，更重要的是村里还给他提供了公益性岗位、热情地接纳了他，让他在这个群体中找到了属于自己的位置。

谈天说地的魏继明很容易让人忘记他进城农民工的身份，尤其是在他提起"家"这个字眼的时候，眼睛里是有光的。魏继明的老伴儿于 2006 年过世，自 2008 年起他便离开大坊城村去外地打工了，甚至逢年过节也不回来。老伴儿死后，旧村的那个窑洞，对他来说，似乎也不再是家了。他外出务工，四海为家，可又似乎再没有家了，只剩下旧村的老窑洞，静静地伫立在时光的长河里。直到再次回到坊城新村，村集体接纳了他，为他提供了房屋与工作，对他来说，似乎才终于有了灵魂的归宿，可以在这里度过晚年。

魏继明家的院子和其他人家差不多，也是自己围了一小片地方，种一些辣椒、番茄、大葱等常见的蔬菜，但不同的是，他自己在院墙上细心地装饰了些小彩灯。到了晚上，整个院子都被小彩灯照得亮堂堂的，给人一种温馨活泼的气息，让人感受到屋子主人的用心；屋子里面则挂着一些办喜事用的红色装饰品，这是前两年小儿子成婚时置办的。

搬迁到坊城新村之后，村里单身男青年的婚恋状况得到了极大的改善。之前住在大坊城村的时候，村里有很多娶不到媳妇儿的汉子。以前大坊城村太穷了，家家户户都是住土窑洞，没有人家会愿意把闺女嫁过来。对于过去大坊城村的适婚青年来说，想找个对象，是一件很不容易的事情。有点手艺、能赚到钱的，情况还稍微好些；其余那些比较老实又没有什么过人之处的，很多都找不到老婆。村里面最典型的例子便是老白家：以前在旧村住土窑时，老白家的儿子直到30多岁了仍没找到老婆；搬迁到新村后，老白家生活条件得到了明显改善，村集体在易地扶贫搬迁的过程中还提供了相应的技能培训，他的儿子学了个简单的电工技能，找到了谋生的职位，后来便成功娶到了媳妇儿，现在孙子都已经

魏继明和他的小院

在村里上幼儿园了。

虽然时隔了15年才回乡，但回来以后，魏继明融入得挺快，对新村的生活也很适应。毕竟那些从小一起长大的同龄的老人都还互相认识，可以聊一聊这些年各自的生活；脸生的，那一般都是比自己年轻一辈的，或者也可能是搬迁自西咀村的村民。

这次回来，他发现村民的观念和生活模式发生了很大变化。过去村民只能聚在一起进行一些面对面的娱乐活动，而现在村里的大部分人都会使用智能手机了，这似乎已经成为大家的标配。当然，作为农民工的魏继明，他本身就会用智能手机，这一点难不倒他。只是，他又有些许感慨，感慨现在的科技发展这么快，连在自己的村里智能手机的普及率都这么高了，网络信号也很好。这让从城里回来的农民工魏继明适应得很快。

与此同时，村里也有一些没变的事情，比如村里还是习惯用大喇叭广播来传播一些重要通知，不像自己在外面打工的时候，都是用微信工作群来传递消息；搬迁后，即使创造了不少就业岗位，但村里也仍然有个别懒汉，思想怠惰，不思进取，让村干部很是头疼。

走到村中心广场时，我们碰到了一个在玩耍的可爱小姑娘，魏继明说小姑娘的奶奶耳朵几乎失聪，听不见人说话，牙齿也几乎掉光了。这都得从以前的医疗条件不好讲起，她的耳聋就是之前得了脑膜炎所留下的后遗症。小姑娘十分可爱活泼，目前在镇上的昊天学校上学，还学了芭蕾舞。她开心地给我们细数了她的朋友。在小孩的观念里，已经没有西咀村和大坊城村之间的分别，她认为大家都是一个村的，早已不分你我；也没有什么本来的人和归乡的人之间的分别，不管是一直在的爷爷还是后来回来的爷爷，都是这个村的爷爷，魏继明也是她喜欢的爷爷。

村里的手艺人

和魏继仁家前后排挨着的，便是魏继林的小院。作为魏继仁的堂兄弟，魏继林和魏继仁从小一起在魏家大院里长大，一个在西屋，一个在东屋。和魏继仁一样，魏继林迄今为止的大半生都在村里生活，没有像魏继明一样常年在外地打工；但魏继林是一个手艺人，大半辈子都在做工中度过，很少参与村委事务，在这一点上，魏继林似乎又同魏继明更为相像。

同魏继明一样，魏继林也是一个大忙人——他既要做工，又要种地，从早到晚在外忙活。

魏继林是一位老木匠，今年五十多岁了。他皮肤黝黑，脸上的褶子里布满了岁月的痕迹，说话中气很足。由于大半生都在做工中度过，"木工"一词在魏继林身上留下了很明显的烙印：他体格精瘦，双手遍布着深深的皱纹和结节，左手食指指甲几乎都是破损的。此外，他大拇指和食指中间有一块隆起的圆形的增生，这是过去做工时意外受伤留下的。

对于魏继林这个做了大半辈子木工的老木匠来说，受伤是一件十分常见的事情。那次手指受伤时，幸亏送医及时，转到市里医院，才将手指保住。魏继林有许多同行并不如魏继林这般幸运，他们落下了终身残疾。

即使在搬迁到坊城新村以后，魏继林也没有放弃自己大半生赖以生存的手艺。他仍然揽活儿做工，只是地点和内容发生了一定的变化。

过去在大坊城村的时候，大家都住在窑洞里。老窑洞的窗户都是用油纸糊的，不耐用，基本上每年都要更换一次，平时还经常破损。那时候，魏继林经常满村跑，给各家修窗户，换一张油纸，也不收钱，就是各家的饭基本上都吃过了。虽说不耐用，但那时候的窗户制作起来远比现在的复杂，需要雕刻许许多多的花纹，打造出很多镂空的间隙，外观看上去远比现在的窗户要精致许多。在那时候，他和师父两人一起合作，一整个冬天也做不出几个窗户。现在坊城新村家家户户的窗户都是由玻璃和金属制作而成，只需要将框子打造得平整结实，窗户的质量就不会差，城镇居民家里的窗户亦是如此。对魏继林来说，现在的窗户制作起来更为简单、快速，他也早就适应了这种工艺上的变化。现在人们更注重实用性，虽然过去的窗户在外观上更加精美，但遇水易破，损坏的速度很快，远不像现在的玻璃窗户这般结实。

魏继林

在搬迁之前，魏继林基本都在大坊城村及附近村庄做工。哪儿有活儿了，他就跟着师父去哪儿。那时候没有什么通信设备，只能通过口口相传的方式传递消息。就在村民的言语交谈中，魏继林打下了自己的口碑，获得了稳定的客源。邻近的几个村子，只有他们几个木工，因此一旦有村民家里门窗、房屋坏了，需要木工的时候，消息就像石头落进池塘里一样，激起一圈又一圈的涟漪，很快通过关系网络传到他们耳中。有时候，住得不远的村民也会亲自上门，找魏继林给他家修窗户。

从前村里的基础设施不完善，村民们被限制在小小的一片空间内，娱乐方式很少。很多时候，村民们只能一起聚在村口闲谈些家长里短，以此打发时光。久而久之，村民之间的聊天成了村里重要的消息传播方式，大家在此过程中为八卦而津津乐道，同时也可以获得一些重要信息。

不过，口口相传的辐射和传播范围相对于现代的通信手段而言毕竟是有限的，因此，魏继林的做工区域也仅仅局限在附近的几个村庄之中。

搬迁到坊城新村以后，魏继林的行动边界明显扩大了不少，业务量也相应地迎来了增长。由于坊城新村距离镇上更近，现在魏继林也常常会去镇上做工。有了智能手机后，镇上的居民可以直接通过电话或者微信联系上魏继林，不必再通过一系列村民"中间人"，信息传播的效率大大提高。

与对方商定好时间后，魏继林便会骑着电动车去往镇上，开始他新一轮的工作。

务工范围的扩大不仅给魏继林带来了更多的经济来源，同时对他的人际交往观念和思想观念也产生了一定的影响。魏继林有一个孙子，名叫魏天赐，现在正好处在小升初的阶段。孙子从小学一年级开始，便在镇上的私立学校——昊天学校读书，学费高达 7 000 元一年。之所以会做出让孙子在昊天学校读书的决定，是因为魏继林在镇上做工的时候认识了一些老师。从这些老师的口中，魏继林得知私立学校的管理方式严格、教育水平更高，只有初中学历的他便选择让孙子进入私立学校读书，以期孙子能够取得一个好的成绩。读书改变命运，时至今日，魏继林已经深刻懂得教育的重要性。好在，孙子魏天赐也争气，没有辜负他的期待，在小学时常常被评为三好学生，成绩也在年级数一数二。每每想到这儿，魏继林便觉得自己充满了干劲儿，日子充满了盼头。

日常做工之余，魏继林还会去田里干活。虽然村集体可以统一为村民将土地流转出去，并且给村民提供不错的租金收益，但仍然有部分村民选择自己种地，而魏继林就是其中之一。魏继林家里原本被分到 16 亩土地，搬迁之后，他只流转出去 1 亩，坚持留下 15 亩地自己种。其他村民的土地基本都承包出去了，一亩地的租金每年能有 500 元，但魏继林不愿意放弃自己种地。每天做工之余，魏继林便会去地里看看。这样一来，魏继林能经常摘点菜供自家吃，剩下的菜卖了，收入也不比租金低。更重要的一点是，他过去的大半辈子都在种地中度过，"种地"已经成了他的一种念想，他总觉得要给自己留住这个念想。

"农民不种地，哪儿能叫农民呢？"魏继林常常把这句话挂在嘴边。魏继林是一个非常勤劳而又地道的农村人，对土地有着很深厚的感情。"种地"是时代赋予农民的标签，即使是魏继林这般的手艺人，也难以将土地摒弃。由于从小便跟着父母种地，帮着家里干农活儿，种地早已成为魏继林生活的一部分。如果硬生生地将他和土地剥离开，他会陷入一种对自我身份的怀疑。

之前住在大坊城村的时候，魏继林要跑到十里之外的地方种地，"田"

和"家"的距离很远。此外，由于道路没有硬化，同时也缺乏便捷的交通工具，魏继林最多只能骑着自行车去田里干活，路上的来回时间很长。现在搬迁到了坊城新村，"田"和"家"的距离近了不少，在做工之余魏继林就骑着电动车去田里，出行变得方便了很多。

这个季节，魏继林在田里种的主要是玉米。盛夏七月，夏玉米已经步入生长的旺盛期，需要定期的田间管理。魏继林穿着轻便的工作服，头戴宽檐帽，手持施肥器，沿着玉米的排列行走，轻轻地将肥料均匀地撒在土壤上。肥料的气味扑鼻而来，仿佛是大地的馈赠，为玉米的成长注入了源源不断的能量。施肥后，需要开始除虫，预防病虫害。他手持一把农具，小心地在玉米丛中穿梭，检查每一株玉米苗。他细心地观察叶片上是否有虫害的痕迹，有时还会轻轻地摇动叶片，让其中藏匿的虫子显露出来。一旦发现虫害，他会迅速将虫子捏死，保护玉米苗的健康。接着，用喷雾器喷洒药液，预防玉米遭受病虫害的侵袭。他小心地调节药液的浓度，确保药剂能够均匀地覆盖在每一株玉米苗上，形成一个隐形的保护屏障。玉米苗在阳光下轻轻摇曳，田间充满了劳作的节奏。

农民世代循着农田轮回。这是一份传承千年的使命，一幅代代相传的田间画卷。农民们的手掌都已被岁月雕刻出一道道纹路，双手握着犁头、锄头，扎根在大地，与土地融为一体。土地是魏继林的念想，是他对父辈、祖辈、亲属关系的念想，也是对土地上取之不尽、用之不竭、生生不息的粮食的念想。世代相传的农田劳作，不仅仅是一份职责，更是一种情感的投入。每一块土地，都承载着祖辈的辛劳和智慧，每一株农作物，都是一份对生命的呵护和付出。一个家族的故事，如同农作物一样，生长在这片土地上，不断地延续和演绎。

魏继林育有一儿一女，女儿早已出嫁、不在村内，儿子魏刚目前在村里经营着一家小卖部和一个小饭店。此外，魏继林耄耋之年的老母亲王桂兰也随着一家人一同搬迁到了坊城新村生活。

相较魏继林而言，儿子魏刚的思想明显更为活络。作为新一代的农村人，20 世纪 80 年代出生的魏刚在小时候做的农活儿并不多。由于对读书缺乏兴趣，魏刚在初中毕业以后便离开了大坊城村，到镇上打工去了。

外面的世界是精彩的，背井离乡的生活是苦闷的。从云州区出发，先坐公交车到大同市市区，再坐大巴到朔州市，路途颠簸要 8 个多小时，几乎一天的时间都在路上。此后 5 年里，魏刚一直在朔州市找工做，繁忙程度之高，以至时常一个月都不能回家一次，一年最多回家十次。魏刚的第一份工作是传菜员，没什么技术含量，每天端着热气腾腾的盘子穿梭在人群间，要的就是强健有力的身体与吃苦耐劳的精神，那时候一个月工资仅 350 元。干着干着，魏刚跟着厨子们学起了手艺，还当上了小组长，魏刚对此颇为自豪。锻炼了一段时间后，魏刚去了当地著名的酒店打工，让人不可思议的是，在员工宿舍里，他很幸运地捡到了一本离职员工的笔记本，里面写了很多酒店内部做面点的秘籍配方——人生有时便是这么充满戏剧性。随着自己手艺的进步，魏刚的工资也提高了不少，月工资超过了 3 000 元。

搬迁发生时，魏刚已经回到了大坊城村附近居住。为了娶媳妇儿，他在大坊城村附近盖了新房，凭借自己的厨艺成功入职村子附近的国家电网。对于搬迁，魏刚非常高兴：一方面，他可以和家人住得更近，居住条件也变好了；另一方面，由于自己的身体原因，他已经难以胜任当时的工作，而坊城新村有着更多的就业机会。

坊城新村大力发展黄花产业，村口便建着一个黄花产业园区。刚搬迁到坊城新村那会儿，村书记听说了魏刚的情况，考虑到魏刚有一手好厨艺，便推荐魏刚到产业园区的食堂帮忙。由于身体原因，魏刚不能干重活儿，但好在他有着一手好厨艺，得到了园区工人的一致认可。当时，园区按天给他计算工资，一天 100 元。

后来，一些在坊城新村附近工地和农场做工的工人找到魏刚，希望魏刚能自己开一个小饭店，这样他们中午可以来这里吃饭。于是，魏刚的小饭店便这样诞生了。考虑到客源主要是村庄附近的工人，魏刚采取了薄利多销的策略，生意好的时候，一个月能盈利 6 000 元。

同时，他还开了一家小卖部，卖一些日常用品，这样一来，村民们买东西就更加方便了，他也可以增加一笔收入。小卖部里陈列着不少形形色色的商品，村民们有什么新增的日常用品需求，只要打一声招呼，魏刚下次去镇上进货的时候便会添置上。令他意外的是，现在也会有村外的人通过外卖平台下单采购小卖部的商品，这对他来说是一份意外之喜。

搬迁到坊城新村无疑给魏刚的工作和收入带来了很大的帮助。由于身体原因，目前魏刚难以胜任外地打工的要求，这时候，村集体产业给他提供了工作机会。由于坊城新村的地理位置更好，交通、网络等基础设施更为完善，魏刚的小饭店和小卖部才能够成功地诞生与运营。

虽然和老屋相比，搬到坊城新村以后生活的方方面面都有所改善，但与城镇之间仍然存在一定差距。等以后身体恢复了，魏刚仍然想再去城镇里闯荡，因为那里有更大的发展舞台，魏刚的理想是成为一名知名的大厨师。此外，城里的休闲娱乐生活也更为丰富，魏刚可以在下班之后和同事们一起吃个夜宵，而不仅仅是躺在家中玩手机。

魏刚的奶奶王桂兰今年已经 89 岁高龄了，第一次见到她的时候，她穿

魏刚小饭店的菜单

着一件黑底无袖背心，上
面点缀着白色的波点，深
深的皱纹爬满她的脸颊、
胳膊和手掌。她盘腿坐在
炕上，颤巍巍地帮魏刚的
小饭店剥鸡蛋，右手上戴
着一个银色的手镯。

魏刚的小卖部

　　王桂兰的耳朵几乎已
经全聋了，必须趴在她耳
边大声说话，她才能偶尔
听到几句；她的腿脚也不利索，几乎哪儿也去不了，平时的活动范围基本
局限在家里和家门口附近。

　　相较于魏继林、魏刚和魏天赐，王桂兰对于搬迁一事，心里并没有那
么欢喜。五年前易地扶贫搬迁，家家户户都高兴地准备搬入新房迎接新日
子，只有王桂兰不愿意搬。王桂兰是村里老一辈的典型代表，大半辈子都
居住在窑洞中，早已习惯了窑洞的生活。由于没有学习手艺，年轻时的王
桂兰除了在家做家务，就是到地里干农活儿。她早已习惯睁眼闭眼都是黄
土红砖砌成的墙壁，也习惯了一亩三分田的生活，活动范围非常有限。况
且住在窑洞时家里有大院子，可以随意摆放种田的农具，养养鸡鸭，搬到
坊城新村后，院子也小了，屋子也小了，鸡鸭也不给养了，她难以想象这
种日子。

　　虽然在大坊城村的生活条件差，但王桂兰在那里生活了一辈子，早就
习惯了，也没觉得有什么难以忍受的地方，根本不会产生换一种更好的生
活方式的念头。况且，老屋里还留有她很多珍贵的回忆，那里的一草一
木、一砖一瓦，都见证了她平常而又漫长的人生。她在那里生儿育女，从
少女到垂垂老矣。她对老屋与故土有着异常深厚的感情，她的血肉融入了
那片黄土之中，因此她不舍得离开。

　　王桂兰最后之所以会同意搬迁，在一定程度上算是无奈之举。儿子魏

继林和孙子魏刚都想要搬迁，她作为一个上了年纪的老人需要后代照顾，无法独自留在老屋之中。况且，她心里也盼着后代生活得更好，不想成为影响孩子们过上更好生活的绊脚石。

搬迁到坊城新村后，王桂兰是家中受到冲击最大的人。由于年事已高，腿脚不便，王桂兰不能像魏继林那样继续去老朋友家里串门儿，左邻右舍都换了，地理位置的变化对她这一代的高龄老人的社会交往影响很大。同时，虽然坊城新村与城镇的距离更近，交通、网络等基础设施更发达，但她仍难以学习掌握智能手机的用法——对于高龄老人而言，他们接受新鲜事物的能力已经严重退化，能够维持住原有的生活娱乐方式已经实属不易。

王桂兰精气神好的日子会走出家门，坐在家附近的荫凉处纳凉，看着村里来往的人群。有时她们几个老玩伴能够碰上，便坐在一块儿唠嗑、发呆，这是王桂兰最高兴的时候。平时大部分时间，王桂兰都是坐在家中的炕上，通过看电视的方式打发时间。她很勤劳，即使现在年事已高、行动不便，她也想为家里出点力。当魏刚的小饭店来客人时，她会帮着魏刚剥鸡蛋、清洗果蔬。

对于王桂兰来说，是否适应坊城新村的生活，这个问题的答案似乎已经没有那么重要了——她已经接近九十高龄，只想平平淡淡地度过自己的晚年。搬迁到坊城新村之后带来的生活条件的改善，她其实不甚在意。无论条件好坏，她都更加喜欢稳定不变的生活方式和环境，即使这种生活在外人看来可能是难以忍受的。高龄老人对于外界的感知已经迟钝了，很多时候他们的大脑都停留在过去的岁月。

如今生活在坊城新村中，王桂兰也不想再回大坊城村了，只是这种"不想"并不是因为她已经不再怀念故土，而是由于她已经不想再"折腾"了。对王桂兰来说，她更想平静安稳地度过晚年，即使往后的每一天都是在重复中度过，她也坦然接受。

"老了，哪儿也不想去。"在这一方小小的天地里，年老的王桂兰似乎可以在脑海中看到过去的岁月，她在这里和曾经的自己对话，度过晚年的每一天。那个老窑洞，也许早已成了她心里的精神家园，永远地伫立在她的脑海中。

　　坊城新村搬迁时，为了公平起见，村民们是通过抓阄的方式决定新房的位置的，这就导致原来大坊城村的位置布局被打破，左邻右舍都换了样貌，变成了全新的人家。

　　这种空间上所发生的变化，必然会对居住在这里的村民造成影响。但我们发现，这种影响的程度却各不相同，而且与个人的年龄、职业之间有着千丝万缕的联系。

　　对于魏继林而言，地理位置的变化似乎并没有对他的人际交往造成明显冲击。他在村里有几个关系要好的朋友，这些社会关系都是在大坊城村生活时形成的。其中有一位在搬迁之前是他的邻居，他俩之间的往来非常密切。搬迁后，魏继林和这位老邻居分到的屋子距离变远了不少，一个在村的这头，一个在村的那头，但双方还是会经常相互串门儿。平时闲暇的时候，魏继林和几个老朋友便会聚集在村中的一角打发时光，唠一些家长里短。在建立新的社会关系方面，魏继林更像是处在一个"中庸"的水平：他和新邻居建立起友好和睦的相处方式，但双方的关系始终处于一个不咸不淡的水平——有事情需要搭把手的时候，他们会相互帮忙，但在平日里，他们却更偏好和自己原本的老朋友一同相处、打发时光。

　　虽然坊城新村是由大坊城村和西咀村两个村庄合并而成，但对于魏继林一家而言，他们和西咀村的村民并没有那么熟悉。原来，当时搬迁分房时，大坊城村和西咀村就已经以村委和广场为界，被划分为了东西两块地方。魏继林平时就在原大坊城村村民居住的这片区域里面活动，几乎不会越过村委去往原西咀村村民的居住空间。这背后的原因主要有两点：一方面，魏继林目前仍在务农务工，每天并没有太多的闲暇时间去拓展村里的关系网络；另一方面，魏继林在村中原有的社会关系并没有被搬迁冲淡，原有的社会关系已经足够满足他在闲暇时的社交与休闲需求。而近年再娶的妻子信奉基督教，每晚祷告结束后便早早休息，白天就是在家里干干家务，给魏刚的小饭店打打下手，几乎不会参与娱乐活动。

对魏刚而言，情况则有些不同——作为一个刚回村不久的青年，他几乎需要在村里建立起全新的社会关系。魏刚初中毕业就去外面打工了，在村里也就只认识些初中同学，但他们现在也都几乎不住在村里，毕竟村里已经没几个年轻人了。对魏刚来说，一方面，他早年便离开村庄，去城镇学艺打工，当时交通不便，他很少有机会回村，原本在村里建立起的社会关系慢慢被冲淡了，这和魏继林有很大的区别——魏继林一直住在村里，和村里老友保持着密切的联络；另一方面，和我国其他农村相似，坊城新村也面临着严重的老龄化问题，村里的年轻人绝大部分都在外务工，和魏刚一同长大的那些玩伴，如今散落各地，并不在村里生活。

魏刚新建立的社会关系中，很大部分都是来自己小饭店吃饭的工人。繁碌的工作中，吃饭时间成了工人们短暂的宝贵放松时光。他们在魏刚的小餐馆里谈天说地，很快就和魏刚熟络起来。平日里，魏刚在村里闲逛的频率并不高——村里几乎都是老年人，魏刚和他们没有太多共同话题。更何况，虽然魏刚积极地在村里建立社会关系网络，但在他的心里，这种得益于村庄形成的地缘关系已经无法成为他社交生活的全部，这与老一辈的观念有着很明显的区别。老一辈年轻时，除了在村里或者村附近唠嗑、打牌，几乎没有其他的娱乐方式，因此地缘社会关系在他们的生活中扮演着举足轻重的角色。同时，受制于通信技术的匮乏，村民的活动范围和社交网络十分有限，村里的社会关系几乎占据了他们全部的社交生活。和分散在天南地北的朋友打电话，对那时候的他们来说，是一件无法想象的事情。搬迁后的今天，通信技术传到了村里，除了年纪很大的老人，大家几乎是人手一个智能手机。平日里，魏刚常常通过手机打发时光、和朋友保持联络、获得来自天南海北的新闻和讯息。手机让魏刚的社交和娱乐生活变得十分丰富，村庄内部的社会关系已经无法成为他生活的大部分。

这种社交生活的变化在魏刚的儿子魏天赐身上表现得更为明显。由于大部分时间都在学校中度过，相比于邻居家的小孩，魏天赐和同学的关系更为亲密，好朋友也是在学校里认识的。即使好朋友的家住在附近别的村里，地理位置上的差异也没有给他们之间的关系造成太大的影响。放假在家的时候，魏天赐大部分的娱乐时光都是和同学度过，或者就是玩手机。平时在学校里，魏天赐他们并不关心对方是从哪个村搬来的，搬迁这件事并没有影响魏天赐这一代孩子的人际交往。

在不用上课的日子里，魏天赐常常和太奶奶王桂兰一起盘坐在一张床上，魏天赐玩手机游戏，王桂兰则看电视或干点最简单的家务活。偶尔，也能看到魏天赐和邻居家孩子追逐打闹的场景。

坊城新村里设有医务室，村医会定时上门给村民进行一些基础性的检查，比如量血压、测心率等；村民要是有什么不舒服的地方，也可以在工作日随时前往医务室检查身体。对于一些常见的小毛病，村里的医务室就能够解决，并且配备了上百种药品供村民购买，绝大部分费用都可以通过医保进行报销。魏继林身体硬朗，一年在医药上几乎不用花什么钱。据魏继林回忆，过去，身体有哪里不舒服，忍一忍也就过去了；实在忍不了的时候，就去找村里的赤脚医生，既不方便，又没保障，还全要自己掏钱。现在好了，村里专门雇了村医，医疗保障水平明显提高了，有空的时候，魏继林便会去村医那里量量血压，毕竟距离也不远，权当散步溜达了。

搬迁前的大坊城村中没有安装路灯，天一黑，整个村子便陷入了伸手不见五指的黑暗之中，村民们在晚上几乎什么事情都做不了，更别提什么娱乐活动了。无论个体主观上愿意与否，大家都只好遵循着"日出而作，日落而息"的生活模式。搬到坊城新村后，晚上有了灯光，即使天黑，村民们也可以在村子里转转、消消食，大妈们也时不时会在广场上跳舞。每年正月十五，村里会开展广场舞评比大赛，届时会有来自城镇的专家现场打分。魏继林一家没有人跳广场舞，但是即便如此，魏继林仍然觉得每年正月十五的广场舞评比大赛很热闹，这是过去在村里不曾有过的活动。除此以外，坊城新村还会每年统一播放电影，但频率不算高，每年大概两三次。电影的题材通常是一些记录红军与革命的老片子，不少村民都会前去观看，因为党组织给他们的生活带来了翻天覆地的变化，他们心中由衷地感谢党；同时，村里有很多老人干不动活儿了，平日里除了聊天、打牌，看电影对他们来说成了打发时光的一种重要方式。

老村大坊城村的东西两侧各建有一个神庙，当地的村民认为神会庇护他们的村庄。与此同时，魏家老宅的屋顶上还雕刻着兽头，称为"五脊六兽"；正房大门的两侧还建有"天地楼"，里面供奉着"天地神"。"神""兽"在过去的农村生活中扮演着不可或缺的重要角色，在一定程度上成为当时村民精神寄托的一部分，蕴藏着他们对美好生活的向往。这些建筑早在"破四旧"的时期就遭到了破坏，在如今的坊城新村中，已经难觅"神""兽"的踪迹。但是，仍然有很多不变的东西。比如，在村里祭祖的日子，家家户户都在安排时间祭祖，就连在外地打工的青年也会回来。传统风俗经过岁月的淘洗，仍然被保留了下来。

随着时代和环境的变化，或许他们早已在心中构建起了属于自己的全新的精神家园。在坊城新村中，勤劳淳朴的魏继林、魏刚父子成为坊城新村新的建设者。

记忆中的魏家大院

从坊城新村到大坊城村的车程大概半个小时。当地野草疯长，只有远远的土山上还留下几座像是白色半圆形神龛的窑洞遗址。若不是魏家的老宅还立在那里，完全看不出这里曾经是一个村子。不过四五年时间，村子已经看不出原本的形状和样貌。

在魏继仁心中，周围这一片空旷的荒地上还立着过去的房子。面对老宅站立，左手边是一座寺庙，右手边是一座道庙，搬迁之前住在这里的人们也叫它们东庙西庙。旁边的土山曾经是村里邻居人家的窑洞，右手边再走远些，是曾经老村的村委所在地。

因为窑洞是土石结构，下雨有倒塌的危险，当地政府为了安全，将大坊城村整个推平了。魏家老宅是唯一一座留下的建筑，因为修筑精美。但是，目前为止并没有继续开发的声音。

魏家大院是一座颇为巍峨的老宅，从高到低，呈日字形结构，上有五窑洞和两侧的住房，下有养鸡养鸭的房子，中间由砖墙分开。

站在下院，可以发现院子分成了明显的两半，右边的院子铺好了地砖，没有长什么杂草，左边的院子没有全铺地砖，因此杂草丛生。当时分家时靠抓阄，魏继仁分得右边一半，魏继林分得左边一半。山西家族传统极其公平，两人在屋子中间划定一条"三八线"，虽然吃饭在一张桌子上吃，但各负责自己的一半，互不干涉。魏继林的兄弟魏继明则抓阄在村子其他地方自己另盖了窑洞。下院的左边是养牲畜的矮房，右边则是灶台。

在山西，老人们都说院子太长，财就会流走。因此推倒外墙，院子就短了一点。那时，魏家早已衰落。魏继仁作为大哥，哪怕知道问题不在这里，也愿意相信这美好生活的预言。

院子的上房坐北朝南，穿过东边的屋子，房子外围的土山底有一个洞。那是在上世纪七八十年代，为防止苏联空袭，村子里动员大家建的防空洞。背靠的就是老宅的外墙，是后来为了加固墙体建的，墙脚还刻着当时动工的日期"2000 年""× × 吉日"，还有当天的天干地支与星宿。

窑洞很突出的一个问题是无法抵御降雨，每当雨天，窑洞就有进水和屋顶塌陷的风险。这也是搬迁对他们的生活改善最大的地方。就像每当问起搬迁的影响时，他们总会第一时间想起"雨天的时候，房子会塌"。

内院的围墙是红砖砌成的，中间加了一些镂空的对称设计，这都是魏继仁在 2000 年左右自己手工砌起来的。包括他自己住的东侧三间配房，都是在以前土墙的基础上又重新加盖了新砖，进行了粉砌。

在过去，窑洞的窗子都是雕花的，后来为了方便，便都换成了玻璃的窗户。两侧的房子，门是双层门，里面是一道厚木门，可以从里面关上，防盗保暖。窗子还是原本的窑洞窗，也是双层，里侧可以用木棍支起来，达到通风的目的，下层有一个护窗，冬天可以放在窗户外面，达到双层的保暖效果。

魏继林是一位木工，这些都是他曾经的手艺。在当地人的观念里，手艺意味着本事傍身，意味着安身立命的资本，意味着从此之后具备了支撑家业的本事。"学了手艺才好找老婆"，更意味着这个年轻人吃苦耐劳，勤奋聪明，踏实肯干，值得信任。但对魏继林来说，木工很明显不只是一门手艺而已。在那时，村子里的人娶妻分家，都要建自己的窑洞，建新窑洞就要找木工来做门窗，有些村子没有木工，也会来找他做门窗，这不仅是一份赖以为生的工作，更是他热爱的、受尊重的工作。

对于魏继仁而言，比起房子使用的建造技艺，他更在意其象征意义。上房的门很大，中间一个大门，左右两边各有一个小门。大门是给长辈走的，小辈只能走两边的小门，尤其是在家里办事的时候。古窑洞的传统就是门都非常低矮，就连屋子内部的门也建得很低，因为要"低头"进出表示尊敬。但搬迁后的新屋，门都已经是正常的构造与高度。

屋顶的四角都刻有莲花，并有飞檐斗拱，上房大门两侧则有如今已经被砖头塞住的"天地楼"。莲花上面是雕刻的兽头，俗称"五脊六兽"，在"破四旧"的时期被破坏了。和它们一起消失的，还有上房大门两侧供奉的"天地神"。对于魏继仁来说，最最重要的，还当属大门两侧如对联一般刻在砖墙上的祖训。其采用阳刻手法，用朱砂色突出，比大门高得多，居高临下，恰似举头三尺有神明。

"勤俭自治且自立，诚毅有守还有为。"

这是魏继仁的太爷爷对后代的谆谆教诲——要勤俭持家，要对自己的生活有控制，要独立，要真诚，要坚毅，守住家业还要有所作为。

除此之外，还有一副横批"清廉"。

住宅进门两侧的两列家训和"清廉"二字都曾在"文化大革命"时期用水泥糊上了，后来，魏家儿孙又从水泥中抠出了两列家训，让它们重见天日，原来的"清廉"二字却没有被复原，被水泥胡成了一整块沉默的石牌。

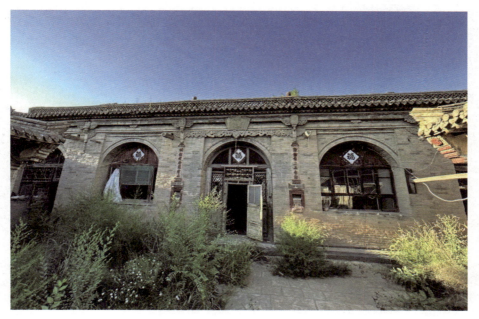

魏家老宅

　　荒草萋萋，已不复从前。村子的东西两侧还各建有一座庙。在新建的坊城新村中，这些建筑已经难觅踪影。随着时代的变化，魏家三兄弟已经习惯了没有"神""兽"的日子。唯有说起家训，几位老人还能毫不犹豫地倒背如流。老晋商的传统就像是他们身上流淌的血液，从山西奔腾而过的黄河，已经成为他们生命的一部分。

　　荒草之中，过去的烽火台遗留下一根不屈的石柱立在远方的山顶，指向晴空万里。

刀尖上的村庄

　　阿塔登村地处澜沧江西岸，位于云南省怒江傈僳族自治州兰坪白族普米族自治县兔峨乡北面，距兔峨乡乡政府所在地11公里，是个纯傈僳族聚居村。"阿塔登村"被称为"刀尖上的村庄"，地处边远、资源贫瘠、地质破碎、生态脆弱、山高坡陡、地势险峻、人口众多，曾经是兰坪贫困村的代名词。

　　搬迁前，阿塔登村全村大部分村民居住在一种叫作"木楞房"的木制结构房屋中。在"云南特色民居""非物质文化遗产"这些响亮的名字背后，是房屋雨天漏水、空间狭小、底层养牲畜、上层居住等恶劣生存环境的真实写照。

搬出木楞房

　　和王花出生在这高山峡谷旁的一个小山村里，年轻时候就生活在阿塔登村。20世纪六七十年代，这里荒凉少雨，每年成熟的稻子、玉米本就寥寥无几，和王花把自家的口粮留足后，其余的粮食都要上交集体。由于农业生产是看天吃饭，在这偏僻且环境恶劣的小山村，吃不饱的情况常有发生。盼雨天、挖野菜，和王花不知有多少次祈祷过当年的风调雨顺，也迫于生活的无奈而穿行于悬崖峭壁间寻找充饥的菜叶。和王花那时最希望的，就是有一天能够填饱肚子，不再受饥饿的折磨。到了20世纪70年代末，国家实行改革开放政策，家庭联产承包责任制在全国各地陆续推行，和王花家也分到了土地。在自家的田地上，她可以通过自己的劳作，换取填饱肚子的粮食。挖野菜也不再是为了填饱肚子，而是为了改善生活的质量。

　　和王花印象最深刻的，还是原来居住的阿塔登村的老房子。当地人把它称作"木楞房"，这实际上就是一栋两层的简陋的小木屋，上面住人，下面关牲口。

老房子建在了一个倾斜的坡地上。通向房子的，是一条仅供一人通行的土路。路紧紧地贴着山的一侧，沿着较为平坦的地方蜿蜒而上。路两旁

阿塔登村所处山脉

搬迁前阿塔登村的木楞房

阿塔登村老房子外观

阿塔登村老房子内部环境

杂草丛生，远离山的那一侧，并没有护栏，稍不注意便有可能跌倒滑下。路上的泥土零散破碎，即使是晴天，也有踩滑的风险。干农活、找野菜、放牛羊，和王花都要沿着这条小路往返于家和田地之间。老房子全部由木头搭建而成，房子的四角是几根圆木的立柱，竖放的木板围成房子的雏形。屋顶由长条的木头钉在一起，即使木头与木头之间挨得很近，还是能够清晰地看到屋顶的缝隙。房子只有一扇门，没有窗户。房间里昏暗得可怕，在没有通电的时候，需要去砍下一种特殊树木的果实用于燃烧照明。

屋子里没有隔间，中间是一堆叠放的空心砖头，用来撑起铁锅，砖头之间用于生火，和王花平日就在这里烧水做饭。火塘的两侧是睡觉的地方，用木头和砖头堆放在两端，再用一块厚重的木板平放其上。在和王花生活的那个年代，家里没有冰箱、电视机、厕所，她所拥有的家具也就是连床和炉灶都称不上的木板、砖头和铁锅。楼下是用木板围成的更为简陋的屋圈。和王花家养了一头牛、几只羊、几匹马和一些鸡鸭鹅。每年一到天气炎热的季节，楼下散发的令人不适的气味便会顺着木板间的缝隙钻进楼上的房间。和王花老村子家家户户的房子挨得很近，房前屋后都是狭窄的坡地。家里产生的垃圾就随手扔向房子旁边的山沟里，伴随着一场倾盆大雨，垃圾就会连带着泥土一同冲落在河谷之间。

干旱和缺水是老村子的顽固难题。在原先的村子里，水并没有通到村里，人们需要每天到二十里外的取水点背水。和王花的丈夫常年在外务工，家里背水的责任就落到了她的肩上。最开始的那段时间，装水的容器是用木头片做成的，光一个桶就得有一两斤重。

清晨，公鸡的打鸣声成为和王花每天背水的"闹钟"。朦胧的天色中，和王花便背着水桶踏上前往村外取水点的路途。在这个时刻，狭窄的小路上会出现一个农村妇女孤独的身影。树林里虫子苏醒了，紧接着鸟儿被惊动，树叶沙沙作响，她不断地加快自己的脚步。因为害怕周围突然发出的声响，也担心自己晚到要排长长的队，她越走越快，连太阳也追赶不上她的步伐。直到她听到不远处有水流作响，才肯放缓脚步。这时，太阳也慵懒地从山的背后露了出来。她把水桶取下，双手一抱，放到出水口，长舒一口气，静静等待清水流入桶中。水满后，她蹲下来，将水桶背到肩上，用手一撑，再让周围的人一起帮忙托起。她艰难地站起来，然后再沿着刚才的小路慢慢返回。五十多斤重的水桶压在她娇小的身躯上，显得十分不协调，但她走得很稳，每一步都踩得很踏实，生怕桶里的水洒出来。

后来，和王花生了孩子，生活变得更加艰苦。和王花家一共三个孩子：大儿子叫褚森，如今是阿塔登村的副书记兼村医；二儿子叫褚三发全，是褚九花的丈夫；小儿子叫褚全昌，刚从上海务工归来。当时，和王花的丈夫为了增加自己的收入以补贴家用，常常在外帮别人盖房子，很少回家。和王花不仅要照顾三个孩子，还要种田、放牲口。她经常后面背着箩筐，前面抱着小孩，用半天的时间去田里干活，再花半天的时间到山里去放牲口。晚上回到家，她还要精心照料三个孩子。

在大儿子褚森十岁时，家里的空间已经无法容纳五口人入睡。褚森就会抱着一床棉絮或者被子，和几个同龄的孩子一起，找到一户无人居住的"木楞房"，七八个小伙子挤在一起，用你的被子垫着，用他的被子盖着，就这样度过一个个夜晚。

等到褚森再长大一些时，他便要到乡里的学校去上学，当时村里还没有通公路，仅有一条人和马匹才能穿行的土路从山脚通往村中。褚森每次上学都得沿着陡峭的小路走到如今的——九大桥边，就算走得飞快，也要花上两个小时。褚森是家里的长子，学业上也很有出息。动身去上学的第一天，家里的亲戚们都陪着他下山，帮他背着要带去学校的铁锅、米面和文具为他送行。

有一次放学后，褚森背着大箩筐从学校踏上回家的路。那是一个多云天，刚结束十多天连续的课业学习本就疲惫不堪，他拖着自己疲惫的身体，背着沉甸甸的箩筐，匆匆忙忙向村里走去。当他走到半山腰时，天色早已暗沉，没有照明，在昏暗的夜空下，褚森找不到回村的路。一个十多岁的孩子，独自置身黑夜，迷失了回家的路。一旁是深不见底的悬崖沟壑，一旁是野兽出没的草地树林。他把箩筐放下，手足无措，筋疲力尽。他几乎要放弃了，躺在路边的草地上，眼皮沉重得快要合上，脑子里"坚持"和"我想睡觉"的想法此刻彷徨不定。在他快要陷入梦乡时，月光忽然从云层后显露出来，那光芒并不刺眼，反而温柔如水。

褚森从草地上爬起，心生决意：我已经走了那么远了，最后这一段路，我要坚持走下去。他背起箩筐，再次拖着沉重的身子，朝着家的方向走去。

后来，褚森去县城上学，经常会穿一双鞋，带一双鞋。"咱们小山村里去县城的，鞋子上都有泥。"

跨越世纪之交，和王花的孩子们也相继结了婚、生了娃。"刀尖上"的生活仿佛是一根命运的接力棒，传递到了下一代人的手中。和王花的儿媳妇九花在 2000 年生了第一个小孩，有了在老阿塔登村的木房子。当时，九花家有了自己的菜地，基本能解决吃菜的问题，但住房和交通仍然没有得到较大改善。村里虽然通了电，但条件十分简陋。房子外面装了一个木箱，木箱里放着一个简易的电闸，裸露的电线从箱子的孔洞里穿过，一路延伸到房子的侧面，穿过缝隙，然后忽然升高，跨过房梁；线的另一头是一颗熏得发黑的灯泡，垂吊在屋子的正中央，闪着微弱的光芒，不时摇晃着。这颗灯泡，就是家里唯一的电器。

屋漏偏逢连夜雨，这样的房子，最怕的还是下雨天。每当遇到雨天，九花都得拿出之前预先存放的塑料布，一张张地平铺在房顶有缝隙的地方。这样的做法或许在小雨面前还能稍有成效，但是在倾盆大雨面前，简直是螳臂当车。九花的二女儿褚美英还记得那段关于下雨的故事。美英回忆，那几天村里接连不断地下着雨，刚开始下雨的那天，她和母亲如往常那样，从储物柜里拿出塑料布，小心翼翼地平铺在房顶上。然而，随着雨势越来越大，雨水从屋顶遮不住的缝隙里流了下来，仿佛"水帘洞"一般。本就昏暗的房间，再加上雨天不敢开灯，伴随着雨水的潮湿气息，显得异常阴冷。在这样潮湿的环境中，九花仍坚持生火做饭，然而柴火一次次被浸湿，雨水一次次将燃起的火苗浇灭。美英端着一个盆，不停地接着滴漏到屋内的雨水，满了一盆，倒出去一盆，再接满一盆，倒出去一盆……在那个夜晚，雨不停地落下，风呼啸而过，本不太牢固的木房子在狂风中摇摇晃晃。突然一道闪电划过天空，轰隆一声，美英吓得蜷缩身体，依偎在母亲身边。第二天，雨终于停了，美英跑到房前，望着经历了狂风暴雨的家，驻足许久。木房子好似饱经风霜的老人一般，虚弱得在雨后的清风中嘎吱作响，塑料布已经破破烂烂，地上满是泥泞。

2015 年，老阿塔登村终于修通了水泥路，车子可以开到村委会了。2016 年，阿塔登村的村民第一次得知易地扶贫搬迁的消息。接下来的两年里，村里陆续开始了搬迁工作。2019 年，整村的农户都享受了易地扶贫搬迁就近安置的政策，最终塑造了今天看到的阿塔登村。

这个曾经贫困的小山村，在历经了时间的洗礼和勇敢的改变后，焕发出崭新的生机和希望。

在易地扶贫搬迁过程中，阿塔登村每家每户都按照人口抽签分配了新的住房。搬迁后的房子虽是地上一层，但地基打了两层，可供今后有需求的农户自行建造。房子一共是四间大小，中间靠右的是客厅，两端是卧室和厨房。人口多的家庭，可以自己再修建一间房用作厨房，而把原先厨房

阿塔登村入村道路

的位置当作卧室。房子外观是黄色的，在屋檐的下端，有着黑色条纹白色点图的装饰，这是傈僳族的独特装饰，在他们所戴的头巾上也会有这样的图案。侧墙上的另一个图案——形似弓箭、火塘的图形，是傈僳族的吉祥图案，寓意着阿塔登村能够过上幸福安宁的生活。

和王花总是慈祥地笑着，她从厨房里端出了一碗米，往后院走去。后院有一间小屋，屋里有一群小鸡。看到和王花来了，它们便成群结队地跑了出来。和王花抓起一把米，温柔地撒在地上，那群小鸡便蜂拥而上，抢夺着地上的米粒，还不时发出叽叽的声音。虽然听不懂和王花在说什么，但能感觉到她可以不再为了吃饱而发愁，可以悠然地喂食着小鸡，看着它们逐渐长大，满是欣慰。

村里有了篮球场、小广场，有了幼儿园、小学。家家户户都会为自家的庭院美化，种上花草，修建栅栏。路旁的墙上画有各民族的服饰和人物，路灯也用了傈僳族的弓箭图案作为装饰，鸡鸭鹅在村里的道路上跑着。如今搬迁到安置点，村里统一建了养殖区，人畜再也不用像原先那样混居，村里患呼吸道疾病的人数也大大减少。

阿塔登村的新房子

阿塔登村的人居环境

转过一个弯，便看到了一个像烽火台的格子，一位老人拎着一袋垃圾投放到这个格子里。原先在老村子里垃圾都是随手一扔，又脏又乱；现在垃圾会扔到这里先晒干，然后统一焚烧，村里环境卫生了许多。继续沿着村里的道路走着，依稀能听到不远处有吆喝声。不远处的路边停放了一辆小货车，车的旁边撑了一把遮阳伞，伞下是各式各样的水果和蔬菜。村里的农户在听到吆喝声后不断地向这里聚集，他们各自挑选着自己所需的食材，然后付了钱、走回家。谁能够想象在这个小山村居住的人们，如今也能够在家门口购物，过着和乡镇一样方便的生活。

已是下午，天空中的云层开始变厚，逐渐遮住了阳光。这里的人们已经不再担心雨天漏水的房屋，不再担心上学路上沾满泥土的双脚，不再担心被浸湿的柴火；现如今，他们可以方便地购买食材，从容地走回家，准备一天的晚餐。

六年前，九花第一次听到易地扶贫搬迁的消息，说是国家要免费帮他们盖房子，搬到另一个地方去居住。当时的她半信半疑，不太相信会有这样的好事，也担心搬迁后能不能过上比原先更好的生活。后来新房子建好了，村民们看到一栋栋小平房拔地而起，路也跟着修通了，便慢慢地相信了易地扶贫搬迁政策。随后的一年，村里开始签协议、抽签分房，九花也跟着大伙儿开始搬迁。

九花仍记得搬迁后村里免费发放家具的场景。那天，九花一大早便来到了村委的小院里，那里已经站了不少人，在等待着发放家具。她说，那天小院里热闹极了。每户搬迁的村民都领取了八个凳子、一个衣柜、一张床、一张饭桌，这是搬入新房所需的基本用具。后来，九花把原先的老房子拆了，撤屋置田。拆掉老房子时，"每砍下去一斧子，都是不舍，但也是对未来生活的寄托和希望"。如今的九花，是村里的保洁员，每隔一天都会去打扫村里的卫生。她说

阿塔登村村委会小广场上的国旗

现在的村民自发性很强，大家都会积极地参与村庄的维护。村民小组会定期组织"扫大街"活动。每一次，组长都会扛着党旗，带领大家做村庄的维护者，村民在飘扬的党旗下摆动着扫帚，共同营造一个干净文明又美丽和谐的阿塔登村。每逢周一，九花和其他保洁员、生态护林员以及村内的党员，都会聚集在村委的小广场上，升国旗、奏唱国歌。

这里的国旗在山顶上、在蓝天下、在白云间，迎风飘扬。

易地扶贫搬迁后，每个人的生活都在变得更好。美英说，之前吃蔬菜得自己种，种了什么就吃什么，有时遇到天灾，地里的蔬菜也没有长成。而现在不仅可以自己种，还可以到乡镇去购买，品种变得更加丰富了。她现在上学再也不用像她大伯那样走土路，母亲九花会用摩托车接送她到乡镇去。放假时，她仍然可以像原先那样跑到小伙伴家，约上三两好友，奔跑在山间野地里，享受着属于她的幸福童年。和王花还是那么慈祥地笑着，倚着墙坐在小凳子上，嘴里说着什么。和王花每天早起会在小院里晒晒太阳，给自己种的花浇浇水，天气好时，便到田里种种地。如今路好走

了，和王花每隔一段时间便会去看看褚森的外婆。褚森说，外婆现在每天都锻炼，不光是他的外婆，村里的老人都是这样。他说，如今村里的老人找他看病，都会和他说："有病，要好好治。我舍不得死，现在的生活太好了。"这里的老人经历了这个村庄最艰难的时候，现在又因为易地扶贫搬迁而"一步跨千年"，享受着从未有过的美好生活。

"过去，我们从来没有想象过，或者从来就不敢想象，有一天，我们能够过上现在的生活。"

白云之下的求学路

江边省道旁一条细丝一般蜿蜒上山的、时不时有损坏的、开裂的、绵延七八公里的水泥路，是整个阿塔登村与外界联通的命脉，也是孩子们的求学路。

蜿蜒的上山道路

如果偶然间转头看向车窗外，映入眼帘的就是山高谷深的澜沧江沿岸。在山坡上绿黄色的灌木丛区域，常常会有一些显得格外显眼的、跟血管一样分布不规则的、依山而变的羊肠小道，时而陡峭、时而平缓，时而消失在茂密的树林里，时而又连接着看不到的山背面，横跨数公里山腰，纵深上千米海拔。

从兔峨乡乡政府出发，车辆需要轰鸣着攀爬接近 40 分钟坡，才终于能够看到山对面的阿塔登小学。阿塔登小学设置有中班、大班和一至三年级，主要接收阿塔登组、山对面的石炼场组、山顶上的松登组等的孩子来就读。

对于阿塔登村的孩子们来说，如果家里面条件不允许（例如家长忙于外出务工，只能由爷爷奶奶照顾孩子，长辈不会驾驶交通工具，甚至有的孩子是孤儿），那么就无法到阿塔登小学接受学前教育。唯一的选择就是放弃就读学前班（幼儿园的中班、大班），等到学龄合适，再直接到阿塔登小学寄宿就读一年级。

在云南怒江州，学校为了方便家长的出行和接送安排，都是实行大周制，每 10 天或者 12 天为一个周。所以孩子们从一年级便开始寄宿在学校，每次都是要过小半个月才回家一次。新建的阿塔登小学已经足够供孩子们学习和生活，这里有了标准的三层教学楼和食堂，有专门的人负责卫生、饮食、住宿和安保，并配有 7 名专业的老师。

之前学校的房子以木楞房为主，时不时会漏雨，只有四位民办老师或代课老师，也有老师因条件太过艰苦而离开学校。与从前相比，现在的阿塔登小学已经发生了翻天覆地的变化，孩子们能够有一个窗明几净、遮风挡雨的教室。对比生活在发达地区的孩子，不由让人感慨：坐落于大山深处的阿塔登村的教育之路，注定走得比外面要更加艰辛和困难。

九花的儿子褚嘉文现在就读于阿塔登小学内的幼儿园。他是一个略带腼腆的阳光小男孩，穿着可爱的印有奥特曼图案的衣服，看到有外人来了，就一脸笑意地跑去门后躲起来，小心翼翼地伸出头窥探。

有意思的是，小男孩也是一个被"光"点亮内心的孩子——他很喜欢奥特曼。

"我最喜欢最新的那个特利迦奥特曼！"

生活在大山深处的他现在能够接收的信息和内容与生活在信息发达的城市里的孩子几乎没有区别。

"对了，你相信有光吗？"

"你是不是常常刷抖音呀？嘿嘿，我不相信，你相信吗？"

令人意外且吃惊的是，孩子稚嫩的脸庞上满是认真的神情，说道："不，虽然我确实喜欢刷抖音，但是我是相信有光的！"

"你真的相信吗？"

"相信的！我会像特利迦奥特曼最后一集里面一样，守护人们的笑容的……"

孩子上学现在几乎都在学校吃，早上有饵丝、米线，有的时候是包子、鸡蛋和牛奶。

"我的幼儿园现在可干净了！我觉得我们的教室和我在抖音上看到的外面幼儿园长得都一样。

"我们老师平时会教我们如何养成良好的生活习惯，教我们说普通话，教我们唱歌儿，教我们做游戏，我们每天玩得可开心了！但是我姐姐读书的时候就没有这种条件了，嘿嘿嘿。

"现在我们的营养餐吃得可好了，天天可以吃新鲜的肉，有时候还会有牛肉，我可爱吃那个牛肉了！哦对，有时候还会有我最喜欢的土鸡肉。等到我读小学的时候，我们还可以免费吃早餐午餐，我姐姐现在的营养餐有炒猪肉、炒牛肉、炖鸡肉，还有汤菜这些，很像我在电视上看到的美食呢，真的好期待呀！"

孩子的眼中洋溢着快乐与满足，折射出他现在生活的幸福，也实实在在地反映了发展成果惠及人民的美好现实。

他的眼里是有光的。

褚嘉文的二姐褚美英所经历的就要比他艰辛得多。

她是一个长得很俊的姑娘，黝黑的肤色似乎专门是为了衬托她俊俏的五官，有一股说不出的精气神。

相比现在，美英的小学生活远在 10 公里之外。学前班入学后她只上了两天学（当时阿塔登村原有的小学是没有幼儿园的，学前教育叫作学前班），就被通知村里原来的学校要拆迁。没办法，她只能放弃读学前班，等到年龄够了再直接去兔峨乡里读小学一年级。

上小学的时候，村里到兔峨乡的公路已经修通了，但很少人的家中有汽车或摩托车。当时是大周教学，每 12 天回家一次，需要寄宿在学校。

美英提起印象深刻的一次经历："当时我们放假回家了，过了周末又准备去学校读书。雨下得特别大，我妈妈就送我下去坐车去兔峨。因为那时候刚刚准备修水泥路，所以毛路已经挖通了，能供拖拉机和面包车上去。但是因为下雨，我大伯的面包车上不来了，只能走路下去——九大桥那里坐车。当时下雨的土路特别滑，人都是从陡的地方滑着下去。"

她踩到了一块稀泥，整个人都往前滑，旁边是数十米高的山，路上也没有什么可以抓的地方，没有办法控制方向。她就只能护住书包，整个人蜷缩着，直到身体撞到路边一块开山路时留下来的石头，才停下来。

"还好，书包脏了一点，但里面的书一点都没有湿。"美英笑着说。

"我弟现在条件就比我好太多了。我们那个时候的小学，食堂很小，一个星期能吃上几次新鲜肉已经算很好了，早点就只有两种包子，至于免费吃的营养餐是肯定没有的，教室也比较破烂，用的还是爱迪生发明的那种白炽灯呢。"

美英的妈妈笑道："当时我家二姑娘去兔峨读书的时候，年龄太小了，说不害怕不会想家，那都只是嘴上说说。当时第一次送过去的时候，她一点都没有哭。第一大周过完了，要接她回家，但她爸在外面打工，我因为家里种地忙不过来，就让她大伯去接她。当时是第一个星期嘛，几乎别家的都是爸妈亲自来接，她没得，回来的时候是没哭，到家进门后立马就哭了，哭了整整一天。从那以后就再也没有让别人去接了，都是她爸爸或者我亲自去接。"听妈妈说完，美英也笑了，还假装生气地轻轻拍了拍母亲的肩膀。

在别人看来如此艰辛难熬的经历，她们现在说着却可以一笑而过。母女俩的笑容就像高原上那一抹永远不消逝的阳光，灿烂并充满力量。

褚森的女儿褚春莺现在在读高中一年级。她在读小学五年级时，遇上了阿塔登小学拆毁重建，只能在六年级的时候转到兔峨小学读书。她对于这件事情的感受比美英要更深一些。

"因为我当时五年级了，开始记得更多的事情了，那个时候其实是很不愿意到下面去读书的。虽然那个时候村里的毛路已经通了，正在修水泥路，但还是不方便。放假回家换好的干净衣服，如果遇上下雨再去上学，基本上就是白换了。现在的话，路修到了家门口，以前去兔峨读书的时候，每次放假回家都不敢把书本全部给背回来，因为太重了，只能背作业回来。"

"当时我女儿六年级，也在下面兔峨读嘛，刚刚下去读的时候跟我打电话一次就哭一次。"春莺的父亲褚森补充道，然后被女儿"瞪"了一眼。

"现在的话，不用自己走路，每次回家都能背着不少的书，还有一部分行李，这在以前是根本不敢想象的。"她接着补充道。

春莺在说这段往事的时候，很喜欢加上"这条路呀""以前啊"……那种对于修通了如同大动脉一样的路的感激和感慨，是油然而生的。

美英还有一个姐姐名叫褚美香。当谈到上学的经历时，她就像打开了话匣子一样。

"那个时候，小学只能在村里面读，有的时候还需要拿着柴火和米面去学校。都是以前的木楞房子，下雨的时候往往都会吹风，那个风透过木头的缝隙吹进来会呼呼响，而且相当冷。屋子有的时候是漏雨的。晚上不上晚自习，因为电费特别贵，也没有几盏电灯。黑板就是用水泥筑在墙上，在上面涂浓浓的黑墨水做成的。"

"我弟他们现在这个条件就好了太多了。"她接着说："我记得我回来送我弟去上幼儿园，他们现在教室都是教学、午睡、玩乐一体化的了，一个教室里就可以实现看电视、吃饭、睡觉、上厕所、做游戏、上课等等，真的好了太多了。"

"以前我们上学，连上厕所的地方都没有，吃饭也不可能在学校里面吃，而且吃的还那么好，什么营养早餐啥的。可以说我弟现在在学校吃的比我上小学时候我们全家吃的都好，以前我们一家很少有机会吃到新鲜肉，更不用说鸡蛋牛奶这些副食品了。现在条件真的是好了太多了，都快赶上我现在大学的条件了，稍微冷热变化都有空调来调节，白板投影这些多媒体一抓一大把，还可以放 PPT 这些。"

"现在我自己的条件也是不敢想象的。一个学校里能够有好几个食堂，食堂有几十个菜，还有各种各样的美食。公交地铁就在学校门口，要买什么东西都特别方便，快递也好外卖也好，以前我们都不知道物流这些，唯一知道的只是中国邮政可以寄信件……"

可以明显感受到美香对于现在村里条件变化的惊叹，和对现在孩子们上学条件的欣慰。但盖不住的，是言语之间隐隐透出来一点淡淡的忧伤。

2016 年，阿塔登小学开始重建，当时水泥路已经修通到了老村委会那里，2020 年前后村里的小学才重建完成。在中间这一段时间里，适学年龄的孩子想要读书就只能到 10 公里外的兔峨乡小学就读，这就意味着孩子们需要跨越崇山峻岭去求学。

阿塔登村支部副书记褚森还做过一份特殊的工作——早期从事该村的农村客运工作。当时自己家的大女儿褚春莺在阿塔登小学读到五年级，学校就要拆毁重建，六年级需要到兔峨乡上学。所以当时的孩子们读书，交通不便成了很大的问题。

"当时村里面只有我这一辆面包车，我就负责了村里大部分孩子读书接送的活儿，每到学校放假的时候我就开着车去把他们都接回来。"褚森这样说。

当时褚森的面包车下山 10 元钱，上山 15 元钱。家里面没有摩托车或者家长忙着干活儿无法抽身的家庭的孩子，都需要坐褚森的面包车去上学。

"以前的话还会有山体滑坡，装载机挖掘机这样的机械我们这里又没有，所以当时跑客运的话如果遇上暴雨还是很着急的，一是怕山体突然滑坡，二是怕山体滑坡堵住村里唯一的路。"褚森回忆道。

当褚森在讲述这一段过往的时候，虽然记得很清楚，但是似乎并没有流露出太多情绪。眼神中的平淡对于常人来说简直不可思议。到底是时间冲淡了艰苦岁月中的记忆烙印，还是褚森心里还有别的故事？第二天，说到交通方面的问题时，他诉说了一个当代人不敢想象的故事。

当时褚森在读高中，也是村里第一个高中生。有一次回家，要先从县城乘车到营盘镇，再走路 30 公里回家。但是因为暴雨，车子还没到营盘镇，前面的路就被山体滑坡阻断了。他和朋友只能先走路到营盘镇，草草过了一夜之后，早上继续赶路回家。当时早上起来下着暴雨，他只能沿着公路一路跑回家。

为什么要跑而不是走？

褚森说："当时跑是因为害怕下暴雨山上的石头掉下来呀，我跑的时候过一截就看到路上停着大块大块的石头。"当时雨水倾盆，虽然他已经很疲惫，但仍沿着江边公路奋力奔跑，边跑边往山上看，往山下窥。往山上看，看的是会不会有石头落下来砸到自己；往山下窥，窥的是修建在江边的公路的路基会不会坍塌，恨不得像变色龙一样一只眼睛向上看一只眼睛向下看，时不时还要注意路上有没有坑洼，防止崴脚。耳朵仔细分辨除了雨声和自己的喘息声之外是否有落石、滑坡的声音，恨不得自己真的有第六感。脚下没有任何停留，大腿早就麻了，只知道撑着，并推着躯体向前移动，任由汗水和雨水交融在一起。整整跑了五个多小时之后，褚森到家了，整个人都疲惫到瘫软了……难怪之前的村路被堵，对于褚森来说只算是"小事"了。

虽然现在交通条件好了，但是当被问及现在孩子们的状况时，褚森脸上却浮现出了少有的难以言说的忧心。

他说，交通确实方便了，但是增收的代价就是很多年轻劳动力——孩子的家长们出去务工养家糊口了。这就导致了现在有不少孩子是一直和爷爷奶奶住在一起。

例如家住在石炼场组和松登组的孩子要到阿塔登小学读书，如果爷爷奶奶不会骑摩托车，无法接送，孩子们就只能结伴而行。他们其实是留守群体。

褚森不无担忧地说："这确实是一个不能忽视的问题啊，现在搬迁过来了，教育条件、基础设施相比以前就是飞跃一样的发展。但是现在我们大家都是鼓励外出务工挣钱，村里 2 000 多口人中有 500 多人出去务工了，基本上就是村里的青壮年、孩子父母出去务工了。不出去务工不行，要挣钱啊。要是只留在家里种一点地，补贴家里吃喝是够的，但是孩子以后的教育和生活费用，尤其是上了初中、高中之后，什么衣服裤子、文具、资料费啊，肯定压力是很大的，还是要出去务工挣点钱才行。但是这样的话很多孩子就只能是像留守儿童一样留在村里。虽然现在科技方便了，什么电话、微信视频都很方便，但是终究没有父母在孩子身边，还是会有一定不好的影响，我们也一直在想怎么解决这个问题。"

这是一个从小在阿塔登村长大的副书记对于孩子们的成长的所忧所虑。虽然基础设施变好了，路修通了，孩子们读书的条件相比之前已经发生了翻天覆地的变化，但是终究还是有一些问题随之而来。

褚森的妻子在学校这边也有一个职务，就是现在阿塔登新建小学的宿管员。

"我媳妇儿的话，我让她去学过三个月的家政服务，所以现在在小学可以胜任宿管员的工作。"褚森的妻子名叫金银花，是从阿塔登村的石炼场组，也就是阿塔登村委会对面的组嫁过来的。

"我们这里有一句古话，就是早上起来向着对面的山喊一声来我家吃饭，要到下午人才能够来得到。就是说直线距离是很近的，但是要翻山过沟，所以相当不容易。"金银花以前是在家务农，褚森自己开小卖部、做客运。后来阿塔登小学建成了，褚森"逼迫"爱人去学习一门技能——家政服务。

"刚开始的时候我是不太想学的，因为家里面事情太多了，刚刚搬迁，还要照顾孩子。"金银花说。"我主要是在学校负责孩子们的宿舍内务方面，例如教教他们叠被子啊，教教他们扫地拖地啊，同时也帮宿舍拖拖地啊之类的。因为小娃娃人还小嘛，不可能让他们做太多的宿舍劳动的，像那么大的拖把，孩子都还没有拖把高，拖都拖不动。"金银花在讲述自己工作的时候满脸泛着对孩子们的疼爱。

"我的话晚上还会查一查宿舍啊什么的，看看孩子们有没有到齐，有没有生病的，要是有生病的，要赶紧报给老师，老师要来处理或者通知家长来处理。现在什么都方便啦，手机联系也快，家长来接也快。什么都规范了，做什么事情都能按照规章制度快速地做了。不像以前，出了事情大家都很慌乱，不知道要怎么办，有时候就因为慌乱拿不定主意耽误了时间。我记得以前的小学就有孩子得了病，因为通信不方便，配套设施也不齐全，这些突发情况的处理也没有规范，最后慌慌忙忙耽误了时间，导致孩子永久性耳聋……"金银花不由地感慨。

"唉，我想起以前，我们家小娃娃读书的时候，生病了，哪里有什么药去医病，基本上就是草药找上一些，扛过去。打针是很贵的，一般不生什么大病都是打不起针的，大概 2010 年前后，那时候医保普及力度还不大，感冒患病打针都是接近一百多两百块钱一针的，我们打不起，现在么几十块钱，二三十块就能打一针了。"一提到孩子们，她脸上就浮现出慈爱，像都是自己的孩子一样。"现在条件这么好了，我们肯定是希望孩子读书走出去，能够有一份稳定的工作，这样的话我们的负担也会小很多。其实现在么，家家都希望是这样子，读书出去好啊。"

阿塔登村的群众是很支持孩子通过教育走出去的，孩子们的学习成绩在很大程度上能够决定自己最终能够走多远。教育资源、教师力量在其间起到相当大的作用。

教育观念的改变对于一个地区是大换血一样的存在。褚森说：

　　"以前在老村的时候，很多村民不太明白读书到底有何重要意义。那个时候我就已经在村委了，我们村里的宣传工作每年都会做，但是大部分人仍然不理解为什么要重视教育。读书的时间用来干农活、放牛不就可以多一些劳动力了吗？不就可以多种一点粮食，更好地解决吃饭问题了吗？

　　"以前就有人不愿意读书，那时候有三个读初中的学生辍学了，学校报到乡政府里面去，乡政府又催到村里面，然后我们村里的人和乡里的人不断地去催，开始说了两次没有用，家里人也不重视。后来没有用，我们就和乡里面的人每天都去辍学的学生家里面，一天不落地去，最终说服了学生回来读书。"

　　这个观念最终是如何转变过来的呢？褚森继续讲述："大概就是搬迁过来之后，我们慢慢开始支持教育事业的发展了。"这时候，褚森的弟媳来了，讲述了她因为受教育少而差点被骗的事。

　　"我记得我那次去上海，才知道大城市基本上没有人使用现金，到处都要使用手机来付钱。第一次使用手机付钱的时候，因为自己不会用嘛，所以没办法只得让老板帮忙操作，自己用指纹密码，也不知道老板怎么操作的，只知道当时听到了老板的收款语音才放下心来。后来回到工地上我马上就让工友教我用，也还是学了老半天。因为自己不识字嘛，学起来很困难，只能是记着看到哪一个形状的标识，记住这一步点这里，下一步点那里，记住付钱点这个形状的标识，打电话点那个形状的标识，自己也不知道为什么钱就付出去了。"

　　"我记得有一次在上海地铁站我差点就被骗走了钱。那个骗子发现我们不识字，然后就假装卖东西的，收款的时候不知道怎么的，地铁的保安发现他不对劲了，过来询问情况发现我在付款给他，先立即阻止我付钱，又细细地问那个骗子，最后发现他是骗钱的。那一次差点被骗走了工资。"弟媳苦笑道。

　　从刀耕火种的农耕社会，转型到社会主义现代社会，本应该有几百年的转变时间，然而，当现代的元素流入村庄时，村庄被"强迫"在几年里进行飞跃式的转变，这绝对会遇到难以想象的困难，只有充足的交流和持续的教育才能够更好地解决问题。以前的阿塔登村因为道路不通，很少有人出去，人们的眼光见识、世界观念都与外界有着很大区别。这样的封闭社会就像是世外桃源，外界元素的流入对其造成的冲击和改变很大。当所有的一切都需要建立在以金钱驱动的物质生活上、原有自给自足的生活无法满足增长的人口的时候，问题就开始出现了：没有外界认可的物质交换媒介——金钱，同时也没有外界认可的思想和思维方式，应该怎么办？这时社会的转变就需要教育与交流来推动了。

"我们当时去外面打工，一天一百多两百块钱，拿的都是血汗钱，干不好工头还会扣你的钱，但是没办法，我们又不会写字，只能也只会干一些苦力活儿。当时我们还是有些难过的，你说我们这些地方的人不行其实也不对，我们可以在大山里靠自己活下来，把大城市的人单独放到我们的山上，他们也活不下去。但是我们毕竟是少数人，还是要学会适应外面的生活才行……"讲到这里褚森的弟媳便再也讲不下去了，不知道她是难以言表，还是情绪阻塞了她的表达。

她的表情，似乎在诉说着一个已经薪火相传了近千年的古老群体难以名状的哀伤。

当行为不符合世界运行法则的时候，这个无情的世界便会施加"惩罚"，"逼迫"其做出改变。

搬迁之后很多人都出去务工了，务工就必须出去，出去就意味着与外界交流。当朴实的山里人到外面务工的时候，他们发现，外面的世界已经变成了需要一种叫作钱的东西才能维持生活，需要文字和知识才能交流的地方，停留在家里面守着自己家里面的一方水土已经不是在这个时代能够很好地生存下去的办法，适应环境才是最优解。

外出务工让村民们意识到，想要在现在的社会更好地生活，就要学习更多的文字和知识。教育和交流就像是新的骨髓造血干细胞，要给这个古老的群体进行一次"换血"。就如同鹰的换毛，过程很痛苦，但换来的是全村人新的更加有力量的羽翼。村里的孩子未来走出去，要靠教育的支撑。

通过读书一步一步走出去，读初中，读高中，甚至读大学，再把先进、好用的东西带回来，找一份工作回来，春节开辆新车、带着加盖一层房子的钱回来，带动全家甚至全村人一起走出去，发展起来，通过教育改变自己的现状，这就是教育能够给村里面带来的新鲜血液。

教育的本质是增强一个人更好地生存、更好地发展的能力；教育之于欠发达的资源匮乏地区，就像是甘霖之于久旱未雨的耕地。

"教育改变命运"这句耳熟能详的话，在这里显得有些欠妥，因为山里孩子们拥有的教育资源本身就十分匮乏。但用"命运"一词去定义他们未来的道路，似乎对这些天真可爱、生长在高寒山区的孩子有些贬低与俯视的意味。他们那黝黑的脸庞充满了稚嫩与真诚，他们的未来将掌握在自己手里，而不是被所谓的命运所左右。

行走的医者

他是村里第一个高中生，是"被忽悠过去"的小学教师，他是阿塔登村十个村民小组的健康守护者，他行走在青山绿水之间。满目的青翠和层层的山峦也许让多数人心旷神怡，沉醉其中，但对阿塔登村的村民褚森来说，这是就医和完成医疗救治的"厚障壁"。绿水青山对于生活于其中的人们来说，是在美丽之外的另一个故事。

褚森是 90 年代的高中生。在那个年代，褚森可以称得上是村里顶尖的"知识分子"了。尽管目前的阿塔登村享受从学前到高中的 14 年免费教育，但村里大部分 30 岁以上的人只上过小学，甚至不识字。

褚森学医的经历可以称得上既传奇又充满了偶然。1998 年，褚森以几分之差高考落榜，因为家庭贫困没有复读，就这样踏入了社会，直接去县

搬迁前的山间小道

里找工作。他当过工地的建筑工，在厂子里干过活儿，还跟着县城里的老板干过一些杂活儿，但最终还是回到了阿塔登村做起了小卖部的生意。最初，连通往村里的水泥路都没有，村里没有一个人有摩托车和汽车，褚森就用马和驴运输货物。他每次都从山下的兔峨乡进好几千元的货物，用马和驴驮着，一点一点从山下运到接近山顶的村里。因为没有水泥路，只有土路和陡峭的山路，路程遥远，每次进货都需要走接近一天的时间。

褚森就这样把小卖部的生意做了下去。一次，阿塔登小学的一名教师找上了他，希望褚森能帮助承担一部分的教学任务。这名教师是褚森的同学，当年褚森选择去读高中，同学去念了师范。同学找遍了也问遍了村里的所有人，但当时有一定知识储备且能够承担教学工作的只有褚森一人。尽管平时工作已经相对繁忙，但在同学的请求下，褚森还是去村里的小学当了一名教师。

在阿塔登小学教了几年书后，村委会又有人找上他。当时村里的村医即将退休，急需找人接替村医的工作。褚森之前根本没有接触过医学，但村里本身读过书的人就很少，乡亲们都知道褚森是上过高中的"读书人"，就觉得褚森去学医一定可以学成。"当时有什么办法呢，大家都没学过医，只有我还上过高中，大家让我去学，我就去学了。"褚森这样笑着对我们说。

褚森就这样在隔壁县的卫校学了三年医，回来接替了老村医的担子，成了阿塔登村新的乡村医生。

　　正是农忙的季节，地里的苞米熟了，村里的所有人正赶着时候收割，褚森家也不例外。除了平时担任村医的工作，褚森还要帮着干自家地里的活儿。

　　一大早褚森一家就吃好了饭，准备去地里干一天的活儿。傈僳族的村落与田地之间距离较远，山路崎岖，因此大多数人家都是早上八点多吃完早饭之后就去地里干活儿，一直到晚上太阳快落山才回来。

　　太阳高悬，褚森正和家里人收割苞米。阳光热烈烈地打在人的脸上，褚森放下手中的镰刀，抹了一把脸上的汗，正喝着水，突然听见远方的山头上好像传来一阵声音，似乎是在喊着自己的名字：

　　"褚森——，褚森——"

　　山风送来远处的声音，但是断断续续的。褚森勉强辨认清楚后吓了一跳，山头上的那人让他接电话。

　　"你这人，咋就不接电话哩！可让我着急坏了！打了好多遍你都不接！"

　　"刚刚在地里干活呢嘛！手机放到地头啦，就没听见。"褚森连连道歉。

　　"抓紧去××家，他家人吃了蜂蛹中毒啦！"

　　褚森听了这话，立马细细地问了中毒一家的详细情况和反应，着急忙慌地回到卫生所，拿起医疗箱就去了中毒的村民家。

　　户主的侄儿领着褚森进了屋，着急地说："大伯昨天在地里发现了一窝蜂，当时开心坏了，就把蜂窝带回了家，说是回去吃蜂蛹去。结果我今天早上去地里的时候发现大伯一家一个人也没有，过了好久也没人来，就觉得不太对劲，到家里一看，果然坏事了，真是叫人急死了！"

　　褚森一看这一大家子都昏迷着，怎么叫都不醒，就和几个人把这一家子先背到了卫生所。阿塔登村的村民们都是住的木楞房，房与房之间是陡峭的斜坡。村民们回家的时候还要走窄窄的、坡度极大的小路上去。

到了卫生所，褚森发愁了。这可怎么办呢？之前村子里没人吃蜂蛹中过毒，褚森也没有看这种病的经验。村口离山下乡里的卫生所还有老远，但是人的病可耽误不得呀！尤其是中毒，过一会儿可能就是一个大坎儿。

褚森连忙翻出手机，给下面乡里卫生所的医生打了电话："我们这里有人吃蜂蛹中毒哩！看着情况不是太好，这可咋办？我之前也没有治过，你们乡里有经验吗？实在不行我们把人拉到你们那里去！"

乡里的医生一听，连忙说之前就医治过类似的病人，随即就把几个要用的关键药物告诉了褚森。褚森根据乡里医生说的方子调配好了输液用的药物，给这一家子扎上了针。

等输完液，过了一会儿，这一家子里有人醒过来了，醒了就开始叫人来。

"来哩——"褚森挑开帘子，一看有人醒了，心里松了一大口气。

有人醒了，说明这个治疗方法是对的。有人醒来说明已经成功了一半。褚森忙活到了将近半夜，终于可以去睡觉了。

褚森迷迷糊糊睡着了，中间仍然惊醒好几次，起夜去看中毒的还没有醒来的患者，看看他们的体征是不是平稳；时不时喊喊已经醒过来的患者的名字，看看他们是否有反应。一个晚上就这么过去了，褚森因为没有睡好而头痛欲裂，但还是十分欣慰：大家一晚上平平安安的，并没有出别的事儿。

"褚森——"

"哎！来了！"褚森挑开帘子进来。

"感觉咋样？有没有好多了？"

"好多了好多了！"患者连连点头。"谢谢你啊褚森，要不是你，真不敢想象会发生什么事呢！"

"是你们侄儿把我叫过去的，他看你们今天没去地里干活，觉得不对劲，果然发现你们都中毒昏迷了。"褚森说道。说完褚森脸一下子严肃起来："之前不是都强调过好多次，不能乱吃东西的吗！咱们村里能用的药太少了，要不是给乡里打电话，用的药恰好都有，你们指不定人都过去了！而且要是再晚一会儿，你们侄儿没发现你们中毒了，说不准都救不了你们！"

"是呢是呢！"两个大人连连答应。

"我们昨天在地里干活儿的时候发现了一个老大的蜂窝，大家都高兴坏啦，想着可以有胡蜂吃，晚上还可以吃蜂蛹！结果也不知道怎么着，吃完蜂蛹睡觉，就一直睡过去呢，之前好像就不怎么有事情。"孩子们七嘴八舌地补充。

"之前没事儿也不能乱吃呢！有的蜂毒性大，要是再晚一会儿伯伯就救不了你们呢！"褚森严厉地警告孩子们。"咱们村子本就离乡里远，也没有水泥路，也没有车子，要是这里治不了只能找人把你们抬下山。在抬下去的路上说不定人就不行了呢！"

"好呢好呢！"这下子全家都认真起来了："那我们可以回家么？这地还没有收完呢。"

"先别走，等再输完一次液，看看你们感觉怎么样，反正咱们卫生所有床，可以先住着。"

等再输完一次液，患者们都说好多了，可以下床走动了，于是这才回家。

这次的蜂蛹中毒事件，只是褚森在行医过程中遇到的紧急情况之一。在搬迁之前，如果有人无法去村里的卫生室就医，还得家人走很远的山路去卫生室叫褚森到病人家里去。山路崎岖，坡路陡峭，甚至连从稍微像个小道的土路到村民家里，都要走很长一段坡度极大且没有台阶的、仅供半人通过的小路，遇上雨天甚至根本不便通行，更不用说从屋子里把生病的老人和大人背下山去了。

村里和外界的交通十分不便。在很早之前，褚森只能用马和驴从山下驮来有限的药品；等条件稍微好一些，可以骑摩托车到村口的村委会，再走路把药品搬到卫生室。

"搬迁之后的行医看病就方便得多啦！"褚森笑着说。

搬迁后，村子里家家户户门口都是硬化路，汽车可以直接开到村民家门口。如果是小病，可以直接走水泥路到村里新修建的卫生室；如果病人走不动路，可以直接用车把人拉到卫生室，或者褚森开车到村民家门口，带着药物直接去村民家里。"之前哪敢想象能有这么方便呢！想都不敢想的。"褚森笑着摇摇头。

现在的褚森，在村里帮村民们看看小病。虽然大病村里治疗水平有限，也没有比较高端的医疗器械，但是药品的种类和补充的便捷程度有了很大的提升。褚森说，搬迁之前他就负责村里患有慢性病的老人的日常医疗保健工作。有的老人腿脚不灵便，背下来又十分不便，于是村医只能上门服务。在病人家里年轻人的带领下，顶着炎炎烈日，走很陡的山间小道。而且村里之前的小桥全是木头搭起来的简易的木板桥。好一点的木板桥，木头之间的缝隙较小。差一点的木板桥，几乎是三个独立的长木头靠较短的细木头连接搭建而成，木头之间有着比大腿还粗的缝隙。甚至有的桥只有一个粗木头，斜斜地搭在河水的两岸。褚森说，有一次过桥，他就不小心摔了下去，整个人都湿透了，而且受了轻伤。和搬迁后的上门医治的便捷程度比较，真的是一个在地下、一个在天上了。

对于村民们来说，则是有了除村卫生室以外更多的选择。以前因为交通不便，在病情比较紧急或者病人不方便长时间挪动时，只能选择去村卫生室或者请村医上门医治，而且大部分人家连摩托车都没有，如果赶着下山看病只能走路或者找人借一辆摩托车。搬迁后，村民们的日子更加红火，大部分的家庭外出务工挣到了钱，几乎家家户户都有摩托车，有的家庭还买了汽车。如果骑摩托，不到一个小时就可以从家门口赶到乡里的卫生所；如果开车，二十多分钟就可以直接开到乡里，甚至条件好一点的家庭还可以直接去县城，寻求更高水平的医疗服务。这在搬迁之前是难以想象的事。在过去忍一忍或者勉强在村子里看一看的病，现在也许直接去乡卫生所或者县城医院治疗。更宽阔平坦的道路，更便利的交通方式和更好的生活水平，让阿塔登村的人们能够有机会接触到，并努力争取到更好的医疗条件，提升自己和家人的健康水平和生活水准。

谈起村民们生活的变化，褚森回忆起搬迁后的又一次蜂蛹中毒事件……

太阳即将落山，阿塔登村的山峦间回荡着橙红色的余晖。在这宁静的傍晚，村里的一片寂静被一阵急促的敲门声打破。褚森放下手中的草药，走出小小的卫生室，眼前是邻居张家的儿子，他的脸上满是焦急。

"褚医生，我爹中蜂蛹毒了，快来看看吧！"张家儿子喘着粗气，一边拉着褚森的手一边朝他家的方向奔去。

褚森紧随其后，同时在脑海里迅速梳理着处理蜂蛹中毒的紧急措施。他们刚到张家的院子，就看到张家儿媳正焦急地围着躺在竹椅上的老人。老人的面色青白，汗水涔涔而下，显然病情不轻。

褚森正准备上前仔细检查，却看到张家儿媳拉着他的手，急切地说："褚医生，我们不等了，家里的车刚从县里提回来，我先把爹送下山到乡里的医院去！"

张家儿子点点头，和妻子一起将老人抬进了停在屋前的崭新小轿车中。褚森站在车边，紧张地叮嘱："快去快回，到了医院记得告诉医生是蜂蛹中毒。"

汽车发动，尘土飞扬，很快消失在通往山下的新修公路拐角处。褚森望着车辆远去的方向，心中五味杂陈。他没能亲手为老人解除病痛，但看着村民的生活有了如此翻天覆地的变化，他的心里除了一丝失落，更多的是欣慰。

几天后，张家的老人康复回村，全家欢声笑语。褚森拜访之际，老人握着他的手，感激地说："多亏了咱村的变化啊，要不是新车，我这老命就不知要搁哪儿了。"

褚森笑了笑，心里暖洋洋的。是的，尽管作为一个乡村医生，他未能直接解救病患，但能见证这个他深爱的村庄，每个人的生活一天比一天好，他觉得，这辈子做的一切，都是值得的。

因为搬迁，阿塔登村的村医褚森的日常救治更加便捷；因为搬迁，阿塔登村卫生室的药品种类更加齐全，日常补给更加充足；因为搬迁，阿塔登村的村民们可以争取到更优质的医疗资源。过去的"厚障壁"被一条条崭新的水泥路打破，层层山峦也不再是村民们与外界联系的阻碍。绿水青山、湛蓝天空、云卷云舒，在村民们眼中虽然依旧熟悉且平淡，但正逐渐摆脱闭塞、荒凉和贫穷的阴影，展现出自身的秀美和壮丽来。这些变化，也许正是易地扶贫搬迁为阿塔登村的人们带去的最宝贵的存在。

迁徙中的奋斗者

在易地扶贫搬迁的过程中，村民们除了需要签署住房等相关协议外，还需要签署一项同样重要的协议——就业协议。

这项协议代表着政府对村民们未来稳定生计的期望。他们深知，易地扶贫搬迁的主要目的是为村民提供更好的住房和交通条件，为他们寻找生计、外出务工打下坚实的基础。但易地扶贫搬迁的举措对于村民来说只是一个敲门砖，只是提供一个开门的机会，剩下的仍然需要依靠村民自己的勤劳和智慧。易地扶贫搬迁的目标是帮助农户开启新的发展机遇之门，最终的致富之路还是要回归到农户自身的内在动力上。

只有村民在他们越来越好的生活中滋生出内在动力，找到稳定的收入来源，才能长久地、真正地改善自己家中的生活。

为了确保村民在搬迁后不闲下来，村里举行村民大会的时候也会鼓励大家积极走出去务工赚钱，不断努力走向更远的脱贫之路。同时，村里也会定期举行评比活动，激发村民的积极性。在村里不断的宣传下，村民逐渐意识到改善生计的重要性。家家户户都在争取把生活过得更好，就连村里流传的故事都包含着务工成功的范例："××的儿子打工一年回来，都开回来车子了！"大家都铆着一股劲儿：你过得好，我要过得比你还好。

作为易地扶贫搬迁万千家庭的一个缩影，褚家的每一个人用自己的努力和坚持，诠释了勤劳致富的真谛。他们带着让生活越来越好的内在动力，发展出了多样的生计策略。

第一次见到褚家老三褚全昌时，他正像村民们传说的"打工榜样"一样，开着自己的大轿车，播着时髦而动感的音乐从乡里开回院子，正好与入户访谈的队伍相遇。这样的场面在村中可算得上是一个相当抢眼的"闪亮"登场。然而这份光鲜亮丽的背后，却是无数汗水与辛酸的积累。回溯二十多年前，在褚全昌还在上初中的时候，学校还未受到营养午餐等政策的扶持，他还要背着粮食走路上学，把粮交到学校，再凭饭票领到一小碗饭，这难以填饱肚子。然而，即使是这样清贫的上学生活，家中也很难维持。为了家庭，褚全昌不得不在初一辍学，回到家中放了好几年的牛羊。每天清晨出门，傍晚归来，那个年代没有手机，放羊途中碰到人都是稀罕事，在一天里，他能面对的只有牛群与羊群。然而就是这样单调的生活，褚全昌也坚持了好几年。

这样干农活儿的日子是完全没有休息时间的。放完牛羊后回到家里，还需要自己做饭、收拾。这时，一天也远没有结束。他还要做猪食、喂猪、拱土加固一下农田的田埂，七八点钟才能睡下。有时，半夜也需要爬起来去稻田里放水，而第二天日出起来之后又得继续忙活。没有休息时间，更谈不上休息日。

尽管付出如此辛苦，做农活儿所得的收入却十分微薄。二十年前一斤苞谷只能卖一元四五角，一只羊也只能卖100多元钱。但种地和养牲畜又是他生计的双重支撑，没有地，牛羊都喂不成，没有牛羊，地也种不了，二者相辅相成，都不能割舍。他也曾尝试种植一些经济作物。先种的是核桃，种之前每斤可卖十五六元钱，甚至听说有人一颗核桃卖了几千元。但在地里种了很多核桃后，收获时却几元钱一斤都卖不掉了。类似的情况也发生在种植荔枝的时候，之前在山上种荔枝的也有很多人，但后来就卖不出去了，大量的荔枝堆在车上，无人问津。

褚全昌的生计在 2003 年经历了第二个转折，24 岁的他决定外出打工。听说有村子把牛羊都卖掉了，全部出去打工，他和伙伴也一起前往昆明的工地务工。

一开始，他跟着同伴学会了打混凝土。随着时间的推移，他逐渐掌握了木工技术，现在已经从事木工工作三年。虽然他愿意学习更多复杂的技术，但图纸上的内容对他来说有些晦涩难懂。他心怀对工厂工作的向往："厂里面比我们轻松，有空调，（夏天）我们每天都在大太阳底下，三十七八度，热得汗直流，眼睛都看不见。"然而，对于是否愿意在工厂工作，他有些犹豫："干工地都习惯了，熟悉的工作更顺手。我在厂里一个认识的人都没有，想去都进不去。在工地上认识的一个村子的人，打电话问问有没有活儿就能去干了，一开车就走了。"

这种交通的便利性很大一部分也是易地扶贫搬迁的功劳。交通的便利让他外出务工行程的时间缩短了不少，能去的地方也逐渐扩展。"以前走到县城都特别麻烦，现在想去哪都可以随时出去。"住在木楞房的时候，就算能出去打工，一年也就出去一两个月，从昆明到家里都需要走两天。

从决定外出打工到最终能够买到车子返乡，褚全昌逐渐适应了城市的务工生活，普通话也逐渐流利。他始终保持着积极的态度："我们一开始去打工的时候，也是不习惯，有一些难受，后面习惯了就好了。"在工地的生活同样充满忙碌："在昆明的时候，每天早上从 7 点干到 12 点，中午吃个饭就继续从 1 点干到 7 点。"后来，他也发现了在城市生活的便利之处："饭都不用自己做，也比家里要好吃一些。"

但在工地工作也伴随着许多风险。"有的时候太危险了，建的楼最高的得有三十几层，坐电梯上到脚手架上，需要系上安全带。"褚全昌曾亲眼目睹工地上的安全事故。"在昆明那里的时候，有一次塔吊倒了，那时已经开了一二十米，开塔吊的人跳了下来，受了很严重的伤。"褚全昌也在担心现在建筑行业的工作机会正在变少。"以前还有大规模的整片开发，但现在就没那么多了，现在的楼盘基本就只有十几栋了。"疫情放开之后，外出务工的人也变多了，很多工地都不缺人。

褚全昌的故事是千千万万个农民工兄弟的缩影。他们是乡村振兴的奋进者，是现代社会进步的见证者。从他们的坚韧和执着中，能够看到家园的变迁，也能感受到生活的不易。每一次转折，每一次选择，都是他们勇敢面对生活的决定。他们或许会有彷徨和迷茫，但更多的是对美好生活的向往和追求，义无反顾地向前奔跑。

和老三褚全昌一样，二哥褚三发全同样也是一个默默奋斗的打工者，常年在外打拼，一直坚持了二十多年。在访谈期间，他正在杭州从事木工工作，一般只有过年的时候才会回到家里。木工的活计需要一定的技术，每天能赚取350～400元钱，与七八个工友一同挤在工地的集装箱里共同休息。褚三发全家中有四个孩子，最大的孩子在昆明读大学，最小的还没上幼儿园。面对这样的家庭负担，他被家里人誉为打工最拼的那一个。褚森说，他这个兄弟看起来瘦瘦矮矮，但就是这样看似瘦弱的一个人，却为了改善家庭生活迸发出了巨大的力量。

与褚三发全一同坚持奋斗的，还有他的妻子褚九花。见到她的时候，她正骑着摩托车，载着二女儿褚美英，从她们的地里匆匆回家。刚刚还忙着割杂草、放水的她，衣服上被溅上的水渍还没有干。这些年，丈夫外出打工，照料孩子的重任几乎全部落在她身上。在她的记忆里，常常浮现出背着年幼孩子辛勤劳作的场景——搬迁时背着三女儿去领家具，搬迁后背着小儿子去放牛、放羊，去田里……她对每个孩子都倾注着关爱，不放心让她们独自上下学，每次都亲自接送。随着孩子们逐渐懂事，她的担子也稍微轻了一些。褚美英即将读初中，暑假放假在家，帮母亲做了不少农活儿，让褚九花觉得轻松了不少。

然而，家庭的生活依然忙碌不停。除了家中基本的农活儿之外，褚九花还在村子里担任保洁员，这是搬迁后村里为了帮助村民脱贫而专门设立的公益性岗位之一，月薪 800 元，每两天工作一次。她要负责把规定区域的道路清扫干净，保证垃圾堆放区整洁，再将垃圾焚烧。

这项工作有许多琐碎之处，不少家庭都散养着鸡，它们留下的痕迹无处不在，难以清扫；下雨的时候山上会有泥石流不断冲刷道路，清理起来非常费时。除此以外，焚烧垃圾时产生的烟雾很大，也不太好闻，让嗓子不太舒服。她也提到，搬迁前村子里是不会有保洁员的工作的，更别提清理村子里的环境了。褚美英也感慨道："老村环境比起现在搬迁后的村子差远了。"要保持现在的环境，离不开这些保洁员持之以恒的努力。

尽管这样忙碌地辛勤付出，仍然只能勉强维持家中六口人的生活。褚九花也曾在外打工，希望改善家庭生活。2013 年，家里粮食收获之后，她和丈夫一起在工地上做些杂工。搬石灰、拉土、打混凝土之类的活计她都干过。但后来因为仍需照顾孩子，打了两个月工后，她还是回到了家中务农。2022 年过年后，家中的困难再次增加，她便和丈夫商量一起前往上海打工，希望能赚到一些钱，补贴家里的生活，把几个孩子交给了娘家和婆家。

与褚九花和褚美英交谈

谁知麻绳专挑细处断，事情并不尽如人意。他们在上海刚打了一个月的工，上海的新冠疫情突然暴发。那时，工地上有很多人都被检测出了新冠阳性，他们只能在工地的宿舍里隔离，每天的活动都只能在宿舍里进行。中途，夫妻二人还都被检测出了阳性，被送入方舱隔离了两周。这一隔离，之前赚到的钱也都消耗殆尽，"一分钱都没有赚到，还回不了家"。

这时，年纪最小的儿子还在云南的家中发烧，吃不下饭，夫妻俩心急如焚却又回不去。等到上海解封，褚九花终于得以回到家里照看孩子，但返回云南的过程中又面临着隔离两周的费用问题。"那时要收一个人1 900多元，我们都怕死了，要自费的话，我们都付不起。我们当时争了很久，一直说我们打工一分钱都没有挣到，没有这么多钱交，让我们早一点回去在家隔离，但工作人员不同意，不让我们回去。"最后只能隔离了两周，打了借条才回到了村里。

幸运的是，回到村里后，村委会非常重视这户贫困户的情况。多亏了村委会的协调，隔离期间的费用才最终得以免除。

而当时因为害怕疫情反复，几乎所有在上海打工的村民都在放开后第一时间回到了村里，唯有褚三发全一个人还坚守在上海打工，因为他的家中实在是没有其他收入来源。老三褚全昌回忆起这段艰难时光，也深感自家兄弟的不易。村委会得知这一情况之后，考虑他们家中的困难，为褚九花安排了保洁员的公益性岗位。因扶贫政策的帮助，家中也慢慢恢复了生机。

褚九花是一位勇敢坚韧的母亲，她是家中的支撑，也是孩子们的守护者。虽然面对着生计的压力和艰辛的工作，但她依然毫不退缩，坚定地走过一段又一段的艰难岁月。她的生活或许并不轻松，她将家庭的责任背在了双肩上，默默承担着照料孩子、务农和打工的辛劳。在远离家乡的工地，她用双手刻苦劳作，为孩子们的成长而奋斗；在再熟悉不过的土地上，她辛勤耕耘，为家庭的未来而努力；在漫长的岁月里，她坚守着希望，用爱与温暖构筑坚固的家。

正如褚九花的坚持和奋斗一样，每一位易地扶贫搬迁户都是生活的勇士，用辛勤的汗水谱写着奋斗的乐章。他们不仅面对着从农田到城市的转变，还要应对生活的挑战和变数。但是他们始终坚信，只要有心、有勇气，就能战胜困难，创造更好的明天。

在褚家中，大哥褚森是一个思想比较先进的人。作为村里第一位高中生，他一直走在村民们的前列。搬迁前，村里的道路并不便利，购买日常用品需要走漫长的山路往返乡镇。褚森敏锐地察觉到农村市场的需求，便在村口开设了一家小卖部。赚到钱后，他成为村里第一个安装热水器的人。他还善于经营，巧妙地在店铺前的院子里设置了免费使用的台球桌和游戏机，吸引着客流。这个小小的店铺成为村民们的聚集地，逢年过节更是热闹非凡。褚森的生计为家庭带来了稳定的收入，每逢过年时，甚至可以收入万把元钱。

褚森的智慧生计不仅局限于此。随着搬迁后交通条件的改善，小卖部已经不再能满足村民的需求。他决定自己学车，掌握驾驶山路的技能，用自家的车开展农村客运服务，为村民提供方便快捷的交通。这一举措不仅让村民受益，也为他们带来了额外的收入，用于补贴家用。

褚全昌、褚九花、褚三发全与褚森在他们各自的领域付出着努力，他们是搬迁后村子里普通却不平凡的人。他们的生活有着辛酸和困苦，但始终敢于追求更好的生活，不畏挑战，敢于拼搏。在这个缔造希望的历程中，他们的坚毅和奋斗，是乡村振兴的生动注解。这些故事生动地展现了褚家人不畏艰辛的精神，和他们对通过自己的努力一定能够改变自己的命运的坚定信念。

他们坚守着务农与外出打工的双重身份，不断追求生活的幸福和进步。他们不仅是农田上的辛勤耕耘者，更是城市建设的默默贡献者，为社会的进步和发展做出了不可磨灭的贡献。褚家人的努力和拼搏，无疑是易地扶贫搬迁政策的生动实践，也是乡村振兴的希望。他们改善生计的经历是一个真实的见证，体现了易地扶贫搬迁的意义和力量。他们逐渐改善的生活充分展示了易地扶贫搬迁政策的初衷，他们用实际行动证明了村民自己的努力才是脱贫致富的关键。他们的故事激励着更多的农户走出困境，用自己的双手开创更加美好的明天。

村里的每一位劳动者都是生活的勇士，既是乡村的守望者，也是现代社会的奋斗者。他们用汗水浇灌着希望的种子，用辛勤耕耘创造着美好的明天。

最可爱的人

褚森还在乡村小学里担任代课老师时，不曾想到命运的巨轮在这时正悄然转动。村里缺乏医疗人员，他这个被誉为"文化人"的乡亲被选派到远在怒江的卫生学校深造。三年的岁月，他潜心学习，终于手握行医资格证，依照定向培养的计划，回到了自己的故乡——阿塔登村，成了这里的村医。在随后的村民选举中，他又被推选为村里的副书记。从此，无论是村卫生室、村委会，还是田间地头、大会小会，他的身影无处不在。

自高中毕业以来，褚森始终保持着学习的热情，无论是水电、木工、砖瓦还是电脑，没有他不擅长的。过去，四名村干部中只有他会电脑，因此他成了村里许多工作的主心骨。加班到深夜对他来说是家常便饭，但他从未有过一丝抱怨。记得在阿塔登村搬迁的过程中，有一晚，为了和乡里对接贫困户信息，他在村委会里熬夜到了凌晨 2 点。易地扶贫搬迁的过程中，阿塔登村的基层干部们承担了巨大的工作压力。然而，走在村里崭新的水泥路上，褚森笑着说："一切都是值得的，我还有很多想做的。虽然不知道能不能实现，但还是想尝试一下。"从褚森的话中，可以感受到他对村庄的热爱和对未来的期待。

在阿塔登村的土地上，褚森的名字如同一棵常青树，深深扎根在每个人的心田。他在这里出生，成长，如今，他以副书记的身份，守护着村民们的希望。村里的风风雨雨，他了如指掌，仿佛他的生命与这片土地的命脉紧密相连。

当阿塔登村挂钩单位的工作人员录入全村建档立卡户的详细信息时，

他们面临着一道道难题。入户采集信息的人员众多，但对村里的情况了解却有限。于是，大家的问题如同潮水般涌来："褚森，×组×家有没有外出务工的？""褚森，×组××的残疾是否有证？""褚森，×组×家的生产经营收入是多少？"……在这些问题的洪流中，褚森就像一座稳固的灯塔，耐心细致地为每个人照亮前方的道路。短短一个月的时间，他就像阿塔登村的"活字典"，赢得了大家的敬仰。

褚森的笑容如同春日的暖阳，温暖而亲切。他对每一个人都充满耐心，无论是村民们的疑问，还是他们的烦恼，他都会耐心倾听，给出自己的建议。同时，他也是村里的医生，有时候，他刚刚回到家，还没有来得及端起饭碗，就有人前来看病。这时，他总是顾不得饭菜，放下碗又去给人打针拿药。一天下来，到了家就累得倒头就睡。

刚结婚的几年里，褚森的妻子金银花不太理解他的工作，觉得他总是多管闲事，总是为村里的事操心，时常埋怨他不够顾家。然而他总说："邻里乡亲的，能帮的总得帮一下，等忙完这阵子，我就回来帮你。"然而，褚森的妻子一等就等了十多年。如今，大女儿都上初中了，她也早已习惯了丈夫"舍小家顾大家"的工作作风。一提起妻子，褚森内心还是感到十分愧疚。他记得二女儿刚出生没几天时，忙于村里工作的他有时候无暇顾及妻子，导致还在坐月子的妻子还得自己煮东西吃。

"想起来也挺对不起她的。看到她不高兴了，我就少说几句。有时候，那边工作还没忙完不能回家，孩子上学住校也不在家，她就只能自己孤零零一个人吃饭，也是挺可怜的。等忙完回到家我也不敢多说话，生怕她不高兴。夫妻之间不就是这样吗？总有一方要懂得忍让。她唠叨我几句，我就听着呗，能忍就忍。要是顶嘴反驳，两人又得因此闹得不愉快。"褚森一边说着，一边腼腆地笑了起来。尽管工作使他无法常在家陪伴，但他深知，妻子一直默默地理解和支持他。这份无声的理解和支持，就像一股温暖的力量，推动他在工作的道路上坚定前行。

谈到易地扶贫搬迁和脱贫攻坚时期时，褚森回忆道："那时候是真的忙。我们的口号喊的是'5+6，白加黑'，意思就是，周一到周五再加上周六，从早干到晚。但其实是'5+2'，也就是从周一到周五再加上周六周日。对于我们这些村里的干部，周末似乎并不存在，只要有村民或上级需要，我们随时都要站出来解决问题。"

为了让每一户村民都愿意搬迁，搬迁前，褚森等村干部还要经常去村民家里走访。提起搬迁前，褚森回忆道："那时候驻村工作组和我们村委会要做的工作确实比较多。上当场的那个村民小组在搬迁前基本只能步行到达，走路过去要花上四五个小时。我们经常是早上六七点出发，下午四五点钟才开始往家走，到家时天色已经完全黑了。为了节约工作时间，去这种远的地方，我们就想一天多走访几户，想在一天里抓紧搞完。有时可能晚上才能回到家，吃点冷饭冷菜。就算走访的过程中有些村民客气地想给我们做些饭吃，但由于搬迁前他们的生活条件是真的很艰苦，厨房里都没有什么菜可以做。那时候，我们最大的愿望就是能在节日的时候正常放假。"褚森这样说着，脸上露出了一丝不好意思的微笑。

阿塔登村属于第一批要搬迁安置的村子，因此在上级出新政策时，乡两委便与村干部紧锣密鼓地商讨，大家要提前考虑到可能出现的情况，做好预案。"当时与我们村挂钩的是兰坪县房改局，有时候周六周日，房改局的局长和局里的工作人员还会来统计建档立卡贫困户的信息，与农户同吃同住，大家也都是辛苦得很。"提起这段经历，褚森笑称："当时我们这些工作人员都开玩笑说，经过这一场（浩大的工作），可能连80岁都活不到。"

褚森展示了易地扶贫搬迁时期珍藏的三千多张照片，如数家珍，说起每一张照片背后珍贵的故事："这张是当时我们在老村委会向大家宣传我们村要实施易地扶贫搬迁计划的场景，你看我还穿着我村医的白大褂。这张是去村里一家让他们签协议的。这张是当时县里专门来拍摄的航拍图，我觉得特别好，就把每户的名字标在了上面，方便定位每家的位置……"这些照片记录着阿塔登村易地扶贫搬迁的历程，每一张都如同一盏盏璀璨的明灯，照亮了阿塔登村搬迁的历程，也见证了褚森和其他村干部对家乡改变的坚定承诺。

褚森坦言，确实也有一些瞬间感到太苦太累，甚至在 2021 年换届选举时，他曾提出如果有人愿意接替他的职位，他愿意让位。然而，村里找不到合适的接班人，许多人看到村干部在烈日下奔波，处理琐碎的事务，都不愿意接手。有些中专生宁愿在外面打工也不愿意回来当村干部。这其中的一个原因，是村干部的待遇与他们繁重的工作负担并不相称。褚森说，村干部一旦退休，就只是一个普通的农民，没有公职身份，国家也没有为他们缴纳养老保险。而在"三区三州"，目前正处于五年过渡期，仍需巩固拓展脱贫攻坚成果，全面推进乡村振兴，农村的工作量仍然十分庞大。这些沉重的担子大部分都压在了基层村干部的肩上，村委会的干部们承担着组织建设、经济发展、殡葬改革、文明创建、人居环境整治、社会治安综合治理等一系列艰巨的任务。

如果说易地搬迁脱贫如同一场艰辛的长征，那么他们则是脱贫攻坚战中不屈不挠的战士。他们不顾个人的疲惫和困难，默默地为家乡的发展奉献着，不辞辛劳地扛起了担子。在乡村的脱贫攻坚和振兴建设中，这些村干部都是无可替代的守护者和奋斗者。他们的坚持和努力，让阿塔登村的明天变得更加美好。

褚森还想起了当时搬迁时的一些趣事。有一段路经过了一位农户家中的农田，他的同事去劝说，但是该农户还是不接受解释，甚至随手拔了一把草塞到他同事嘴里，说："占别人的地，我看你不是吃粮食长大的，是吃草长大的！"

还有拆除老房子也遭遇了阻力。阿塔登村的搬迁政策要求，搬入新居后，老房子必须拆除。对于这些陪伴了他们一生的老房子，村民们无法轻易割舍，因此村干部只能带头拆除自家的房子。"这里说起来还有个有意思的事情。当时拆我家老房子的时候，我在忙别的事，是我老婆拆的。拆了一半时开始下雨。因为原来那种木楞房拆得快搭得也快，我老婆考虑到房子里的东西还没搬出来，为了防止里面的东西被雨淋，就又搭了回去。我回来看到大家还没有拆完，就问他们。他们说：'看你家房子拆了又搭，我们也就跟着搭回去了。'没办法，等雨停之后，我就立马

阿塔登小学

把我们家房子全部拆掉，大家看到我这么做，也才都纷纷拆了。作为村干部，大家肯定会看着你呀。"说到这儿，褚森又是腼腆地笑了起来。

尽管在村里搬迁的过程中发生过一些不愉快的事，但是褚森坦言，他从来都没把这些事放在心上。他的目标只有一个，那就是确保整个村庄的搬迁顺利完成。当有村民不理解或不愿意搬迁时，他们会耐心地一遍又一遍做思想工作，用心劝说。在最繁忙的时候，褚森甚至一天只吃了一个包子，只为确保每一户村民的搬迁工作都得到妥善安排。

褚森说，尽管搬迁时的工作既繁重又辛苦，但每当他看到今天的阿塔登村，看到翻天覆地的变化，看到村民们幸福的笑脸，他就会觉得，之前一切的付出和辛苦，值了！

搬迁后落成了新修的阿塔登小学。褚森解释说："原本这块土地是预留给村委会的，但当我们需要建设小学时，村里找不到更大的地块。于是，我们决定将这片土地让给小学。教育至关重要，只有孩子们接受良好的教育，我们的村庄未来才有希望。"

褚森的眼神里充满了对未来的期待，他还有很多想法，想让阿塔登村变得更好。如今，村里的交通便利，他也希望能开车带着家人出去看看世界，让年迈的母亲也能欣赏到外面的风景。"但是现在最大的问题就是村里的工作还比较多，我没时间。"褚森略带遗憾地说道。

阿塔登村在脱贫攻坚战役中，赢得了"一步跨千年"的翻天覆地的变化。这一方面得益于党和政府的关心支持和大好政策，但另一方面也离不开像褚森这样默默付出的村干部。

他们就是阿塔登村易地扶贫搬迁中，最可爱的人。

结语

在时光的拂晓中，在怒江畔，聆听着这个跨越岁月的篇章，文字如细雨，浸润着乡村的土地，传承着那一抹绿草青青的情怀。

在故事里，有着村民与干部共同编织的画面。那些平凡的乡亲，时而喜悦，时而疑惑，他们的脸上书写着家园的点滴变化。而那些干部，如春雨般，静默而执着，为乡村的繁荣孕育着希望的种子。

他们没有豪言壮语，只是静默地行走，不舍离去，成就了每一个阿塔登村人的梦。

歌在心中，路在脚下

青林乡地处秦巴山区，位于四川省广元市朝天区北部，与陕西省宁强县接壤，2019 年撤乡建镇，改为水磨沟镇。在这个平均海拔近千米的小镇上，有着数不清的山头，一眼望去满是翠绿，"青林"之名就源于此，寓意万古长青。2020 年，多村合并为红坪村。该地四周环山，地势多山地，地处"老少边"贫困区域中的革命老区。大自然是善良的慈母，人们靠山吃山，凭借桑蚕、木耳、木材等经济作物供养一家老小；它又是冷酷的屠夫，山区土地贫瘠，适宜种植的粮食作物仅有玉米、小麦和大豆，人均耕地面积不足一亩，大旱、洪水、虫灾等灾害时有发生，野生兽类的侵袭使得本就欠佳的农作物收成雪上加霜。

朝天区境内唯一的县级苏维埃政权建立在水磨沟镇红坪村，村里还有一个红军藏身过的山洞。徐向前元帅曾为红坪题诗："建立革命苏维埃，工农当家权掌牢。永远跟着共产党，赤化全球志不摇。"光荣的革命历史在红坪村村民的心灵深处埋下集体主义的根。在贫困的大巴山区，这种情感超越了一般村庄之间的互助，贯穿于村中红白喜事、田间地头等各个方面，成为对革命精神的传承。勤劳的村民靠着双脚丈量这里的土地，山上到山下的路程就是他们的长征。山区交通不便，他们与外界沟通交流仅靠一条狭窄的山路。在信息闭塞的年代，路的两端连接着的是生计和希望。

2017 年 7 月，水磨沟镇易地扶贫搬迁集中安置点竣工，村民们踏上了安居乐业的新征程。从山尖尖到平坝坝，在新楼房里，他们迎来了憧憬已久的家。从前，红坪村人的生计主要依靠木耳。湿润的气候，多雨的山头，为木耳的生长提供了良好的外部条件。但与市场上纷至沓来的木耳品种相比，红坪村的木耳产量低，在众多木耳品种中属于式微的传统品种。外出打工的浪潮裹挟了红坪村，带走了大量年轻劳动力，但也为这个封闭的村庄带来了致富的机遇。有胆识的年轻人在两省边界找到了新的希望，发现了天麻这个宝贝。他们成为大山里种植天麻的先行者。在易地扶贫搬迁政策的支持下，天麻产业园在安置点的门口拔地而起，铺就了一条走向共同富裕的新路。

在川北的群山里、贫瘠的土地上，茫茫大山虽然阻隔了人们的出行，但切断不了他们对美好生活的向往与期待。千百年来与天斗、与地斗，他们不断开阔视野。乘着时代的春风，他们走出大山、接受教育，不断砥砺前行，看见一个不同的世界。他们的生存故事是中国农民自强不息的缩影，是时代发展的缩影，是党带领人民不断前行的缩影。

红坪村老屋（左）与新居（右）

踏歌行路

　　四十多年前的一天，父亲陆业华带着儿子陆永立走了两个多钟头的山路，去山下赶集。他们裤脚沾满了泥土，脚上穿着磨损严重的草鞋。那天一大早，陆业华轻手轻脚地走进鸡舍，他今天要把家中两只老母鸡卖掉，买些肥料、盐巴、煤油等日用品回来。陆业华和来来往往的顾客为了几分钱叫价多个来回，鸡的价格却一降再降。天色渐暗，如果再不卖出去，天黑之前必然无法到家，带着罹患眼疾的陆永立摸黑走山路太过危险。八个多小时，父子二人没喝一口水，肚子里"咕咕"的声音此起彼伏。时间不等人，陆业华只能以低于心理预期的价格将鸡出售。顾客渐行渐远，陆永立抬头看着父亲苍老而疲惫的脸庞，没有说一句话。蜿蜒狭窄的山路上是父子二人匆忙赶路的身影。夕阳西下，天边泛起一抹橙红。他们将夕阳甩在身后，在山路上留下斜长的影子。父亲无心多说话，催促着："赶紧走，天都要黑了。"陆永立跟在陆业华身后，一个念头在他的脑海中翻滚："以后一定要让老汉①走上宽广的大路。"

　　陆业华从未想到，2008 年春天，老屋门口出现的这条全长 2.88 公里、两米宽的土路正是由儿子陆永立主持修建的。

　　陆家老屋坐落在半山腰，最近的邻居住在对面的山头。过去十天半个月见不到一次，遥遥相望，似近非远，生活在这里"通信靠吼，安全靠狗"。陆永立的三位姐姐早已出嫁。分家后，陆永立和弟弟陆永志的两间六十多年的土房孤零零地屹立着。后来，陆永志也离开了大山。老屋只剩下了陆永立和妻子王秀珍、父亲陆业华、母亲李玉娟、儿子陆天勇、女儿陆晓涵六口人。

　　"穷人的孩子早当家"，为了减轻家庭负担，陆永立姐弟五人早早就懂了事。父母农忙时，姐姐们就充当了家长的角色。村里分粮食，总是大姐扛着麻袋、二姐背着背篓、三姐拿着竹筐，走几里山路去领。家里点不起

――――――――――
　　① 四川方言，父亲的意思。

陆永立主持修建的山间土路

煤油灯，大姐在添柴烧锅时总会想起弟弟和妹妹们，念叨着"娃儿们快快写，我给你们照亮亮"。孩子们排排坐，趁着火光写作业。二姐成绩不错，考试能考八十多分，但家里生计难保，二姐读书成了奢望。除了陆永志读完了初中，其他孩子没读完小学就辍学在家务农。

陆永立不高、体型偏瘦，五六岁时生了场病，他的右眼几乎失明。小学二年级，陆永立在学习上开始感到吃力，便没再读下去，但好歹识了字。后来村书记要帮他办理二级残疾证，陆永立挥挥手，不愿给政府添麻烦。和村书记交谈时，陆永立的眼神要么闪躲，要么久久地望着地面："资源，还是要用在更需要的人身上，我还能够自食其力。"一天的大多数时间里，陆永立习惯安安静静地干活儿，他腰微微有些弯，身上的衣服宽宽松松，洗得微微发白但也干净整洁。

二姐陆永惠和陆永立关系最为亲密。每逢农忙时节，陆永惠打着回娘家探望父母的幌子，实则心疼弟弟养家辛苦，抽空回来帮陆永立干些农活儿。山高路远，陆永惠一路风尘仆仆，不畏劳苦。她走进家门，水都没喝一口，便已挽起袖子，挑起锄头，投身到田地中。陆永立心里头满是感动。他不多言语，只是记着为二姐泡杯热茶、做顿好菜。陆永惠总是笑着对陆永立说："弟弟呀，你就是老实巴交的。"

陆永立一家挤在连土地都未平整的老屋里。这间老屋的风貌还停留在上个世纪，房梁上的划痕是岁月侵蚀的痕迹，梁下就悬挂着他赖以生存的农具，杂物随意堆放在墙角，房柱间拉起几根废弃电线，松松垮垮地挂起几件旧衣。茅屋采椽难避风雨，幸有家人相伴，苦中作乐。陆永立与妻子王秀珍经二姐夫介绍认识，相伴三十余年，共同抚养一儿一女，吵架拌嘴几乎从未发生。

生活的重担迫使陆永立发掘着老屋周围的每一寸土地。山地上的耕地坡度较大，土地细碎化程度高，但零零散散加起来也有五亩多地。地少人多，陆永立和妻子将一年十二个月的土地种植计划安排得井井有条。一到五月种上土豆，三到八月种上玉米，玉米收获后，接着就能撒下油菜籽直到次年四月收获。十月到次年五月余下的土地还能种些小麦，每年共有近千斤的收成。不起眼的小地块中，种着白菜、豇豆、萝卜、黄瓜、大葱等蔬菜。这些零零碎碎的粮食能够基本维持一家人的口粮和牲畜的饲料供给。

陆家老屋

养殖蜜蜂是祖传的手艺。家里都是原木所制的老式传统蜂箱，容量有限，产量也有限。蜂蜜手工熬制费时费力，购买的人大多是熟人和老主顾，销路稳定，年岁好时有十四五个蜂箱，一年能卖出一千多元。靠山吃山，林间木耳已经种植近二十年，规模在缓慢扩大，但产量很不稳定，每年大致有一万元的收入。家中还养了十多只鸡，十七八元一斤，除去自己吃的一年能卖三百元。卖猪收入相较其他农产品比较稳定，一年大概有一万元。

老屋周边产业繁多，但大都看天吃饭，年成好时也只有将近两万元的收入。

孩子们嗷嗷待哺，父母也需要赡养，家庭生活成本陡然上升。屈指可数的劳动力勉强撑起这个家。靠天吃饭、以农为生不能为家庭提供稳定的收入来源。在这里，房屋老旧、生产工具匮乏、生态条件恶劣。家人时常患病，大山里的农户抵御外部风险的缓冲能力几近为零。交通不便，与邻里的交流少之又少，使农户缺乏自我组织和发展的能力，受教育程度低和外出务工时间短又限制了他们的学习能力和认知能力，无法紧随时代步伐汲取新知识就无法实现自我革新，无法自我革新就无法提高应对风险的韧性。各环节彼此僵持，除非找到打破僵局的关键，否则大山里的人很难从贫困中挣脱。

闲暇时，陆永立坐在屋檐下，望向柴门外那条土路。他挣脱大山束缚的努力，或许就是从这条路开始的。

2007 年夏日的银光村（后并入红坪村），烈阳笼罩山林，阳光透过树荫直直地洒向地面。35 岁的陆永立在家人的帮助下绑着一头猪匆匆下山。山路是被踩出来的，或许不应该称它为路，陡峭曲折，石块凹凸不平，其间杂木杂草丛生，几乎没有平整的路面，草丛晃动，昆虫纷纷逃窜。卖猪，是陆家最重要的生活来源之一。一年里如果能卖出四五头猪，再留一头过年吃，就能有一万元左右的收入。两个孩子的学费、父母的赡养费、吃穿住行等家中基本生活开销就有了指望。

陆永立估算着赶场的时间，预计还要走两个小时，心中未免焦急，不禁加快了脚步。蝉鸣鸟啼，山间格外寂静，疲惫的喘息声伴随着猪的叫声，天地间仿佛再无其他声响。走着走着，他心中有了些许不安，缓缓回头，却看到猪病恹恹地挂在木棍上，发出"哼哧哼哧"的声音。山路难行，酷暑难耐，担负着家庭生计重任的小猪最终热死在半路。这条祖祖辈辈走过的山路隐匿在杂草丛中，一眼望去看不到尽头。陆永立心想，是时候修一条真正的路了。

住在山上，万事不便，一家人也不轻易下山。小病靠熬，大病还需要找人帮忙，先走小路到山脚，再求人搭顺风车去镇上。陆业华有肺气肿，李玉娟身体也不大好。每每老人生病，陆永立只能慌忙去喊二姐夫，两人扶着老人，小心翼翼，深一脚浅一脚地送下山来。遇到恶劣天气则更加困难，老屋就像一个孤立无援的荒岛，狂风肆虐、暴雨倾盆，路上泥泞不堪，正常走路都举步维艰。

种种看上去难以忍受的困难，沉淀进陆家生活之中，让这些酸甜苦辣变成了一种习惯，不论多么艰辛，已是寻常。大山里的人默默接受着这几乎不可改变的生活。

弟弟陆永志离开大山后在省城生活，如果按照钱包鼓起的程度，是陆家最有出息的人。偶尔回家看望父母时，这条山路陆永志走得异常艰难。或许是受够了这样的生活，陆永立修一条大路的想法迅速得到了弟弟的支持。2008年，陆永立和陆永志兄弟两人共同出资12 000元，一个"通途"工程开启了。

这次修路耗费了约一周的时间，路修到离老屋一公里的地方遇到了阻碍。水磨沟镇地下矿藏有大理石、花岗石，山石坚硬，小型挖掘机难以碎石，工程只能暂时告一段落。但一条坎坷的小路总算修到了家门口，路面碎石较多，但摩托车和三轮车可以勉强通过。连接着陆家老屋和山脚的大路改变了陆家的生活状态，拓宽了他们的发展空间。陆家老少更加频繁地参与集市，与外界的联系增多，种的木耳、养的牲畜能更快变现。山下土地坡度更加平缓，高质量的耕地也增多了。与县道的距离缩短，到朝天城区的交通成本、时间成本减少，医疗、教育、社会保障等公共服务设施变得没有那么遥不可及。生活总算是有了盼头，努力的劳作也变得更有意义。但随着整体生活状况的改善，简单修建的山路已经不能满足陆家老少正常的生活需求。

"要想富，先修路"。大路的修建不仅畅通了"有形的山"，更破除了束缚生产要素流动的"无形的山"。陆永立用一条路作为铆钉，主动打破了贫困的恶性循环，通过对生产要素的更新实现了破局。但从长远来看，这条路只能解决陆永立一家的出行问题。自然环境仍极大限制着陆氏一家的发展，渺小的个人无法对抗自然。而易地扶贫搬迁政策的施行，推动着他们跳脱出大山的束缚。

致富新路

外出务工的浪潮如同一股澎湃的江水，渐渐席卷了大山。年轻的劳动力纷纷踏上了背井离乡的道路。2015 年，陆永立沿着修好的大路走出老屋，成为万千浪花中的一朵。缺乏文凭的陆永立主要靠出卖力气赚钱，但眼疾成为他找工作时最大的阻力，很少有工头愿意长期雇用他，缺工的时候迫不得已用一下，有新人过来立马辞退。"哎，不是我们故意不用你，你这……出了事故谁负责？""你的情况会耽误我们赶工的。"这些答复陆永立听了无数遍。

靠着同县工友的帮助，一月能出工十几天就已经是他的"丰月"。为了一个短期工作在不同省份之间来回穿梭奔波，白白损失路费的情况也是常有的事。陆永立的工作流动性很大，赚到的钱也有多有少，极不稳定。好时一年能有三万元，差时只有一万元出头。但是只要能上工、有钱挣，跑到天涯海角他都愿意。陆永立外出做工最远去到过新疆，曾在铁路工地上做小工，工作时身穿厚重的工作服，脚踏一望无际的铁轨。苍茫大地上的工人渺小如尘埃，仿佛风一吹就消散。新疆的气候恶劣，夏日烈日炎炎，地面热浪滚滚。他在这风沙漫天的环境中挥汗如雨，面庞被风沙打磨得黝黑，手上的茧也变得坚硬厚实。

王秀珍则在老家照顾父母孩子，种些玉米、木耳，丰年能有一万元出头的收入。陆永立在外舍不得吃穿，看到好东西却总是记挂着给家人带回去。他带回去的新疆哈密瓜的清甜滋味还深深地留存于陆天勇和陆晓涵两个孩子的记忆中，一口咬下去，香甜的汁水飞溅到笑脸上。这是陆永立最渴望见到的、简单的幸福。在外务工时，陆永立和许多工友们一样，很少走出工地，重复着"工地－宿舍"两点一线的日子。在繁华的城市中，高楼大厦耸立，万家灯火通明。但对于陆永立而言，他仅能以异乡人的身份在此谋生，购买一套当地的房产是他一生连想都不敢想的奢望。

2016年，漂泊在外的陆永立得知易地扶贫搬迁政策将在家乡展开。他慢慢了解到，政策不仅提供"安居"，更会助力大家"乐业"。人们常说，站在风口上的猪都会飞。可当真的置身于风口之上时，又总是忧虑会不会被狂风卷起，再重重拍下。对陆永立来说，在外打工的经历拓宽了他的社交圈，也提升了他的眼界，漂泊的岁月更是在不经意间淬炼了他的心智。得知易地扶贫搬迁政策的同时，他逐渐捕捉到了一丝不离家就能找到工作的希望。

站在外出务工与易地扶贫搬迁政策的交汇点上，思虑再三，陆永立最终选择了回归故土。

2017年7月，水磨沟镇水磨沟社区易地扶贫搬迁集中安置点落成，坐落于国家AAAA级景区水磨沟入口，离水磨沟场镇仅200米。这个占地约40亩、总投资达920.95万元的安置点覆盖了79户232人。其中，50户128人是贫困户，29户104人则是随迁而来的。陆家新房坐北朝南，位于三楼，总面积为125平方米。陆永立一家于2018年4月搬入新房。易地扶贫搬迁改善了居住条件，新家宽敞明亮，陆永立却感受到一种仍困于山中的苦闷。他感慨着改变，又在未来的不确定性中迷茫。新的生活空间虽然宽敞舒适，但要摆脱贫困，迈向小康生活，似乎仍然是一条漫长而曲折的道路。

搬进新家后，生活更加忙碌。此前为新家置办家具、点缀门面，陆永立一家筹集了七千元；女儿的嫁妆、儿子的彩礼、父母的医药钱……生活的重担都压在陆永立和王秀珍的肩膀上。新房还欠政府两万元的尾款，这让家庭经济压力更加沉重。他们不习惯负债，欠债成为心头的一块疙瘩。即使债主是政府，欠债的压力也仍让人心生不安。

陆永立平常抽几元一包的香烟，喝几元一包的毛峰，尽可能把自己的生活成本控制在最低标准。丈夫回来了，家里有人照顾，王秀珍决定外出务工，以比较稳定的收入继续支持家庭，让欠债还钱的日子能够在他们的努力下得到掌控。她白天在县城酒店做保洁员，晚上在烧烤店做兼职，一个月能有三千元的收入，老板管饭和住宿，节省了一大笔开支。

与安置点的大多数居民一样，陆家人愈发珍视搬迁后的生活，自来水、煤气灶以及即开即用的热水给他们带来了诸多便利。每个家庭成员都发挥着自己的优势，共同为了过上更好的日子而努力奋斗。一家人难得团聚，王秀珍和儿女在春节期间才能同时回来几天。

新居条件不错，但对于年近八十岁的陆业华和李玉娟而言，这里始终无法取代他们记忆中的老屋。陆永立每日早出晚归，老人行动不便，楼房没有电梯，上下三楼对老人而言很是犯难。他们也不喜欢看电视，每天就在屋子里大眼瞪小眼。陆业华和李玉娟习惯了长久以来在山间自给自足的生活，随着时间的推移，他们与陆永立在生活中的分歧逐渐显现，观念差异成为彼此心中的障碍。出于节约电费的考虑，陆业华和李玉娟尽量减少照明，陆永立回家时，家中常常一片昏暗。再如，岁月不饶人，两位老人对燃气灶的使用亦感困扰，多次学习，仍难以完全掌握，甚至有一次，李玉娟在陆永立外出工作时忘记关闭燃气灶旋钮，险些引发火灾。

夏日炎热，山下用电成本高昂，陆业华和李玉娟以山上凉快为借口，最终回到陆永志未拆除的老屋。[①] 陆永立虽然极力挽留，但无法说服父母，

① 陆永志不属于贫困户，也未参加非贫困户随迁，不属于易地扶贫搬迁政策涉及的群体。这给陆家老人回到老屋创造了契机。

搬回老屋的陆业华和李玉娟

只得尊重他们的决定。对于以农为生的他们，土地的重要性不言而喻，一亩三分地，一年四季，蔬菜长青，省了一大笔菜钱。每日除草、浇水、捉虫、施肥……这样的生活充满了希望。他们还能帮陆永立照看山上的蜜蜂和几亩玉米地，感觉自己还不是无用的、白白吃饭的人。

常言道，成家立业，似乎家庭是事业的发端，承载着未来事业的开篇。真正迈入这一阶段时，最为紧迫的问题却是生计。"安得广厦千万间"是在温饱尚未解决时的奋斗目标，而"乐业"则是在解决了温饱之后对更加美好生活的渴望和期许。从寻求温饱到谋求事业，大山中的人们也不再只是在寻找生存的理由。

对于陆永立而言，外出打工的机会早已被岁月摧残得支离破碎。即使已经搬到山下，陆永立也时常感到自己依旧徘徊在路上。在易地扶贫搬迁的契机下，许多扶贫户和他抱有同样的想法，再向前一步或许才是真正摆脱大山的桎梏的关键。此时，红坪村的天麻种植顺理成章地进入政府和人民的视野之中。

天麻并非红坪村种植的传统农作物。20世纪80年代，红坪村的村民主要依靠种植木耳和养猪维持生计。这里气候湿润，年降雨量较大，山间温度适合木耳生长。种植木耳是个精工细活，从生长到采收需要两年时间，之后村民们将木耳晾晒、加工，再销往市场，这是他们重要的收入来源。90年代以后，来自外地的新木耳品种在市场上逐渐畅销。

由于采用的是传统的种植方式，红坪村的木耳产量较低，规模提不上去，销路堪忧。微薄的收入与繁重的种植劳动不相匹配，村里的年轻人渐渐不再愿意种植木耳。农村的就业机会和发展空间有限，为了改善自己和家庭的经济状况，他们纷纷选择外出务工。而会种木耳的老一辈已逐渐砍不动树，心有余而力不足。在双重因素的影响下，木耳慢慢消失在红坪村的土地上。

陈国梁是当年寻找出路的众多年轻人之一，他在四川省和陕西省的边界发现了天麻。天麻有着广泛的药用价值，是市场上备受追捧的中药材。自从第一次了解到天麻，他就意识到红坪村的气候和土地条件非常适宜作物生长。心动不如行动，他随即带着这个想法来到陕西省宁强县天麻研究所，在研究所逗留的六七天时间里，陈国梁不仅购置了所需的菌种，还学到了关于天麻种植的基础知识。实践出真知，想要种好天麻不仅要掌握科学技术，更要用切实行动提升种植技能。后来，陈国梁又前往广元和汉中购买书籍，并逐渐积累了种植天麻的经验。当时人们对天麻的了解有限，加上天麻市场价格波动大，放弃打工全职种植天麻风险高。陈国梁心想，既然选择要做这个，就要有耐心。于是，他在外出务工的同时，还在老家进行小规模的天麻种植。陈国梁成为红坪村最早一批种植天麻的农民之一。

2015年，陈国梁还身处繁忙热闹的北京市，从事室内装修行业。怎奈天有不测风云，一天，正在工作的陈国梁突然感到腿部疼痛难忍，医生的诊断如同晴天霹雳，他的腿部出现了原因不明的缺血性坏死。"麻绳专挑细处断，厄运专找苦命人。"陈国梁很快发现自己无力承担北京医院昂贵的治疗费。他别无选择，只能放弃刚稳定下来的工作，回到家乡广元接受治疗。即使经过了多次治疗，他的腿部还是落下了永久性的残疾。其间，陈国梁开始重新思考自己的未来，突如其来的疾病不仅使多年的积蓄化为乌有，更斩断了外出打工的希望，他决定回到家乡把全部精力和资源投入天麻种植与经营中。幸运的是，随着人们认识到天麻的功效，市场价格也随之上涨，陈国梁种植的四亩多天麻，一年下来能挣得五万多元钱，这是一笔相当可观的收入。经过四年多的努力，陈国梁的天麻种植事业有了起色，日子也慢慢丰裕起来。

从前住在山上的时候，陆永立只是模模糊糊听说过陈国梁的名字，虽然同村，但并不怎么见面。陈国梁在水磨沟社区的新房是个位于一楼的小门面，正好在陆永立家楼下。和城里住楼房不同，陈国梁还是习惯在家门口摆上几个板凳，忙碌的间隙，招呼熟人们一起喝茶聊天。陆永立起初是站在楼梯旁听着，但随着日子一天天过去，大家混了个脸熟，社区里的邻居们感情也渐渐深厚起来。

在空气中逐渐浓烈的茶香和烟草气息中，陆永立与年长数岁的陈国梁的友情在岁月里生根发芽。陈国梁成了陆永立天麻种植的引路人。午后或是黄昏，两人便相聚在陈国梁家门口，啜饮一杯浓茶，诉说着如烟的往事。高亢的言语似乎将两人的心事交汇在茶香之间。陈国梁心底最难过的莫过于他那残废的腿，但他只能慢慢学会释然，用坚韧的意志面对人生的不幸。身体的残疾并不能阻挡他重谋事业的脚步。谈起在研究所的几天，陈国梁信心倍增，开始围绕自己多年积累的知识和经验侃侃而谈，陆永立也对他的故事充满兴趣。在一次闲聊中，陈国梁提到了另一个天麻"土专家"杨广伟。

杨广伟也在 20 世纪 90 年代了解到天麻种植，他更具商业头脑，除了种植之外，还做起了收购批发生意。杨广伟对天麻种植和经营有着独到的理解："成功时一本万利，失败时倾家荡产。种天麻很需要技术，却也不能只有技术。我们都说一看菌材，二看天气。"杨广伟的种植手艺是 2015 年在广元青川和甘肃阳坝购买菌种时偷师得来的。加上自己不断的实践，杨广伟甚至能利用野生天麻改良自己种植的天麻品种。随着时间的推移，他的天麻业务规模逐渐壮大，并且建立了一个完善的采购网络，与其他地区的天麻种植者保持着良好的合作关系。杨广伟经常前往当地市场，与买家洽谈交易，获得了更高的收入。有村中能人带头，收入又可观的天麻种植就这样在红坪村流行起来。

陆永立对杨广伟的经历十分敬佩。他思量着，如果能学好天麻的种植技术并卖个好价钱，家中的欠款一年就能还清，妻子或许不再需要外出打工。这份对家庭的责任感让原本不善言辞的陆永立踏上了拜访杨广伟的道路。

一大早，陆永立用麻布袋子装着几罐自家酿的蜂蜜、一桶白酒出发了。杨广伟热情地接待了陆永立，经过一番交流，他答应和陆永立一起进行天麻种植。后来，陆永立、陈国梁和杨广伟三个志同道合的人经常围坐在一起，共同商量如何让天麻产业更进一步发展。然而，成功并非易事，经验需要在不断的试错中慢慢积累。2018 年，陆永立为了扩大种植规模，赴陕西省采购萌发菌，但所购菌种质量参差不齐。值得庆幸的是，那一年恰逢风调雨顺，天麻生长迅猛，产量高、质量好。三人将天麻种植在海拔 500 米至 1 500 米的山地林下，充沛的雨水为作物提供了必要的湿度，适

村民在易地扶贫搬迁安置点打包天麻

当的阴凉更有利于其生长。山地排水迅速，有效防止了积水腐烂。三人之间的合作因为天麻的丰收而更加密切。他们相互扶持、共同进步，成为红坪村天麻种植能人。

陆永立把天麻种在父母住的屋子附近，每周都要上山三四次给父母送物资，同时兼顾林下种植与大棚种植，还要照料老屋的十几箱蜜蜂。日夜奔波忙碌于山野之间，虽充满艰辛，但或许开启了某一扇机会之门，陆永立默默耕耘，为了家庭的未来，矢志奋斗。

人们常说穷山恶水，或许是因为山上的意外更为频繁，给易地扶贫搬迁增添了更多神圣的色彩。在安置点，村民不再每日担心野兽的袭击，生活也增添了几分安宁。但近年来，野猪却频繁出没在山上的田地中。对于没有外出务工的村民而言，地里的庄稼不仅是一年的生计来源，更是他们对未来的期望和希冀。

陆永立新房的邻居谢任全，每天闲来无事时都会上山看看自家的玉米地。这天黄昏，山脉披上昏暗模糊的影子，谢任全远远察觉到田里传来一阵动静。他屏息凝神，确认那正是野猪啃食的声音。谢任全想着田里的玉米可能要被啃坏了，急得冒汗，来不及多想，赶紧让土狗去驱赶。野猪的凶猛程度远远超出了谢任全的预料，它根本不害怕土狗的吠叫，直逼上来，瞬间将谢任全扑倒在地，导致他的肋骨骨折。

类似的意外事故还时常在红坪村上演。野猪的繁殖和适应能力很强，每年繁殖一到两次，每次可产 10 只左右幼崽。在食物充裕和缺少天敌的情况下，幼崽的成活率比较高。野猪身躯健壮，身披棕褐或灰黑的鬃毛，能有 90~180 厘米长、59~109 厘米高，雄性野猪还有尖锐发达的獠牙。

过去，人们手里如果有猎枪，可以自行猎捕野猪。杨广伟以前是猎户，从小熟知"一猪二熊三老虎"，对农民来说最怕的就是野猪，一晚上能毁坏一亩地。1996 年，国家统一收缴猎枪和自制土枪，禁止民间猎捕活动；2000 年，野猪被列入受《中华人民共和国野生动物保护法》保护的陆生野生动物名录，陷阱、猎套、猎夹等猎捕工具都被严格禁止使用，"人猪之战"中人只能使用围栏、喇叭、稻草人等抵御野猪侵袭。2018 年以来，朝天区附近野猪种群快速增长、活动范围日益扩大，野猪与人的冲突频发，在多地大面积破坏农作物，严重影响了人们的生产生活。

陈国梁在山上种植天麻，可谓是费尽心思护住田地。他建造了坚固的铁丝网围栏，试图将野猪挡在田地之外，为了斥退野猪还在喇叭中循环播放人吼叫的声音。起初，这些方法有所成效，野猪被围栏和喇叭声吓得不敢靠近田地。没想到野猪很快就察觉到了这个陷阱。当它们发现没有实质性威胁时，便大摇大摆地拱起地来，继续对天麻进行破坏。陈国梁的一番心血和一万多元钱最终打了水漂。

物种自身不再面临生存威胁，全国大大小小数千个县却深受野猪致害之苦，最终野猪被调出了保护名单。县里的野猪猎捕队带着猎狗来到红坪村，野猪甚至能把狗肚子咬出一个洞。虽然每次都能围猎成功，但一年一次的猎捕行动只是治标不治本，始终无法彻底解决问题，农业生产仍然很受影响。

陆永立和陈国梁购买了有国家补助的普通农业保险，以村为单位统一投保，按照每亩定价交纳保费，玉米的保费是 18 元 / 亩，村民自己承担20%。但是，野猪侵害不属于普通农业保险赔付的范畴，只有风灾、虫灾和旱灾等自然灾害才能获得赔偿。杨广伟具有保险意识，他认识到天麻生产的不稳定性，容易受到野猪和天气影响，自行向几家财产保险公司咨询过相关保险，但普通农业保险没有天麻这一投保品种。

解决野猪与人冲突的最终目标是人兽共存，即在动态平衡可持续的状态下，人类与野猪生活在共享的环境中。但对于常受野猪侵扰的农民而言，努力耕种的庄稼如此轻易毁于一旦，他们很难怀有长远、宏观视角下的生态自然观。野猪似乎还具有远古时代自然的威慑力，是无法预料、避无可避的麻烦。

保险没指望，陆永立却等来了"乐业"的春风。2020 年，易地扶贫搬迁产业扶持政策立足红坪村现有天麻产业的发展困境，在靠近安置点的山脚下建设了 3 000 多平方米的天麻种植特色产业园。产业园是覆盖着黑色遮阳网的标准化大棚，在很大程度上可以避免野猪侵扰，还提供了大棚培

易地扶贫搬迁后建设的天麻产业园

育天麻种子所需的沙子，为发展天麻产业扫清了障碍。2021年的天麻收成喜人，三个天麻种植能人都想继续扩大种植面积，于是各租用了10个天麻棚子。政府收的租金是每年6元/平方米，陆永立租用两年，付了5 490元，大部分资金来自贫困补贴。

陆永立与杨广伟尝试大棚种植与林下种植两种模式并行发展。他们在棚内培育天麻种子，在山上种植成品天麻。经过一段时间的实践，他们逐渐摸索出大棚育种的方法。

在靠天吃饭的农业面前，努力有时显得苍白。2022年，四川遭遇百年难遇的夏季高温极端天气，三人都面临亏损问题。气温一旦超过28℃，育种所需的蜜环菌就进入了休眠期，天麻的生长也因此受到影响。虽然林下种植受极端高温影响较小，在海拔高和树木的遮挡下其温度相对较低，但天麻产量还是较往年减少一半，品质亦受到影响。若将天麻作为干货或药材出售，其营养成分可能不足；若作为新鲜食材，外观品质不佳，难以提升售价。陆永立亏损一万多元，杨广伟亏损两万多元，陈国梁由于租用大棚面积较大，亏损数额更多。

2023 年夏天，日照更加毒辣，地表温度极高。陆永立担心天麻被烤烂、卖不出好价格，又一次重蹈覆辙。他与天赛跑，频繁地跑去棚子里照看天麻。早上五六点就起床，随便喝点稀饭就到产业大棚中查看天麻的生长情况。他用黝黑的手抚摸堆积起来的沙子，仔细感受湿度。如果棚子里的湿度不够，他就一个棚一个棚、一块地一块地轮番浇水。这一趟下来，陆永立总是后背湿透。

一天的活儿干完，他点起一支烟，在袅袅烟雾里盘算起来。两年的租借即将期满，倘若选择再次租赁，现有的沙子在培育过程中已经滋生了许多杂菌，明年将无法继续使用，必须重新购置并运输沙子。再加上育种所需的萌发菌、蜜环菌以及租赁大棚、雇用人工的费用，总计约七万元。

陆永立倍感压力，他找杨广伟商议，表示若明年气温依旧，大棚种植将继续亏损，他想少租几个大棚。杨广伟明白，天麻产业园虽然提供了现代化种植设施，但还是受气温的影响较大，必须寻求降低天气对天麻种植影响的方法。他购入烘干机、切片机、洗麻机等装置，并且收购周边其他农民的天麻和自己种植的天麻一起加工，做成药材，再以高价卖出。从育种到种植，再到加工，杨广伟形成了一个小型的产业链，一旦某一环节出现亏损，则可以通过其他环节平衡损失。

对于同样勤劳的农民，收入的差别很大程度上是思维的差别。陆永立有了手机、连上互联网后，特别喜欢刷抖音，尤其爱看网上种植天麻的短视频。他总想着自己多学习，等把技术提上去了，或许能够解决现在的问题，使天麻产量更高、质量更好。而杨广伟胆子大又跟得上潮流，现在已经能熟练使用"一亩田"等电子商务平台做农产品生意，把自己手上的农产品推广出去了。

杨广伟觉得陆永立像"长不大"似的，捋不顺人际关系，也不懂做生意有舍才有得，不是做大事的人。但或许陆永立和大部分农民一样，他其实从未想过要"做大事"，毕竟传统小农思维很难完全改变。忙于最普通的种植，老老实实下苦功夫、做笨活儿，使家庭的生活正常运转，已经是他如今能做好的全部了。他最需要的是改进大棚种植的技术、完善关于控温的配套设施，还需要专业的贸易咨询及相关培训。陆永立和杨广伟二人之间的想法其实并不冲突。

杨广伟本就居住在山下，接受新事物的能力快，会分析判断，敢于投入，甚至不惜贷款，有风险分担意识。但陆永立在易地扶贫搬迁之前久居深山，少与外界沟通，对事物的发展难有独立判断，缺少冒险精神，思想保守，秉持着小富即安的小农思想，做事畏首畏尾，投入以后难以看见回报，便归咎于其他原因。

陆永立身上保留着传统农户保守的特质，子女陆天勇和陆晓涵却已经迈开前进的步伐。走出大山的意义或许就在于此，新的环境提供了更广阔的视野和更多的可能性。陆晓涵高考后，扶贫村官为她提供了选择大学专业的指导与帮助，她结合自己的爱好和职业规划选择了西餐专业。陆天勇则希望能改善家庭现状，他不排斥回村就业，但更大规模的天麻产业才能吸引到他。他更想自主创业，在县里开个餐饮店。也许，能接受外界力量打破思想的束缚，本就是一件难能可贵的事情。

辞旧迎新

人们总说一个人的心中愈是渴望什么，就愈常梦见什么。在陆永立的梦里，总是有城市的高楼和乡间的野花，湛蓝的天空下飘荡着田园牧歌，树梢间传来清脆的鸟鸣声，转头就是宽敞的柏油路，路是那样平坦，笔直地向前，仿佛可以抵达任何想去的地方。这是陆永立反复梦到的场景，午夜梦回，睁开眼躺在柔软而温暖的床上，恍恍惚惚却也心满意足，又沉沉睡去……他没能料到竟有美梦成真的一天。

2015 年起，我国针对贫困地区实施了精准扶贫政策，以保障贫困人口的基本生活。陆永立一家作为建档立卡贫困户，近六年时间里，得以享受到教育、产业、医疗等扶贫补助。2016年，王秀珍听闻一件大喜，村里将要开展易地扶贫搬迁，意味着山区居民可以搬迁至山下，入住小洋房。村主任吴瑞红打电话通知大家到村组开会。当时那场景热闹非凡，堪比过年的阵仗。

沉重的命运在政策春风的吹拂下，似乎找到了片刻喘息的机会。这场变革在村史上前所未闻，如同惊雷炸醒了沉寂许久的红坪村。男人们趿着拖鞋，扛着农具，粗犷的脸上写满了疑惑。女人们抱着娃娃，搀着老人。他们开始纷纷围拢，叽叽喳喳起来。

"是不是只有建档立卡户才能享受搬迁的待遇？我可不可以直接花钱买房呢？"一个中年男子问道，眼中满是焦急。

"听说不想搬的话会有补偿，这咋个办？"一位老人摸着下巴上的胡茬，喃喃自语。

"我们家今年才推了老房子重新修，这要是搬迁了，岂不是亏大了？"一位年轻女子嘟囔着嘴，满脸不甘。

有的人担心新房离田地太远，有的人希望靠近集市，交通方便。搬迁不仅关乎住房条件和居住环境，更与大家的生活需求和福利息息相关。

在众多问题中，易地扶贫搬迁补贴政策无疑备受关注。政策规定，以户口本在册的人数为标准，每人可分得25平方米的住房面积和每平方米1 400元的补贴金额。住进现代化的楼房不再是遥不可及的梦想，而是触手可及的现实。安置点供所有村民购买居住，只是非建档立卡户的居民无法享受到优惠政策。对于不愿意搬迁的村民，可以选择在宅基地上修建新房子。

王秀珍沿着土路走回家，感觉轻飘飘的。她跺跺脚，抖掉黄土，走进屋里。天色尚早，公公和婆婆坐在门口坑坑洼洼的木凳上，屋里面很昏暗。灯泡上连着的电线在房梁和墙壁间弯曲延伸，她打开了灯。王秀珍给陆永立拨去一个电话，没有接。她略带焦急地想着，除去父亲的户口在弟弟家，户上五口人能拿到将近20万元的补贴。这数目可不小，对地里刨食的庄稼人来说，一辈子都很难存这么多钱。晚饭后，陆永立终于回了电话。他们商量着，陆永立认为搬下山去肯定是好的，就当给儿子女儿准备一个新房。王秀珍向陆业华和李玉娟说明了情况。老人们摆摆手："我们不懂，你们年轻人决定。"随即又笑着说："现在生活真好哇，政府还能管我们住！"

　　务工回乡的陆永立看到铁围栏里贫瘠的黄土地渐渐被硬化成了宽阔的水泥地面，平整而坚固。六栋楼房拔地而起，矗立在山谷中心。阳光洒在建筑上，映照出耀眼的光芒，整个安置点散发着一股新生的活力。周围布满了建筑工具和设施，机械的嘈杂声此起彼伏。工人们认真而忙碌地工作着，红色的安全帽在阳光下闪闪发光。

　　迎新就要破旧。分到了新房子，以前的旧房子就要拆掉，回归到绿水青山中。有着近百年历史的土房子曾目睹当年红军的英勇无畏。经历了时间流逝，岁月雕琢，石板一块一块地铺在台阶沿上，屋檐下的柱子划痕愈发斑驳。老屋曾是他们一家人生活的根据地，是他们付出汗水和心血的见

水磨沟社区易地扶贫搬迁安置点

证。面对未来的希望和机遇，他们必须踏上新的征程，搬离这个见证了往昔艰辛的老屋。旧房子的拆除，是告别，更是进步。

看着自己生活了四十多年的老屋从未如此空旷，陆永立伫立在门前抽了一根又一根烟，默默等待来帮忙拆房的亲友。他捏紧手中的锤子挥出了第一锤，接着大家纷纷上手。"拆房子喽！拆了旧房搬新房，日子就越过越红火喽！"众人喊着口号，声音深深回荡在绵绵群山之中。

从山上搬到了山下，一条水泥路直接延伸到了楼门口，曾经破败陈旧的土房变成了一栋崭新的楼房，楼外则是宽广的沥青路。陆家人也仿佛在一夜之间转变了身份，从山里人变成了城里人。

在黄昏的余晖里，陆永立走进明亮的楼道、踏上宽敞的楼梯，他的步伐轻盈而坚定。打开房门，陆永立深深地吸了一口气，心中涌动着一股暖流，仿佛看到了未来一家人在这房子里生活的场景，笑声、闲聊声……这一切都让他心生欢喜。

搬到新家前，在外工作的陆天勇和陆晓涵回家很不方便。他们上小学时，必须在天亮前出发，抓紧时间赶路才能到学校。山路对他们而言是苦涩的，刮风下雨时泥泞难行，烈日暴晒时也不得不忍耐前行。但通过这条山路，他们走进了学校，在省城寻得工作。他们的生活早已远离大山，去到了一个更广阔的世界。

陆永立对教育非常重视。自己吃过的苦，陆永立不想让两个孩子再经受一次。之前在外务工时，他看到年轻的白领们坐在宽敞的办公桌前喝咖啡，对着电脑专注地敲敲打打。他们无一不是穿着考究、身姿挺拔，好像从不用经受风吹日晒，也不曾被岁月的担子压弯脊梁。陆永立隔着亮堂洁净的落地窗，艳羡地瞅上几眼，用粗粝的手掌拍拍身上破旧工服的灰尘，转身离去。在外打拼的年头，"读书人能做体面轻松活儿，没文化的全靠一身蛮力"的念头深深扎根在他心中，他清楚地意识到学习是孩子们唯一的出路。因此，陆永立对孩子们的学业尤为上心，时时提醒、日日督促，只盼儿女能好好读书，走出深山，有个稳定、体面的工作，最好是进入体制内朝九晚五地上班，享受一眼能望到头的安逸。然而，孩子们却未必能够体会到父亲的这种良苦用心。

高一时的陆天勇渐渐有了自己的想法。他省下饭钱就逃课去网吧玩，屏幕那端的虚拟世界对陆天勇来说有着巨大的吸引力。初中的学习优势消失殆尽，慢慢跟不上课堂进度，他的课业一落千丈，最终只考上了大专。

陆晓涵的情况好一点，高考考了400多分，勉强读了个大学。"小富即安"是陆永立所认为的幸福感最高的一种生活方式，他想将自己的这种思想灌输给后辈。陆晓涵的想法和父亲相似，她想找到一个自己喜欢又能有稳定工资的工作。陆永立在他短暂的外出务工期间，从不挑剔，有什么工作就干什么工作。到了女儿这里，教育带给她更大的选择权，首先要看喜欢与否，她也更清楚自己的需求，工作的选择也更加广泛。

搬到新家后，陆天勇和陆晓涵回来的次数更多了。以前，陆晓涵最害怕通向老屋的山路上可能出现的野生动物。

陆晓涵记得有次回老家时，天色渐暗，山路显得更加崎岖难行。山林间，鸟儿已归巢，虫鸣声此起彼伏。远处的树叶沙沙作响，草丛间窸窣的黑影若隐若现。她突然听到不远处传来一阵低沉的吼声，仿佛有什么东西正在接近，心猛地一颤，呼吸也变得急促起来。她小心翼翼地环顾四周，时间仿佛凝固了。陆晓涵紧紧握住手中的包，尽量保持呼吸的平稳。不久，那个声音渐渐消失，四周又恢复了平静。她快步向上，终于看到了熟悉的房屋轮廓，心中的紧张情绪才稍稍缓解。她快步走回家，推开破旧的木门，疲惫地瘫坐在凳子上。

如今，从城里到家有直达班车，票价24元，舒适、方便。都说女儿是贴心的小棉袄，陆晓涵回家时，总会为家中的长辈选购应季衣物、核桃粉等营养品。陆永立也常常清理陆晓涵的房间，盼望女儿随时回家。房间按照陆晓涵的喜好装饰，简约而温馨，以粉色与白色为主调，墙上更是张贴着女儿钟爱的电影明星海报。

陆天勇倒不害怕山上的野生动物。过去，上山下山的时间往往超过一天，冗长的山路阻碍了他上山的步伐，他选择将宝贵的时间投入工作中，多挣些钱。现在，他愿意有空时多回家看看，顺便帮陆永立分担些农活儿，但他更想在本县开一家自己的干锅店。他对于职业的选择显得激进，渴望能快速地改变家庭窘迫的经济状况。曾经的打工经历让他认识到工资的局限性。他不满足于如死水般稳定的工资，渴望拥有自己的事业。尽管缺乏创业的经验，他却有着一套独特的经营理念。合理规划、用心经营，必定能够获得回报，只要能还上贷款，店就能继续开下去。对于餐饮行业，陆天勇虽未涉足，但他通过多年的闯荡积累了许多宝贵的经验。他发现在适合开店的区域还没有干锅这一品类。这使他萌生了一个想法，以差异化经营为切入点，开一家品质干锅店，一定能吸引众多的食客。

开店的初始投资问题困扰着陆天勇，但他并不寄希望于父亲陆永立的帮助。不仅如此，陆永立的絮絮叨叨以及不愿承担风险的性格甚至让他不愿和父亲谈起这件事。他选择依靠自己的力量。在成都打工的日子里，他每月都能存下数千元。陆天勇继承了父辈独立和敏锐的洞察力，还拥有着更进一步的闯劲，在风险中搏斗，追求更好的生活。他并不想走父亲口中的"康庄大道"，急切地想要探索出一条属于自己的路。

时光荏苒，岁月如梭，日子在忙碌中悄然流逝。人们的习惯与他们的生活环境密切相关。乡土社会的基础建立在信任及对传统习俗的依赖和认同之上，长期的互帮互助和相互依赖使得同村的人建立了深厚的熟人关系。人们从山里搬入集中居住的社区时，从前不同村庄村民们之间相隔的物理距离缩短了，交流方式也发生了改变。在过去只闻其名未见其面的人，现在能够在闲时与其聚在广场里聊天、晒太阳，迅速建立起联系。

曹利元老早就听说过陆永立的大名。易地扶贫搬迁后他俩成了邻居，曹利元在陆永立的带动下也开始种植天麻。他从陆永立那里购买天麻种子，收获后共同卖给药材商人，每年都能有不小的进项。常言道"远亲不如近邻"，在日复一日的相处中，曹利元逐渐对陆永立的人品和做事方式越来越认可，认为陆永立是一个值得信赖的人。在一起干农活儿的过程中更是对陆永立天天挂在嘴边的共同富裕有了新的理解：对所有在天麻种植过程中遇到困难的居民，都毫不吝啬地伸出援手，指导他们相关的技术要点；在和药材商人谈判时，将村里种植天麻的农户聚集起来，共同卖个好价钱。后来，陆永立的父母到安置点居住时，曹利元总是热心地帮助他们使用天然气灶等生活设施。有时，陆永立不在家，他也会帮衬着他们。

陆永立和曹利元这样熟悉的过程是水磨沟集中安置点邻里关系的一个缩影。水磨沟集中安置点的发展，也是一个渐进式的过程。没有一蹴而就的完美，只有臻于至善的坚持。居民在刚搬迁下山时，也遭遇了一些问题，出现了一些矛盾。

社区起初的设计出于绿化的考虑，围着新房种植了许多绿植，忽视了山里人自给自足的生活习惯。搬下来没过几天，已经有人在进入社区主路两边的绿地上种植蔬菜，菜地圈围一片，各家各户纷纷抢地。陆永立也用竹木编栅栏，圈出一块地，想多种些蔬菜。

社区主任吴瑞红劝说大家："我理解大家种菜的需求，但不要乱占土地，明天社区来给大家规划菜园，给各家分配土地，避免东一块西一块。"一些居民有些不情愿，毕竟地里已经撒下种子，但现状确实容不得再各自为政下去了。陆永立瞥了一眼自己的那块小菜地，庆幸尚未播种，但又有些担心。

第二天一早，在社区的党建服务中心举办的菜园划分会开始了。居民们三三两两聚集在一起，陆永立拉上曹利元等几个熟识的村民，早早地坐在一个长条桌前等待。他知道，今天肯定会有一场激烈的讨论，毕竟土地的大小、离村庄的远近以及交通的便利程度都是和大家的利益密切相关的。

没过多久，风尘仆仆的主任吴瑞红和工作人员也赶到了会场。大家落座后主任开门见山，说在一天时间内他和工作人员已经将土地大致大小均匀分块，编号，让大家抽签，一户一个编号，抽到的地允许交换但不允许买卖，不种的地要退回社区。随后回去后让大伙拆除围栏，由社区统一进行土地整理和基础设施建设。陆永立家分到的土地比原来的确实稍微小一些，但大家分得的土地大小都差不多，他也就没再多说什么。

社区菜园子里的玉米开始抽穗，绿油油的，生机盎然。社区秩序更加稳定，政府职能也不断扩展。周边的幼儿园建起来了，留守儿童得以就近入学。社区还在上级政府的指导下设立了"好媳妇""好婆婆"等模范人物奖项，带动更多的家庭见贤思齐、向善向美，发挥起模范的标杆作用，以"小家"助"大家"。

陆永立感受最深的是社区医疗服务。住在山上，山高路远，交通不便，大病小病基本靠熬，感冒发烧、胃疼心悸就在山上扯点野草熬水喝。现在，卫生所就在家门口。如果病情严重，也能与县城医院及时联系，在第一时间转运。卫生所提供的药物和省城的医院并无太大区别，陆永立父母日常服用的药品也很方便购买。卫生所会定时在社区开展测血压测血糖等问诊服务，及时关注社区老人的身体健康。

陆永立父母说喜欢待在山上，但是陆永立考虑父母的身体，总是忍不住担忧，他们毕竟年纪大了，稍有不慎，后果不堪设想。

社区中，有不少老人安心留在山下，与邻里一起热热闹闹过日子。老年人日间照料中心修起来了，中心的核心建筑是一间砖混结构的平房，活动用房面积有数百平方米，包含活动室、休息室、娱乐室、图书室等。在室内外墙面涂料、室内地面瓷砖、吊顶、屋面防水维修、水电安装、门窗更换等工程上都倾注了心思，无障碍通道更是方便了腿脚不便的老年人。想到此，陆永立心动了。但他又转念一想，父母不下来的原因很大程度上是担心费用支出的问题。

以前在山上，用水依靠免费的山泉水，做饭、取暖则依靠平常砍伐或者在山里捡的柴火。山上养生猪和鸡、鸭、鹅等家禽也很方便，出售能获得几千元的收入。搬到山下后，生活条件有了很大改善，但同时也增加了许多过去不曾有过的开支。做饭必须使用液化天然气，每月的水电气费支出是以前的二十多倍。山下的人情往来也变得更加频繁，送礼、随份子等开支也随之增加。

想到这里，陆永立便有些焦虑，在社区闲逛。到了社区党群服务中心门口，他看到一则社区保洁员的招工启事。他推门进去，心里想："不管怎么样多少是个收入，至少家里的水电气费有了着落，也不影响种天麻。"

陆永立不停地奔波在山上和山下，忙着种天麻、养蜂和种玉米蔬菜。

一转眼，新年快到了。

吃完午饭，他坐在家里的沙发上，正在纠结要不要给在外的家人打个电话，陆晓涵的电话就打了过来。她先关心了父亲的身体，然后说自己已经买好了火车票，腊月三十早上就能到家。

挂断女儿的电话，陆永立就给儿子打去一通电话。听到"嘟"的一声，电话接通了。陆永立心中有很多话，但却说不出来，顾左右而言他。"儿子，吃饭没有？"陆天勇"嗯"地应了一声，他接着直入主题："老汉，我腊月二十六就回来了。今年家里头灌香肠没得？"陆永立笑着回答说："今年屋头事情太多，搞忘了。""那正好，我已经弄好了，你就不慌去弄，我直接带回来。""那到时候我就把饭给你们弄起。"父子俩又寒暄了两句，陆天勇便匆匆挂了电话。

他喝了口水，继续给妻子打去电话。他听到妻子背后嘈杂的声音，问道："还在忙吗？""刚忙完。"王秀珍喘着粗气。"刚和儿女打了电话，今年过年什么时候回来呢？""要看老板怎么安排哦，我尽量大年三十晚上回来吧。"陆永立继续说："还想和你商量一下，我在社区找了一份保洁员的工作，每个月有三百块钱补贴，你看把爸妈接下来住，得行不？"王秀珍回答道："我也觉得他们住山下要好些。娃儿们也长大了，咱们辛苦一点，生活总是能过下去的。"陆永立想到能和父母一起居住，脸上露出了微笑。

腊月二十六，陆天勇提着大包小包的行李回到新家。腊月二十七一大早，陆永立和儿子找邻居曹利元借了一辆三轮车上山去接两位老人。老屋里没人，他们直奔后院。只见陆业华和李玉娟正佝偻着身子侍弄菜地。陆永立让父母坐下歇着，自己继续父母未完的农活儿。

他一边扯着杂草，一边劝说父母下山去。他笑着说道："现在下头老人很多，你们俩放心，不会孤单。社区又开了一个日间照料中心，就在新房子旁边，平常你们在那边就行，不用担心上下楼的问题。"

父母彼此对望了一眼，看着儿子劳作的身影，说："还是山上的生活舒服些。"陆永立说："我晓得你们心里头的担心。钱没得问题，社区又帮忙安排了工作，活儿又轻松，每个月好几百元。而且我和秀珍还年轻，咱们一家人都在山下住着，我也好照顾你们。"陆业华和李玉娟拗不过儿子，想到也要过年了，就应和着同意下山去。

除夕晚上，年夜饭已经准备好了，大家坐上桌，陆永立给妻子打了一个视频电话。他先将手机环绕了一圈，大家有说有笑，又将手机对着一个空碗，笑着对妻子说："你在那边好好的。我们给你留了碗筷。"

大年初一中午，王秀珍终于在大家的期待中回来了，陆永立和儿女早早地等在了安置点大门口。儿子和女儿接过她手中的东西，一家人亲亲热热地往回走。社区内喜气洋洋，高挂的红灯笼在阳光下熠熠生辉，给寒冷的冬日增添了一抹温暖的色彩。孩子们穿着喜庆的新衣，在广场上肆意奔跑。

陆永立对妻子说："你看变化好大哦！那边修了一个服装厂，等到建好，你要不去试试看。"2023年下半年，水磨沟社区与"梦之蓝"服装厂签订招商协议。几个空置门面打开了大门，曾在城市从事装修工作的水电工、水泥工、木匠等搬迁居民纷纷投身于服装工厂，实现了家门口的再就业。他们马不停蹄、紧锣密鼓地投入厂房建设中。服装厂的建成将为安置

陆永立和妻子王秀珍进行视频通话

点居民带来五十余个家门口的工作机会。厂长承诺提供充足的培训机会，提升居民的就业技能，使其每月可获得数千元的稳定收入。

大年初二，王秀珍便开始收拾东西准备回去上班了。陆永立内心充满不舍，妻子的行李十分简朴，仅有一个背包和几个口袋，衣物也只有寥寥几件。"要不去买几件衣服嘛，顺便给爸妈也买些嘛。"王秀珍一边叠着衣服，一边说："你还说我，你看看你自己，还穿着娃儿高中的校服，来来回回就两件衣服穿，你才是该买衣服了。"陆永立接着说："我就在屋头干活儿，穿好衣服浪费，你出去看到喜欢的就买点。我今年还是跟着杨广伟他们种天麻，你不要担心屋里头。等服装厂招人的时候，我再给你打电话。"

王秀珍点点头，第一个踏上了返工的路。

尾声

"天麻，土专家告诉你，就该这么种！"陆永立刷着抖音。

陆天勇从成都回老家办理身份证手续，准备到新房和爸爸一起住上几天。父子俩偶尔聊聊天。他发现陆永立比以前更认真找资料、看视频了，成天琢磨着怎么提高天麻种植技术。陆永立的双眼视力不佳，右眼几乎失明。他总是微微偏着头，离手机屏幕不到十厘米的距离，这样左眼可以看得更清晰一些。这略显笨拙的姿态让陆天勇觉得好笑，又有几分心酸。"爸！别看了，一直瞅着那个小屏幕，眼睛更要坏！""晓得了。"陆永立含糊不清地嘟囔了几声，这才关掉了手机。他起身活动活动身子，从屋里拿蜂蜜出来，想给儿子泡点喝。这是大早上上山去取的蜜。

知道儿子今天回来，天还不见亮，陆永立就上山了。他娴熟地套上陈旧但厚实的防护服，戴上帽子，打开蜂箱驱赶蜜蜂群，而后隔取蜜脾。浓稠而金黄的蜂蜜可以直接食用，他掰下来小小一块含在嘴里，那极致自然的甜蜜在味蕾上绽放。自家养的蜂蜜就是十年如一日地好，不像现在市场上那些，都稀得不行。想到这儿，他心里觉得挺愉快，吐出口中嚼的残留物。他把蜜脾取好放进容器之后，盖上蜂箱的盒盖和防雨板，蜜蜂嗡嗡声这才渐渐停下来。陆永立经常被这些小东西蜇，但他不怕它们，这是陆家的伙伴。群山与自然的种种，虽的确困住了他们，却也给予了许多馈赠。陆永立喜欢干这些农活儿。埋头干就好了，这方小小天地与他心灵相通，是他自然的实验室。他很少有怨怼，一如天麻产业因天气原因遇到些问题时，陆永立也仍是乐观的。他想，政府的大棚在这儿，起码野猪问题能得到控制，不至于又因为意外颗粒无收；自己的技术再提一提，说不准慢慢能控制好呢！再说，天气也总有稳定的时候，实在不行，大不了下一年棚子里少种点、林间多种点。

"爸，你又在想些啥子哦？都要漫出来了。"陆天勇坐在沙发上喊。

陆永立这才反应过来，刚给儿子泡蜂蜜，水都快漫出来了。蜂蜜在开水中渐渐化开，金色的液体散发出沁人心脾的香味，他招呼儿子来喝。陆天勇半说笑半埋怨道："一点不懂经营！蜂蜜拿出去卖嘛，给家里人喝做啥子？"陆永立说："不给你喝，也会被你拿出去到处送人，我还不晓得你？"陆天勇觉得和爸爸谈不拢："那都是给客户的，做生意嘛！"

这些年来，两代人总是产生这样的分歧，大大小小都有。但此时他们仍然融洽地坐在安置点的新房中，虽然各有各的想法和奔头，却都朝着同一个美好的梦走着。即使时代局限、环境不同，陆家人坚毅的性格、齐心的努力却从未变过，这是深山养育出来的；而他们要着手将过去从未想过的梦实现，则是从下山开始，将搬进新家、有了新产业作为第一步。困难并非没有，挑战仍然很多，可他们从未放弃过。搬下山后结识了新的乡亲，获得了新的机会，有一条大路领着陆家、领着红坪村走向前方。

忙完一天的农活儿，陆永立终于有时间歇歇，赶紧给刚刚下班的妻子打电话，电话那头妻子熟悉的声音让他感到无比亲切。他们日夜劳碌于山野和城市两端，虽充满艰辛，却也因自己开辟的那条小路连起易地扶贫搬迁后修建的那条"大路"，开启了某一扇机会之门——这扇门打开了，便不会再关上；这些朴实而有韧性的人看到了希望，便永有希望。

　　陆天勇看着父母视频通话，也微微笑了。他想起来，在困顿的童年里，少数的乐趣都存在于时常会闪雪花的老旧电视屏幕里，在那部他看过无数遍的 86 版《西游记》里，伴随唐僧师徒四人经历的九九八十一难的，总是高亢的歌声：

　　"敢问路在何方？路在脚下。"

此心安处是吾乡

日出而作，日入而息。

凿井而饮，耕田而食。

——《击壤歌》

> 远古先民传唱的一首《击壤歌》，道出了古全山过往的生活场景。古全山原是甘肃省古浪县黑松驿镇称沟台村的一位普通村民，人如其名，他如同一座大山般踏实可靠，在深山中安稳度过了自己的大半生。2019 年冬天，在山中生活了六十载的古全山，第一次搬离大山，住进了在草方格上建立起来的楼房，去体验子女们口中的现代生活。易地扶贫搬迁，劈开了横在祖祖辈辈面前那座高耸入云的大山，为古全山一家提供了一条离开大山的出路。但走出深山之后，路又在何方，成为古全山一家努力寻找的答案。从"何以为家"到"此心安处是吾乡"，这是一段在不断探索、尝试与磨合中逐渐寻找内心皈依的故事，交叠缭绕着三代人的出路与归途……

何以为家

古全山今年 64 岁，身子骨还算硬朗，总爱坐在他家楼道口的长凳上。凳子是自己用几块碎木料拼接而成的，上面盖着一块粉红色花毛毯，整个横靠在楼道门口，与周围的灰白色墙面格格不入。古全山身材消瘦，眼眸深邃，一件藏青色的短袖汗衫，配一条黑色长裤和一双老北京布鞋，显得沉稳而又亲切。他的衣摆和裤腿上还有些许被泥土蹭上的痕迹，像是一幅粗糙的画作，刻画出他与大地的紧密联系。古全山家住二楼，虽然门口空间狭窄，但仍然贴着一副对联，字迹工整，寓意深远。上联为"福星高照平安宅"，下联为"好景常临康乐家"，横批则是"出入平安"。简单朴实的对联承载了古全山一家对于当下生活的满足，以及对平安健康的期许。

古全山与老伴儿、儿子、儿媳及两个孙女一同生活，但如今儿子在新疆务工，儿媳陪大孙女在县城读高中，一年回来的次数甚少，只留下两个老人和上初中的小孙女在这里。第一次拜访当天，古全山的妻子许子英早上五点便外出打零工了，只剩下古全山一人在家，照顾着小孙女的一日三餐。搬迁前古全山一家住在古浪县黑松驿镇的称沟台村，所处地段山峦起伏，沟壑纵横，峡

古全山新家门口的对联

谷平川相间，因常年干旱少雨，黄土与沙砾覆盖整个山间，农业生产条件恶劣，造成了"一方水土养不活一方人"的局面。2019年冬天，古全山一家在易地扶贫搬迁政策的支持下，成功搬迁至50公里外的黄花滩生态移民区，与共计11个乡镇的833户村民共同组成一个搬迁村——幸福新村。对古全山而言，政府的搬迁政策是非常优惠的。每家只需要出1万元，便能得到一套70~100平方米的毛坯房，同时山上的宅基地将被收回，每家将根据房屋情况得到相应补贴。此外，村民原本在山上的土地仍可继续耕种，并且每户还能够在新安置点附近分得1.5亩的耕地。

古全山目前所住的新房子总共约100平方米，共有三个卧室，分别作为老两口、儿子儿媳和两个孙女的房间。客厅在设计上采用简约风格，中央摆放着一张米白色的大理石茶几，与四周的大理石瓷砖形成呼应，给人一种舒适感和现代感。客厅的南面与阳台相连，阳光透过窗户照过来，使整个房间看起来都十分敞亮。阳台的角落还摆放着古全山养的一盆盆绿植，君子兰、吊兰、粗肋草等，为整个空间增添了几分生机。餐厅采用开放式设计，一张木质餐桌搭配四把白色餐椅，上方悬挂着一盏欧式吊灯，南面与客厅相接，北面则是厨房。厨房内集成灶、双开门冰箱等家电一应

俱全。打开冰箱，还能发现里面塞得满满当当，各种水果蔬菜应有尽有。在这间新房里，全然看不到一点深山里的痕迹，仿佛古全山一家早在十年前就生活在这里，过着现代人的生活。

尽管古全山在山上生活了几十年，却没留下什么照片。记忆中的老房子是一排长长的房子，院子四周是用土块筑起的围墙，里面五间平房一字排开，房子的前面是一条狭长的走廊，也因此被当地人称为"走廊房子"。仔细观察，房子的门面是用砖块砌成的，其余部分则就地取材使用黄土。五间房屋中，三间用来住人，垒有土炕，冬天烧牛羊粪取暖；一间用来做饭，里面架着一口大锅，承担着数年来一家六口的一日三餐；还剩一间用来放杂物，务农的老物件如果不在院子里，那就肯定在这里。由于需要长期烧炉子，这五间房子的屋顶和墙壁早已被熏得漆黑，加之窗户较小导致采光较差，致使整个屋子都昏沉沉的。从院子的外面，常常会飘来一阵异味，顺着望去会发现一个养殖棚，里面养着 20 来只鸡和一头猪，用来过年时解解馋。

这排房子是 2000 年古全山自己建的，在亲戚朋友的帮忙下总共花了 3 万元，拿来给儿子娶媳妇用。那时结婚前女方要来男方家"看家"，不仅要看新房子，还要看里面的装潢与家具。如果家里没钱买新家具，则要到左邻右舍去"借"，听起来新奇，却也早已成为农户之间心照不宣的"秘密"。"现在搬过来之后娃子们好娶媳妇了，之前家里破，女方来看家后都不满意，要么不成，要么彩礼要得高。现在好了，住上新房子了，大家都门当户对了，彩礼要的也少了……"彩礼是中国乡土社会几千年婚姻博弈所达成的共识，今日部分地区的"天价彩礼"本质上是当前农村适婚人口结构失衡与强父权式本地通婚背景的产物。易地扶贫搬迁加速的人口流动打破了农村传统通婚圈，使村民在开放的婚姻市场中完成婚配，由此也进一步推动了当下自由恋爱的轻父权式婚姻形式。或许，山上传统的婚恋与家庭观正在这场跃迁中被不断瓦解与重构。

虽然现在的生活条件与之前在山上时有着天壤之别，但对于搬迁的态度，古全山家还是按年龄段分成了不同阵营。古全山的儿子与儿媳由于常年在外打工，熟悉了现代化的生活方式和习惯，所以非常希望能够从山上搬下来；两个孙女搬迁时还小，主要还是听大人的；而古全山和妻子却早已习惯了山上的生活，迟迟不愿离开故土。虽然山上的老房子比不上现在的楼房，但古全山开玩笑道："金窝银窝，不如自己的狗窝。"村里搬迁的时候，给古全山提供了两种选择：一种是平房，另一种则是楼房。古全山自己更喜欢住平房，但他的儿子和儿媳则倾向于住楼房。对于古全山而言，平房有院子，有些"东西"好放。那些东西也不知到底是家里的老农具，还是那些在山上埋藏的回忆。但确定的是，对于世世代代的主稼人来说，总有些东西，虽舍不得丢，但也带不走。

古全山出生在黑松驿镇称沟台村，家里共有姊妹 7 个和弟兄 6 个，常常吃不饱穿不暖。古全山小时颇爱读书，是兄弟姐妹当中学历最高的，一直读到高中，后因"文化大革命"不得不暂停学业。回忆起上学的时光，古全山笑着说："那时候早上六点半起床，吃一碗用熟青稞磨成的炒面，走 30 分钟的山路去学校。傍晚回家后，先花一个小时帮家里担两桶水，然后将中午剩的煮土豆放在土灶边热一下，吃完便抓紧时间回屋写作业。"问起放学后的娱乐活动，古全山眼中闪过一丝怀旧的光芒，说道："那时候我们写完作业就跑去别人家唱歌，当时山上条件差，不像现在，在屋里有手机电视，在外面有广场。"

古全山刚满二十岁时便外出打工，凭借那时还算稀有的高中学历，闯荡于新疆、蒙古、青海等周边省份。在 23 岁那年，古全山遇到了妻子许子英，并在 2 年后有了第一个儿子。成家后的古全山农忙时在家帮妻子打理庄稼，初春时把麦子种下，随后便外出务工，等四个月后麦子成熟，再回来帮忙收。之前山上缺水，庄稼都是靠天吃饭，所以在播种时山阴山阳都会种上苗，这样就算遇到大旱，山阴的庄稼丞能有点收成，不至于忙碌一年却颗粒无收。与搬迁前相比，如今搬迁下来的百姓不必再与老天爷讨论概率，"三库一池"农村供水工程让农户真正把命运掌握在了自己手中，不用再胆战心惊地过着"手中有粮，心中不慌"的日子。

在刚搬下来的一年里，古全山常常感觉生活恍如隔世。从最基本的衣食住行，到深层次的精神需求，易地扶贫搬迁带来的变化是巨大的。但面对这些客观的环境改善时，古全山还是时不时地低下头，黯然地望着脚下的大理石瓷砖，悄然怀念着过去山上的生活。古全山是搬迁过程中无数老人的缩影，他们自幼在山中长大，早已习惯了这种"日出而作，日落而息"的生活。面对高楼林立的新环境，他们有迷茫，有恐惧，有不舍。他们一方面留恋乡土，怀念过去的生活，另一方面又想尽力适应新生活，不成为家庭的累赘。这种矛盾和挣扎，是易地扶贫搬迁过程中许多老人所经历的。

"那就走吧。"古全山沉默许久后答道。当被问到"既然不想搬，为什么最终还要搬"时，古全山的回答与神情让人久久不能忘怀。这段回答里夹杂着许多不得已：他如何与子女苦苦争论，子女如何劝导他放弃老房子，他如何为了后代有更好的未来而放弃坚持，如何掩藏初来乍到时的惶恐与不适，如何尽力融入这一新的环境……沉默许久，古全山起身走到壁橱旁拿起一个相框，用纸轻轻擦去落在上面的灰尘。泛黄的照片有些模糊，但仍可辨认出是一对年轻的夫妇。这是古全山的父母，自幼在家务农，一辈子没走出过大山，是古全山与深山缘分的伊始。

甘肃的天黑得很晚，傍晚七点半的太阳在地平线上徘徊，仍不肯让热闹一天的村子归于平静。早上四点出去打零工的村民陆续在这时归来，用手拍打着身上的尘土，希望以此来给一天的忙碌与疲惫画上句号。这时，许子英也恰好刚打完零工，风尘仆仆地与我们碰了个照面。她略微有些驼背，身后是一个有年代感的军绿色书包，头戴一顶褪色的遮阳帽，帽子外面又用一条沾满沙尘的头巾包裹，左手拎着一个大号塑料运动水壶，腼腆地用空闲的右手向我们打招呼。见妻子回家，古全山赶忙迎上去。我们坐在一旁，看两位老人娴熟地配合着，洗漱、更衣、吃饭，等一切都结束后，太阳也抵不住倦意，下山了。

在搬迁之前，山上还没有零工这一概念，村中的劳动力主要以在家务农或外出打工为主。搬下来之后，周边的土地都流转给了新引进的大型企业，需要雇人来照看和打理，零工经济也因此应运而生。许子英今天的工作是到地里捡笋子，早上五点便与四个老伙计结伴，带着一天的干粮和水，到村子东北角等司机来拉人。零工的工资以日结为主，低于一百元的活儿许子英一般不会接，而今天的工资刚好一百元。

在与许子英的交流中得知，现在从山上下来的老人都不愿打零工，认为给老板干活不自在，不如种地自由，而且由于老人的身体和岁数等原因，有机会打零工的也只是少数。远在搬迁前，村里的老人可以靠着种植收成不多的一亩三分地来为家庭的生计出份力。但搬迁过来以后，土地被承包流转，零工 65 岁以上的老人不收。这群老人被猛然从农耕经济中抽离，放置在纷繁复杂的城市经济中，无所适从。在这个高楼林立的村庄，他们丧失了为家庭分担压力的能力，丢失了家庭话语权，终日惶恐着是否会逐渐变成子女的"累赘"。山上的老房子被一幢幢推倒，如果不是还能帮助在外务工的子女们照顾孩子，或许丧失归途的他们，将别无出路。

搬迁后的幸福新村，由原来的 11 个镇组成，因此村民也来自不同的山区，有着自己天然的圈子。古全山在刚搬过来时，也因与其他地方的村民不熟悉而感到隔阂。不过在村民体内天生蕴含着一股自来熟的力量，以庄稼为话题，三言两语，便也成了至亲邻里。如今的幸福新村，在茶余饭后总能看到一群老头老太太，在楼道门口扎堆而坐，谈论着村中的家长里短。打破地理的隔阂，远亲也成了近邻。据古全山回忆，现在有走动的亲戚比山上多出许多，一年的礼金数也从过去的几千元变成现在的一万元，比以往又热闹了些。西北村民的热情在夜晚丝毫没有减退，晚饭过后，我们跟着古全山出来散步，在村里的各个茶余饭后聚集点穿梭，与村民畅聊起他们对于易地扶贫搬迁的记忆与感受：

"之前在山上住，出行不方便，一下雨就没法走，路上滑得很。那时候要出去一趟特别麻烦，一天就只有一趟班车，所以车上人就特别多。山上有一个弯道口，从我记事起这个地方连着发生了三次车祸，都是超载，车直勾勾地冲出去了。"

"平时只能吃些耐储存的菜，比如白菜和土豆，一般很少吃绿叶菜。早饭一般就喝碗小米粥，中午吃用土豆和萝卜做的臊子面，晚上继续吃面。不像现在搬到下面，什么菜都能吃到，还能出去吃个烧烤和火锅。"

"在山上生活时，村里卖的最多的牛奶是'特浓苏'。当时山里信息不对称，大家还没意识到，以为这就是那个'特仑苏'。现在搬下来之后，信息对称了，假货也没有市场了。"

"那个时候，山里就一块一平方米的地方有信号。我们村有个人买了部手机，在那个地方搭了个架子，专门来接打电话。接电话一分钟一块钱，打电话一分钟两块钱。外面打电话都是先给他打，然后他再喊人来接电话。现在搬下来信号有了，也学会用微信打视频电话了，闲的时候也能看看快手，解解闷。"

在你一言我一语的闲聊中，易地扶贫搬迁带来的跨越式变迁被村民们的集体记忆展现得淋漓尽致。但在交流中我们也听到了些许抱怨：

"搬迁肯定是好事，就是要帮助身处那些穷乡僻壤的人走出来，但我家当时不算太偏僻，2016 年花十多万新建的房子，旁边就是柏油路，结果花 3 000 元给我推倒了，让我搬出来。"

"之前在山上可以种种地，现在下来了，地都被承包出去了，只能出去打零工养活自己。谁都会留恋之前的生活，但现在医院、学校等环境都变好了，主要还是为了孩子。"

"之前的菜不花钱，水不花钱，在山上生活花不了几个钱。但现在不行了，啥都花钱，经济压力大了。之前回家不出去打工，能待上几个月。现在你一个月不出去试试。"

村民们直言不讳地说起他们的感受，毋庸置疑，易地扶贫搬迁让村民们住上了崭新的楼房，走出深山，接触到了现代化的生活，但也导致了许多不能忽视的问题。或许是农户观念还没有转变，又或是当地政策仍存在不足，易地扶贫搬迁多少会引起部分农户的不满意。但搬迁虽有阵痛，不搬则长痛。长远来看，易地扶贫搬迁为当地村民提供了过去所不能比拟的环境，打破了信息不对等的僵局，在荒芜的大山中劈开了一条从未有过的出路。

巧者多劳，智者多忧

晨光熹微，薄雾冥冥，天色渐明半未明，光线与天空交织处泛起一抹鱼肚白。凌晨四点，除却一夜未眠的陇东海棠，万物似乎都还沉浸在睡梦中，而古浪县幸福新村的 20 栋 202 室的灯已然亮起，灯火缭绕，化成了众生百态的一个注脚。

起床后的许子英先简单洗漱了一番，而后径直走到厨房。她先拉开冰箱上层拿出昨天晚上剩下的饭菜，再从下面的冷冻层拿出三个黄澄澄的烧馍馍一并加热。四点起床对许子英来说已成习惯，这一套动作她做得如行云流水，也不曾弄出什么声响来惊醒还在酣睡的老伴儿古全山。虽说老伴儿上了年纪之后觉少，但许子英知道老伴儿搬迁过来后的习惯是六点起床，八九点再去牛棚喂牛，所以凡是要早起打零工的日子她都是独自一人吃早饭。昨天剩下的炒豆角就着热乎乎的黄馍馍，这顿饭吃得既简单又踏实。豆角算是老两口餐桌上的常客，以前在山上很少能吃上绿叶蔬菜，一天三顿都是土豆，不过豆角这种还算耐储存的菜在山上倒也能时常吃上，今昔的区别不过是以前的豆角是自家地里种的，现在吃的豆角是家门口超市买的。许子英还是习惯叫烧馍馍为"烧壳子"，这是一种用发好的碱面，加上西北特有的香豆面、胡麻油，卷起来切段似花卷状进行烤制的面食。原先"烧壳子"是要用上下合的圆形铁锅埋入烧过的羊粪中烤制，如今改成用烤红薯的那种烤炉，但烧馍馍那斑黄的外表和五谷的清香始终如一。因为吃起来酥软香脆，还耐储存、便于携带，它顺理成章地成了甘肃人的"零工伴侣"。比起面包，拿上两个"烧壳子"对付午饭在花钱上更实惠，在肚子里更实诚，在味道上更实在。

许子英用塑料袋装上两个"烧壳子"，往塑料防爆杯里灌上四斤水，再拿上一件厚衣服、一把工具铲，这些东西虽不多但鼓鼓囊囊地装了一书包。这个军绿色的书包还是在古浪一中念高三的大孙女淘汰下来的。不同于许子英当年在山沟沟里念小学时的光景，一个母亲缝的斜挎包装上两本课本一个饭盒就够用到毕业，孙女搬过来念初中后立马念叨着要换个新书包，或许是原来的书包装不下了，又或许是想要个像同学那样的新款式书包。孙女考上一中时，许子英又领着孙女买了个更大的书包，往后孙女每两周从县里坐车回来一趟，寒来暑往，车来人往，孙女习惯了背上被奶奶塞满吃食的大书包回去念书，许子英也习惯了背着这个旧书包登上打零工的大巴车。

4点50分，查清车上的人数后，大巴随即驶离村口的广场。许子英昨晚九点听小张打电话过来说是天祝县棚上的活儿时还犹豫了一会儿，因为去天祝县少说得两个多小时，但一听说零工一天140元之后许子英还是同意了，现在她这样的零工一般都是100~120元一天，这个工钱给得够足了。既然这样还是去吧，天祝距离遥远，那便在车上多睡会儿，天祝天气寒冷，那便带件厚点的衣裳，多挣下的钱还能给小孙女买些零嘴。

许子英今年61岁，自从2019年移民搬迁搬到幸福新村后她每天都在努力给自己找零工做。原先在山上她一人经营着家里的五亩地，农忙时在外地打工的老伴儿会回来帮忙，然而搬到黄花滩后却无地可种。幸福新村的村委会因为村里的土地沙化严重，不适宜村民耕种，选择将村里2 269亩土地集中流转给一家农业企业，每年也有一定流转费打到村民卡上。现在一共签订了五年合同，第一年100元/亩，第二年200元/亩，到今年已经涨到了400元/亩。由于土质的问题，村里的土地流转费还无法达到市场价格水平，一年400元/亩的土地流转费和一个月100来元的养老金无法覆盖楼房里的生活成本。水电费、燃气费、暖气费、物业费……这些费用林林总总加起来也要大几千元，也正是在搬到这里后，许子英对那句"城里人上厕所都要钱"有了真切的体会。虽说她倒还不至于因为按动抽水马桶的那点水费和冰箱运转的电费而心疼，但住上楼房后与日俱增的生活成本和剥离土地后失去的务农收入却着实让她头疼。子女都挺孝顺，会定期给他们老两口一笔钱，但出于自尊，许子英打心眼里不想成为孩子们的累赘，不愿朝儿子开口要钱，也不愿向闺女伸手。可她脱离了传统的农业生产后又能有什么出路呢？去附近招工的服装厂、食品厂一问，都只要五十岁以下的，还得是初中或者中专学历，这让原本想去当个帮厨的许子英计划落空，思来想去后许子英还是坐上了村头招零工的大巴车。

诸多像她这般的老人，正在用最后的力气换取晚年的体面。

相比身边其他老人，许子英感觉自己还算幸运，至少还能用自己的劳动换取一定的收入。她的老亲家和她一般大，但是有高血压，而且一坐车就头晕，因此便只能赋闲在家。搬迁前和她住对门的老邻居比她年长个几岁，前两个月去拜访时听到老姐姐感慨"我年纪大了，坐不上车了"，许子英内心也是唏嘘不已，她知道，那是一位留守老人心底里的无限悲凉。

更让许子英感慨万千的是：原先是没有在家门口打零工的说法的，要想打工得像她老伴儿早年间那样，背着铺盖从村里走到镇上，先坐一小时

打零工的妇女

大巴到县城，再从古浪县城坐火车去蒙古、新疆、宁夏，在工地上给人家当小工。现如今，大家从山沟沟搬到了黄花滩，门口就是柏油大马路，处处信号通畅，搬迁提高了交通和信息等公共资源的可及性，进而使得务工收入明显增长。而获得工作的渠道，更多地是来自熟人邻里间的地缘关系。在幸福新村，许子英主要是通过张姐获得打零工的工作信息。张姐是蒙古人，早些年嫁给了在宁夏打工时认识的赵仓，后来就跟着赵仓一起从山里搬迁出来。张姐现在在村委会当文书，同时负责帮需要工人的老板招工，相当于在幸福新村建立了一个非正式的人力资源市场，开了一家"有实无名"的小型的劳务中介公司。这里的日结工作一般是早上五点前在村口集合，傍晚六七点回到村里。一般到了晚上八九点，张姐就会根据老板们需要的招工人数、工作内容打电话联系村民。现今还是人多活少的局面，所以基本上只有"活挑人"的情况，没有"人挑活"的份，工钱也很难有周旋商讨的余地，劳动保险、高温补贴等更是不知为何物了。

许子英一生务农，打零工也无外乎跟农活儿有关，主要是帮人栽花、种菜之类。今天这个活计则是去棚里给人家帮忙剥洋葱。今天去棚里剥洋葱的可不只是她们零工，还有着不少包工。零工是计时算钱，一天多少都是前一天定好的，一般也就是一天一百元出头；包工是按量算钱，能挣多少得看自己能剥下多少洋葱，一般的包工一天能挣个两三百元，少数手脚麻利的包工甚至能拿到五六百元一天。刚开始打工的时候都听说"零工不要脸，包工不要命"，但干了一段时间后许子英发现倒也不完全是这样，打零工的时候也有监工看着，几乎没有磨洋工的机会，而包工确实是更累些，但是可以选择中午或者下午提前走，也有车给送回去，不必像零工一样必须干满一天才能结钱。零工还是包工，各有利弊，主要还是看个人选择。像许子英这样年纪大点的，还是以打零工为主，若是年纪轻点的，多数会选择包工，实现多劳多得。

当地最原始的传统小农经济为"男耕女织"，而后随着城市化的发展，男人们"离土又离乡"地去外地打工，形成了"男工女耕"的小农经济。现如今，易地扶贫搬迁政策将村民们从山沟沟领进小楼房，曾经古浪县因为交通闭塞而错过的"离土不离乡"在此时成为典型现象。对许子英来说，原先在山上种地和现在在棚里打工虽然都是侍弄庄稼，但是感觉上完全是两件事。虽说山里是靠天吃饭，浇不上水，收成也不好，为了混口饭吃常常是在山阴处种一片，在山阳处种一片，无论干旱还是下雨至少有片地有庄稼能活，但好就好在是为自己种地，农闲了还能歇歇。现如今在棚里打零工收入是高了不少，但是活儿也重了，还有监工盯着你干，实在是难受。这种为别人干活儿的感觉让许子英至今仍感到别扭，但也无可奈何。易地扶贫搬迁使得她们的生计方式发生了转变，也让零工经济成了当地人心中的围城：坐不上零工大巴的老人无限惆怅叹息，从零工大巴上下来的人回头发觉自己已然没有了归途。

木已成舟，如今需要更多的时间让移民们适应，也需要更多的光亮照耀着出路。

晚上六点半，幸福新村的一户单元门前聚集着不少刚从大巴车上下来的女工。她们先在门前拍打衣服上的泥土，而后便坐在台阶上脱下鞋子，倒出鞋子里的土后再重新穿上回家去。许子英鞋里没啥土，便径直回了家，把干活时穿的衣裳泡上后仔仔细细洗了个澡。以前在山上她一个星期指不定都洗不上一回澡，搬过来后洗澡方便了，她倒是习惯了天天洗澡。

晚上七点四十，许子英将两碗臊子面端上桌同老伴儿古全山一同享用，筋道的面条上铺满了牛肉、豇豆、土豆，相比前两顿的匆忙，这已是难得的丰盛。这也是一天忙下来，老两口唯一一顿能一起定定心神吃的饭。晚饭虽晚，但胜在温馨惬意。

零工经济是易地扶贫搬迁后村民与生产资料分离后，资本下乡，土地资源与劳动力资源再适应过程中催生的新型经济形态。一方面，土地资源从农民手上收集过来后重塑"三农"形态。以往古全山与老伴儿许子英直接耕种土地、养殖牛羊，自负盈亏，而现在土地集中承包给企业，许子英为自己的田地劳作了一辈子，现在还是干着相同的事情，但性质却已经变成了给别人打工。另一方面，农民与生产资料的分离、土地资源的再分配及其间的潜藏矛盾使得土地流转无法对农民产生从前那样可观的收益，农民不得不转业以获得经济来源。如黑松驿镇村民搬迁前在山上可利用肥沃的黑土耕种，生态移民后则仅有集体承包的沙化土地。零工经济与当地的用工需求密切结合，失去了土地的农民被迫务工，但他们在日结零工这类工作中也往往面临着劳动强度过大、活儿太辛苦、自身年纪大体力不支、劳动保障差等问题。

古全山现在很少看电视，主要的娱乐方式就是在手机上刷"快手"短视频，但他总会在晚上9点打开电视机，收看CCTV-17农业农村频道播出的《致富经》。节目里主人公通过养蜂、养猪从草根农民成为养殖大亨的故事让古全山看得津津有味。在这个年逾六旬、寡言少语的老人心中，其实还有一个发展产业、创业致富的梦想。

2018年，黑松驿镇的乡镇干部在宣传易地扶贫搬迁政策时将古全山和同村的几位老人一起送上了参观的大巴车。也正是在这一年的秋天，古全山确定了要报名搬迁。这一年的冬天，他家分到了幸福新村的这套房子。参观时他看了移民搬迁点的新房子、新学校、新医院，但给他印象最深的还是那里宽敞气派的养殖暖棚。原先他也想过在山里的走廊房子边搭个牛棚喂上几头牛，但奈何条件有限只能搭一个棚子，打一些栅栏养一头牛。搬迁后，村子里盖起了养殖棚。现如今，他也成了一个养殖暖棚的主人，他那养牛致富的梦想终于能够落地生根了。

下午，古全山骑着他的电动三轮车去往牛棚干活儿。这段路程不长，骑个二十分钟便能到。不过，如果要和老伴儿一起来就会麻烦不少，因为现在村头的路口会有交警模样的人检查。他们一律身着明黄色执勤服，站在路口的交通安全检查劝导站旁，脚下还踩着一个红底白字的贴纸，上面写着"县委 人大机关2安全员""纪委监委16安全员""县委党校17安全员""教育局21安全员"等字样，这是给公益性岗位开工资的各个政府机关单位贴上去的。这份工作只需每天工作三四个小时，而且离家又近，不少脱贫户都干得热情高涨，一见到没有遵守交通安全规定的路人，便会拦下进行检查和劝导。一开始，在县城都很少见到交警的古全山还有些不习惯，但是被“黄马甲”教育规劝过两次之后也便渐渐注意起这些规定来了。

未进养殖棚，先闻动物声。一只看门狗、十来头牛、二十多只鸡，让这个养殖棚生机勃勃。因为有人到访，霎时间，棚内犬吠声、牛叫声、鸡鸣声此起彼伏、不绝于耳。这个偌大的养殖暖棚大约能同时养上五十头牛。不过现在只有其中一侧在养牛，总共有十来头能繁母牛和两头小牛犊，另外一侧处于闲置状态，存放了一些饲料和物品。不同于以前古全山在山里那个总是臭气熏天的自建简易牛棚，这个由政府统一承建的新式牛棚整体洁净，通风状况良好，几乎没有什么异味，也少有蚊蝇。棚里隔了一个住人的小屋子，外间摆了个上了年头的木制沙发，沙发上头的窗户上挂了个温度计，透过窗户可以观察到牛栏的情况，养来看门的小黄狗就拴在牛栏边。外间还放着烧水壶、电磁炉以及刷短视频用的手机支架，还有些儿女给买的保健品和吃食。古全山还用一块花布帘隔出了一个里间，在母牛生产的时候他会留在牛棚过夜，以方便照顾，忙的时候也会住个两三天。里间的大床上铺着短了一小截的花床单，大号手电筒就摆在床上，便于夜间爬起来照料牛。这些牛可是古全山的宝贝疙瘩，就指望着它们身体健壮、多下牛犊好卖上价钱。牛棚里安装了电灯、监控摄像头、防盗门，可谓是设施齐备。牛棚边上还有一小块空地，种了些辣椒、西红柿、茄子、南瓜、黄瓜，还有几株向日葵。这些向日葵长势极好，金黄的花盘映衬着西北天空的湛蓝，全然一片生机蓬勃的大好气象。

古全山先是给牛喂饲料，牛饲料主要是小麦秸秆，一个小麦秸秆堆成的草垛子要 15 元，牛吃草料的情况有快有慢，古全山在添好饲料后总是定定地站在一边关注每头牛的情况。喂完饲料后，下一项活计便是给牛饮水。古全山一拧开水龙头，水管那头便是哗啦啦的水声。现在牛棚里通着自来水自然是方便，但古全山还是有些心疼用水，因为棚里农业用的水电比村里的生活用电用水贵多了。这里的电是 8 毛多一度，家里是 5 毛多一度；这里的水是一立方米 4 元多，家里的生活用水是一立方米 3 元多。“我原先也以为这里的水会便宜一些，毕竟是扶贫产业嘛。"古全山放水的时候在一旁小声嘟囔。但一回想起原先在山里挑水吃一个来回要一小时的日子，古全山便又念起了搬过来的好。想当初听说要从山里搬到沙漠时，大家也都在愁搬过来以后的吃水问题，好在这些年政府为了易地扶贫搬迁的移民修建了一个又一个的蓄水池，才有了现在的用水不愁。只不过黄花滩蓄水池是居民饮水和农业用水分开供给，且是居民生活用水优先，故而农业用水贵了一些。关好水龙头后，古全山又拿了些菜喂牛，这些菜都是种植大户不要的、品相不好的萝卜、土豆，古全山捡拾来晒干后喂给牛吃。

古全山老两口打零工一年能挣个 1 万元左右，养牛正常一年大概能挣 6 万元，还有政府对养两头以上能繁母牛的农户一头 1 500 元的补贴，儿子儿媳夫妻两个人打工一年能挣个六七万元，这一家子总共一年也能挣下 15 万元，属于村中脱贫户里的中等户了。只可惜今年家里的光景不如寻常，且不说儿媳为了念高三的大孙女辞了原来的工作回到县城，一边在古浪一中的超市打工一边陪读，工资远不如从前，光是今年的这个牛价，就够古全山焦心了。早在 2018 年底分到房子但还没有搬进来时，古全山便在心里有了盘算，现在都讲究"产业发展"，他便计划着要养牛养羊。2019 年决定养牛的时候正是当地牛产业的好时候，当时牛市正红火，牛价一路走高。他便在政府补贴下在五道沟花 1 万多元买了一个属于自己的养殖棚，但是比较远，现在处于空置状态。古全山也想过把闲置的棚租出去，只可惜想租的人有是有，但是少得很，因此还没有找到租出去的机会。令人唏嘘的是，古全山当初看人家养牛挣钱便租下现在这个棚来就近养牛，但如今牛价一跌再跌，买来时 2 万元一头的牛，如今只能卖个七八千元。如今卖牛是亏钱，养一头牛一天要 10 元的成本，不卖出去养着也是一天上百元的亏损。"越养越赔，也不知道啥时候是个头。"古全山一提起牛价就满面愁容。

农村常说：家财万贯，带毛的不算。家畜牲口可比不得金银财宝，在换成钞票之前还面临着自然风险、技术风险、市场风险，处处是难关。易地扶贫搬迁改变了原先恶劣的自然环境，有了这宽敞通风的养殖棚、24小时畅通的自来水，牛患上各种疫病、交叉感染的风险直线降低。还有了五公里内的兽医站，时不时来指导技术的村干部，也大大规避了技术风险。如今的古全山有了抵御自然风险和技术风险的资本，只可惜，面对牛价下跌这样的市场风险时他仍是毫无招架之力。产业扶贫是一项艰巨复杂的系统工程，搬出大山则脱贫有路，产业兴旺则致富有路，只是这条致富路上的重重关隘如何破解还仍待上下求索。

　　眼看着如今的牛犊价格走低，古全山又打起了羊肚菌种植的主意。古全山见识过县城的古浪特产店里要价500元的羊肚菌礼盒，还眼瞅着村集体带头弄的羊肚菌大棚发展得红红火火，已经有两百多座的规模，他的心思便也愈发活络起来。羊肚菌的生长周期大概是五个月，2 000元一棚的流转费，再算上种子之类的开销总共是9 000元的成本，一棚菌

劳作的古全山

收下来能有个七八千元的纯利润，更别提还有 6 000 元的政府补贴了。他打算向村集体申请五个棚来种羊肚菌，有了补贴后前期就只需要投入 15 000 元，怎么看都是个致富的好门路。审批通过只是书写了致富经的第一页，后续如何通过验收检查拿到政府补贴，第一茬羊肚菌如果不结果如何降低损失，怎样避免气候、温度变化对羊肚菌生长造成的不良影响，种植规模再大些时销路怎么解决……这一桩桩、一件件的问题在古全山的致富经上画上了一个个的问号，等待古全山同其他种植户、村干部一起逢山开路，遇水架桥。

多歧路，今安在

农村老一辈的人还是有"养儿防老"的传统思想，古全山也不例外，他虽然明白年轻人有年轻人的路要走，可是真在现实面前，他无疑还是希望儿子古中朝能够留在自己身边。现在身体硬朗，与老伴儿在幸福新村住着，小孙女在古浪四中上学，经常回家吃饭，儿子许诺将来回来给自己养老，这是自己的阶段性胜利。在搬迁之前，儿媳成金桂在乌鲁木齐已看好房，甚至考虑给孩子转学到乌鲁木齐。那时成金桂作为年轻一代希望走出贫困，去更好的地方生活；自己和老伴儿则希望自己老有所养，落叶归根。也许这种两代人之间思想与现实交织的矛盾也在其他无数个中国家庭中上演过。古全山当时很是不满，甚至与儿媳产生矛盾。古全山生于斯，长于斯，如果全家都搬到乌鲁木齐，他会成为一个孤独的老人，远离他熟悉的一切。虽然乌鲁木齐的医疗条件好，但他却更想在自己土生土长的地方安度晚年。多次电话的争吵则让他开始想，他的儿子和儿媳是否真的理解他的感受？他应该如何表达自己想留在家乡，而不让儿媳觉得他是在拖累他们？这是一个代际矛盾和理解的缺口，也是许多农村家庭在面对现代化和城市化进程时，不可避免要面对的问题。而古全山，曾站在这个问题的交汇点上，心里充满了复杂的情感。若非搬迁政策下来，或许，现在他与老伴儿就不得不妥协，让步于下一代的发展，孤独地在山里住着，守着门口的土地、等着聚少离多的儿女。然而，易地扶贫搬迁政策却成为当时古全山手中谈判的筹码。

当时，繁杂的异地转学手续与高昂的楼房价格阻滞了古中朝与成金桂急切进入他乡的脚步。同时，古全山一家获知易地扶贫搬迁的政策后，发现一面是拒人千里的远方，一面是扫榻以待的家乡。搬迁有两种选择：一种是平房，另一种则是现代化、与城市无异的楼房。古全山作为一辈子在山里长大的务农人自然是更喜爱平房，原先自家七口人，住着五六间平房。现在搬到楼房之后，楼里面积也不是很大，不如平房那么宽敞，家里本来人就多，根本住不开。此外，对于搬到楼房里来，可能最不方便的就数古全山和妻子许子英了。如果他与妻子抽签抽到五六楼，爬楼梯很费劲，年纪上来后就吃不消了。但儿子古中朝与儿媳成金桂则被楼房与优质的教育所吸引。古全山拿享有搬迁政策待遇的老房作为筹码，换来儿子儿媳的留下。而儿子儿媳以养老作为筹码，换来了移民小镇里心心念念的楼房。古全山的家庭是无数家庭的缩影，搬迁下来的其他老人大多数拿出养老钱将崭新楼房装点一番，作为儿子将来的婚房。在过云，很多嫁来的女性都是出生于更加贫困山区的少数民族女性，经济稍好地区的女孩不愿嫁到山里来。而搬迁至楼房并装修后，这样一来说媒时，家里也有面子和底气，二来能够留住儿子给自己养老。

这种变迁实际上也折射出家庭权力结构的变化。日益衰落从而丧失了经济能力的父辈在家庭中话语权日渐式微，而子辈在城市中打拼，期望超越父辈、获得经济独立的同时也期待寻找新的出路。无法留住子女的父母则希望通过房子作为谈判的筹码留住外出子女回家为自己养老。

离古全山家不远有一个一老一幼关爱服务中心，古全山平常有时间就会来这里下下棋。这是一栋三层楼的建筑，蓝色与黄色交织的颜色给人以

绿洲一老一幼关爱服务中心

温馨和谐的气氛，处于周围五六个村的中心位置，辐射面积十分广。前面有凉亭与长廊，长廊上挂满五颜六色的装饰品，配上院子里盛开的鲜花，让人赏心悦目。进入大门后迎面宽敞干净的大厅中写着"让所有老年人都有一个幸福美满的晚年""关爱儿童成长，挥洒爱的阳光"。平常，大概有二十几位老人中午在一老一幼关爱服务中心吃饭。厨房有两扇大而明亮的窗户，阳光暖暖地洒到一尘不染的案板和正忙着揉面的阿姨身上。午饭往往很是丰富，有猪肉臊子卤，还有西瓜等水果。整个厨房至少有两间房间大小，厨具和清洁物品一应俱全，被收纳得整整齐齐。厨房旁边就是爱心餐厅，中午 11:50 会准时开饭。在此吃饭的老人需要办卡充值，在政府补贴的情况下，一顿饭只需花费 3 元。

一楼的另一侧则是理发室、棋牌室与曲艺舞蹈室。穿红色背心的爷爷是专门负责给老人理发的，闲暇时也会坐在理发室沙发上悠闲地看手机。老爷子岁数不大，身体也很健康，自己就乐意干这个活儿，每天都来，从早上八点半一直待到下午五六点钟。对他而言，在轻松的气氛中，还能找个有意思的事做做，大抵就是自己生活幸福的来源。隔壁的棋牌室大概有三四张桌子，每张桌子都座无虚席，旁边还站着一群围观的老人，场面十分热闹。曲艺舞蹈室传来悠扬的音乐声，这里的设备功能齐全。二楼则是由乒乓球室、书画阅览室、托育室、医疗室等构成。老人们挥舞着球拍，小娃娃们在旁边坐着鼓掌。对老人们而言，这个中心哪儿都好，他们天天过来打乒乓球，也会去打打扑克、跳跳舞，中午还可以去三楼休息一下。中途休息时，一位老人擦着汗说："这儿服务也好，啥时候来都有人。"大概有八九个老人轮流拿拍上场，累了就坐旁边休息一会儿。

较为集中的人口居住模式提高了养老服务的可及性，使社区养老服务中心的存续成为可能。易地扶贫搬迁在一定程度上解构了部分家庭"儿子养老"的观念，催生了新的家庭养老模式。在农村，传统家庭养老主要依靠儿子。然而结合实际情况，部分家庭的子辈在外务工无法归家，则迫使家中的老年人接受其他养老方式，对于农村地区的社会化养老服务具有一定的推广作用。老人在搬迁后能够较为顺畅地接入新住地的医疗、社会福利，甚至养老金体系，对我国未来老龄化社会的养老制度建设具有一定的先验经验。

相较于古全山，妹妹古春兰的处境似乎更加窘迫一些。高血压加上感染新冠痊愈后的后遗症，使古春兰的身体状况大不如从前，需要常去绿洲医院看病。绿洲医院是古浪县人民医院的分院，是伴随着易地扶贫搬迁开始一同建立的，现在医院的医疗设施已经远远超过原来的乡镇卫生院，医生水平也较高，平常看普通的小毛病都可以在绿洲医院解决，住院环境干净整洁，房间都配备有独立卫生间。以前古春兰看病就是在村卫生室简单拿点药，大夫也不晓得怎么看病，有的大夫连打针都不会。由于古春兰身患高血压需要长期吃药，所以在搬迁后跟着村里统一办了慢性病卡，能够拿到一些药费补贴。去绿洲医院开了证明后，现在古春兰去村卫生室主要是量量血压，拿点降压药。平常有点小的三病两痛也去问一问，瞧一瞧。如果痛得厉害也可以直接转入绿洲医院，救护车十分钟就能到。与之相比，原来山中的道路崎岖泥泞，每户人家又住得分散，救护车要两个小时才能到达。如果真有什么突发疾病，家里人基本也只能自求多福了。

然而，绿洲医院也并非万能，早前古春兰的儿子脊柱受伤，就送到了绿洲医院去治疗，但脊柱损伤并没有痊愈，其后遗症和并发症使得古春兰的儿子需要长期看病，无法外出打工，家里的三个孙子都是大学生，一家人都还依靠着古春兰和儿媳一起挣钱养活。古春兰也曾想过是否要将儿子送到残疾人中心，该中心位于紧挨着幸福新村村门口的街道旁边。两个门面打通在一起，左边的门面里横放了几张单人床位，右边的门面里有一张小小的桌子和一把椅子。有一个残疾人中心的值班人员坐在那儿，还有几张桌子上堆了些零星的杂物。有几个坐在轮椅上的残疾人正聊着天儿，在门外晒着太阳，也有几个人躺在单人床上打盹儿。然而残疾人中心目前接收了 20 多人，已经满员。古春兰的儿子需要排队等待前面的残疾人出站，但是这么一来不仅排多久的队是个未知数，而且残疾人中心也不管饭。古春兰有时念叨着还是山上好啊，可以种菜、种庄稼，养养鸡、养养牛。家里几口人连带着牲口吃的都是古春兰自己种的菜，现在搬到这里来后，古春兰感觉买的东西吃不惯，经常胃不舒服。因此，古春兰总是记挂着儿子万一去了残疾人中心不在自己跟前，不知道能不能吃好。

　　古春兰与哥哥古全山都是老一辈地地道道的农民，和土地是最亲的。古春兰打从心底里觉得没有了土地就等于没了生活，原先还可以靠种庄稼有些收入，现在土地流转后只能外出打零工，但是现实的压力促使着她多干一点、再多干一点。

离乡背井，各在天涯

　　古中芬是古全山的女儿，在早些年嫁去了邻村。虽然两村距离不远，但却被一座大山从中间隔开，山路崎岖难行，使古中芬也只有逢年过节才能回去与父母见上两面。易地扶贫搬迁的集中安置政策，使搬迁下来的古中芬与父母住进了同一个村子，几栋楼的距离，让回娘家的路不再难行。古中芬家住三楼，门口挂着一个黄澄澄的"光荣之家"牌匾，给予这个小屋这份荣耀的便是她的丈夫，以前在部队当兵，退役转业后便一直在新疆打工，鲜少回家。古中芬家中的每一个家具如沙发、桌椅都套着淡粉色的精致布艺，每一处开关上面都贴着灵巧的蕾丝装饰，展现着女主人对生活的热爱。古中芬肤色有些黑，身上穿着一件浅绿的衣服，配着一条白色的休闲裤，头上戴着一个精致的白色玫瑰珍珠发箍。眉毛是搬迁过来后，上个月专门和姐妹们去土门镇找熟人推荐的纹眉师做的，花了200多元。头发也是在村头最东边那一片和姐妹们逛街时染的棕色，价格比新疆那边要低一点。古中芬脸上总是挂着淡淡的笑容，看起来非常平和友善。

古中芬原先在山区也有熟识的姐妹，但是搬迁之前三三两两住得也远，又因为去城里的大巴车很少，因此也难得凑一块儿。而今时不同往日，一个村一条微信便能号召起一群想做美甲、纹眉的姐妹，村门口的大巴车十来分钟一辆，人喊齐了便随时可以出发。姐妹们一同在幸福新村周边逛街、淘衣服饰品等更是家常便饭。

古中芬夫妻早年在外打工时常年租住楼房，因而搬迁后二人共同决定选择楼房。除了上初中的女儿在学校有些不适应外，他们夫妻俩差不多只花了小半个月的时间就适应了，并建立了自己的朋友圈。古中芬除去微信外使用最多的APP便是快手，移民搬迁更是放大了她爱分享交流的性格，自搬过来以后她陆陆续续发布了百来条自己拍摄的快手短视频，主页上更是获得了1.9万个点赞。古中芬在快手发布的内容像是古浪的非正式百科全书，既有古浪步行街、柳条河油菜花、西凉女国沙漠等家乡风景，也有"环八步沙"自行车赛、过年的社火等活动，还有当地民歌的翻唱……搬下山后，古中芬两口子的社会圈子更大了，相互之间不仅会交流打工信息、孩子教育，以及自己的娱乐、生活方面，还会分享哪些东西便宜又好用。但交流之后总免不了比较，压力也随之而来。

有时，古中芬也会有些失落，自己的丈夫远在新疆打工，聚少离多，自己则没有收入，在老家全心全意陪着孩子。闺女放学回家后，抬头看着黄澄澄的"光荣之家"牌匾，最开始觉得很自豪，颇有一种与有荣焉的感觉，久了之后看着那块牌匾总是止不住地想远在新疆的父亲。

而后，古中芬提到了她的哥哥古中朝。古中朝和妻子成金桂搬迁后也选择了在楼房居住。成金桂是哥哥古中朝外出务工时认识的同乡，那时在新疆的南方航空公司做地勤，每月能够拿到 6 000 元到 7 000 元不等的工资。古中朝当年也曾想过在乌鲁木齐买房子安家，但是当时经济方面不太宽裕。和妹妹古中芬一样，搬迁到楼房居住后，古中朝很快就适应了。原先家里种地不多，搬迁后父亲古全山身体好，因而也打点工，所以家里生活也不错。古中朝自己在搬迁后接受了政府的电焊工培训，学了半个多月就拿到了政府颁发的证书，对于初中学历的他来说并不难。他感觉多了一门手艺，自己找工作时也多了一丝底气。他现在仍在乌鲁木齐打工，而妻子现在在县城的超市做收银员。成金桂每个月拿 2 000 多元的工资，收入远不如以前，但她想多陪陪孩子。她只是无奈地感慨道："挣钱的地方没有家，有家的地方挣不了钱"。

国家经济的快速发展和城市化进程在过去几十年中使得大量的农村劳动力涌向城市工作，从而在农村地区形成了"三留守"现象，即留守老人、留守儿童和留守妇女。这样的家庭在古浪县并不少见，但是不同于传统的"三留守"，移民新村复杂而富有生命力的经济形态也在不断滋养这个集合村落。对于古中朝这一新生代的打工人而言，搬迁后的新村给了他们一方容身之地，不断发展的乡村经济加快了他们回来的步伐。为了给背井离乡的农民工创造一条属于他们的归路，当地政府在产业规划上也是呕心沥血。政府官员用尽浑身解数去招商引资，凭借优惠的政策吸引行业龙头企业在搬迁安置点周围建厂经营，发展日光温室种植与舍饲养殖业等特色产业，带动起当地的用工需求与经济发展。可是，虽然住房环境与基础设施可以在搬迁中一跃跨千年，但产业发展却需要时间去积累。搬下来之后，虽然周围也有了务工的机会，但一个月两三千元的工资，根本无法与外边的工资相比，所以年轻人还是会选择继续外出务工，以维持整个家庭的生计。但改变也在悄无声息地进行着，原本的小农经济被规模化经营所取代，精耕细作、高标准农田、集约化管理等新型的农业发展理念正逐渐提高着农业经营的收益，配合着零工、外出务工等生计模式，安置点正在进行着一轮过去未曾有过的原始积累。或许数年后，当安置点的需求与消费足以支撑一个产业集群的存在时，这条回家的归路终将会浮现在游子的眼前。

幸福新村这边的商业街主要环绕着绿洲小学开设，以文具店、饭店、理发店、美容店为多，还有两家服装厂。以孩子、较为年长的务工人员以及妇女们为主体拉动的第三产业也在缓慢地发展着。

围绕着绿洲小学，有很多家文具店，里面有各式各样的书籍、试卷和小零食，价格也并不便宜。古中朝不由得感慨以前在山里都是有钱没地儿花，现在则是有地儿没钱花了。饭店也很多，除了有售卖本地特色面食的饭店外，制作新疆大盘鸡等的饭店也有不少。古全山家楼下的饭店是黑松驿镇里的大姐和她的丈夫开的，之前两人都是在山上种地，搬迁后便花了 25 万元买下了这个门面，另外花了 7 万多元进行装修。大姐说现在开小饭馆挣的肯定比打工多。今年生意不太好，因为人们都出去打工了，去年疫情生意反而更好。如果想在这儿做小生意，可以申请小额妇女贷款，一年可以贷 20 万元，贷款后需要学习十几天，三年还清就行。如果没有钱可以先打工几年，村里有服装厂一小一大，大的是保罗品牌代加工，工资淡季 3 000 多元一个月，旺季 4 000~5 000元一个月。另外，食堂、饭店、超市也都在招人，每月薪资都在2 000~3 000 元。此外，幸福新村附近的理发店也不少，与其他地方的理发店不同的是，移民新村的理发店往往会有"染黑发"这一独立项目，单独醒目地标识出来，价格在 80 元至 160 元不等。这一项目很受打零工老人的欢迎，对他们而言，把头发染黑，示意着人更精神、更年轻些，有时也可以便于自己挤上每天清晨拉人用工的大巴车。美甲店则是 120 元起步，偶尔古中芬也会去看看，美甲做了之后保持时间短，手一干活儿美甲维持的时间更短，所以美甲这一类人们还是做得少。因此，相较于美发店，美甲店的生意显得冷清很多。

古全山这一年纪的老人很少去饭店，而儿子古中朝他们打工回乡的时候，则会邀着老家的亲戚、久别的朋友，一起聚在店里吃饭聊天，唱着本地的行酒歌，划拳喝酒。这条商业街中也有零零散散的几家彩票店，"中国福利彩票"六个字并不像现代商铺门口一样，用灯光点缀其间。昏昏沉沉的六个大字，像是要与这座小镇一同陷入沉睡。只见 10 平方米的店内只是简单地放置了几个并不算新的玻璃柜台，左边放着一把木制的暗红色长椅，一位老汉闲适地侧躺在上面刷手机。甫一进门，我们并未留意到老汉，吆喝着买彩票，便继续往里走。然后发现前台还坐着位 10 岁左右大小的小姑娘，小姑娘一见我们进来便匆匆地跑进彩票店的后屋躲了起来，老汉则急忙起身去往前台。我们醉翁之意不在酒地买了一张彩票，也并不急着刮奖，只是站在柜台前兀自与老汉攀谈了起来。

幸福新村的夜晚并没有多少人光顾这家彩票店，包括我们刚刚购买的 10 元彩票，老汉今天才堪堪收入十多元钱。每个月的收入也不稳定，近几个月来每个月仅有数百元收入。彩票现在是淡季，旺季是每年的年关将至与新年伊始的时候。虽然老汉说自己每天的收入只不过刚刚与房租持平，但他对于易地扶贫搬迁政策仍然显得十分满意。老汉自 2018 年就从山上搬了下来，以前在山上种地，现在为了陪娃娃读书，来到了村中开这个彩票店。被问到"觉得下山搬迁好不好"时，他肯定地说："好得很！"据他说，娃娃来到这边后，学校离家很近，上学方便了，并且在这边生活也非常便捷。

沿着商业街走，便能来到村中心的绿洲广场，绿洲广场是古全山及所有搬迁居民最爱散步的地方。绿洲广场位于多个搬迁村的中心，广场整洁宽敞，并没有很多健身器材，只在中心竖着一杆孤零零的国旗。每到晚上，就有很多妇女过来摆摊。地摊上的游戏往往较为简单传统，如套圈、抽签等，奖励也多为小玩具或者家用物品。一位摆摊妇女的儿子上初中，女儿上小学，她平时在女儿的小学食堂做饭，放假了来摆摊，摆摊就是为了赚点生活费、买个菜。她年轻的时候去过广州打工，孩子大了就出不去了。她的摊位生意相对好些，一方面是由于儿子帮忙做生意吸引了一些小朋友，另一方面是她摊位上有盲盒之类的相对精致些的玩意儿，都是从拼多多上批发的。除了地摊以外，小镇里还有两家台球游戏厅，为孩子们提供了娱乐场所。

绿洲小镇的现代化农业发展迅速，然而大规模的现代化农业本质上是降本增效，集约经营，对于劳动力吸纳有限，外溢的劳动力远远超出乡村经济的劳动力吸纳量。产业发展水平及产能结构也难以支撑当地的青壮年劳动力就业。因此，小镇采取职业技能培训等方式将劳动力作为人力资源输出至其他省份，短期内确实会造成家庭空心化这一问题，三大留守人员困于搬迁地中。然而从长期来看，搬迁地的农业产业园蓬勃发展，当规模扩大形成集聚效应时，可以吸引当地人才的回流。然而，这是一场严肃的时间比赛，古中朝大约在 20 年后返乡养老，这是第一波就业潮。在这一浪潮中，零工经济、地摊经济等或许还能够为他们留下养老的就业支撑。然而等到古中朝的女儿们长大的那一代，如若当地的园区发展仍不成熟，难以提供优质岗位，女儿们这一代回来就业仍然只能面对零工、摆摊等选择，那么留在小镇的或许只有一缕乡愁。

然而，并非所有人都能适应这种突如其来的转变，古全山楼下的邻居就是村里有名的上访户。他们来自黑松驿镇，邻居自称他们镇上 90% 的村民搬过来之后都不满意，都想回去。

过去黑松驿镇在山上具有得天独厚的自然条件优势，阳光适宜、临近水源、交通便利。小麦等作物往地里一种，便不用多花心思打理，浇灌全凭自然降水。即便是这样，也能够保证在非灾年的情况下，每亩地一年至少达到 1 000 元的产出。在山上以接近零成本散养牛羊，也能够获得不错的经济收益。然而下山之后，现有的土地流转费最初以每亩 100 元的价格进行承包，之后逐年递增 100 元，直至第五年达到每亩 500 元的价格。这样的低价显然引发了拥有着沃土的黑松驿镇的搬迁邻居的不满。然而，绿洲小镇的土地特殊性在于，小镇伊始是建立于一片茫茫的沙漠之中。地方领导拿着图纸，在沙漠中点沙成镇，慢慢建成。土地最初以低价承包出去也是寄希望于土地流转公司能够对土地加以优化改造，变成可持续发展的良田后再进入市场，以接近每亩 1 000 元的价格流通。

对于这种做法，古全山家中因为土地并不多，长久以来对土地的经济依赖性较弱，因此并无异议。然而对于古全山楼下黑松驿镇的邻居来说，这种人地分离的规划迫使他们面对经济转型的阵痛。不仅经济来源从传统的稳定的耕种转变为现代的更加灵活的零工，他们的开支也变得巨大，体面的楼房背后首先有一笔不菲的进场装修费，其次还有每月 50 元的水费、50 元的电费、50 元的天然气费，月均 100 余元的物业管理费，以及冬季约 2 000 元的采暖费。过去在山上，这些开销并不存在，邻居仅仅依靠耕种和简单的物物交换即可保证自家的生活。然而"进城"后，邻居被迫适应市场经济。新鲜的、充满活力的市场经济背后也蕴藏着小农经济中不曾经历过的风险。邻居也曾坦言道，确实也觉得搬迁好，但是如果不是易地搬迁，而是就地搬迁，在原址上给大家盖房子就更好了。生态保护的考量、绿地改造的规划、集中基建的格局……难以被邻居所理解。他们更愿意选择一种阴谋论的方式，用黑心村书记不给流转补贴等谣言，以怀疑的姿态质疑 5 年后的土地流转价格，聚集同样不愿接受搬迁的村民，对外宣告。在他们眼中的小镇是另一番景象，似乎在这个小镇，大家失地后没有收入来源，只能被黑心干部压迫，因此群情激愤。

移民搬迁地又称绿洲小镇，在搬迁之前这个地方还是一片广袤的沙漠，政府基层工作者通过多年的努力，在一口泡面一口沙之中，让沙漠中远在天边的海市蜃楼变成了近在咫尺的故土良乡。易地扶贫搬迁加快了乡村的城市化进程，然而与之俱来的是传统农耕文明与现代产业发展之间的断裂。在幸福新村中仍然能够看到农民在道路上平铺晾晒的粮食、将地下室当粮仓用、不愿打工只因给老板干活不自在等情形。如今，城镇化的住房规划所隐喻的现代经济形态与乡村固有的小农经济形态正处于磨合期，虽然在此之间会出现许多搬迁前未曾面对过的问题，但只要度过这个频频阵痛的时期，未来的乡村生活将会是一番新的光景。

晨曦初露，少年何往

古全山有两个孙女，大孙女古家雯在古浪一中念高三，二孙女古家慧在古浪四中念初三。外出打工的爸爸妈妈，留守家乡拉扯小孩长大的爷爷奶奶，古家小姐妹二人的童年生活与一般的山区留守儿童相差无几。有所不同的是，2019 年她们从山里搬到了黄花滩的幸福新村，姐姐从山里的学校转学到了古浪四中，妹妹则是转到了幸福新村旁的绿洲小学。环境、同学、老师……不小的外部变化给两姐妹带来了一定的冲击。而课堂上的普通话、课外的兴趣社团、家门口的两元店……这些细枝末节的改变也在潜移默化中改变着姐妹俩的生活，随风潜入，润物无声。

都说"穷人的孩子早当家"，早年在山区留守的经历确实让古家慧早早掌握了洗衣、做饭等生活技能，领悟到父母在外打拼的不易后她也学会了主动分担家务。但山区物质资源的匮乏给小家慧的童年蒙上了一层阴影，留守造成的陪伴缺失又给小家慧的童年留下了一片情感空白，这使得看似"早熟"的古家慧在对社会的认知、思维方式的成长、接受新事物的能力等方面有些落后。在信息差距被无限拉大，见识比懂事更重要的时代，这种落后对古家慧来说就像是在名为"人生"的拼图里缺失了一块重要的碎片，苍白且醒目，让她在搬迁之初屡屡惶恐不安、自卑怯懦。而随着时间的推移，在学习与适应中，在观察与交流中，这块缺失的碎片也被找回、补齐。时间的魔力就在于此，三年的时光让古家慧脱去了稚气，也多了些底气。不同于一般山里孩子见到客人便会躲远的羞怯懦弱，如今的古家慧在待人接物方面已经相当老练成熟。当有人到访时她站在门口笑意

古家慧在搬迁前住所的照片

盈盈地欢迎客人的到来，请客人坐到沙发上落座后便熟练地去厨房烧水沏茶……一言一行间，俱是这三年新生活点点滴滴的积累沉淀。

即便现在是夏天，一提起过去在山上的日子，古家慧第一时间想到的关键词依然是"寒冷"，山里的冬天永远寒冷漫长，仿佛永远盼不到尽头。关于家的记忆是从烧牛粪的火炕到连着烟囱的火炉子，炉子烟囱的另一头连接着火墙。火炉产生的热量会被带入墙体的中空层，最大限度地为家里带来温暖。在寒冷的大山里，这便是全家最重要的生活用具。正因如此，古家慧的爷爷古全山在搬家时甚至还动过把房屋正中央这个十分笨重的火炉子拆下来带下山的念头。

古家慧对于和姐姐一同在山区上小学时经历的各种酸楚，仍是记忆犹新。山区的隆冬，寒冷侵袭着人们周身每一寸肌肤骨骼。家慧和姐姐顶着凛冽刺骨的寒风行走于山间，到达小学时，家慧的脸蛋被冻得生疼，再伸手一摸姐姐的脸颊，已经被冻到僵硬。到了教室便要开始早读，学校的条件相对简陋，这在春秋天还好些，但到了冬天却实在难熬。虽然学校的每间教室里都点着炉子，但是山上的寒风还是嗖嗖的，通过并不严实的窗户刮到教室内。家慧在早读的时候总要不一会儿就跺跺脚来使得自己暖和一些。

搬到新家后，古家慧住上了有暖气的房间，手上的冻疮也已好了许多，但到了冬天还是会有些发红发痒，如同过去的烙印一般牵动着古家慧的神经。得冻疮是她刚上一二年级的事情了，那个时候正好在学习写字，每天要写好几页纸，冬天时手频繁露在外面写字，时间久了便会冻得发麻。在一个冬天的清晨，古家慧冒着寒风来到学校时发现自己手上的冻疮变得愈发严重，手指已经冻得肿胀成原来的两倍粗。在拿起笔的那一瞬间，古家慧再也无法抑制自己的情绪，眼泪无声地滑落，一滴、两滴……如同断了线的珠子。她的手颤抖着，一边流着泪，一边艰难地尝试握笔。那天上午的语文课还要默写生字，可她的手已经红肿到无法握拳。她早已记不清那天默写了什么，只记得她费力地抓起笔一笔一画地写出歪歪扭扭的字，只记得默写结束时老师没有收走她的默写本。

　　关于严寒的记忆戛然而止于 2018 年的冬天，那年古家慧一家申报搬迁并分到了幸福新村这套近一百平方米的三居室，第二年装修完成后全家便立马搬了进去。在此之前古中朝夫妻也曾谋划着在工作了多年的乌鲁木齐购买一套商品房，再把两个孩子也都接过来上学，但因为房源、首付、学籍等问题一直没能实现。因为是否要在外地买房安家的事情，爷爷、爸爸和妈妈还产生了一些矛盾和分歧，好在有了易地扶贫搬迁政策，全家得以拥有一套属于自己的楼房。古家慧当时还小，对于这些问题还没有形成自己的看法，在她眼里有家人的地方就是家，当然，如果地方能更加漂亮、整洁、便利，那真是再好不过了。从此家里最重要的生活用具不再是火炉子了，新家配备了冰箱、洗衣机等各式家电。那时古家慧没事了总爱去摆弄这些家电，天天用冰箱自己冻棒冰，用微波炉烤红薯，而奶奶许子英一开始时总是心疼冰箱的电费，总是把电源插头拔了又插，直到后来这些家电成了家里司空见惯的存在。

　　因为搬迁，古家慧从山上的村小转到了绿洲小学念五年级，那时的古家慧面对着新学校有诸多不适应。从课程与教学来讲，古家慧原先在山里学的东西都比较简单，因为山里的老师大多是一些年纪很大的老师，有的甚至还教过古家慧和古家雯的父亲古中朝，而且经常是一个老师同时教好几门课程。而且山里的老师在思想和教学方法上都比较传统，平常班里同学们就只是跟着课本学一些机械的知识，并没有真正地理解或者运用。搬迁后古家慧在幸福新村里看到一张熟悉的面孔，那是她以前在山上念的小学的代课老师王老师，如今也来到了绿洲小学。因为没有教师资格证，王老师在绿洲小学的工作是当"生活老师"，在课间给同学发放牛奶、点心。现在绿洲小学的老师多是年轻人，教育局用丰厚的津贴吸引到了一大批有才干的年轻师范生，因为在乡里当老师工资比县城高，幸福新村边上的几所小学、高中都成了当地年轻人报考的热门。现在这些新的年轻老师都很有能力，比如古家慧小学的班主任张老师就是兰州大学的高材生，原先不怎么喜欢做阅读、写作文的古家慧在上了张老师的课之后也渐渐爱上了语文。

姐妹俩在山里念小学时成绩都很优异，姐姐古家雯原先在山里的村小是数一数二的尖子生，但来古浪四中念初中的时候成绩出现了明显的下滑。主要还是因为之前山里的学习条件比较差，新老师讲的很多东西都不了解，没接触过。原来在山里上课老师说的都是家乡的土话，而这里的老师都拥有普通话资格证书，讲课时用的都是清一色的标准普通话。这方面差异最明显的便是英语课，古家雯是来了这里以后才知道自己念字母表时用的不是纯正的英语，而是带着浓重乡土方言的读法。古家雯曾因为听不懂英语老师的音标课而茫然无措，当初在村小上英语课时完全没有说过这些，遇到不会读的单词大家就会在旁边标上拼音或者发音相近的中文，比如熊猫就是"潘达"，橙子就是"凹润杰"。因为古浪四中初一九班在三楼，所以课间十分钟时同学们大多会待在教室看书或闲聊，在这个时候古家雯也会一个人撑着脑袋怀念过去在山里一下课便从平房里冲出来疯跑的日子。但古家雯自己清楚，这里的教育质量是山里所望尘莫及的，所以也在暗暗发劲学习。家长们也早早地认识到了这一点，以前在大山里的孩子们整天就会满山乱跑，家长们对学习的态度便是把作业写完别被老师找家长就好。而在这里，有孩子的家长们一旦聚在一起，张口闭口便是班主任的管理方式、老师的教学质量、课外书与兴趣班。现在古家雯的学习桌上正放着母亲成金桂买的平板电脑，尽管当初用手机也能上网课，但听到其他家长说用平板电脑听网课效率高、方便做笔记后，成金桂果断地网购了一款学习用的平板电脑，以示对女儿学习的大力支持。在成金桂的眼里，对子女的教育投资是最理所当然的事情，孩子优秀不只是让家长在家长会和闲谈时风光得意，更重要的是这决定了孩子乃至整个家庭未来的出路。

　　家人的支持、自己的付出以及学习环境的改善共同促使着古家雯古家慧两姐妹奋起直追，到了第二个学期两姐妹的成绩在班级里都达到了名列前茅的水平。古家雯中考考出了 655 的高分，已经达到了武威市区最好高中的录取标准，但是距离上的遥远让全家都产生了犹豫，思来想去最终古家雯选择了念县中古浪一中。这里不仅离家近，而且教学水平过硬，学生在全省的各种学科竞赛中也多次斩获头名，今年还有一位同学考上了清华大学。现在古家雯正在读高三，母亲的陪读也让她更加意识到了这一年的关键。初中三年的积累、高中三年的淬炼即将在高考中一见分晓。上个月古家雯被学校选上去兰州大学进行研学，高校的自然风光和人文氛围让她对冲刺高考动力十足。妹妹古家慧知道姐姐的梦想学校是西安交通大学，就像当初选高中一样，离家不算太远的好学校便是最好的选择。在西安上大学，是姐姐古家雯一直以来的梦想。

　　古家雯的妈妈成金桂早年在航空公司上班，因大女儿即将高考，所以辞掉工作在古浪县城内陪读，目前在附近的一家超市当售货员。对于她来说，崭新的高楼比老式"走廊房子"更熟悉。常年外出漂泊务工的中青年，渐渐忘却了那山野间的麦浪，转身走向斑斓繁华的城市霓虹。成金桂曾有在新疆定居的念头，曾打算将古家雯和古家慧都一同接去新疆上学，接受更好的教育，但碍于古家雯和古家慧的转学手续和古全山的养老问题，最终不了了之。当知道新的搬迁点就在绿洲小学和古浪四中附近时，成金桂则是全力支持女儿们去接受更好的教育。她没有顺从公公婆婆对大山的留恋，与丈夫古中朝毅然决然搬到了新的安置点。对比起搬迁前后的教育资源，成金桂明白这对孩子来说一定是天壤之别。过去山里面的学校硬件设施不行，老师教得也不行。住的是平房，冬天天气特别冷，还要点那种炉子，去上学要走 20 多分钟。现在条件好了，家离学校就几分钟的路程，娃娃学的东西也多了，自己都能感觉出来。大女儿古家雯在才转到古浪四中时，常常抱怨不适应，老师讲的东西之前都没有学过。这虽然反映了在教育衔接方面还需要进行改进，但更多的是体现了前后两者在教育资源方面的巨大鸿沟。各类教材资料、辅导书、上网课用的电脑与手机，随着搬迁涌上女儿的书桌，虽然教育开销变大，但能让娃娃多学点东西，成金桂觉得这是件好事。从搬迁前的辍学打工到现在的肯为教育投资，这点变化值得引起关注。

古语有云："孟子生有淑质，幼被慈母三迁之教。"教育对于个人发展具有极为重要的作用，而易地扶贫搬迁所带来的教育质量的跃迁则在很大程度上有望改变山区儿童的未来发展机遇，缩小农村教育与城市教育的差距，实现广义上的"教育无类"，保障孩子受教育的潜力。同时，以往研究指出，山区的贫穷往往在代际传承、沿袭。教育作为潜在变量在未来的二十年间也将逐渐推动当地劳动力素质的提升、人才结构的优化，从而进一步推动产业经济发展。此外，易地扶贫搬迁与国内现行的双减政策、取消职高分流政策能够在极大程度上促进教育公平，削弱"一考定终身"这类应试压力，让山区农村的孩子们拥有更加宽广的人生选择以及更广阔的出路。

相比承载着全家的希望、即将成为家族里第一位大学生的姐姐古家雯，妹妹古家慧如今的状态看上去更加轻松自在、无忧无虑。

跟姐姐比起来，妹妹古家慧感到自己要幸运得多。三岁的年龄差不仅意味着古家雯身为姐姐在家庭中要承担更多的责任，也意味着因为易地扶贫搬迁而出现的人生转折点在古家慧这里提早了三年。原先在山上时姐妹俩都对于回家要趴在客厅的桌子上伴着大人们的说话声写作业而耿耿于怀，搬迁之后姐妹俩共同拥有了一间宽敞明亮的大房间，崭新的双层床、三层的实木书架、气派的书桌从姐妹俩的畅想变为了现实。而且刚搬进来时姐姐古家雯就立马上了寄宿制初中，一周才回来一次，后来又念了两周才回来一次的县中，所以妹妹古家慧成了这个温馨小屋的实际主人。

"往事暗沉不可追，来日之路光明灿烂。"这是古家慧最喜欢的一句话，尽管这句话是从古装电视剧里看到的，但古家慧总觉得这句话说的就是她自己。

从绿洲小学直升古浪四中让古家慧多了些底气，不像姐姐念初一时那般彷徨无措，古家慧升初中后反而变得更加镇定自若。古家慧很喜欢现在的教学方式，以前在山里平常留的作业就是简单机械地重复抄写，而现在的老师不会让学生大量重复抄写前面学的东西，要求把今天的东西学会就可以，快到期末时再安排一个大组合的复习。这样的学习方式让古家慧感到更加轻松，而且她的成绩也一直保持在班级前列。按照现在的成绩来说，古家慧去古浪一中上高中是板上钉钉的事情。

优异的成绩不仅让古家慧更加自信，还使她萌生出尝试更多新鲜事物的念头。古家慧的任课老师们也都很有自己的想法，会组织学生表演话剧、排练节目等等。古家慧总是这些活动里的"积极分子"，她在话剧中念过旁白，也当过喜剧节目的女主角。这样的活动既能锻炼古家慧和同学们的自信心，又能挖掘孩子们成长过程中的各项能力，对于山区长大的孩子们大有裨益。

学校还开展了多姿多彩的社团活动，让同学们在课余时间学习新技能、体验更多的娱乐活动。除了妹妹古家慧参加的篮球社团，还有舞蹈、跆拳道、足球等社团，几乎每个同学都根据自己的爱好报名了社团。篮球社团每周二开展面向初一学生的活动，周三开展面向初二学生的活动，而古家慧为了多些体验的机会，常常一周参加两次社团活动。社团老师不仅会传授篮球技巧，还会组织大家打全场的比赛。两个月前，古家慧和小伙伴们还参加了县里组织的擂台赛，明黄色的奖牌如今正挂在古家慧的书桌前。

也正是因为学校条件优越，有不少不是移民搬迁户的家长还在这里租房送小孩上绿洲这片的新学校，再加上搬迁户越来越多，导致班级数量和学生人数也越来越多。有次数学老师上课拖堂了几分钟，古家慧到食堂时已经一个空位也没有了，便只好到餐厅外面站着吃。为了教室容量的扩增，原先的一间钢琴教室现在也改造成了普通教室。

有时候好是需要对比才能知道的，在新家住习惯了的古家慧原先只觉得初中的宿舍条件一般，但当她参观过隔壁乡镇的一所初中宿舍后才发现不是每个学校的宿舍都有镜子和独立卫浴，这才感受到自己住的是"别人家的宿舍"。平时在学校的一日三餐也不单调，早餐一三五是馒头、牛奶和鸡蛋，二四六会吃牛肉面，中午一般就是炒菜，晚上还有臊子面。平时学校里会有小卖部或者小吃店，偶尔有时间还可以去吃一些模样精致、香气扑鼻的甜品。

去年端午节的时候，古家慧参加了古浪四中和绿洲幼儿园联合举办的特色节日活动，那也是她第一次踏入搬迁点的幼儿园。短短半天的时间里，古家慧无时无刻不在惊叹那里的环境条件。每个班级配备两名幼儿园老师，老师的办公室就在教室的旁边，教室的旁边就是吃饭和休息的地方。每个班二十多人，窗明几净，秩序井然。当天的节日活动是在绿洲幼儿园的报告厅里举行的，这是为各种学校大型活动专门开设的空间。当天的报告厅里挂着气派的横幅、各种关于端午节文化的标识，还有小朋友们亲手制作的粽子。当天她和绿洲幼儿园的孩子们一起包了粽子，还站在讲台上给他们讲述了有关中华优秀传统文化的小故事。古家慧看着那一双双明亮清澈的眼睛时，不由地替这些比她小上十岁的弟弟妹妹感到幸福。跟比她大三岁的姐姐比，她能在绿洲上小学已经十分幸福，而这些孩子能上绿洲幼儿园，这更是莫大的幸运。

古家慧来到幸福新村之后认识了更多的小姐妹，在小姐妹们的影响下她也成了一名追星族，在房间里挂上了自己喜欢的明星的大幅海报。假期里古家慧也经常和小姐妹们一起去逛家门口的两元精品店，店里琳琅满目的小饰品让她们爱不释手，有时还能淘到一些自己喜欢的明星的相关产品。因为姐姐在县城上高中的缘故，古家慧也经常会去县城玩，晚上的时候逛逛古浪步行街，或是去看上一场电影都是古家慧喜欢的娱乐方式。最近县城里还新开了一家欢乐谷，里面旋转木马、碰碰车等应有尽有，只要39.9元便可以畅游一天。古家慧在欢乐谷开业第一天就去了，她还拍了很多照片并发了小红书，学着博主的样子在笔记里带上"分享美好生活"的标签。

此时此刻，古家慧的心愿是幸福新村周边能开一家"茶百道"奶茶店，如今这里已经有了"烧仙草"奶茶店，所以她相信这一天不会太晚。往长远了看，古家慧的心愿是去海南岛旅行。她看惯了大山与沙漠，也想去山的那边看看海。

家在此乡

古全山在山上种了一辈子的地，没想到最后竟然能够住进这样漂亮舒适的楼房。从"何以为家"到"此心安处是吾乡"，古全山时时怀念着过去山上的生活，也在尽力习惯着如今的新环境。或许对于他来说，这段从接受到扎根、安心的过程并不容易，但为了让子子孙孙不再被大山围困，他甘愿放弃自己的归途，来成全后代们的出路。

虽然古全山希望儿女能够高飞远举，但儿女又何尝不在寻找着回家的路。走出大山，坐上开往新疆的火车，是古中朝为维持生计的无奈之举。独在异乡，抬头望月，他多么希望月光能够照亮归乡的道路。当一座座工厂出现在幸福新村周边，产业发展开始略见起色时，古中朝仿佛看到了回家的希望。或许在数年以后，这轮明月将会指引背井离乡的村民踏上归途。

搬迁地新修建的公路以"经纬"命名，东西为经，南北为纬。在数条宽阔的经纬路上，前往邻村和县城的流水班车来来往往，搬迁来的人们，在车上，在田间，他们的生命史同时也卷入当下中国现代化的进程中。他们的家乡沿着典型的城镇化发展路径——新城开发，由山头来到了绿洲，由农村转为城市，家乡的形态与时代一起呼啸向前，催促着他们完成一轮新的自我认同，家庭里老的人回望田间，成了失地农民，新的人务工学习，成为城市居民。传统乡土文化与现代市民文化接驳斡旋时，往往产生万千纠葛，这之中得以窥见央地管理之艰、干群关系之繁。

但搬迁所带来的剧变也在悄无声息地进行着，原本的小农经济被规模化经营所取代，精耕细作、高标准农田、集约化管理等新型的农业发展理念正逐渐提高着农业经营的收益，配合着零工、外出务工等生计模式，城镇化中的产业发展正在不断推进中。一老一幼关爱服务中心以及残疾人中心则延续着农村乡土与现代文明温情的底色……

深山之后，荒漠之上，亦是归途。

致 谢
ACKNOWLEDGEMENTS ‖

自 2015 年起，我们开始对全国 8 个易地扶贫搬迁规模较大的省份展开调查研究，随机抽取了 16 个县 98 个村庄，对其中的典型农户进行长期跟踪和了解。在这项历时近十年的研究中，很多人不辞辛劳，参与了大量资料的收集与整理工作，为这本书的顺利出版奠定了坚实的基础。

在此，我要感谢在调研工作和材料整理方面给予了大力支持的老师和青年学者，特别是唐建军教授、王翔瑞副教授、陈威副教授、冯晓龙副教授、杨三思副教授、张君副教授、余嘉玲副教授、张晨副教授、刘明月副研究员、张祎彤副教授、孔祥雯助理教授、陆岐楠助理教授、陈菲菲助理教授、李登旺助理研究员、冷淦潇助理研究员、洪俊侨助理研究员、靖骐亦博士。过去几年间，我的大部分博士和硕士研究生都或多或少参与了易地扶贫搬迁的调查和研究工作，这里也要特别感谢直接参与组织和协调调研的同学，他们是刘乐、高帆、李舒妍、翟越骁、雷馨冕、金超猛、唐瑶、李婧雯、陈丹青、张云、何佳、王玺茜、孙裕炫、孙若宁、陈佳婷、翟萍、陈则霖、李子健。

感谢参与资料收集与整理的同学，他们分别是：参与《一泓山泉》的刘昊、田丹、孟先先、谭夏坤；参与《溜索上的四代人》的陈佳婷、陶嘉仪、张军、叶晟；参与《悬崖村的变迁》的孙若宁、李富鸿、邹丽珊、何佳、倪雨璐；参与《王幸福的故事》的李子健、隋姝涵、刘潜润、闫伸、石硕；参与《老洪家的新生》的徐铭兼、叶倩茹、万深玮、徐广玄、丁雅文；参与《心中的紫土豆》的李婧雯、贺思妤、菅文嘉、余银；参与《魏家大院》的翟萍、任一笑、许雯、贾丽婼；参与《刀尖上的村庄》的唐瑶、张家齐、刘佳艺、赵添予、沈祥瑞；参与《歌在心中，路在脚下》的张云、王可意、王启源、杨雨欣、马晓波；参与《此心安处是吾乡》的陈则霖、邹琴、张义义、赵凤扬（以上排名不分先后）。

本书的相关访谈信息和图片都得到了搬迁家庭的授权，为尊重搬迁家庭的隐私，文中全部使用了化名。

感谢中国人民大学出版社的曹沁颖老师，以及为本书顺利出版付出努力的出版社其他同志。是她们的专业与耐心，让这部作品得以更加生动和完整地呈现在读者面前。

作者调研照片

2016 年作者在甘肃陇县调研

2024 年作者在甘肃陇县调研

2016 年作者团队在贵州水城县调研

2024 年作者团队在贵州水城县调研

2016 年作者团队在陕西调研

2024 年作者团队在贵州调研

图书在版编目（CIP）数据

吾乡：中国易地扶贫搬迁纪实 / 仇焕广等著.
北京：中国人民大学出版社，2025. 8. -- ISBN 978-7
-300-33780-7

Ⅰ. D632.4
中国国家版本馆CIP数据核字第2025V6R575号

吾乡：中国易地扶贫搬迁纪实

仇焕广　等　著

Wuxiang: Zhongguo Yidi Fupin Banqian Jishi

出版发行	中国人民大学出版社	
社　　址	北京中关村大街 31 号	**邮政编码**　100080
电　　话	010-62511242（总编室）	010-62511770（质管部）
	010-82501766（邮购部）	010-62514148（门市部）
	010-62511173（发行公司）	010-62515275（盗版举报）
网　　址	http://www.crup.com.cn	
经　　销	新华书店	
印　　刷	北京瑞禾彩色印刷有限公司	
开　　本	720 mm×1000 mm　1/16	**版　　次**　2025 年 8 月第 1 版
印　　张	25.25 插页 2	**印　　次**　2025 年 8 月第 1 次印刷
字　　数	354 000	**定　　价**　128.00 元